會者定離회자정리
- 人生은 無常한 것 -

소설과 생활수기

박원배 문학작품집

<작가의 말>

포퓔리슴

지난 5월 중순이었다. 작가 혜월은 오랜만에 친구 3명과 점심식사를 했다. 서울대공원에서 상쾌한 봄의 향연을 감상하며 먹었다. 친구들은 육군장교 임관 동기생이었다. 모두 명문대학교를 졸업했고, 전방에서 함께 군복무를 한 죽마지우竹馬之友 들이었다. 혜월은 식사 시작 전에 우선 자신의 문집文集을 친구들에게 배포했다. 씩씩한 성격인 이별조 중위가 조용한 분위기를 갈랐다.

"박 문인, 혹시 시詩나 시조時調가 들어있는 문집은 아니겠지?"

그 말을 전별선 중위가 받았다. 할 말은 거침없이 하는 친구다.

"그래, 나도 시나 시조 같은 작품들은 읽어봐도 이해하지 못하겠어. 김소월 같은 문인은 항상 평범한 단어들로 불후의 명작을 남겼는데."

라며 맞장구를 쳤다. 문집을 배포한 혜월의 손등은 뜨거워졌다. 그때 혜월의 속내를 읽은 이별광 중위가 마무리 발언을 했다. 사리가 분명하다고 소문난 친구다.

"야, 혜월 문인! 네 문집 이야기를 하는 게 아니고, 한국인들의 독서율이 너무 낮아. 그런 현상은 문학작품의 수준과 국민들의 독해능력이 달라 나타나는 현상 이라고 봐야할 것 같아."

혜월은 친구들의 격의 없는 발언과 분석에 감사하고, 84년 전 프랑스에서 있었던 민중문학운동(Populisme) 사례를 이야기 했다.

"프랑스의 민중문학운동은 1928년 '레옹르모니에' 가 제창했다. 다음 해엔 '앙드레 테리브' 가 1929년과 1930년에 선언서를 두 번이나 발표해 운동을 구체화시켰다. 포퓔리슴(Populisme)은 상류사회중심 문학을 민중중심문학으로 바꾸자는 개혁운동이었다. 민중생활의 성실하고 따뜻한 애정을 파악, 묘사하는 문학으로 전환시킨 개혁운동이었다. 특히 문학에서 정치적 성향과, 특정주의나 사상을 선전하려는 의도가 뚜렸한 경향문학傾向文學을 퇴치했다. 프랑스의 문학개혁운동은 성공했다. 프랑스는 1928년부터 매년 "포퓔리슴문학상" 을 수여하고 있다."

설명을 마친 혜월은 자신의 견해도 밝혔다.

"나도 현재 한국사회를 문학 불모지不毛地 라고 생각한다. 의식주도 해결하지 못하는 문인들이 너무 많다. 한국 국민들의 독서율讀書率이, 일본 국민들의 독서율에 고작 1/30수준에 머물고 있는 지금이야말로, 한국문예계가 앞서 '포퓔리슴' 이라는 깃발을 높이 들어야할 시기라고 생각한다."

2012. 6. 30 박 원 배(慧月)

차례(次例)

I. 제1부 | 단편소설

II. 제2부 | 생활수기(세모에서 본 한해살이)

I. 제1부 | 단편소설

〈천년향〉

단편소설

매장埋葬 과 화장火葬

〈밀양박씨 고양시 묘역〉

김역학金易學 박사의 설명이 계속되었다. 거침없는 달변達辯이었다. 사십 여명의 농민들이 숨죽이고 듣고 있었다. 모두 박대농朴大農 고향 주민들이다.

"윤달潤月에는 송장을 거꾸로 매달아도 액厄이 찾아오지 않는다."

윤달 중 어느 날에 장사葬事를 모셔도 모질고 사나온 운수가 뒤따르지 않는다는 의미였다. 김 박사의 설명은 윤달閏月에 관한 내용이었다.

"윤달이란 무엇이고, 어떻게 산출하여 만드는가? 태음력太陰曆은, 달이 둥글게 차는 기간, 약 29.5일을 기준으로 만든 달력이다. 일 년을 12개월로 하고, 큰달은 30일로, 작은달을 29일로 하면, 총 354일이 된다. 태양력太陽曆의 일 년 365일 보다 11일이 모자란다. 때문에 삼년 간격으로 한 달을 더 만들어, 일 년을 13개월로 해야 한다. 이렇게 더 만들어진 달이 윤달이다. 따라서 윤달이 들면 일 년은 13개월이 되는 것이다. 윤달이 유월에 들면, 유월과 윤유월을 지내고 칠월로 넘어가는 것이다. 이렇게 하지 않으면, 칠월이나 팔월에도 눈이 내리는 경우를 만나게 된다. 우리 조상님들은 윤달을 유용하게 이용했다. 윤달이 들어 있는 해가 밝으면, 조상님들은 이장移葬이나 사초莎草, 집짓기 같은 큰일을 계획하여 실천했다."

김 박사와 농민들 곁엔, 산소 두 기基가 아래위로 마련되었다. 주변이 온통 황토 흙투성이다. 대농이 부모와 조부모의 유골遺骨은, 칠성판七星板에 묶여 모셔져 있었다. 유골은 한지韓紙로 깨끗이 포장되어 천막아래 보호 되었다. 오늘은 대농이 조상님 네 분을 이장移葬모시는 날이다. 하관下官시각 14:00시를 기다리는 중이다.

대농이 직장생활을 시작한지 삼년 째 되는 해였다. 그날 대농은 시내 출장 근무 중, 친구 사무실에서 김역학 박사를 소개 받았다. 대농이 보다 두 살 더 먹은 연배年輩였다. 김 박사는 통성명通姓名이 끝나자, 대농이 얼굴을 쳐다보며

"박대농 선생은, 참 오래 사실 관상觀相을 타고났다."

고 운韻을 떼고, 능숙한 말솜씨로 대화를 이끌어 갔다. 대농은 김 박사를 보며

"어떻게 그리 잘 아시느냐?"

고 반문했다. 양쪽 말을 듣던 친구가 끼어들었다.

"김 박사는, 풍수지리, 사주, 관상, 주역, 동양철학, 유학, 한의학, 현대의학까지 통달한 만물박사." 라고 설명했다.

그 후 몇 년간 대농이 김 박사를 사귀어 보니, 김 박사는 정말 아는 게 많은 사람이었다. 대농은 김 박사를

"천재적인 두뇌를 가진 사람이 제대로 풀리지 못한 사람."

이라고 판단했다. 김 박사는 캄캄한 밤에 나침반을 갖고 방향감각을 시험해 봐도 정확하게 맞춘다. 승용차에 태우고 이산저산을 돌아 계곡에 들어가 확인해 봐도, 나침반이 가르치는 방향을 정확히 알아낸다. 최면催眠하는 사람도 아니고, 이상한 사람이라고 밖에 표한하지 않을 수 없다. 친분이 두터워진 대농과 김 박사는 어느 날 함께 대농이 고향마을을 방문했다. 두 사람은 사당祠堂과 마을을 둘러 본 후 대농이 조상님들이 계신 선영先塋으로 갔다. 뒷동산 넘어 두무실杜舞室 계곡에, 대농이 부모님 산소에 성묘를 갔다. 고갯마루에 도착하자, 김 박사는 성황당 고개에 앉아

"박대농씨 혼자 내려가 성묘를 마치고 올라오라."

는 말을 불쑥 꺼냈다. 대농이 성묘를 마치고 되돌아온 건 삼십분 후였다. 김 박사는 대농을 옆에 앉히고, 시야에 들어오는 산천과 풍광風光들을 상세히 설명했다. 풍수지리설에 입각한 지형분석이었다. 모두 알쏭달쏭한 말들이었다. 김 박사는 산기슭 한 지점을 선택해

"저기가 명당이다. 오직 한개 남은 명당이다."

라며 기뻐하였다. 마치 무슨 큰일을 해낸 것처럼 혼자 좋아했다. 김 박사는

“함께 내려가 현장을 보자.”

고 대농에게 제의했다. 현장 부근에 도착하자 김 박사의 걸음이 느려졌다. 조심조심 걸으며, 무슨 소리를 들어보려는 사람처럼 긴장된 표정까지 지었다. 김 박사는 발걸음을 멈춤과 동시, 구두 뒤축으로 땅을 찍으며

“여기다. 여기!” 하며 소리쳤다.

“여기가 지기地氣와 정기精氣가 모여 있는 지점, 즉 혈穴이다,”

라고 설명했다. 두 사람은 혈이라는 지점에 작은 돌을 묻어 비표秘標를 했다. 제 모습으로 돌아온 김 박사는, 명당明堂 터에서 보이는 모든 산하를 대농에게 설명했다. 산봉우리, 계곡, 방향, 토질, 산소와 주변 산세山勢, 물의 흐름 등 많았다. 자세히 살펴보니 북쪽으로 저수지 물도 굽어보였다. 김 박사의 설명을 듣고 나니, 대농의 마음도 편해졌다. 대농은 내심 “잘 되었구나” 라고 생각하며, 김 박사와 함께 고향 마을로 돌아왔다. 김 박사는 귀로에 “아버지는 어떤 분이셨느냐?” 고 대농에게 물었다. 대농은

“아버지 박무봉朴舞鳳씨는 일본 식민지통치 시절에 고등보통학교를 졸업하셨다. 동네에서 유식한 농부로 대우받았고, 풍수지리나 동학철학에도 상당한 식견을 갖고 계셨다. 설날이 되면 대농이네 집은 매년 토정비결을土亭秘訣을 보려는 사람들로 붐볐다. 종중宗中의 모든 일도 아버지가 도맡아 처리하셨다.”

고 대답했다. 김 박사는

“아버지 무봉씨가 어머니 산소에 관해 어떻게 생각하셨느냐?”

고 두 번째 질문을 했다. 대농은

“어머니는 항암 투쟁을 하시다 대농이 고등학교 삼학년 때 돌아가셨다. 아버지는 어머니의 산소자리를 손수 선정해 장례 모셨다. 선영先塋인 두무실 계곡 종산 기슭이었다. 아버지가 농사 일로 논밭을 오가며, 산소를 보살필 수 있는 자리였다. 칠 남매는 엄마 산소에 아름

다운 꽃과 나무들을 많이 심어, 어머니를 즐겁게 해 드렸다. 남향 산소라 햇볕도 잘 들고 토질도 좋았다. 그러나 해가 갈수록 산소 주변에 건수乾水가 끼기 시작했다. 이런 예기치 못했던 현상 때문인지, 아버지는 어머니 산소를 이년 후에 건너편 산 밑으로 옮겨드렸다. 어머니의 새집은 남향이고 주변에 진달래꽃도 많았다. 그런데 물매가 심하고, 토질이 모래가 많이 섞인 흙, 토사土砂였다. 이사를 오신 어머니의 새집도 잔디가 살기 어려운 곳이었다. 게다가 비만 내리면 토사가 빗물에 휩쓸려 내려갔다. 아버지는 산소 밑에 축대를 쌓았다. 그러나 해마다 거듭되는 장마 비의 위력에는 속수무책이었다. 대농이 아버지는 어머니 산소를 자나갈 때 마다 울상으로 변했다."

대농은 그 당시부터 산소에 관심을 갖기 시작했다. 대농이 아버지는 결국 이 문제를 해결하지 못하고, 대농이가 직장생활을 시작 한지 오년 후에 타계하셨다. 예기치 못하였던 상喪을 당한 대농이 남매들은, 아버지의 평소 말씀대로 어머니와 함께 계시도록 합장合葬해 드렸다. 대농이 7남매는 부모님 산소관리에 정성을 다했다. 그러나 대농이 부모님 산소는 해가 갈수록 벌거숭이로 변했다. 제일 걱정되는 것이 산사태 같은 변을 당하는 일이었다. 대농이 남매들은 비만 내리면 부모님 산소를 걱정하게 되었다. 청개구리 신세와 다를 게 없었다. 대농이 형제들이 명절 때 성묘를 가면, 모두 기氣가 죽어 서로 얼굴만 쳐다 볼뿐, 말없이 돌아서곤 했다.

김 박사가 예고도 없이 선정한 명당은, 부모님 산소 반대 쪽 기슭이었다. 정좌계향丁坐癸向, 즉 북쪽 방향의 산소 자리였다. 김 박사는

"명당은 남쪽이나 동쪽에만 있는 게 아니고, 북쪽이나 서쪽에도 있다."

고 강조했다. 대농은 김 박사가, 자신의 속 마음을 읽고 자진해서 산소 터를 잡아준 것이라고 생각했다. 대농도 내심 부모님 산소를 옮겨드리려고 생각하고 있었다. 두 사람은 상경하는 승용차에서 이장

날짜를 결정했다. 김 박사는 주저 없이

"이장 모시는 날은 윤유월 육일 날로 한다. 그래야 액厄도 없고 손損도 없다."

고 말했다. 그해가 바로 유월에 윤달이 들어 있는 해였다. 대농은 그날부터 윤달이 무엇인가를 분명히 알게 되었다. 그 해 세월은 생각보다 빠르게 흘렀다. 어느덧 봄이 가고, 여름도 끝자락을 보였다. 윤유월이 온 것이다. 육일은 말복과 앞뒤를 다투며 달력에 있었다. 부모님 산소를 옮겨드리는 이장移葬 같은 큰일은, 기다릴수록 빨리 오는 것 같았다. 아니면 대농이가 김 박사를 자주 만나 그런지도 모른다.

드디어 대농이 부모님의 이장날이 밝았다. 내일이 말복이어서 그런지 아침부터 더웠다. 대농은 직장으로 정시에 출근했다. 공휴일이 아니라 고향 이장 현장으로 갈 수가 없었다. 대농은 고향에 계신 일가친척 몇 분에게 사전에 전화는 드렸다. 그래도 큰일을 벌려놓은 장본인 대농이, 서울에 앉아있는 속내는 편치 못했다. 대농은 오전 내내 고민에 고민을 거듭하다, 실장님께 사실을 보고했다.

"실장님, 오늘은 제가 시골에서 조상님들을 이장 모시는 날입니다. 제가 주동해서 벌린 일입니다."

구두 허락을 받은 대농은 정오 정각에 고향으로 출발했다. 승용차를 운전하는 대농이 몸은 날개가 달린 사람 같았다. 대농은 고속도로 휴게소에서 김밥으로 점심을 때웠다. 고향에 도착한 시간은 오후 한 시였다. 동구 밖에서 마을 뒷산 무봉산舞鳳山을 살펴봤다. 고갯마루 성황당 주변에 주민들이 하얗게 몰려있었다. 대농이 조상님들 이장을 모시는 인파였다. 대농은 승용차를 고갯마루에 주차시키고, 고향 친지들과 함께 현장으로 뛰었다. 성황당에서 기다리던 박영실 아저씨가 이장 현장으로 이동하며 대농에게 진행되고 있는 상황을 알려주었다. 박영실 아저씨는 고향마을 리장里長과 종중宗中 총무직을 맡아보시는 동네 유지有志시다.

"고향마을 사람들은 모두 점심식사를 끝내고 이장 현장에서 대농을 기다리고 있다. 오후 두시로 예정된 하관시간下棺時間도 얼마 남지 않았다. 종원宗員과 주민들은 이미 김 박사의 지시에 따라, 정해진 명당 터에 산소 두 기基를 아래 위로 나란히 큼직하게 만들어 놓았다. 광중壙中 옆에는 대농이 할아버지와 할머니, 그리고 아버지와 어머니 유골遺骨이, 칠성판七星板에 가지런히 정리되어 한지韓紙를 덮고 계시다. 대농은 도착 즉시 조상님들께 재배再拜하고 예의를 올려야한다.. 더위에 고생하시는 고향 분들에게도 공손히 인사를 드려라."

등 안내를 했다. 대농이의 의 행동거지만 관찰하던 종중 할아버지 한 분이 한마디 하셨다.

"아~ 이 사람아! 이렇게 큰일을 벌려놓고 이제야 나타나는 뱃장은 어디서 배웠나?"

하시며 큰소리로 나무랬다. 대농은

"죄송합니다."

라고 대답하며 고개를 숙였다.

박영실 아저씨가 한마디 하셨다. 항상 옳은 소리 잘 하시고 명랑한 성격을 소유한 아저씨다.

"직장이 바빠서 그런 것 같은데, 장본인의 마음은 오죽하겠습니까."

하시며 좌중座中을 달랬다. 주위를 둘러보니 행사에 참여한 인원이 40명은 족히 되었다. 박영실 아저씨의 귀띔은,

"여기저기 흩어져 계시는 네 분의 조상님들을 모시는 일이라, 주민들이 서늘한 새벽부터 일을 시작했다."

는 것이었다. 큰일에 참석하신 동네 분들 모두 옷이 땀으로 젖었으며 연실 땀수건으로 얼굴을 훔쳤다. 대농은 참으로 고맙고 훈훈한 고향 인심에 고개 숙였다.

하관은 김역학 박사가 정한 오후 14:00 정각에 시작했다. 조부모님을 먼저 이장모시고, 그 후 부모님을 이장 모셨다. 아침부터 화창하고 덥던 여름 날씨가, 하관 직전에 빗방울 던지기 시작했다. 장묘사 한동진韓東眞사장은 직원들에게

"빨리 광중 위로 천막을 치고 작업은 계속하라."

고 소리쳤다. 한동진 사장은 장례시식, 묘지업무 전문가다. 치밀한 성격이지만 대인관계는 부드럽다. 시청 공무원들과 어우려 화장문화 확산운동을 계속하는 사회계 인사다.

광중의 흙은 불그스레했다.

북향 산소치고는 좋은 흙이었다. 빗방울은 점점 굵어져 소나기로 변했다. 비가 무섭게 내리자 광중 속에는 물안개 같은 김이 서리기 시작했고 밖으로도 피어올랐다. 모든 주민들이 긴장된 표정으로 하관작업만 응시했다. 소나기는 천둥번개를 몇 번 몰아치며 비를 뿌리더니, 부모님 하관작업이 끝나자 그쳤다.

"우연의 일치였나, 하관과 소나기! 그리고 물안개는 무슨 관계가 있나요?"

대농은 김 박사에게 물었다. 김 박사는

"물안개가 아니고, 서기瑞氣다, 서기야."

하는 말로 답변을 대신했다. 일하는 장묘사 직원들과 주민들의 재치도 놀라웠다. 소나기가 내리자, 주민들은 삽으로 광중 주변에 흙을 높이 쌓아, 빗물이 흘러들어가는 것을 막았다. 비가 그치자 먹구름도 사라지고 다시 햇볕이 쨍쨍 내려쬐었다. 거짓말 같은 현상을 여름하늘이 만들어 이장 일하는 고향마을 사람들을 긴장시켰다. 주민들은 김 박사 지시대로 대농이 부모님 산소와 할아버지 산소로 나뉘어 작업을 계속했다. 우선 봉분을 만들고, 양쪽에 활개를 달아 묘지 전체를 다듬으며 잔디를 입혔다. 빗물이나 건수가 괴지 않고 흐를 수 있게, 물매를 만들며 작업을 했다. 모두가 전문가처럼 말이 없어도 손발이

척척 맞았다.

“이런 단체작업을 얼마나 많이 해 저렇게 호흡이 일치하는 것일까.”

대농은 친구의 얼굴을 보며 말했다. 대농은 농촌이 생활터전인 농민들이 이렇게 고마울 줄은 미처 몰랐다. 묘지 전역에 파란 잔디가 입혀지자, 새롭게 만들어진 조상님들의 음택陰宅은 품위 있고 아름다워 보였다.

장묘업무 전문가인 고향마을 김용대 아저씨가 한마디 외쳤다. 김용대 아저씨는 고향에서 환갑을 넘긴 토박이다. 마을에 초상이 나면 불철주야 장례식을 책임지고 진행시키는 전문가다. 염습殮襲, 상여喪輿 앞소리꾼, 봉분封墳 달구질 앞소리꾼으로 유명하다.

“고삼저수지 물도 보인다. 물 명당이다.”

주민들의 입도 터지기 시작했다.

“수십 년을 매일 지나다녀도, 여기에 명당이 있는 줄 몰랐다.”

“칠십년을 살아도, 여기에 산소 쓰려는 생각은 하지도 못했다.”

산소가 완성되자

“조상님들을 불편하게 만든다.”

며 이따금씩 통곡하시던 누님의 얼굴도 밝아졌다. 이장 작업이 완전히 끝나자, 대농이 가족들은 두 산소에서 준공제사를 올렸다. 이제 대농이 남매들은 조상님 산소 걱정은 하지 않아도 될 것 같았다. 일가친척이나 고향주민들도

“명당에 조상을 모시는 효도를 했다”

며 대농이 남매들을 칭찬했다. 대농은 고향마을 이장里長업무를 맡고 계신 박영실 아저씨에게, 수고하신 분들의 저녁식사 값을 충분히 드리고 상경했다. 회사에 도착해 실장님께 보고 드렸다.

삼우제三虞祭는 일요일 이었다. 대농은 아침 일찍 고향에 있는 선영을 찾았다. 조부모님과 부모님이 한날한시에 이사 오신 선영은, 붉은 흙과 파란 잔디가 어우러져 대궐 같이 보였다. 주변의 울창한 숲속에

서 산새들의 노래 소리도 들렸다. 앞으로 내려다보이는 논밭은 조상님들이 농사짓던 땅이었고, 고삼저수지 또한 정들었던 유원지 겸 삶의 현장이었다. 산소 좌우로는 울타리처럼 양손을 벌린 산등성이가 세 겹으로 뻗어 있다. 저수지 넘어 멀리 보이는 조산祖山 봉우리도, 위용을 떨치며 선영을 손짓하고 있었다. 소나무와 참나무가 무성했던 종산宗山 기슭을 선영으로 만들고 자세히 살펴보니, 김 박사가 지난 봄 이 자리에서 했던 말들이 모두 확인되었다. 대농이 가슴속 한 곳에 잠재해 있던 산소 걱정도 이제 사라졌다. 대농의 확! 터진 가슴속으로 농촌의 맑은 공기와 땅 기운이 흠뻑 들어왔다. 대농은 마을로 돌아와 집집마다 인사를 드렸다. 대부분 아이들과 아주머니들만 계셨고, 남자들은 일터에 나갔다. 문밖까지 나와 배웅해 주는 고향의 온정! 대농은 귀가하며, 이제까지 내가 고향을 위해 한 일이 무엇인가를 되돌아봤다.

"대농은 작은 것을 고향에 주었는데, 고향은 대농에게 큰 것을 주었다." 고 평가했다.

그 후 십년 후, 선영은 아직도 대농에게 많은 혜택을 부여하고 있다. 조상님들 이장을 모실 당시 각인되었던, 고향 사람들의 대농에 대한 인식은 하나도 변하지 않았다. 그러나 대농은 산소 때문에 말없는 가슴앓이를 하고 있다. 산소관리 때문이다. 명당에 조성된 산소들은 해가 거듭될수록 토질이 나빠져, 잔디가 살지 못하고 잡초가 판을 쳤다. 그토록 애 태우며 정성을 드리는 자손들의 정성도 소용없었다. 명당이라는 말이 부끄러울 정도였다. 결국 대농은 선영을 사초莎草해야겠다고 결심 했다.

드디어 대농이 조상님 산소들을 사초하는 날이 왔다. 선영先塋에서 둘러보는 경치는 아름다운 꽃대궐이었다. 사방이 산으로 둘러싸인 두무실은 새봄을 맞아 봄꽃들이 저마다 자태를 뽐내고 있었다. 벌 나비들도 공중에 원을 그리며 잉잉거렸다. 봄꽃 중에도 진달래꽃이 가장 많아, 울긋불긋하고 산불이라도 난 것처럼 활활 타오르고 있었다. 그 사이로 목화송이처럼 하얗게 핀 조팝꽃이, 산목련, 벚꽃과 어울리며 군데군데 군락群落을 이루고 있었다. 마치 두무실에는 무릉도원武陵桃源과도 같은 경치가 연출되었다. 만화방창萬化方暢하는 상춘가절常春佳節! 이런 모든 것들은, 조상님들께서 우리 후손들에게 물려주신 종산宗山때문 이었다.

대농이 오늘 이른 아침에 선영을 찾은 이유는, 이곳에 영면永眠해 계신 조상님들의 산소山所를 사초하기 위함이다. 사초莎草란, 산소에 잔디를 입히고 다듬는 작업을 말한다. 산소의 봉분封墳이 허물어지거나, 산사태 등을 만나 피해를 입었을 경우, 산소를 대폭적으로 손질하고 잔디를 입히는 작업은 불가피하다. 다만 광중壙中은, 특별한 경우를 제외하고 손대지 않는 게 사초의 원칙이다. 대농이 조상님 산소를 사초하려고 작정한 건 이년 전이다. 네 분의 조상님들을 이곳으로 옮겨 모신지도 언간 십여 년이 지났다. 그러나 자손들의 천신만고千辛萬苦스런 노력도 무심하게 잡초가 판을 쳤다. 산쑥, 망초, 씀바귀, 쇠뜨기, 칡덩굴 등 헤아리기 어렵다. 잡초는 묘지 전 지역을 휩쓸며 왕성한 번식력을 자랑하고, 흙의 영양분을 모두 빨아먹었다. 그 여파로 토질土質이 푸석푸석하게 변해 신발이 푹푹 빠졌다. 대농은 부득이 형제들과 상의해 사초작업을 계획했다. 오늘이 그 사초하는 날이다. 대농이 처음 경험하는 일이며 직접 진행하고 감독해야 하는 입장이었다. 대농이 선영에서 삼십 여분을 기다리자, '포크레인' 이 특유의 굉음과 함께 웅장한 몸체를 내보였다. 대농은 장묘사葬墓社한동진 사장 및 직원들과 인사를 나눈 후, 산신제山神祭를 올리고, 봉분封墳앞에서 제사祭祀도 올렸다. 그리고 축문祝文도 읽었다.

"불효자 대농은, 아버님의 생시 말씀에 따라, 조상님들 산소에 잔디를 파랗게 해 드리려고 합니다. 낡은 이불을 새 이불로 바꿔드리는 작업을 하오니, 놀라지 마십시오."

한 사장이 대농에게

"작업과정 중 마음에 드시지 않는 게 있으면, 즉시즉시 말씀해 주세요. 사초작업은 일단계로 제토작업을 한 후 잔디 입히는 작업이 계속됩니다."

라고 친절을 베풀었다. 대농은

"잔디도 없이 붉은 흙만 뒤덮인 봉분을 보니, 조상님들께 죄송스러운 생각이 든다. 인생의 허무감도 느껴지고, 생시 조상님들 모습도 떠오른다."

고 대답했다.

제사가 끝나기 무섭게 '포크레인' 이 시동을 걸고 작업을 시작했다. 엔진 소리가 계곡에 우렁차게 울려 퍼졌다. 묘지墓地 전체를 돌며 부석부석한 낡은 흙들을 모조리 훑어 내고, 황토색 새 흙이 들어나게 하는 제토작업除土作業을 계속했다. 봉분이나 활개도 마찬가지다. 장묘사 직원 네 명은, '포크레인' 과 보조를 맞추며 삽으로 할 일들을 처리했다.

사초작업은 조부모님이 계신 산소부터 진행되었다. 시간이 흐를수록 산소는 황토색 싱싱한 흙색갈로 뒤덮였다. 시원스럽기도 하고, 깨끗하다는 느낌도 들었다. 곧 이어 잔디를 가득 실은 대형 트럭 두 대가 도착했다. 두 시간에 걸친 제토작업이 끝나자, 직원들은 잠시 휴식을 취한 후, 잔디를 입히는 사초작업을 시작했다. 작업인원이 여섯 명으로 늘었다. 봉분에 잔디를 입히고, 활개와 평지 부분에 잔디를 입혔다. 사월의 따듯한 햇볕을 받은 잔디들은, 제 세상을 만난 것처럼 싱싱해 보였다. 새집에서 건강하게 살아가겠다고 다짐하는 모습 같았다. 할아버지와 할머니 산소의 사초작업은 이렇게 끝났다.

대농과 장묘사 직원들은 점심식사를 현장에서 했다. 음식점에서 음식을 배달해 주었다. 장묘사 직원들은 식사 후 휴식을 취하고, 부모님이 함께 계신 산소를 사초작업 했다. 부모님 산소가 잔디도 없이 붉은 흙색갈로 변한 것을 보니, 대농이 가슴이 또다시 썰렁했다. 조부모님 산소 때보다 강도가 훨씬 높았다. 부모님 생시에 있었던 수많은 추억들이 필름 되어 머리를 스치고 가슴을 때렸다. 그러나 대농이가 수십 년간 조상님들을 위해 심혈을 기울였던 노력들이 함께 떠올라, 겨우 안정을 회복할 수 있었다. 장묘사 한동진 사장이 대농에게 낮은 목소리로

"많은 사람들이 조상님들을 위해 고생하시고 돈도 많이 쓴다."

고 일러주었다. 대농는

"그래요! 생각 보다는 많은가 보죠. 납골당 만드는 사람들도 많습니까?"

하고 물어다. 한 사장은 빙그레 웃으며, 그렇다는 표정을 지었다. 사초 작업은 작업인원이 많아 세 시간 반 후에 종료되었다. 이제 부모님과 조부모님 산소가, 모두 초록색 잔디 이불로 새롭게 단장되었다. 십칠 년 전, 대농이 조상님들을 이곳으로 이장移葬해 모실 때와 동일한 산소로 변했다.

대농은 한 사장에게 감사를 표명했다.

"즐거운 마음과 성취감을 함께 느낄 수 있었다. 처음으로 조상님들께 효도한 것처럼 여겨졌고, 아버님의 유언도 실천한 것 같다. 이제 잡초는 없어지고, 잔디들만의 생활 터전이 새롭게 마련되었다." 고 말했다.

대농은 새롭게 단장된 조상님 산소에서 제사를 올렸다.

"이제 잔디가 파랗게 잘 살도록 해 주시고, 우리가정에 궂은 일이 없도록 해주십시오."

라고 큰소리로 말했다. 뒤늦게 사초작업에 참여한 대농이 남동생의 얼굴에도 화색이 만면滿面했다.

"형님덕분에 이제 조상님들도 편하게 되셨고, 저도 부담 없이 고향

을 찾을 수 있게 되었다."
고 침묵을 깨뜨렸다.

오늘은 대농이 조상님들을 모실 납골묘納骨墓를 설치하는 날이다. 조상님들이 계신 선영先塋 두무실杜舞室은 더웠다. 유월 말인데도 삼복 더위 못지않게 훅훅 찌고 숨이 막혔다. 커다란 분지형盆地形 계곡이고 사방이 산으로 두러 싸여 바람 한 점 없었다. 그래도 장묘사 일꾼들은 '포크레인' 과 보조를 맞추며 빈 틈 없이 무거운 석물石物을 다뤘다. 모두가 돌을 다루는 전문가답게 보였다.

장묘사 한동진 사장은 대농에게 공사 절차를 소개해 줬다.

"오늘은 자난 번에 미리 공사를 해둔 시멘트 바닥 위로, 납골병 22개가 들어갈 사각형 모양의 납골함 12개를 원형으로 만들 것이다. 가운데 공간은 흙으로 채우고 봉분을 조성한 다음, 양쪽에 활개를 붙이고, 앞으로는 상석과 묘지석을 놓을 예정이다. 전통적인 산소 모형의 납골묘納骨墓를 만드는 공사다" 대농은

"무슨 일이 있어도 오늘은 공사를 마무리 해야 한다. 장마나 태풍을 만나면 언제 또 작업날짜가 잡힐 줄 모르기 때문이다."

라는 각오를 장묘사 한동진 사장에게 밝혔다.

"올 추석에는 모든 일가들이 모여, 이 납골묘에서 성묘하고 제사를 지낼 예정."

이라고 한 사장에게 말했다.

대농이 납골묘를 설치하려고 작심作心한 것은 일 년도 넘는다. 그간 직장생활에 얽매여 한 발짝도 나아가지 못하고, 미해결된 사업으로 머릿속 한가운데 저장되어 있었다. 직장 퇴직 후, 설계와 결심을 구체화해 네 달 전에 실행에 옮겼다. 한 사장은 대농에게 국민들의 납골묘 선호 실태를 소개했다.

"이제 우리 국민들도 납골당을 모르는 사람이 별로 없으며, 많이 공

감을 하는 세상이 되었다. 그러나 대농이 같이 행동에 옮기는 사람은 생각보다 많지 않다. 왜 그럴까. 분명한 이유는 두 가지다. 첫째로 수천 년 간 내려온 풍습인데 불효자처럼 어떻게 산소를 파헤치느냐는 것이다. 둘째로는 조상님들의 유골을 어떻게 불에 태우느냐는 효심孝心이다. 반대로 납골묘를 선호하는 필요성은, 산소를 관리할 후손이 없다던가, 국토의 수십 퍼센트%가 묘지라던가, 환경문제, 또는 묘지 터가 더 이상 없다는 등이 이유다."

이런 세간의 논란도 무시하고 대농이 납골묘를 선호하게 된 이유는 왜일까. 한마디로 표현해 본다면

"이제 산소를 벌초伐草하는 풍습은 사라질 것."

이라는 전망 때문이다. 대농은 아버님이 타계하신 후, 삼십여 년 간 많은 조상님들의 산소를 관리했다. 장기간 열정적으로 관리하니, 이런저런 생각들을 하게 되고, 얻은 것도 많았다. 그러나 이제는 대농의 나이와 건강이 더 이상 관리를 할 수 없는 형편이다. 해마다 벌초를 남들에게 부탁할 수도 없는 세상이 되었고, 벌초대행회사만 믿을 수도 없는 노릇이다. 이제는 농민들도 벌초를 부탁하면,

"사람을 어떻게 보는 것이냐."

며 대드는 세상이 되었다.

납골묘 설치공사는 '장사 등에 관한 법률' 에 의거, 서류제출, 현장답사, 측량(2회), 설치허가, 설치공사, 준공검사 등 단계를 거쳐야 한다. 대농은 시청에 서류를 제출한 후 오늘 설치공사까지 사십 오일이 경과되었다. 대농이 머릿속은 삼년이 흘러간 것 같았다. 납골묘에 관한 집착이 어느 정도이었기에 이런 현상이 나올까. 자문자답해 보아도 알 수 없었다. 직장 퇴직 후 관공서나 사업가들을 상대하는 게 처음이라 오는 현상이거나, 대농이 너무 서두르는 성격이어서 그럴 것이다. 그래도 피를 말리는 것 같은 순간이나, 볼성 사나운 경우도 있었다. 설치공사는 오후 네 시에 끝났다. 검은 색 돌로 만들어진 납골

함과 번쩍이는 상석을 비롯, 묘지석에는 대농이 아버님께서 생시에 하신 말씀이 새겨졌다. 봉분과 묘지 전체에 파아란 잔디를 입히고 나니, 우아하고 고급스럽게 보였다. 전통적인 보통 산소와 모양이 같아 더욱 마음에 들었다. 대농은 준비해간 제수祭需를 상석 위에 진설陳設하고 준공제사를 올렸다. 축문祝文도 읽었다. 장묘사 한동진 사장은 대농의 행동거지行動擧止를 자세히 관찰 하더니

"요즈음 세상에 축문을 혼자 읽는 효자는 처음 보았다."

고 한마디 했다. 작업과정을 시종 조용하게 관찰하던 종중 박영실 아저씨는

"앞으로 닥쳐올 세상에 대비해, 미리 대책을 강구한 첫 번째 사례다. 성장하는 후손들에게 큰 도움이 될 것."

이라고 평가했다. 또 다른 종중 박헌실 아저씨는

"관청의 허가를 받아 납골묘를 설치한 것은 이번이 처음."

이라는 반응을 보였다. 박헌실 아저씨는 대농과 초등학교 동창생이다. 평생을 농업에 종사하며 고향을 지키는 어른이다. 대농이 일에는 발 벗고 나서 봉사활동을 하신다.

오늘은 대농이 조상님들 산소를 개장改葬해 유골을 화장하고, 납골묘에 모시는 날이다. 대농은 새벽부터 아무도 없는 산골에서 조상님 산소山所를 지켰다. 삼복더위 계절이라, 차도車道에서 여기까지 오르는데도 숨이 차고, 이슬에 바지가 흠뻑 젖었다. 우거진 숲을 헤치며 걸어와서 벌레들도 기어올랐고, 가시나무에 얼굴도 찔렸다. 등산화는 흙과 물이 뒤범벅되어, 발걸음 마다 찌그덕꺼리며 물거품을 내 뱉었다. 대농은 서울 집에서 새벽에 출발해 사십분 전에 선영에 도착했는데, 장묘사葬墓社직원들은 물론, 형제들도 얼굴을 내밀지 않았다. 산새 소리도 없고, 가끔 풀벌레만 찌르륵 거리며 계곡의 정적을 깨뜨렸다. 대농은 혼자만 바쁘게 동동거리는 것 같고, 게으름을 떠는 피붙이들

이 야속하게 생각되었다. 지루함이 머리끝까지 올라왔을 때, 저 멀리 굽어보이는 차도에서 '포크레인 엔진' 소리가 들렸다.

"브르릉, 브르릉!"

"이제 오는구나!" 대농은 벌떡 일어섰다.

대농은 조상님 여섯 분의 유골遺骨을 화장火葬해, 납골묘納骨墓에 모시려고 산소를 지키고 있다. 우리나라 전통적인 산소와 비슷한 모형을 하고 있는 납골묘는, 스물네 분의 납골을 모실 수 있었다. 대농은 오늘 세 번째 단계인 조상님들 산소를 개장改葬하려는 것이다. 분묘墳墓란 무덤 또는 산소라는 말이고, 개장이란 사람이 죽어 장사葬事를 지냈던 무덤을 파내서 다시 장사를 지낸다는 뜻이다. 이장移葬이라는 말도 동일한 뜻이나, 공문서나 법률에서는 개장이라는 단어를 사용한다. 우리 조상님들은 수천 년 동안 내려온 유교적儒敎的인 전통장례傳統葬禮에 의거 장사를 지냈고, 풍수지리설風水地理說을 굳게 믿으며 명당明堂을 찾아 묘를 썼다. 장례 후에는, 하늘에 계시는 조상님의 영혼靈魂과 무덤 속의 시체屍體가 후손들을 잘 보살펴 주신다고 믿었다. 이른바 음덕론陰德論이다. 때문에 가정이 편하지 못하고 자손들에게 궂은일들이 자주 생기면

"산소를 잘 못 써서 그렇다. 산소에서 발복發福이 않된다."

며 개장을 하곤 했다. 최근에는 이런 현상을 보기가 힘들지만, 조상님들을 납골당에 모시거나, 산소가 도시개발지역으로 편입되는 등, 불가항력적인 상황이 올 땐, 개장을 하지 않을 수 없다. 대농이도 장사葬事를 지내본 경험은 많지만 개장은 오늘이 처음이다. 대농은 빠른 걸음으로 '포크레인' 쪽으로 내려갔다. 중장비가 산소에 도착하려면 논밭을 지나고 농수로도 통과해야 하는데, 그게 쉽지만은 않을 것 같았다. 대농은 되도록 농작물 피해가 없도록 직접 안내를 할 요량이었다. '포크레인' 은 이런저런 고생 끝에 산소 앞에 도착했다. 대농이 할아버지가 계신 양지바른 남향 산소였다. 몇 번 만났던 장묘사 한동진

韓東眞 사장과 직원들이 반가워했다.

“예정보다 도착이 늦었습니다. 죄송합니다.”

한 사장이 대농에게 인사했다.

대농은 우선 땀으로 목욕 한 심신을 달래고 휴식도 취해야했다. 그러나 신분이 상주喪主이고 보니 쉴 틈이 없었다. 대농은 산소 위쪽에서 산신제山神祭를 지냈다. 축문祝文을 읽는 소리가 고요한 산골짜기를 쩌렁쩌렁 울리고 메아리 졌다. 장묘사 직원들이나 ‘포크레인’ 기사나, 모두 숨을 죽이고 대농의 행동거지만 살폈다. 대농은 봉분 앞으로 이동해 준비한 제수祭需를 진설陳設하고 파묘破墓전 제사祭祀를 올렸다. 축문도 또 읽었다. 노련한 한 사장이 파묘를 시작하는 신호를 외쳤다. 파묘란 개장을 하기 위해 무덤을 파낸다는 뜻이다.

“파묘요! 파묘요! 파묘요!”

세 마디 외침이 끝나기 무섭게 ‘포크레인’ 소리가 귀청을 때린다.

“브르릉! 브르릉!”

개장작업이 시작되었다. 모든 사람들이 숨을 죽이고 ‘포크레인’ 의 삽질만 응시했다. 오 분이 채 안되었을 무렵, 산소 주변에 도열하였던 사람들의 함성이 터졌다.

“관棺이 보인다! 석회 벽이다! 시멘트벽이다!”

시커먼 물체가 보이자 저마다 한마디씩 외쳤다. 조용하던 장묘사 한 사장이 나섰다.

“시멘트로 관의 사방을 시공했으니 조심해 작업하라.”

고 직원들에게 지시했다. 대농도 말만 들었지 처음 보는 시멘트 시공 현실玄室이었다. ‘포크레인’ 기사는 시멘트 관의 남쪽, 동쪽, 북쪽을 깊게 판 다음, 커다란 삽으로 서쪽에서 힘을 주어 잡아당겼다. 포크레인 삽의 힘이 부치는듯하더니, “쾅!”하는 소리와 함께 관 윗부분이 떨어져 나갔다. 현실과 관속이 세상에 얼굴을 들어내는 순간이었다. 숨을 죽이고 있던 모두가 놀라며 함성을 질렀다.

“와~, 물이다! 뭐야! 아무것도 없잖아!”

모두가 함께 놀란 이유는 관속에 물이 가득히 차 있었기 때문이었다. 맑은 물은 거울같이 투명한 색깔로 조용한 얼굴을 하고 있었다. 수은 색깔의 물은 황토색 깊은 현실 속에서 작열하는 햇빛을 반사시키며, 후손들에게 무언의 대화를 더져 주고 있었다. 고요하고 반짝이는 관 속의 수정같은 물은, 천년의 긴 세월을 지켜온 조상님의 모습 같기도 했다. 후손 대농도 많이 놀랐다. 관속에 물이 차 있다는 사실 자체가, 전통적 매장문화에서는 부정적인 현상이라고 생각하기 때문이었다. 그러나 실망하지는 않았다. 명경지수明鏡止水 같은 물속에서 또 무엇이 나올지 모르는 순간이었기 때문이었다. ‘포크레인’ 기사는 한 사장과 눈짓을 교환하고, 관의 동쪽 벽을 헐어 버렸다. 물이 일순간에 땅속으로 스며들었다. 곧 현실 바닥이 들어났는데 유골이 안 보였다. 전문가들이 그토록 자세하게 훑어봐도, 궁금하던 유골은 없었다. 현실 내부는 관이 부패하며 생긴 것으로 보이는 검붉은 색깔의 흙만 있었다. 대농은 허탈감을 느꼈다. 모두 이런 결과를 전혀 예측하지 못하고 있었다. 대농은

“백년이 넘도록 우리 가족들은 여기서 무엇을 대상으로 성묘하고, 제사를 올리고, 벌초를 한 것일까?” 하고 중얼거렸다.

대농은 아무리 생각해 봐도 이해할 수가 없었고, 가슴 한 구석에 물음표가 자리 잡기 시작했다. 한 사장은 개장작업 결과를 종합평가를 해 주었다.

“현실의 규모가 정상보다 작은 것으로 보아 한번 개장을 모신 산소다. 나무관을 유골과 함께 묻고 사방과 윗부분을 콘크리트 시공한 것이다. 유골은 모두 흙으로 변했고, 물은 계속되는 장마로 관 밑바닥에서 스며 올라 온 것이다. 유골이 흙으로 변한 후, 스며들고 빠지는 물은 신경 쓰지 않아도 된다.”

대농은 한 사장의 전문가다운 평가가 고마웠다. 직원들도 아무런

이의가 없었다. 대농은 납골병舍利瓶을 들고 현실로 내려갔다. 이곳저곳의 검붉은 흙을 납골병에 담았다. 머리, 어깨, 양손, 가슴, 심장, 복부, 다리 등 골고루 담았다. 면사무소에 개장결과보고를 하기 위한 사진촬영도 했다. 대농 상주는 현실 밖으로 나와 현실에 100원짜리 동전 두 개를 넣었다. 그리고 장묘사 한 사장에게,

"평토작업平土作業을 철저히 해 주세요."

라고 요구했다. 직원들은 소나무를 심으며 꼼꼼하게 작업했다. 이제 산소의 모습은 사라졌다. 타계하신지 백사십오145년 되시는 5대 할아버지 개장직업은 허무하게 끝났다.

대농은 안도의 한숨을 쉬며 승용차를 운전해 고향마을로 출발했다. 십리 정도 거리에 대농의 고향마을이 있고, 뒷동산에는 오대 할머니가 계신다. 고향마을에 도착하니, 종중宗中 종원宗員과 주민들이, 사당집 앞에 많이 모여 있었다. 대농은 공손하게 인사를 드리고 이야기꽃을 피우는데, '포크레인' 을 앞세우고 장묘사 한 사장 일행이 도착했다. 요즈음 중장비는 대부분 '고무 타이어' 라서 시속 오십 '킬로미터' 로 이동할 수 있단다. 승용차와 거의 비슷한 속도였다. 대농은 격세지감隔世之感을 느꼈다. 대농은 한 사장에게

"예전에는 산소 하나 개장작업하는 데 하루가 걸렸었다."며 웃었다.

대농이 일행은 뒷동산으로 이동했다. 타계하신지 백칠십사174년 되시는 오대 할머니 산소다. 한 시간 전에 개장을 모신 할아버지와 부부지간이시다. 정남향 산소며, 대농이 학창 시절에 올라와 잔디에서 책을 읽기도 했던 그 산소다. 대농은 늦게 합류한 남동생과 함께 산신제와 '파묘전제사' 를 올렸다. 주위 눈길이 많아지니 축문 읽는 대농이 목소리도 커졌다. 장묘사 직원들의 두 번째 개장작업이 시작되었다. '포크레인' 삽질이 시작되자, 산소는 순식간에 제 모습을 잃고 붉은 흙을 드러냈다. 할머니 산소도 부드럽고 연한 황토 흙인데 유골은 없었다. 장묘사 한 사장은

"흙이 좋은 남향 산소라서 유골이 모두 진토塵土되었다."

고 말했다. 종중 박헌실 아저씨는

"복 받은 분이라서 하늘로 올라가셨다."

고 말씀하셨다. 장묘사 직원들이 현실에 있는 흙을 납골병에 담고, 한지韓紙에도 담아 사진촬영을 했다. 면사무소에 제출할 사진이었다. 대농은 현실에 100원짜리 동전을 두 개 넣고, 장묘사 한 사장에게 평토작업을 요청했다. 새벽부터 비가 내릴 것이라는 일기예보가 있었는데 하늘이 맑아졌다. 대농은 "하늘도 나를 도와주시려나보다." 하는 생각을 했다. 태양이 구름 속에서 얼굴을 내밀자, 한 사장의 얼굴도 맑아졌다. 한 사장은 대농에게

"오전 중으로 모든 개장작업을 마치고 점심식사를 할 예정입니다."

라며 작업일정을 제시했다. 대농은 고개를 끄덕이며 긍정적인 신호를 보냈다. 대농이 일행은 개울 건너편에 있는 대농의 고조할머니 산소로 이동했다. 대농이 가족들이 산 넘어 논畓에 농사를 지으러 오갈 때 마다, 지게를 내려놓고 쉬던 산소다. 명당자리로도 소문 난 서향西向산소이고, 마을이 훤하게 내려다보이며, 아름다운 석양노을도 감상할 수 있는 산소다. 김역학 박사는

"여기 계신 할머니 산소 때문에 대농이 가족들이 탈 없이 명맥命脈을 이어져 온 것."

이라고 평가했다. 타계하신지 백오십구159년 되셨는데 가늘고 길쭉한 유골 두 점만 나왔다. 한지에 모셔 사진촬영을 하고 평토작업을 했다.

대농이 일행은 잔디에 앉아 잠시 휴식을 취했다. 그리고 십리를 이동해 대농이 고조할아버지 산소에 도착했다. 방금 전에 개장을 모신 할머니의 남편이고, 아버지 산소 현실을 시멘트로 시공해 개장 모셨던 할아버지다. 타계하신지 백삼십칠137년 되셨는데 정남향正南向산소다. '포크레인'의 삽이 커다란 원을 그리며 삽질을 하자, 불그스레

한 황토가 짙은 흙냄새를 풍겼다.

"산소 좋다. 잘 쓴 산소다."

하는 말이 여기저기서 나왔다. 모두 긴장된 표정으로 말없이 현실만 응시했다. 상상외로 유골이 많이 나왔다. 대농은 효도를 많이 하신 할아버지라, 유골도 별로 없을 것이라고 예측했었는데 틀렸다. 오늘 개장작업 중 처음 만나 뵈옵는 조상님의 유골다운 유골이었다. 대농의 가슴과 머리는 담담했다. 반갑지도 않고 싫지도 않은, 그 중간의 형언할 수 없는 멍한 상태의 마음이었다. 대농은 냉정을 잃지 않으려고 내심을 다졌다. 대농은

"수골작업收骨作業을 세밀히 하라."

고 한 사장에게 당부했다. 대농은 한지韓紙에 계속 쌓여가는 유골을 보며

"사람이 죽어 땅에 묻히면 저렇게 되는 구나."

라고 혼잣말을 했다. 고향마을 장묘 전문가 김용대 아저씨는

"할아버지께서 풍신이 좋으셨고, 마음도 후덕하셨을 것."이라고 평가 했다.

유골의 상태를 보고 미루어 평가하는 전문가의 말이었다. 대농도 그렇게 짐작하고 있었다. 평토작업 때는 인근 마을 주민들이 더 많이 나오셨다. 대농 일행은 마지막 장소인 증조부모 산소로 이동했다. 승용차로 오 분 거리의 선영아다. 대농이 문중의 조상님들도 많이 계신 두무실杜舞室 선영이었다. 대농의 아버지, 어머니, 할아버지, 할머니도 그곳에 계시기 때문에, 대농의 추억이 가장 많이 얽혀 있는 곳이다. 증조할아버지는 타계하신지 팔십칠87년 되셨고, 증조할머니는 구십구99년 되셨다. 부부가 함께 계신 남동 방향의 합장合葬산소다. 합폄合窆산소라고도 부른다. 두 분의 조상님이 함께 계시다는 말을 들은 장묘사 직원들은, 시작부터 매우 조심스러운 자세로 개장작업을 진행했다. 유골이 뒤섞이지 않게 하려는 배려다. 개장작업을 시작한

지 15분 정도 지난 시점에서, 장묘사 직원이 의견을 표명했다.

"합장 산소가 아닌 것 같다."

고 말했다. 대농은 놀라고 당황하기 시작했다.

"그럼 우리 산소가 아니라는 말인가? 그러면 내가 큰일을 저지른 것인데."

하는 걱정이 생겼다. 대농이 일행과 함께 시종 숨을 죽이고 개장작업을 응시하시던 문중 박영실 아저씨가 나섰다.

"아, 이 사람아! 족보에 합장으로 되어 있으면 믿어야지. 족보가 얼마나 정밀한 것이데. 더 깊게 파보고 말해."

라고 큰소리로 지시했다. 대농이 증조부님 개장작업이 지루하다고 느껴질 무렵, 다행히 머리 부분 유골이 보였다. 족보대로 두 분이 나란히 계셨다. 예상대로 유골도 많았다. 대농은 유골이 섞이지 않도록 조심스럽게 작업하는 장묘사 직원들이 고마웠다. 개장작업은 정오를 조금 지나 종료되었다. 한 사장과 종중 어르신들은 현실의 규모를 보고, 이 산소도 한번 개장을 모신 산소라고 평가했다. 조상님들을 납골묘에 모시는 작업 중, 가장 힘들게 생각되었던 개장과정은, 예상보다 쉽고 짧은 시간에 종료되었다. 대농이 일행들은 인근에 있는 음식점으로 이동해 토종닭백숙으로 점심식사를 함께했다. 오찬은 잔칫집 같은 분위기였다.

다음날, 대농은 새벽 여섯 시에 집을 출발했다. 조상님들의 유골을 화장火葬모시기 위해 수원연화장水原煙火場으로 승용차를 운전했다. 화장신고는 대농이 이틀 전에 끝냈다. 당시 화장 날짜와 시각도 확정되었다. 조상님들을 납골묘에 함께 모시는 모든 일이 차질 없이 잘 진행되고 있었다. 수원연화장으로 가는 길은 초행길이었다. 그래도 예상보다 쉽게 찾았다. 야산 속에 새로 건축한 시설이었는데, 주변 경치가 빼어나고, 각종 최신시설로 잘 조성되어 있었다. 추모의집(납골당),

장례예식장(영안실), 승화원(화장장)을 비롯, 정원과 휴게실은 몰론 주차장까지 대규모였다. 화장장火葬場이라는 이미지를 가질 수 없었다. 승화원 굴뚝에서 하늘로 올라가는 연기를 한 점도 볼 수 없을 정도로 최신식 화장시설이었다. 잠시 후에 장묘사 한동진韓東眞사장과 장조카가 도착했다. 반갑고 대견스러웠다. 한 사장은

"제가 해야 할 화장수속을 손수 해결해 주셔 감사합니다." 라고 인사했다.

대농은 접수장에서 승화원사용허가증과 화장증명서를 함께 받았다. 예약시간 정각에 호출 안내방송이 나왔다. 대농은 승화실 직원들에게 조상님들의 유골을 인계했다. 그리고 대기실에서 한 시간 정도 기다리니, 승화작업이 종료되고 납골納骨을 인수할 수 있었다. 납골은 흙 색깔에 왕모래 모양이었다. 옛날처럼 하얀 밀가루 같은 분말이 아니었다. 가루형태 인 유분遺粉보다 깨끗해서 좋았고, 취급하기도 자유로웠다. 깨끗한 유골을 보니 "잘했구나." 하는 생각이 들었다. 대농은 날로 발전하는 세상사世上事에 또 한 번 놀랐다. 대농의 모습을 보고, 장묘사 한동진 사장이 납골 이용실태를 설명했다.

"최근에는 납골로 형형색색의 장신구를 만들어, 몸에 지니고 다니는 사람들도 있다. 일본인들처럼 장신구 대신 놀이개나 꽃병 같은 물건을 만들어 거실에 놓고 활용하는 사람들도 있다. 유골로 장식품을 만들어 주는 회사도 점점 많아진다. 조상님들과 가까운 거리에서 평생을 보내겠다는 국민들이 점점 늘어간다는 평가도 나오는 세상이 되었다"

대농은 "세상 참 많이 변했다." 고 대답했다. 대농의 조상님 납골 묘안치작업이 예상보다 빠르게 진행되고 있었다. 대농은 납골병에 조상님들의 납골을 모시고 납골묘가 위치하고 있는 선영 두무실로 출발했다. 대농은 선영先塋을 찾아가는 길에도 수원연화장의 첨단 화장시설들이 눈에 어른거렸다. 납골병을 모신 승용차들은, 한 시 간 후 선

영 두무실에 있는 납골묘에 도착하였다. 이제 마지막으로 "납골안치 과정" 을 진행해야한다. 대농은 우선 산신제를 지내고, 장묘사 직원들과 납골함에 납골병들을 모셨다. 한 개의 납골함에 부부夫婦두 분의 납골병을 모셔, 함께 계시도록 했다. 대농은 납골안치를 끝낸 후, 상석床石에 제수를 진설하고 "개장제사"를 올렸다. 축문도 정성 드려 읽었다. 이제 여섯 분의 조상님들이 납골묘 한 울타리에서 계시는 세월이 시작되었다.

"오늘을 위해 지난 십년 간 얼마나 많은 노력을 기울였던가!"

대농은 힘들고 괴로웠던 일들이 생각났다. 대농은 푸르고 건강하게 자란 잔디를 한 바퀴 둘러보고, 묘지석墓地石에 새겨진 생전의 아버님의 말씀도 읽어 보았다.

"나 죽거든 산소에 잔디나 파랗게 해 다오!"

대농이 양쪽 얼굴로 눈물이 주르룩 흘러내렸다, 뜨거운 눈물이 자신도 모르게 저절로 흘러내렸다.

대농은 경부고속도로를 이용해 귀가 했다. 정오가 넘어 죽전휴게에서 혼자 점심식사를 했다. 잔디공원으로 나와 한가롭게 휴식을 취하고 보니, 어느새 가을 냄새가 났다. 은행나무와 느티나무 잎들이 푸르다 못해 검푸른 색채를 띠고 있었다. 가을의 전령 코스모스도 꽃망울을 만들었다. 멀리 보이는 광교산도 검푸른 얼굴을 하고 있었다. 대농이는

"가을이 언제 이토록 가까이 왔을까! 내가 계절도 모르고 한 가지 일에만 몰두했었나 보다."

하며 흥얼거렸다. 대농은 느티나무 밑 벤치로 자리를 옮겨 앉았다. 머릿속에서 만감이 교차했다.

대농이 조상님들께 관심을 갖게 된 과정은 아주 자연스러웠다. 삼

형제 중 가운데 인 대농은, 호구지책糊口之策이 가장 좋은 편이었다. 아버지는 대농이가 결혼 한지 오 개월 후 타계하셨다. 그 후 명절이면 형님 댁에서 차례상茶禮床을 올렸다. 대농은 과일이나 고기 등 제수에 필요한 것들을 사 들고 가거나 금일봉을 드렸다. 형님의 고향 행보行步는 점점 무디어졌다. 산소관리는 저절로 대농이 몫으로 인식되었다. 대농은 아버지가 평시에도 자식들에게

"나 죽으면 산소에 잔디나 파랗게 해 다오."

라고 하신 말씀을 유언처럼 생각하며 실천했다. 그러나 5대에 걸친 조상 님들 산소관리는 그리 쉬운 일이 아니었다. 특히 잔디 살리기가 어려웠다. 이유는 산소 위치와 흙의 종류 때문이다. 산소가 비탈진 곳이고, 모래흙 토질이라, 잔디 살리기가 거의 불가능했다. 농민들에게 자문해도 묘책이 없었다. 대농은 전문가 도움을 받아, 부모님과 조부모님 산소를, 햇볕 이 잘 들고 낮은 곳으로 부부 합장해 이장移葬을 모셨다. 잔디가 생존하는데 꼭 필요한 햇빛, 토질, 바람, 삼대요소를 충족시키는 산소 터였다. 그러나 그곳도 삼년 만에 잔디가 마르고 잡초가 점령했다. 대농은 십여 년간을 잔디와 싸우다, 결국 산소 전체를 새로 만드는 사초莎草를 했다. 특히 잔디를 잘 깔았다. 그러나 또 삼년을 넘기지 못하고 잡초에 굴복했다. 다행히 납골묘는, 대농이 소유 밭 일부를 묘지로 용도 변경해 조성했기 때문에 잔디가 파랗다. 이런 과정과 세월 속에, 대농은 화장이나 납골묘 같은 것을 생각하게 되었다. 결국 대농은 조상님들을 납골묘에 모시는 행사에 주도적인 인물이 되었다. 결과는 성공적인 반응을 얻었다. 대농은 고향마을과 종중에서 선망의 대상 인물로 부각되었다. 대농은 행사를 주도主導하면서, 장묘사 한동진 사장으로부터 알게 된 화장문화의 현황과 전망을 가족들에게 설명했다. 가족과 친지들이 추석날 조상님들께 차례상을 올린 후 그 자리에서 설명해 화장문화 이해를 증진시켰다.

"우연이겠지만, 대농이 조상님들을 납골묘에 모신지 몇 년이 지나,

화장문화가 많이 확산되었다. 수목장樹木葬까지 등장했다. 한국 주변 국가인 일본과 중국은, 완전히 화장문화가 뿌리 내렸다. 특히 일본은 마을마다 화장장이 있다. 국가예산으로 운영되고 있다. 아시아 삼대 국가인 중국, 일본, 한국의 인구를 합치면 15억 5,000만 여명이다. 유럽연합공동체 전체인구를 능가하는 규모다. 영국, 스위스, 덴마크 같은 유럽 기독교문화 선진국들의 화장율도 이미 연평균 70% 선을 넘었다.

한국도 화장율火葬率이 2010년 기준으로 전국평균 67.5%, 서울지역 75.9%, 부산지역 83.5%로 상승했다. 이런 추세는, 우리국민 스스로가 만들어낸 결과여서 더욱 값지게 보인다. 아름다운 미래를 위한 선진국 차원의 행정적 뒷받침이 절실하다. 화장문화 확산은 반대로 매장문화의 쇠퇴현상이라고 볼 수 있다. 왜 그럴까?

우선, 전 세계가 컴퓨터와 이동통신 같은 문명의 이기利器로 세상이 변했기 때문이다. 이제 인류사회는 수천 년 만에 새로운 세상을 살고 있다. 우리가 살아 온 지난 한 세기는, 너무도 많은 문명의 이기利器들을 만들어 냈다. 핵무기, 컴퓨터, 핸드폰, 로봇, 우주선 같은 굵직굵직한 기술을 개발해, 국경을 허물게 하고 지구촌을 한 개의 마을로 만들어 가고 있다. 젊은이들도, 새로운 문화에 적응하며 살고 있어, 세대 간 가치관의 차이도 넓고 크다. 이런 영향으로 우리나라 젊은이들도 화장문화 선호도가 높다.

다음으로, 매장문화의 허구성이다. 풍수지리설의 핵심인 명당론明堂論이 대표적으로 지적될 수 있다. 명당이란 땅의 정기精氣가 모여 있는 혈穴을 말하는 것이다. 여기에 산소를 쓰면 발복發福해 부자가 되고 고관대작이 된다는 이론이다. 그러나 요즘 세상엔 신뢰를 받지 못하고 있다. 발복을 과학적으로 증명할 수도 없다. 명당에 산소를 써도 백골이 진토塵土되지 않는 곳이 있다. 이번에 대농이 개장을 모신 결과도 그렇다. 이런 문화를 인터넷과 스마트폰으로 무장한 신세대들이 수용하지 않는 건 자연스럽다.

마지막으로 지구온난화현상 때문에 산소관리에 문제가 생겼다. 산쑥 같은 외래外來 잡초들의 번식 능력이 강해져 잔디가 죽는다. 잡초가 잔디를 이기는 세상이 되었다. 때문에 이제는 일 년에 벌초伐草를 두서너 번 해야 겨우 잔디가 산다. 잡초로 뒤덮인 산소는 임자 없는 고총古冢이나 마찬가지다. 명절만 되면 조상을 찾는 수많은 자손들도, 이제 이런 현상을 발견하게 될 것이다. 대농은 앞으로 명절 때 마다 가족들을 동반하는 성묘는 하지 않을 것이다."

매장문화와 화장문화를 왕래하던 대농은 6년 전에 불교신도가 되었다. 대농은 작년에 조상님들과 타계他界하신 가족들의 영구위패永久位牌를 유명 사찰 대웅전에 모셨다. 인류가 예상치 못했던 지구온난화地球溫暖化는, 대농이 매장문화를 떠나 화장문화로 이적移積하는 데 결정적인 역할을 했다.

단편소설

여존남비 女尊男卑

〈 서울 조계사 경내 〉

일찍 일어난 무봉 씨는 외출준비를 마치고 마루에서 가족들을 기다리고 있었다. 오월의 하늘은 티 없이 맑고 깨끗하다. 그러나 먼 길을 떠나는 발길은 편치 않다. 일 년이 넘어도 전쟁이 계속되고 있기 때문이다. 무봉씨 아내 향순과 큰딸 효숙이가 안방 문을 열고 함께 나왔다. 가족 모두가 한복차림이다. 향순 모녀가 먼저 출발하고 무봉씨는 오 분 후에 대문을 나섰다. 아무리 가족들이라도 남녀가 함께 걸어가는 모습이 동네 사람들 눈에 띄지 않게 하려는 배려였다. 그런 행동거지가 당시 사회의 미풍美風이었다. 무봉씨 일행은 동구 밖 산모퉁이에서 만나, 함께 걸어갈 예정이었다. 대농의 아버지인 박무봉 씨는 슬하에 3남 4녀를 두었는데 행상과 농업으로 자식들 학비를 조달하면서도 종친회장과 사당祠堂을 관리책임자 직책을 맡고 있었다. 오늘 가족들의 외출은 오십 리를 걸어갔다 되돌아오는 백리 행보였다. 때문에 가족들은 편한 마음을 가질 수 없었다. 길가에는 아직도 전쟁이 할퀴고 간 상처들이 여기저기 나뒹굴고 있었다.

"큰애야! 흑성산 앞 평야지대 마을이라고 했지?" 무봉씨가 물었다.

"예." 효숙의 대답은 나지막한 목소리였다.

"그 동네는 넓은 평야지대여서, 밥 굶는 사람은 없을 것이다."

행상을 하며 장날마다 오가는 지역이라 무봉씨는 대충 알고 있다. 그 마을은 경부선 철도가 정거하는 역 주변 마을이다. 암행어사를 지낸 박문수 할아버지 산소와도 가까운 마을이다. 세 사람은 정오 쯤 마을에 도착했다. 무봉씨 부부는 큰딸 효숙의 안내로 먼저 중매쟁이 집을 찾아갔다. 마을 주변에 있는 초가 삼 칸의 집이었다. 무봉씨 부부는 중매쟁이와 통성명을 했다. 중매쟁이는 한동안 수다를 떤 후 밖으로 나갔다. 십분도 되지 않아 건장한 젊은이를 데려왔다. 오늘 효숙과 맞선을 볼 남자였다. 네 사람이 자리를 함께하자, 무봉 씨가 먼저 말을 꺼냈다.

"저 아이의 애비 되는 박무봉입니다."

"저는 김함경이래요. 나이는 스물여덟 살이고, 고향은 흥남입네다."

중매쟁이는 '김함경의 가족은 없고, 몇 달 전에 남한으로 넘어 온 총각!' 이라고 소개했다.

이에 무봉씨는, "그럼 지난겨울 1.4후퇴 때, '흥남철수작전' 으로 내려온 청년인가요, 가족들과 헤어지셨군요." 하고 물었다.

김함경은 "네, 맞습네다. 잘 아시고 게시누마뇨."라고 답변했다.

"그래, 이곳에서는 무엇을 어떻게 하며 살아가실 계획인가요."

무봉 씨가 또 물었다. 중매쟁이가 말을 가로챘다.

"우리 동네 김 대감 집에서 머슴살이를 하고 있어요. 새경私耕도 많이 받고, 함께 살 방도 두 칸이나 마련해놓았습니다."

무봉씨의 질문이 계속되었다.

"부모들은 무엇을 하셨고, 학교는 다니셨나요."

"아버지는 면서기를 하셨고, 저는 소학교를 졸업했습네다."

중매쟁이는 "두 사람의 나이도 한 살 차이이고 양쪽 모두 배운 사람들이라, 마음이 잘 통할 것입니다."라며 좋아했다.

어머니 향순 씨도, 김함경의 인상과 풍신이 좋고, 마음도 느슨한 것 같아, 내심 긍정적으로 생각했다.

효숙의 부모들은 중매쟁이 집에서 점심식사를 함께 했다. 김 대감 집으로 이동해 김함경이 거처한다는 방을 둘러보고 귀갓길에 올랐다. 무봉 씨 내외는 해지기 전에는 집에 도착해야한다는 생각에 사로잡혀 있었다.

무봉씨는 동구 밖까지 배웅하는 중매쟁이에게 "남 · 여 당사자들이 좋다면, 적당한 날짜를 잡아 신방新房을 마련하자."고 일렀다.

중매쟁이와 효숙이 얼굴에는 화색이 돌았고 "고맙습니다." 하며 인사를 허리 굽혀 했다.

효숙이 부모들은 발길을 재촉했다. 무봉 씨는 전쟁 중에 밤중에 이동한다는 것은 목숨을 건 행위라는 사실을 잘 알고 있었다. 다행히 그들은 땅거미가 내려앉기 전에 집에 도착했다.

무봉 씨는 피곤을 느낀 상태에서 늦은 저녁식사를 했다. 모처럼 편한 마음으로 잠을 청하니, 효숙이 문제로 고단했던 지난날의 인생살이들이 떠올랐다. 지난 3년 간 가족들은 기구崎嶇한 나날들을 보냈었다. 그 3년이 30년 같이 생각되었다.

일본강점기에서 해방된 기쁨도 잠시였다. 대한민국 정부출범을 경축하며 목이 터지도록 만세 부르던 즐거움도 잊은 지 오래되었다. 이제 또다시 같은 민족끼리 "6.25남북전쟁"을 하며 서로를 살육殺戮하는 만행은 더욱 보기 싫었다. 무봉 씨는 우리 민족의 처지가 자신의 기구한 인생살이와 비슷하다고 생각했다.

1948년 3월! 한반도를 찾아온 새봄은 찬란했다. 제2차 세계대전과 일본의 한반도 식민지통치가 종식되고 세 번째 찾아온 봄이었다. 전국 방방곡곡마다, 자유가 넘쳐흐르고 새 희망이 싹텄다. 심심산천 박대농이 동네도 새봄이 찾아왔다. 대농이 집 안마당 밖 실개천엔 산수유, 털생강, 개나리가 노랗게 숲을 만들었다.

진달래도 연분홍 꽃봉오리를 벌리며, 울긋불긋한 수채화를 그려놓았다. 겨우내 뒤란에서 장독대를 지키고 있던 복숭아, 배, 살구 같은 과일 나무들도, 제각기 독특한 색깔의 꽃봉오리를 주렁주렁 매달고, 꽃그림을 덧칠했다. 이제 대농이 동네 뒷동산에선 만화萬化 방창方暢하는 꽃잔치가 벌어질 것이다.

대농이네 마을 주민들이 올 봄을 특별히 반갑게 맞아들이는 것은, 아름다운 꽃 때문만이 아니었다. 몹시도 춥고 배고프던 겨울이 너무 길고 지긋지긋했기 때문이었다. 봄에는 봄꽃과 함께 달래, 냉이, 꽃다지, 씀바귀 같은 봄나물들이 함께 돋아났다. 올 봄에도 가난한 동네 사람들은 나물을 뜯어 먹으며, 춥고 굶주린 겨울을 지내느라 소진消盡되었던 원기를 회복했다. 38년 전부터 한국을 강점强占하고 있는 일본은, 9년 전인 1939년 9월에 제2차 세계대전을 일으켰다. 한국에서 온갖 물자를 수탈해 가더니, 5년 전부터는 식량과 놋그릇 같은 식기食器까지 공출해갔다. 한국 사람들의 생계는 극도로 불안했으며, 초근목피草根木皮로 명줄을 이어가는 가정들이 많았다.

대농이는 한국이 일본으로부터 해방되기 3년 전인 1942년에 출생했다. 그는 공무원으로 정년퇴임하였다. 그가 그렇게 열심히 공부해서 공무원으로 성공한 것은 어려운 가정을 일으켜보려는 남다른 각오 때문이었다. 대농이는 아버지와 효숙 누나처럼 열심히 공부했다. 남에게 폐를 끼치는 사람이 되고 싶지 않았다. 특히 여자들에게는 절대로 신세를 지거나 누를 끼치지 않았다. 공무원이 된 대농이는 모든 일을 솔선수범 했다. 남존여비男尊女卑와 같은 해묵은 구습舊習을 타파하는 데도 앞장섰다. 특히 여권신장女權伸張을 통한 선진국 수준의 남녀평등사회 구현을 위해 노력했다. 성차별행위 금지와 성추행행위 엄벌조치 입법화를 정부에 제의했다. 대농이는 자기관리도 철저히 했다. “남녀평등제도 정착은 나부터 솔선해야 가능하다.” 는 신념 속에 생활했다. 대농이는 여성공무원과 결혼하여 부부공무원으로 맞벌이를 했다. 공무원 퇴직도 부부가 같은 해 같은 날에 했다. 인생살이는 부부가 함께 엮어가는 여정이라는 게 대농이의 신념이었다. 그러나 가정 경제권은 여성인 아내가 갖도록 했다. 대농이는 봉급 전액을 아내에게 주었다. 약자인 여자에게 우월적 지위를 부여한 것이다. 주말이면 부부가 시장, 할인점, 백화점을 다니며, 일주일 간 필요한 생활필수품들을 구매했다. 학교 수업을 마치고 일찍 귀가하는 자녀들의 간식 준비도, 부부가 교대로 했다. 이런 생활자세 때문에 대농이 부부는 주변 사람들에게 “항상 함께 다니는 부부.”라는 말을 들었다.

대농의 나이도 이제 고희古稀를 넘겼다. 정년퇴직 후 연금으로 생활을 하고 있는 그는 아직도 남존여비사상과 가부장제의 부작용 사례에, 얼굴을 붉히며 규탄을 서슴지 않는다. 특히 성추행사건이 불거질 때마다, 남녀평등 사회는 아직 멀었다며, 허술한 법적규제를 꼬집는다. 외국인 여성근로자들에게 임금을 주지 않는 사례가 발생하면, 치를 떨며 당국에 직접 신고했다. 대농에게 불만과 실망만 있는 건 아니다. 보람을 느끼는 경우가 더 많다. 세상이 빠르게 변하여, 대농이 무릎을 치고 박수를 보낼 일들이 많아졌다. 성차별행위 금지와 성추행행위 엄벌조치 제도화 이후, 여권신장이 눈에 띄게 두드러졌기 때문이다. 초등학교 교사 중 여성교사가 월등히 많다는 점, 사법고시와 외교관고시에서 여성 진출이 획기적으로 증가하고 있는 사실, 육 · 해 · 공군에 자진 입대하는 여군들도 계속 급증하고 있는 현상, 대학입시에서 여학생들의 합격률이 점증하고 있는 현상 등 여권女權이 빠르게 신장되고 있다. 그의 이런 가치관은 어려서부터 보아온 누나가 겪은 사회제도에 대한 원망과 증오심 때문이었다.

초등학교 입학식 날짜만 기다리는 대농이는 동네 또래 친구들과 어울리고, 장난치고, 심부름하는 게 생활의 전부였다. 그날 대농이는 효희 누나, 형 인농, 남동생 성농 등과 함께, 사립문 밖 텃밭을 일구고 있었다. 감자, 고추, 파 같은 농작물을 심는 텃밭이었다. 화창한 봄볕을 즐기며 밭갈이를 하는 사남매는 즐거웠다. 식구들이 함께 먹을 식량을 위해 시작하는 농사여서 더욱 힘을 낼 수 있었다. 지난겨울 동안 지겹도록 먹었던 찬밥, 밀가루수제비, 죽, 쌀겨수제비, 수수겨수제비 등이 생각났다. 뱃속과 머릿속이 싫증으로 가득 찼다. 팽배한 싫증은 증오의 힘으로 변해, 삽과 괭이질을 더욱 힘차게 만들었다. 남매들의 이마엔 구술 같은 땀방울이 맺혔다.

그때 대문 밖에서 웅성거리는 소리가 들리고 대농의 어머니인 향순 씨가 달려 나갔다. 아버지 무봉 씨는 먹을 식량을 마련하려고 아침 일찍 행상을 떠난 뒤였다. 대농이 일행도 농기구를 놓고 함께 대문으로 달려갔다. 곧이어 향순 씨가 아기를 안은 젊은 여인을 안내해 안방으로 들어갔다. 함께 온 사람들은 자기들끼리만 두런거리며, 등에 지고 온 물건들을 안마당에 모두 내려놓았다. 열 명도 넘는 어른들이 내려놓은 물건은 반닫이, 이불, 옷가지, 살림도구 같은 것들이었다.

분위기가 조용하더니 긴장스럽게 변했다. 아무도 입을 열지 않았다. 물건을 내려놓은 인부들은 쏜살같이 대문 밖으로 사라졌다. 효희가 안방으로 뛰어 들어가 어머니와 이야기를 나누었고, 남은 세 동생들은 뜰 밑에서 기다렸다. 모녀의 대화는 낮은음계로 진행되어 밖의 동생들은 내용을 알 수가 없었다. 얼마 후 효희가 밖으로 나왔다. 빠른 걸음으로 부엌에 들어가 아궁이 앞에 앉았다. 점심을 지으려는 것 같았다. 그러나 효희의 인상은 점점 굳어졌으며 행동도 거칠어졌다. 동생들의 질문에도 대답하지 않았다. 형 인농이가 효희 누나에게 대들듯이 큰소리로 물었다.

"효희 누나, 그 사람들 누구래? 이것들은 다 뭐고!"

"나도 몰라."

"엄마하고 많이 이야기 했잖아!"

"그래도 몰라, 아무 말도 하지 말랬어."

효희의 눈에는 이미 눈물이 고여 있었다. 아궁이에 불을 지피는 효희의 부지깽이는 떨렸다. 곧이어 대성통곡하는 소리가 들렸다.

"난 몰라! 난 몰라! 이제 우리는 어떻게 살아!"

안방 문을 박차고 나온 향순 씨의 꾸중은 준엄했다.

"얘! 너 지금 뭐하는 거야? 조용하지 못해? 아기들이 모두 잠자고 있는데!"

효희는 눈물을 훔치며 뒷동산으로 올라갔고, 향순 씨는 다시 안방으로 들어갔다. 향순 씨도 세 달 전에 대농이 여동생을 출산하셨기 때문에, 이제 안방에는 아기가 두 명이나 되었다. 그날 밤 안방에서는 향순 씨와 젊은 여인, 아기 두 명 등 네 명이 잤다. 사랑방에서는 대농이와 텃밭을 일구던 네 명의 남매들이 잤다. 말이 사랑방이지 무봉 씨가 작년에 대문 옆에 있는 헛간을 개조하여 만든 조그만 방이었다. 그날 밤 사랑방 식구들은, 이심전심으로 침묵을 지켰는데도 밤잠을 설쳤다. 농한기마다 각 지역 오일장터를 돌며 장사를 하고 열흘이나 보름 만에 들어오는 무봉씨는, 그날도 집에 못 들어왔다. 어제 집에서 무슨 일이 벌어졌는지도 모른다.

다음 날 오후, 향순 씨가 사랑방에 네 남매를 불러 놓고 짧고도 분명한 훈계했다.

"어제 아기를 안고 온 사람은 너희들의 큰언니고 큰누나인 효숙이다. 둘째누나 효선이는 서울에 살고 있다. 효희는 셋째누나다. 너희 삼 형제는 오늘부터 '효숙 누나, 효선 누나, 효희 누나' 라고 불러라. 첫째, 둘째, 셋째라는 말은 사용하지 말아라. 그래야 이해가 쉽다. 아랫사람을 부를 때는 그냥 이름만 불러라. '효숙아, 효선아, 효희야, 인농아, 대농아, 성농아' 라고 부르면 된다. 아직 어린 아기는 막둥이라 부르고, 효숙 누나가 어제 데리고 온 아기는 신경 쓰지 않아도 된다. 그냥 아기라고 불러라. 이제 우리 식구도 아홉 명이 되었다. 그리고 동네 사람들이 너희들에게 묻는 게 있으면 주저하지 말고 또렷또렷하게 아는 대로만 이야기해라. 잘못된 것도 없고 궁금할 것도 없다."

향순 씨의 자세는 당당했다. 어머니가 자리를 뜨신 후에도, 네 남매는 입을 열지 않았다. 한동안 사랑방에는 침묵만 흘렀다. 대농의 형 인농이가 먼저 입을 열었다.

"효희 누나는 언니들이 두 명 더 있는 사실을 알고 있었어?"

효희는 말없이 목을 끄덕이며 긍정적인 표현을 했다. 효희를 제외한 삼형제는 마당으로 나왔다. 대농이는 누나가 두 명 더 있고, 식구가 아홉 명이이라는 사실을 오늘에야 처음 알았다. 효숙 누나와 아기까지 따지면 식구가 모두 열 명이다. 나쁜 소식은 아닌 것 같은데, 어던지 마음 한 구석이 답답하고 명랑한 표정을 지을 수 없었다. 그날 대농이는 안방에 들어가지 않았다. 새로 온 아기의 얼굴도 보지 않았다. 그래도 궁금하지 않았다. 어제부터 안마당에 쭉 널려 있는 살림살이들이 더 궁금했다.

그 사건의 전말이 밝혀진 것은 열흘 후, 아버지가 집에 오신 다음 날이었다. 집안 분위기가 더욱 무거웠지만 내용은 알 수 있었다. 효숙이 몇 년 전에 결혼을 했는데, 아기를 낳은 후 남편이 아내를 내쫓는, 이른바 소박疎薄을 맞은 것이었다. 가부장제家父長制 때문에 남존여비男尊女卑 사상이 팽배했던 그 시절에는 여필종부女必從夫와 칠거지악七去之惡이라는 유교적儒敎的 사회규범에 얽매여, 여성들의 인권은 찾아볼 수 없었다. 소박 이외에도, 남편의 폭력에 시달리는 아내들도 너무 많았다. 시어머니가 며느리를 혹독하게 시집살이 시키는 풍습은 당연한 것으로 인식되었다. 딸을 시집보내는 어머니들은 "죽어도 시집에서 죽어야한다."고 교육시켜 출가시켰다. '벙어리 3년, 귀 머거리 3년, 장님 3년' 이라는 며느리의 생활수칙은 공공연한 사회규약이었다. 한 많은 여자의 일생이 시집가는 날부터 시작되었다. 이런 잘못된 혼인문화의 횡행橫行으로, 여성들의 인권은 낙엽처럼 짓밟히고, 비극적인 삶을 마감하곤 했다. 그 여파로 '시집살이' 라는 아름다운 우리말은, '남의 밑에서 감독이나 간섭을 받으면서 하는 고된 일' 이라는 뜻으로 활용되고 있다.

효숙이 소박을 맞은 이유를 대농의 가족들이 알게 된 건, 한 달도 더 지난 후였다.

"여자가 너무 말이 없고 조용해 함께 살 수가 없었다." 는 게 이유의 전부였다. 칠거지악에 해당되지 않는 내용이었다. 이런 사실을 확인한 무봉 씨는 한 동안 대문 밖 출입을 하지 않았다. 집에만 머물며 농사일만 했다. 시도 때도 없이 한숨을 길게 내 쉬며 "분憤을 삭일 수 없어 소화도 안 된다."는 말을 종종했다.

어머니 향순도 "우리 집은 절간같이 조용한 집이 되었다. 찾아오는 사람이 없다."고 하며 한숨을 짓곤 했다. 향순 씨는 큰딸 효숙이의 중매결혼을 주도했었다. 속이 얼마나 상했는지를 미루어 짐작할 수 있었다. 당시의 결혼 풍습은 중매결혼이었다. 중매쟁이와 양쪽 부모 및 종중宗中이 협력해 혼사여부를 결정했다. 맞선이라는 절차가 있었지만, 당사자들의 의견이 결혼 성사여부를 결정 할 수는 없었다. 맞선은 혼사의 절차에 불과했다. 여권신장女權伸張이라는 단어는 입에 담기도 힘들었고, 무참하게 짓밟힌 여성들은, 양잿물을 마시고 목숨을 끊는 사건도 도처에서 발생했다.

두메산골 대농이네 마을에도 대한민국 정부가 수립되었다는 반가운 소식은 들렸다. 3년 전, 해방이 되었다고 모두 나와 만세를 부르던 때와 비슷한 분위기였다. 안방의 막둥이와 아기도 대농이 남매들 등에 업혀 안마당과 뒷동산을 자주 구경했다. 아기도 한 식구처럼 가족들과 친분이 생겼다. 대농이 부모들과 효숙의 대문 밖 출입도 잦아졌다. 그렇다고 효숙의 표정이 밝아진 것은 아니다. 효숙은 아기를 안고 안마당을 서성거리거나, 뜰에 앉아 햇볕을 쬐던지, 뒷동산을 산책하고 돌아오는 게 전부였다. 동생들이 가까이 가면 효숙은 재빨리 표정을 바꾸고, 동생들의 이름을 부르며 친절을 베푸는 순발력을 발휘하곤 했다. 여섯 명의 동생들 중 효숙과 가장 친분이 가까워진 동생은 대농이었다. 대농이와 동생 성농이는 아직 학교엘 다지지 않았기 때문이다.

효숙은 일곱 남매 중 가장 윗사람이고, 대농이보다 15년이나 먼저 태어났다. 효숙은 총명하게 성장했고 일본식민지통치 시절에도 소학교初等學校를 졸업했다. 농촌에서는 보기 드물게 한글과 한문을 자유롭게 활용해 현대교육을 받은 여성으로 평가 받았다. 그 시절에는 소학교도 드물었고, 한문을 가르치던 서당도 대부분 폐지되었다. 농민들은 학교를 다니지 않아 글을 못 읽고 못 쓰는 문맹文盲이 많았다.

어느 여름날, 효숙이 동생 대농이를 불렀다.

"대농아, 너 내년에 초등학교 들어갈 거지?"

"응."

"내가 오늘 학교 보여줄게 함께 갈래?"

"어디 있는데?"

"뒷동산에서 좀 더 올라가면 학교를 볼 수 있어."

"거짓말, 뒷동산 할아버지 산소는 우리들의 놀이터다. 학교는 없어. 내가 얼마나 많이 갔었는데. 효숙 누나 아무것도 모르면서. 그렇지? 거짓말이지?"

"아냐! 정말이야. 일단 따라와 봐."

효숙은 대농이의 손을 잡아끌며 사립문을 나섰다. 5분도 되지 않아 할아버지 산소에 도착했다. 대농이가 먼저 말을 꺼냈다.

"효숙 누나! 학교가 어디 있어? 효숙 누나 여기 잘 모르잖아!"

"저기 있다. 저기 가면 보인다."

효숙은 손가락으로 산봉우리 쪽을 가리키며 참착하고 자신 있는 표정으로 대답했다. 그러나 대농이는,

"싫어, 거기는 안가. 어른들이 가지 말랬어. 거기가면 혼나." 하며 대농이는 산제당山祭堂 쪽을 가리켰다.

산제당은 동네 뒷산 중간 숲속에 있었다. 짚을 역어 고깔 모형의 원추형으로 지어져 있었다. 내부에는 제상祭床과 제기祭器들이 깨끗하게 보관되어 있었다. 마을 원로들은 제관祭官 두 명을 뽑아, 매년 정월 열나흘 날 밤 자정에 산신령께 제사를 올렸다. 그날 밤은, 모든 가정들이 등불을 대문 밖에 내걸고 온 동네를 밝혔다. 가장들은 사랑방에 함께 모여 기다리다 제사 종료 통보를 받으면, 제수祭需로 사용된 돼지고기나 소고기를 분배 받아 귀가했다. 때문에 정월 대보름날 아침에는 동네 모든 사람들이 고깃국을 먹을 수 있었다. 주민들은 산제당을 신성한 장소로 모셨으며, 평소에도 아무도 접근하지 못하도록 경계를

소홀히 하지 않았다.

효숙은 계속 대농이를 설득시켰다.

"산제당 쪽으로 가는 게 아니고, 저기 저 넓적바위를 지나 오른쪽 능선 위로 올라가는 거야. 얼마 안 걸려. 거기에 가면 학교뿐 아니라, 집에서 학교 가는 길, 마을, 냇물, 면사무소 등 별게 다 보여. 높은 하늘도 손으로 만질 수 있고."

"그래도 싫어. 산제당보다 높게 올라가는 건 싫어. 무섭고."

"박대농! 몇 달 후부터 학교 다니려면 오늘 길을 알아두어야지. 너 학교 들어가기 싫어?"

효숙은 대농이를 어르고 달랬다. 효숙은 대농이 손을 잡고 천천히 걸었다. 꽃을 꺾어 이름도 가르쳐주고, 나무 이름도 암기시켰다. 곤충도 잡아 이름을 가르쳤으며, 배운 것들은 잊어버리지 않도록 반복해서 교육시켰다.

"야, 대농이 머리 좋은데. 학교에 다니면 공부 잘하겠다. 우등상도 타오고. 그런데 대농아, 학교 다니면 선생님이 부르실 때 '네' 하고 대답하는 거야. 어른들에게도 '응' 하는 게 아니라, '네' 하고 대답해야해. 알았지?"

효숙의 세련된 달램에 대농이는 저절로 휘말렸고, 두 사람은 오른쪽 능선에 도착했다. 온 몸이 땀으로 젖었다. 두 남매는 넓적바위에 앉아 휴식을 취하며, 동쪽과 남쪽으로 펼쳐지는 경치를 감상했다. 대농이의 마음은 황홀하고 흥분되었다. 저 멀리 뒷동산과 대농이네 마을이 내려다보였다. 집들은 게딱지처럼 조그맣게 보였다. 대농이는 동네 앞 들판이 저렇게 넓은 것이었다는 사실도 처음 깨달았다. 평소 생각도 못했던 경치들을 많이 볼 수 있었다. 시원한 바람으로 땀이 식었을 무렵, 효숙이 말을 꺼냈다.

"어때, 대농아, 별의 별게 다 보이지? 이런 경치를 처음 보는 거지?"

"응, 효숙 누나! 효숙 누나는 언제부터 여길 와 봤어?"

황홀감에서 헤어나지 못하는 대농이의 질문은 나지막했다. 효숙은 손짓을 하며 말했다.

"저기 좀 봐! 저기가 산봉우리다. 저기가!"

효숙이 손짓하는 방향을 쳐다보니 정말 산 정상 봉우리가 지척에 있었다. 두 사람은 신나게 걸어 산봉우리에 섰다. 대농이는 바람이 불고 몸이 휘청거리는 느낌을 받았다. 계속 몸이 허공에 떠 있는 것 같아, 무엇에 의지하였으면 좋겠다는 생각이 났다. 그래도 처음 보는 경치에 놀란 대농이는 한동안 말없이 혼자 이리 뛰고 저리 뛰며 구경했다. 효숙도 대농이가 안정을 찾을 때까지 기다렸다. 대농이의 이마에 땀이 보이지 않을 때, 효숙이 말을 꺼냈다.

"내말 맞지? 하늘도 손에 잡히지?"

"응. 그런데 조금 어지러운 것 같아."

효숙은 대농이의 손을 잡고 이야기했다.

"그래, 높은데 처음 올라와서 그래, 조금 있으면 괜찮아질 거야."

효숙은 대농에게 사방으로 보이는 경치를 설명했다. 우선 동서남북 방향을 가르쳐주었다. 마을 이름, 산 이름, 읍내로 가는 길, 냇물, 다리, 면사무소 등지도 설명했다. 대농이가 내년부터 다녀야할 초등학교와, 집에서 학교까지 가는 길은 제일 나중에 가르쳐주었다.

"대농아, 저기 학교 보이지? 정말 학교가 있지?"

"응."

"운동장엔 학생들이 체조를 하고, 그 앞에는 선생님 한 분이 서 계시지?"

"응."

"저 보이는 선생님이 네 매형님이셔."

"매형이 뭔데?"

"……?"

대농이가 쳐다보니 효숙 누나는 손수건으로 흐르는 눈물을 닦고 있었다. 대농이는 재빨리 효숙 누나와 거리를 두고 경치만 구경했다. 매형이라는 게 무엇인지 궁금했지만 더 이상 묻지 않았다. 저 멀리 신작로엔 소달구지가 지나가고, 지게를 등에 진 농부가 소를 몰며 이동하는 한가로운 농촌 풍경도 보였다.

"땡땡땡! 땡땡땡……." 학교종이 울리면 많은 학생들이 운동장에 나와 뛰어놀았다. 십분 후에 또 "땡땡땡……." 종소리가 나면, 운동장엔 아무도 없이 조용한 분위기가 계속되었다. 대농이는 지루하다는 생각을 갖기 시작했다. 그러나 효숙은 계속 앉아 학교만 응시했다. 봉우리에 오른 지도 벌써 두 시간이 넘었다. 효숙의 눈물은 계속되었다.

집으로 내려오는 하산 길은 즐거웠다. 대농이는 깡충깡충 뛰어 내려왔는데, 힘들지도 않았고 땀도 나지 않았다. 이름 모를 꽃이나 나무를 발견하면 효숙 누나에게 물어보고, 잊어버린 동네 이름도 또 물어보며 내려왔다. 대농이는 오늘, 새 세상을 만났던 황홀감에서 헤어나지 못하며 발길을 재촉했다. 마을에 내려가 오늘 보고 알게 된 것들을 친구들에게 자랑할 요량이었다. 그러나 하산하는 효숙의 발길은 무거웠다. 전신에 힘이 빠져 있었다. 집에 도착하니 어느새 해는 서산 위로 옮겨져 있었다. 대농이는 안방으로 뛰어 들어가 어머니에게 이야기했다. 산봉우리에서 있었던 모든 것을 생각나는 대로 이야기했다. 엄마는 대농이 말을 귀담아 들었지만, 대답을 하거나 표정을 바꾸지는 않았다. 그날 대농이는 효숙 누나가 눈물을 흘렸던 이유를 알아내지 못했다. 3년 후 초등학교 3학년 때, 대농이는 효숙 누나와 매형과의 관계를 상세히 알 수 있었다. 그 시절엔, 매형의 '선생님' 이라는 직업이 상당한 지식인으로 대접받았었다. 효숙 누나도 사당祠堂 할아버지를 모시는 양반문중에서 태어나, 현대식 공부를 한 우수한 여성으로 선정되어, 양가에서 결혼을 하도록 한 것이었다.

대농이네 가족들의 가을은 풍요로웠다. 논밭에서 추수한 곡식과 채소를 마음대로 먹을 수 있었다. 배가 부르니 가족들의 표정도 밝아졌다. 식사 시간이면, 이야기꽃이 만발하곤 했다. 많은 가족들은 자연스럽게 명랑한 분위기를 만들었다. 효숙은 아기의 이름을 인숙仁淑이라고 지었다. 그 해는 추석명절도 즐거웠다. 전국 방방곡곡이 대한민국 새 정부 출범을 축하하는 분위기였기 때문에, 더욱 풍요로운 추석명절이 되었다. 그러나 기쁜 것은 항상 쏜살같이 빠르게 지나가게 마련이었다. 즐거움이 끝나기도 전에 춥고 배고픈 겨울이 몰래 찾아와 기다리고 있었다. 그해 겨울 대농이네 식구들의 식사도 변함없이 식은 밥, 죽, 밀수제비, 쌀겨수제비 같은 것들이었다. 그래도 식구들은 먹을 게 없어 때를 굶지는 않았다. 부잣집들로부터 장려쌀을 구하는 무봉 씨의 능력이 탁월했기 때문이었다.

삼대독자로 태어난 무봉 씨는, 일본이 강제로 을사보호조약을 체결한지 삼년 후에 출생하였다. 그는 일본의 식민지통치 시절에 고등보통학교를 졸업하였다. 지금으로 따지면 상당한 학력이었다. 당연히 한글과 한문에 능통하고, 음양오행설 같은 동양철학에도 식견이 밝았다. 농촌에서는 보기 드문 인물이었기에, 종중회장이나 사당관리책임자 같은 직함은 저절로 생겼다. 가난 속에 항상 동네일들을 도맡아 처리해야하는 입장이었다. 농한기엔 오일장터를 떠돌며 호구지책糊口之策을 마련해야 하는 입장인데도 그랬다.

대농이네 열 명의 식구들이 추위와 굶주림에 시달려 지쳤을 때, 입춘立春이 돌아왔다. 봄이 오는 소리가 들리기 시작했다. 인숙이가 대농이네 집으로 온지도 어언간 일 년이 되어가고 있었다. 향순 씨와 효숙은 막둥이와 인숙이의 돌잔치를 함께해 주었다. 안방에서 가족들만 참석한 가운데 마련된 단출한 돌잔치였다. 쌀과 수수를 섞어 지은 붉은 밥과, 미역국, 배추김치, 고추장 등이 전부였다. 식구들은 아기들 덕분에 아침 죽은 먹지 않는다고 좋아했다. 식사 후 연필, 돈, 실, 쌀 등을 상 위에 진열해놓고, 돌쟁이가 걸어가 한 개씩 집어보는 돌잡이 행사도 했다.

"막둥이는 연필을 집어 공부를 잘할 것이고, 인숙이는 돈을 집어 부자가 될 것"이라고 향순씨는 미래를 예언해 주셨다.

그러나 가난 속의 행복은 오래가지 못했다. 돌잔치를 치룬지 며칠 후, 인숙이 아버지 측근에서 두 사람이 대농이네 집을 방문했다. 그들은 대문을 경계로 무봉 씨와 이야기를 나눴다. 잠시 후 무봉 씨는 안방으로 들어갔다. 무봉 씨는 아내, 큰딸과 지루하도록 이야기했다. 대문 밖에서 기다리는 사람들이 지루함을 느꼈을 때, 안방에서 효숙의 커다란 목소리가 터졌나왔다.

"안 돼요, 안 돼! 안 돼요, 안 돼! 못해요."

효숙의 목소리는 엉엉 우는 절규로 변했다.

"안 된다. 안 돼! 이놈들아! 못 데려간다."

효숙의 울음소리가 그쳤다. 두런두런 이야기 소리가 들리더니, 무봉 씨가 안방에서 나왔다. 얼굴이 초췌하고 불안한 표정이었다. 무봉 씨는 대문 밖에서 기다리던 사람들과 계속 이야기를 나눴다. 그래도 타협안이 나오지 않는 모양이다. 끊임없이 담배를 피워 무는 무봉 씨의 모습을 읽고 있는, 대농이 남매들의 가슴도 두근거리고 불안했다. 대농이 형 인농이가 사랑방으로 이동하여 귀동냥을 했다.

"단지 몇 달만이라도 더 기다려, 아기가 제대로 걸어 다닐 수 있을 때, 데리고 가는 게 순리다."

"아기의 아버지가 무조건 오늘 꼭 데리고 오라는 엄명을 하셨다. 우리들은 빈손으로 갈 수 없는 형편이다. 아기를 주시지 않으면, 우리는 여기서 며칠이라도 꼼짝하지 않을 것이다."

인숙이 아버지 측과 무봉 씨 간의 흥정은 세 시간이 넘게 진행되었다.

안방 문이 열리자 무봉 씨가 아기를 안고 나왔다. 효숙이가 그 뒤를 따라 통곡하며 쫓아 나왔다. 인숙이를 그 사람들에게 넘겨주는 무봉 씨의 손이 파르르 떨렸다. 인숙이가 떠나자 효숙은 울며불며 인숙이 뒤를 쫓아갔다. 인숙이도 엄마의 손을 잡으려고 발버둥치며 울어댔다. 무봉씨 부부가 효숙을 붙잡으려고 애를 썼지만, 필사적으로 반발하는 아기엄마를 당하지 못했다. 차마 인간으로는 눈 뜨고 볼 수 없는, 처절한 생이별의 현장이 두메산골 농촌에서 벌어졌다. 모정의 절규를 모두 읽은 봄 하늘이 따듯한 햇볕을 대농이네 가족들에게 내려주고 있었다. 큰딸의 손을 잡고 집으로 돌아오는 향순 씨의 얼굴도 눈물범벅이 되었다. 뒤 따라오는 무봉 씨도 어깨가 축 늘어졌다. 가족들 모두가 패자의 얼굴이었다.

효숙은 뒷동산으로 발길을 옮기며 흐느꼈다. 향순 씨가 뒤따라 갔다.

무봉 씨는 "그 애 멀리가지 못하도록 하라."고 당부하고 집으로 향했다. 집안을 둘러 본 무봉씨는 읍내로 출발했다.

"또 무슨 일일까? 장날도 아닌데."

대농이는 궁금했다. 집안 전체가 '휑!' 뚫린 것처럼 적막하고 으스스했다. 다행히 무봉 씨는 해거름이 되어 귀가했다. 읍내에서 소고기와 돼지고기를 많이 사오셨다. 향순 씨도 효숙을 데리고 귀가했다. 저녁식사는 셋째 딸 효희가 준비해 고깃국을 배부르게 먹었다. 그러나 효숙은 아무것도 먹지 않았다. 그날따라 둥근 달이 하얗게 밝았다. 효숙은 안마당과 실개천을 오가며 억울함과 괴로움을 잊으려 애를 쓰는 모습이었다. 대농이가 쫓아 다니며 "누나! 춥다, 들어가자"고 애원해도 대답이 없었다.

아기를 강제로 빼앗기고 홀몸이 된 효숙은 외로웠다. 일 년간 대문밖 출입을 삼가던 효숙은, 시도 때도 없이 안마당에 나와 서성거렸다. 뜰에 앉아 자주 하늘을 보고, 앞산도 쳐다봤다. 심지어 혼자 중얼거리다 땅바닥에 글씨를 쓰곤 했다. 안방이 답답하다며, 뒷동산에 올라가는 횟수도 점점 늘었다. 그런 분위기 속에서도 무심한 세월은 빠르게 흘렀다.

우울증 증세를 보이던 효숙이, 어느 날 갑자기 종적을 감췄다. 대농이 가족 중 효숙의 행방을 아는 사람이 없었다. 부모님들의 걱정은 하늘을 찔렀다. 가족들은 농사일도 중지하고 가볼만 한 곳은 모두 둘러보았다. 친척집, 뒷동산, 산봉우리, 냇가, 우물가, 초등학교, 파출소, 면사무소 등지를 전 가족들이 며칠에 걸쳐 훑어봐도 찾을 길이 없었다. 실낱같은 한 가닥의 희망도 없을 즈음, 가출한지 5일째였던, 달 밝은 밤에 효숙이가 멀쩡한 모습으로 집에 나타났다. 온 가족들의 반가움과 궁금증이 뒤범벅되었다. 그 날 안방에는 대농이 부모와 막둥이, 효숙 등 네 명이 있었는데, 밤이 늦도록 등잔불이 꺼지지 않았다. 두런두런 이야기하는 소리가 문창호지 틈새로 흘러나오곤 했다.

다음날, 효숙과 부모님들의 표정은 밝았다. 효숙은 이틀을 집에서 묵은 후, 부모님들과 함께 어디론가 떠났다. 부모님들은 그날 밤 늦게 귀가했다. 대농이는 몇 년 후에야 그날 효숙 누나가 재혼하였다는 사실을 알 수 있었다. 그 시절 결혼식은 전통적으로 이어 내려오는 유교식 혼례의식에 따라 거행했다. 그러나 재혼은 별도로 전해 내려오는 혼례의식이 없었다. 재혼은 오르지 중매쟁이 주선으로, 당사자들과 양가 부모들이 모여, 상면相面하고 합의하는 것으로 성립되었다. 특히 농촌에서는 그랬다. 효숙이와 재혼한 남편은 한국전쟁 당시 흥남에서 피난 내려온 독신 남자였다. 용모도 수려하고 마음씨도 착했으며, 농업에 종사하고 있었다. 십 년 후 효숙은 훤칠한 중학생 맏아들을 데리고 친정을 방문했다. 동네 일기친척 아낙네들이 많이 찾아와 효숙의 넓은 지식과 인격, 그리고 능력을 높이 평가했다. 향순 씨는 음식을 많이 준비해 친절하게 손님들을 대접했다. 마치 잔칫집 분위기 같았다.

그 후 5년이 더 지났다. 대농이가 불혹不惑의 나이가 되어, 국가공무원 중견간부로 신분으로 휴가를 얻어 고향을 방문했다. 고등학교 친구 한명이 대농이를 찾아와 인숙이 아버지의 이야기를 꺼냈다.

"인숙이 아버지는 대한민국 정부출범 직후 교직생활을 청산했고 아직도 고향에서 거주하고 있는데, 대농이를 한 번 만나보고 싶다."는 전갈傳喝이었다. 대농이는 과거 인숙이 아버지가 남존여비사상에 붉게 물들어, 인륜을 무참히 저버렸던 사실을 질타叱咤하고 즉석에서 거절했다.

효숙이 부부가 생활하는 김 대감네 저택邸宅은 커다란 한옥이었다. 김 대감은 농토와 임야를 많이 소유한 소문난 부자였다. 효숙이 부부 이외에도 농사를 짓고 집안일을 보살피는 일꾼들이 몇 명 더 있었다. 김함경은 머슴살이를 하고, 효숙은 대감집 마님의 몸종 신분으로 살림살이를 거들면서 효숙이 부부는 아들 셋, 딸 하나를 낳고 행복하게 살았다. 결혼 10년 후에는 대감의 허락을 받아 대감댁 주변에 집을 짓고 독립했다. 노후엔 농지를 2,000평坪이나 소유했다. 탄탄한 생활기반을 마련한 것이다. 그러나 효숙의 남편 김함경은 2년 전에 타계했다. 실향민의 한을 풀지 못하고 애석하게 하늘나라로 떠났다. 천안시 남쪽에 아름답기로 소문난 공원묘원에 잠들어 있다. 효숙은 67세에 졸도하여 생명이 위독했으나 2년 후 퇴원하여 건강하게 생활하고 있다. 뇌출혈이라는 역경을 극복하고, 노후를 굳건하고 지혜롭게 보내고 있다. 현재 나이 85세! 효숙의 이런 초인적인 투병생활 뒤에는 어떻게든 집안을 일으켜 세워야 한다는 여필종부女必從夫 사상과 혹독한 시집살이로 단련된, 한 많은 한국 여성들의 끈질긴 생존의지가 숨어 있다.

단편소설

거울 속 소녀

〈 미국 샌프란시스코 〉

박 과장은 유리창 밖의 '성운시' Soungun City 시가지를 내려다보고 있었다. 어젯밤에 좀 과하게 마신 술 때문에 머리가 깨끗지 않았다. 호텔 이십 이층의 스카이라운지에서 바라본 시가지는, 열대지방의 전형적인 풍경으로 낭만적이다. 늘씬한 야자수들이 넓은 잎들을 시원스럽게 늘어뜨리고, 태양이 작열하는 '아스팔트' 위로 내달리는 승용차들은 마치 장난감 같았다. 고층건물을 신축하는 여러 곳의 공사현장들도 높이 걸린 '크레인'과 함께 선명하게 보였다. 시가지 전체가 더위를 피해 조용하게 잠든 것 같았다.

"안녕하십니까, 박 과장님"

등 뒤에서 발자국 소리와 함께 '까말'의 목소리가 들렸다.

"어서 오십시오, 홍보계장님 앉으세요."

두 사람은 악수를 나누고 '토마토주스'와 '파인애플주스'를 각각 주문했다.

"얼굴이 밝아 보이십니다. 은하스탄 외무성에 좋은 일이 있었습니까."

"아닙니다. 별로 한 것도 없는데 두 주일이 지났네요. 공사는 잘 진행되고 있나요."

"예, 몇 달 후면 준공이 될 것 같습니다. 준공식 때 미리 초청장을 보내 드리겠습니다."

박 과장은 약 2년 전에 이곳 '은하스탄' Eunhastan 공화국에 왔다. 수도인 '성운시' 번화가에 삼십층 규모의 대형건물 신축공사 요원으로 온 것이다. 공식 직책은 (주)낙동건설 해외사업부 홍보과장 박승무다. '성운시' 인구는 650만여 명이다. '은하스탄'의 지도상 위치는 적도와 동경 90도가 만나는 지점이기 때문에, 오래 전부터 인도양의 정거장이라는 별명이 붙어 있다. 가까이는 아시아 모든 국가들을 비롯해 인도, 유럽, 아프리카, 호주로 오가는 배와 비행기들의 직항 노선들이 모두 닿아 있는 교통요지다.

"건축공사가 예정보다 빠르게 진행되나 보죠."

"예, 조금 빠른 편이지요. 은하스탄 근로자들이 생각보다 근면하고 적극적인 것 같습니다."

"예, 잘 보셨습니다. 국민성은 그 나라의 지리적 여건이나 역사적 환경 등의 영향을 받아 형성되는 것 같습니다. '은하스탄'은 섬나라이며 약 10만 평방킬로미터의 넓이에 인구 2,500만여 명이 살고 있습니다. 제2차대계전 직후 민주공화국이 수립되었고 대통령중심제 정부형태를 선택했지요. 국제연합 회원이며 주민들의 종교는 불교가 절대적이고, 나머지가 회교와 기타종교들입니다. 언어는 네 개 원주민들의 말이 있지만 영어를 공용어로 사용하고 있고, 연간 일인당 소득이 8,000$ 수준의 개발도상국가입니다. 석유도 나는 산유국이지만 예로부터 출입하는 선박과 항공기들로부터 얻어지는 수입이 재정의 큰 비중을 차지하고 있는 나라입니다."

"고맙습니다. 말씀을 듣고 보니 행복한 나라입니다. 좋은 교통과 풍부한 자원, 그리고 영어를 공용어로 사용하고 있는 점이 경제발전과 세계화에 크게 기여할 것 같습니다."

"제 생각에는 발전 속도가 좀 더 빨랐으면 좋을 것 같은데요."

"아닙니다. 저는 '은하스탄'이 예상보다 빠르게 발전하고 있다고 생각합니다. 발전 속도가 빠르다고 좋은 게 아닙니다. 튼튼한 기반을 구축하면서 발전해야지요. 고층건물과 같아요. '성운시' 시가지도 제가 부임할 때보다 많이 발전했습니다."

박 과장은 '은하스탄'이 자신이 부임할 때보다도 눈에 띄게 많이 발전했다는 생각을 하며 자신의 조국을 소개했다.

"태백太白공화국은 일본 동남쪽 태평양에 있는 섬나라입니다. 수도 반월시半月市의 좌표가 북위 30도와 동경 145도가 만나는 온대지방이라 사계절이 뚜렷하고 자연환경도 아름답습니다.

정부형태는 대통령 중심제에 약간의 내각책임제가 첨가되었는데,

부통령이 없고 수상首相 산하에 각부 장관들이 있습니다. 우리 국민들은 이제 배고팠던 가난을 물리치고 선진국 대열에 합류했습니다. 세계에서 열두 번째 경제 강국으로 성장했습니다. 짧은 기간 내에 기적을 이룬 나라의 표본으로 평가받고 있습니다. 최근에는 인터넷기술을 비롯해 발전된 여러 가지의 선진제도를 개발도상 국가들에게 수출하고 있습니다. 연간 일인당 국민소득이 20,000$이 넘는 상태입니다."

박 과장은 오늘 '성운시' 번화가에서도 가장 고급호텔로 평가받는 '스타호텔 스카이라운지'에서 은하스탄 외무성 홍보계장 '까말'을 만나고 있다. '까말' 계장은 박 과장이 부임 초에 소개 받아 사귀고 있는 외교관이며, 매달 둘째와 넷째 토요일 오후 두시에 만난다. 오늘도 정례 만남인데 점심식사는 물론 함께 즐거운 시간을 갖고 저녁식사도 함께 할 예정이다. 물론 모든 비용은 박 과장이 부담한다. 박 과장이 '까말'과 절친한 친분관계를 쌓기까지는 많은 시간과 교재비, 그리고 정성이 함께 투자되었다. 박 과장은 어느 나라 어느 사람이라도 정이 들고 친분이 돈독해 지려면, 양쪽이 모두 공감할 수 있는 공통분모가 있어야 한다고 생각하고 있다. 박 과장과 까말 사이의 공통분모는 조국을 위한 새 소식, 즉 첩보다. 두 사람 모두 첩보가 필요한 사람들이다. 외교관인 '까말'이 첩보에 관심을 갖고 있음은 국제적으로 공인되고 공개된 비밀이다. 그러나 박 과장이 첩보에 관심을 두고 있는 이유는 고국 태백의 공무원 김덕선 과장과의 친분과 자발적인 애국심 때문이다. 박 과장의 애국심이란

"국가가 없으면 국민도 없다"

는 투철한 국가관을 말하는 것이다. 이러한 정신은 삼십여 년 전에 있었던 3개의 분단국가가 흡수통일 될 당시, 흡수를 당한 국민들의 처참한 종말을 알고 난 후에 저절로 생겼다. 특히 유럽이 아닌 아시아와 아프리카에서 있었던 흡수통일은 세계인들에게 많은 교훈을 남긴 사건이었다. 그런데 태백 국민들만, 이런 교훈을 잊고 안보의식이 해

이되어 있다고 박 과장은 생각하고 있다. 김덕선 과장도 박 과장과 비슷한 성격이라 항상 어울리며 함께 성장했고, 지금은 공무원으로 국가에 충성하고 있다.

박 과장이 이곳에서 첩보를 수집해 전달해 주면, 김 과장은 고국에 있는 박 과장의 가족들을 보호해 주고 각종 애로사항들도 해결해 준다. 때문에 박 과장은 편한 마음으로 해외 근무를 할 수 있다. 뿐만 아니라 김 과장은 박 과장에게 매달 용돈을 송금해 주고, 가끔은 사례 명목의 선물도 보내주며, 박 과장이 일할 수 있는 여건을 마련해 주고 있다. 박 과장도 자신의 폭 넓은 활동 때문에, 낙동건설 해외사업부 직원들이 '성운시' 에 주재하고 있는 태백대사관 외교관들과 절친하게 지내고 있는 것이라고 생각한다.

"점심 메뉴를 무엇으로 할까요."

"가벼운 것으로 하시지요."

"안심스테이크와 포도주 한 병이 어떨까요."

"식대가 많이 나올 텐데요. 고급호텔이라."

식사 도중 두 사람 간에 오고간 대화는 안부나 날씨 같은 가벼운 인사말뿐이었다. 박 과장보다 세 살 아래인 '까말' 은 회교도 신자답게 과묵하고 책임감과 자존심이 강한 성격이다. 식사 후 두 사람은 승용차 편으로 30분을 이동해 야외에서 온천욕을 즐겼다. 온천욕장은 주민들과 관광객들로 만원이었다.

"생각보다 손님들이 많습니다."

"관광객들이 계속 증가해 온천욕장 전체를 새롭게 단장했답니다."

"야외 온천욕장이 바닷가에 있어 환상적입니다."

박 과장은 이곳에서도 '은하스탄' 이 힘차게 ' 까말 ' 은 박 과장 같은 생각을 하지 못하는 것 같았다. 노천온천욕탕 바로 옆에는 백사장과 조약돌이 자연스럽게 조화를 이루었고, 무리지어 이동하는 괭이갈매기 떼들과 어울려 황홀한 경치를 자아내고 있었다. 괭이갈매기들은 사람들의 손길도 무서워하지 않고 인간들과 자연스럽게 함께 놀았다.

“이번 월드컵 중간결승에서 우리 태백공화국 선수들이 잘했습니다. 본선 진출이 확정적입니다.”

“저도 텔레비전을 시청했는데 훌륭했습니다. 경제가 발전하면 다른 분야들도 함께 발전하나봅니다.”

박 과장은 월드컵 경기 같은, 부담이 되지 않는 화두만을 꺼내며 ‘까말’에게 심적인 부담을 주지 않으려고 노력했다. 고국 태백 국민들이 하계휴가를 즐기는 풍습과 추석명절에 성묘하는 풍습을 소개했다. 예의 바른 국민성과 수 천 년을 이어 온 ‘매장문화’가 서서히 ‘화장문화’로 변해 가는 추세도 소개했다.

한편 ‘까말’은

“불교신도가 절대적으로 우세한 은하스탄 국민들의 생활수준이 아직도 미흡하지만 행복지수는 세계에서 10위 이내지요.”

라고 말했다.

두 사람은 저녁나절 쯤 다시 ‘성운’ 시내로 돌아와 단골식당으로 들어갔다. 대화 내용이 밖에서 들리지 않는 독방이었다. 두 사람은 식사와 반주를 함께 하며 지난 15일 간 주변에서 있었던 일들을 교환했다.

“최근 전 세계 언론들은 호압국의 핵실험과 장거리미사일 발사, 국왕 광명光明의 건강상태 등을 집중적으로 보도하고 있습니다.”

“‘은하스탄’ 외무성도 최근 호압국 광명 국왕의 건강문제를 ‘성운시’ 소재 호압 외교관들에게 확인했는데, 그들은 전혀 모른다는 답변만 하고 있습니다. 우리 정부는 태백공화국의 발전된 전자교통카드제도와 국민건강보험제도를 도입하려합니다. 언제 어떠한 절차를 밟아야 하는지 과장님께서 지도해주시면 고맙겠습니다.”

“고맙습니다. ‘은하스탄’ 공무원들의 태백국 방문 일정이 확정되면 최선을 다해 협조하겠습니다.”

박 과장은 ‘까말’의 제의가 개발도상국 외교관으로 기발한 착상이라고 생각했다.

호압虎壓군주국은 태백공화국의 동북쪽 200여 마일 해상에 위치하고 있는 섬나라다. 입헌군주국이고 국왕이 최고통치자인데 국왕은 세습제다. 인구는 2,000만여 명이며 광물자원이 풍부하다. 연간 일인당 소득이 2,000$ 수준의 경제 후진국이지만, 군사강국이다. 군 병력이 백만 명도 넘고, 화학무기도 보유하고 있으며, 이년 전부터 핵실험을 주기적으로 실시해 세계 각국의 관심이 집중되고 있다. 수도는 연주시戀州市이다.

술기운이 거나해진 두 사람은 술잔을 돌려가며 즐겼다.

"계장님, 앞으로 근무하시다 호압 군주국의 핵무기개발이나, 국왕 광명의 건강과 관련된 새 소식이 있으면 꼭 좀 알려주십시오."

박 과장은 기회를 놓치지 않고 부탁하며 사례금이 든 봉투를 '까말' 에게 건넸다. '까말' 은 순간적으로 멈칫하다, 박 과장이 과거에도 몇 번 사례비를 주었던 사실을 상기하며

"고맙습니다."

하고 답례하고 술잔을 박 과장에게 돌렸다. 주고받는 행동이 거의 동시에 순간적으로 이루어졌다. 봉투에는 미국 돈 1,000$ 상당의 은하스탄 달러가 들어 있다.

좌석은 술잔이 서너 순배 더 돌았고, 두 사람이 함께 어깨동무를 하고 '죽도록 사랑한다' 는 내용의 외국가곡 "아모레미오" 를 합창한 다음 종료되었다.

"계장님, 오늘 귀하신 시간을 내주셔서 감사합니다."

"아닙니다. 제가 오히려 감사드립니다. 항상 신세만 지고."

"좋은 일요일 되십시오."

"또 뵙겠습니다. 고맙습니다. 'See You Again, Thank You' ."

한 밤중에 숙소로 돌아온 박 과장은

"작년에 '까말' 은 호압국 국왕 광명이, '연주시' 주재 외교사절들

에게 행한 연설내용을 자신에게 제공해, 본국 김덕선 으로부터 칭찬을 받았었는데……."

하고 생각하며 좋은 결과가 있기만을 마음속으로 빌었다.

당시 '까말' 은, 연주시에 주재하고 있는 '은하스탄' 외교관이 본국 외무성에 보내 온 광명 국왕의 연설내용을 복사해 자신에게 주었다. 박 과장은 만일 이번에도 '까말' 이 호압국과 관련된 좋은 첩보를 제공하면, 휴가를 얻어 가족들의 얼굴을 보아야겠다고 생각하고 있다. 박 과장이 장기간 휴가를 가지 않은 이유도 이런저런 사유가 얽혀 있었기 때문이었다. 최근 박 과장의 머릿속은 부인과 혜진이, 동민이 모습으로 가득 차 있다.

"혜진이는 6학년이 되고 동민이는 3학년이 되었을 텐데."

삼십대 인생 십년을 고스란히 해외건설 현장에서 보내고, 이제 사십대 초반 불혹의 세월을 보내고 있는 박 과장은 전과 달리 수시로 가족이 그리워진다.

박 과장과 '까말' 의 심도 있는 접촉이 있은 후 한 달도 되지 않은 시점에서, '까말' 은 호압국 연주시에 주재하고 있는 '은하스탄' 대사가 본국 외무성으로 보고한 호압국 '핵개발 관련 보고서' 한부를 박 과장에게 제공했다. 박 과장은 놀라움을 금할 수 없었다. 보고서에는 호압국이 20년 간 핵개발에 심혈을 기우려 핵실험을 하기까지의 과정, 향후 우주개발계획, 참여 과학자 명단, 각종 핵시설 현황 등 메가톤 급 비밀내용들로 가득했다. 호압국은 20년 전 공산주의 국가들이 붕괴될 때, 직장을 잃고 방황하던 강대국 핵물리학자들을 모셔다 우대하며 핵개발에 박차를 가하고 있었다.

"이렇게 엄청난 협조를 아끼지 않다니!"

박 과장의 맥박은 폭발하는 화산처럼 갑자기 요동치기 시작했다. 박 과장은 '까말' 에게 받은 보고서를 당일로 본국 김덕선에게 송부했다. 다음날에는 태백공화국 수도 반월시에 있는 (주)낙동건설 본사에

휴가를 신청했다. '까말'에게는 어제 헤어질 때 본국으로 휴가를 다녀올 것이라는 인사를 미리 했다.

박 과장의 큰 딸, 혜진이는 며칠 전에 초등학교 6학년이 되어 착실하게 학교생활을 하고 있었다. 동생 동민이도 잘 돌보며 함께 놀기도 한다.

"혜진아 안녕."

"안녕 옥자야, 내일 또 만나."

수업을 마친 혜진이는 학교 정문에서 짝꿍 옥자와 헤어졌다. 혜진이와 옥자는 아파트가 서로 반대쪽에 있어, 요즈음 매일 정문에서 헤어진다. 작년만 해도 두 사람은, 집에 가는 길이면 학교 옆 어린이놀이터에서 그네를 뛰거나 미끄럼틀 타기를 하며 놀았다. 그러나 금년에는 한 번도 놀지 못했다. 몹시 추웠던 겨울 날씨 때문이기도 하지만, 육 학년이 되었다는 자부심과 하급생들에게 모범적인 행동을 보여야한다는 우월적 심리가 작용하고 있기 때문이다.

옥자와 헤어진 혜진은 집을 향해 걸었다. 차도를 따라 칠십 미터 정도 걷고 횡단보도를 건너 아파트 단지 안으로 들어섰다. 사방이 고층건물로 둘러싸인 아파트 단지는 조용하고 포근했다. 삼월 하순의 따뜻한 봄볕이 단지 전체에 내려앉아 있었다. 혜진은 아파트 건물 밑으로 길게 만들어진 정원에 찾아온 봄을 구경하며 걸었다. 잔디밭에는 냉이와 꽃다지들이 제법 넓은 잎을 벌렸고, 개나리, 진달래는 잎과 꽃망울을 거의 동시에 내밀고 있었다. 휘휘 늘어진 능수버들 가지는 파란 물을 흠뻑 마시고, 어느새 뾰족한 잎들을 파릇파릇하게 내밀었다. 주차장에 줄지어 있는 자동차 지붕 위에선, 아지랑이가 이글거리며 눈부시게 하늘을 향해 올라가고 있었다. 혜진네 집 앞의 털생강나무도 벌써 노오란 꽃을 탐스럽게 피웠다.

혜진은 집 앞에 있는 어린이놀이터로 들어가 그네에 앉았다. 그네가 좁았다. 양쪽 줄 사이로 겨우 엉덩이가 걸쳐졌다. 지난겨울 혜진의 키는 훌쩍 커버렸고, 양쪽 가슴도 튀어나와 제법 처녀티가 나기 시작했다. 오랜만에 앉아보는 그네였다. 작년 가을 이후 처음인 것 같았다. 뜨겁고 뭉클하는 느낌이 가슴속을 스쳐갔다. 앞으로도 그네 같은 건 즐길 수 없을 것이라는 생각이 들었다. 혜진은

"어릴 때나 하던 놀이지."

라고 중얼거리며 가볍게 그네를 흔들었다. 조금 전 자신이 혼자 걸어왔던 아파트 단지 입구를 바라봤다. 수업을 끝내고 삼삼오오 집으로 향하는 후배들만 보였다.

"옥자도 집에 도착했겠지." 하는 생각이 스쳐갔다.

혜진이와 옥자는 절친한 친구다. 육 학년이 되기까지 네 번이나 같은 반에 편성되었고 짝꿍도 세 번째다. 키는 비슷하지만 성격은 반대였다. 하지만 한 번도 다투어 본 적이 없으며, 너무 자주 어울려 친구들에게 쌍둥이라는 놀림도 받는다. 그토록 절친한 옥자가 육 학년이 되면서 가끔 혜진이의 마음에 걸리기 시작한다. 특히 남학생들이 옥자만 괴롭히고 놀릴 때 그렇다. 자기에게는 농담을 거는 남학생이 거의 없다.

"옥자의 얼굴이 예뻐 그럴까, 아니면 화를 낼 줄 모르는 성격 때문일까? "

혜진은 오래 전부터 옥자의 얼굴이 자기보다 약간 더 예쁘다고 생각해 왔다. 성격도 옥자는 무던한 데 비해 자신은 좀 예민하다고 생각했다. 그러나 그것 때문에 고민해 본 적은 없었다.

"더 두고 보자, 개학한 지 이십여 일밖에 안되었는데 뭐."

하고 혜진은 옥자 생각을 잊어버리기로 했다. 그네에서 내려와 머리를 좌우로 흔들어 보고 집으로 들어갔다. 그 날 저녁 혜진은 숙제를 하고 가족들과 어울리며 하루를 보냈다.

다음날 아침도 화창한 봄 날씨였다. 혜진은 오늘도 아침밥을 먹은

후 거울 앞에서 몸맵시를 다듬으며 학교 갈 준비를 했다. 우선 웃옷의 칼라를 살핀 다음 머릿결을 만지고 가방 끈은 꼬이지 않았나, 이빨에는 음식물 찌꺼기가 끼어 있지 않았는지 등 이모저모를 꼼꼼히 살폈다. 몸을 좌우로 돌리면서 전신의 모습도 확인했다. 별다른 이상은 없었다. 그러나 아무리 보아도 얼굴은 마음에 들지 않았다. 오늘 뿐 아니다. 요즈음 매일 그렇다. 지난달만 해도 혜진은 자신의 얼굴이 그렇게 못마땅하지는 않았다. 왜 그런지 모르겠다. 내년이면 중학교에 진학하게 된다는 사실이, 마음 한구석에 자리 잡고 있기 때문인지도 모른다. 아니 옥자보다 더 예쁘게 보여야한다는 경쟁의식이 숨어 있기 때문인지도 모른다. 웃음을 잃은 지도 벌써 며칠이 되었다. 밥맛도 덩달아 없었다. 혜진이 요즈음처럼 자신의 몸맵시에 관심을 둔 적은 없었다.

거울을 떠난 혜진은 덤덤한 표정으로 방문을 나와

"엄마, 학교 다녀오겠습니다."

하고 현관문을 빠져 나오려 했다. 그 순간 혜진이는, 신발장 맞은쪽 벽에 걸려 있는 거울이 비춰준 자신의 모습과 마주쳤다. 순간적으로 슬쩍 훑어만 보고 현관문을 닫았다. 혜진은 '엘리베이터' 앞에서 내려가는 단추를 눌렀다. 고속으로 달려온 '엘리베이터' 는

"이십 층입니다." 하고 인사하며 문을 열어주었다.

문이 닫히는 순간 혜진은 또다시 삼면에 부착된 커다란 거울에 둘러싸이고 말았다. 조금 전 공부방에서 보았던 거울이나, 현관에 걸려 있던 거울보다 훨씬 크고 맑아, 얼굴 뿐 아니라 상반신 전체가 세 방향에서 자연스럽게 비춰졌다. 혜진은 텅 빈 '엘리베이터' 속에서 자신의 모습에 둘러싸여 있었다. 혜진은 자신의 몸맵시를 다시 한 번 관찰하고 이런저런 자세를 취해 보았다. 이번에도 몸 전체 균형에는 자신이 있는데 얼굴만은 그렇지 않았다. 혜진은 거울을 등지고 문 쪽으로 한 발짝 다가서서 일층이 되기를 기다렸다.

"커 갈수록 얼굴 모양이 변하는데 또 달라지겠지."

하는 기대감으로 마음의 안정을 찾으며 학교로 향했다.

운동장에는 벌써 등교하는 학생들로 가득했다. 운동장 좌우 인도를 따라 많은 학생들이 줄지어 교실로 향하고 있었다. 현관에 들어서는 순간 혜진이는 진짜 커다란 거울과 마주쳤다. 뒤따라 걸어 들어오는 학생들의 모습은 보이지 않고, 자신의 전신 모습만 거울에 커다랗게 떠올랐다. 자신이 마치 영화 '스크린' 속을 걸어가고 있는 것 같은 느낌이 들었다. 황당하다는 생각을 할 틈도 없이 혜진은, 몇 발자국을 뛰어서 거울 속에서 빠져 나왔다. 4층 교실까지 계단을 어떻게 올라왔는지 모른다. 뛰었는지 빨리 걸었는지도, 잘 생각이 나지 않을 정도로 당황했다. 복도에 멈춰 잠시 숨을 고르려 했지만, 같은 반 학우들과 계속 마주쳐 마음대로 되지 않았다. 전신에 힘이 쭉 빠졌다. 그래도 땀은 나지 않았다.

어쩔 수 없이 교실로 빨려 들어가는 순간, 혜진은 또다시 거울과 마주쳤다. 교실 뒷벽은 물론이고 칠판 옆과 선생님 책상 위에도 거울이 놓여 있는 게 아닌가! 이제 지겹다는 생각이 들었다.

"어떻게 이토록 거울이 많을 수 있을까. 온 세상이 거울 천지잖아. 세상 사람들은 왜 이토록 많은 거울이 필요할까? "

하는 의문이 머릿속을 스쳐갔다. 그런 생각 속에 혜진이는 자기 자리로 가 앉았다. 책가방을 책상 위에 올려놓고 친구들과 인사를 나눈 다음 뒷벽에 걸려 있는 거울 앞으로 갔다. 교실의 거울은 조금 전 공부방에서 보았던 거울보다도, 엘리베이터에 있는 거울보다도, 자신의 모습을 밝고 환하게 비춰주었다. 햇빛을 받아 환하게 반사시켜 주는 자신의 모습을 대하니 마음도 한층 맑아지는 것 같았다. 혜진은 눈가에 미소를 지으며 자리에 와 앉았다.

첫째 시간 수업이 시작되기 전의 교실은 매우 시끄러웠다. 저마다 한마디 씩 해대는 반 친구들의 깨알 같은 소리가 어우러져, 교실은 떠나갈 것만 같았다. 늦은 가을 기러기 떼가 새카맣게 하늘을 가리고, 울고 울며 남으로 향하는 소리와도 흡사했다. 혜진은 의자에 앉아

"요즈음 내가 왜 거울에 신경을 쓰는 것일까"

하고 생각했다. 언제부터 그렇게 되었는지 모르지만 곰곰이 생각해 보니 얼추 한 달이 되어 가는 것 같았다.

"거울이 여기저기 너무 많아서 그럴까. 아니면 옥자보다 더 예쁘게 보이려는 욕심 때문일까?"

거듭 자문자답해 봐도 결론이 나지 않았다. 특히 학교 현관에 놓여 있는 큰 거울에 비친 자신의 모습엔, 왜 그렇게 당황했었는지 이유를 알 수 없었다. 옆에 앉아 있는 옥자에게 미안한 생각까지 들었다.

"딩동댕! 딩동댕!"

수업 시작을 알리는 '타임 벨'이 울렸다. 국어 시간이었다. 담임선생님께서는 옛시조에 관해 설명하셨다. 그러나 혜진의 머릿속엔 선생님의 말씀들이 새겨지지 않았다. 이런 생각 저런 생각들만 복잡하게 오가고, 거울에 관한 생각도 간간이 스쳐갔다. 그 날 혜진은 어떻게 일곱 시간을 끝내고 무엇을 배웠는지 기억할 수 없을 정도로, 머릿속이 어수선한 상태에서 수업을 마쳤다.

수업을 마친 혜진은 오늘도 정문에서 옥자와 헤어진 뒤 곧바로 집으로 향했다. 혜진이는 자동차도로 건너편에 있는 집으로 오는 도중, 또 한 번 거울충격을 받았다. 교문을 나와 차도 옆 인도를 따라 걸어가자, 꼬리를 물고 질주하는 수많은 차량들이, 모두 저마다 당나귀 귀처럼 생긴 거울을 좌우에 붙이고 지나가는 게 아닌가. 뿐만 아니라 스쳐 가는 차량마다, 자신의 모습을 꼬마 인형처럼 잠시 비춰 주고 사라지곤 했다.

결국 혜진은, 자신의 조그마한 모습을 계속 보며 걸어야 하는 이상한 체험을 하고 있었다. 계속 이어지는 거울물결에 진저리를 치며, 혜진은 차량들을 외면하고 걸었다. 그래도 마음이 진정되지 않았다. 뒤

는 가슴을 진정시켜 보려고, 긴 호흡을 해 보고 총총걸음으로 걸어도 봤지만, 별 소용이 없었다. 갈등과 조바심이 머리를 꽉 점령해 몸서리가 처지는 상태에서, 혜진은 횡단보도에 도착했다. 횡단보도를 건너 집으로 향하자 차량들이 보이지 않았고, 혜진의 마음도 진정되기 시작했다. 어린이놀이터에서 가까스로 마음의 평온을 되찾고 집에 도착하니 아무도 없었다. 혜진은

"휴~"

하며 또 한 번 긴 한숨을 쉬고, 공부방으로 들어가 침대 위에 벌렁 누웠다. 두 팔을 쩍~벌리고 물끄러미 천장을 쳐다보며, 오늘 하루 종일 거울의 마력 속으로 빨려 들어갔던 자신을 되돌아봤다.

"왜 그랬을까"

아무리 냉정하고 곰곰하게 생각해 봐도, 거울이 너무 많아서 생긴 일 같았다. 혜진은 결국 거울과 인간을 비판하는 데까지 상상력을 동원했다.

"세상에는 왜 이렇게 거울이 많을까? 자신의 얼굴과 모습을 보며 화장하고 몸맵시를 다듬으려고? 화장하고 몸맵시를 다듬는 것은 결국 꾸민다는 게 아닌가. 실제보다 더 예뻐지고 멋지게 보이려고 꾸미는 행동이 아닌가. 그렇다면, 거울은 인간의 진실한 모습을 가리고 가짜 모습을 만드는데 이용되는 흉물이다. 사람들이 자연스런 모습으로 진실하게 살지 않고, 더욱 부풀려 거짓으로 살아가는 데 이용되는 흉물!"

하루 종일 거울에 시달렸던 혜진은 거울을 흉물이라고까지 정의했다. 내일부터는 거울을 보지 않겠다는 결심도 했다. 거울을 보며 몸맵시를 다듬고 예쁘게 보이려고 고생할 게 아니라, 생긴 모습 그대로 살아가는 것이 더욱 진실하고 영원한 것이라고 생각했다. 아니 그렇게 하는 것이 옥자를 이길 수 있는 길이라고 생각했다. 그러나 혜진은 또 다른 고민에 빠졌다. 거울을 모두 없애자고 주장할 수 없는 노릇일 뿐

만 아니라, '거울안보기운동'을 전국적으로 추진하자고 떠들어댈 수도 없기 때문이다. 결국 혜진은 거울만 생각하다 낮잠이 들었다. 얼마나 지났을까. 인터폰 소리에 잠을 깬 혜진은, 눈을 비비며 현관문을 열었다. 엄마였다. 엄마는 시장에서 채소, 과일, 일용생필품 등을 사서 비닐봉투에 나누어 넣고 양손으로 들고 오셨다.

"일찍 왔구나. 잤었니?"

"응 – "

"엄마하고 채소도 다듬고 과일도 씻어 냉장고에 넣자."

"네 – "

엄마는 자신과 함께 틈틈이 집에서 살림살이를 배우는 딸 혜진이가 몹시도 대견스러웠다. 부모들의 말이라면 무조건 순종하며 오늘날까지 커 온 혜진이가 아닌가. 여느 집 딸들처럼, 새 옷 투정 한번 해본 적이 없는 혜진이다.

"너 어느 중학교에 진학했으면 좋겠니. 추첨으로 하는 거라 네 마음대로 되는 건 아니지만…."

"아무데나 들어가도 괜찮아."

덤덤한 대답이었다.

"그래도 마음에 드는 학교가 있을 게 아니냐."

"글세…."

"너, 어디 아프니?"

"아니. 그런데 엄마."

엄마의 눈초리를 읽은 혜진이는 재빠르게 말머리를 돌렸다.

"엄마, 언젠가 아빠께서 그런 말씀을 하신 적이 있지?"

"무슨 말씀…"

"TV 뉴스는 보지 않으신다고. 직장인이 세상 물정을 너무 많이 알면, 본연의 임무에 충실할 수 없다고."

"글쎄다. 잘 기억이 나지 않는데…"

엄마는 시선을 채소 쪽으로 돌렸다. 기억을 더듬어 보니 언젠가 남편이 그런 말을 한 것도 같은 생각이 들었다. 열대지방에서 무더위와 싸우며, 건설공사에 전념하고 있는 남편의 모습을 그려보는 엄마의 얼굴은, 잠에서 막 깬 사람처럼 풀이 죽어 있었다.

"한번 다녀가실 때도 되었는데…."

남편은 작년 초에 과장으로 진급해, '은하스탄' 공화국 수도인 '성운시' 소재 (주)낙동건설 해외사업부로 출국한 후, 한 번도 집에 오질 못했다. 얼굴 본 지가 일 년도 넘었다. 채소를 다듬는 엄마의 손도 힘이 없어 보였다.

"엄마."

"왜."

"나 내일부터 거울 안 볼래. 중학교에 가면 사주신다던 '핸드폰' 안 사줘도 좋고."

"그게 무슨 소리야, 갑자기?"

혜진을 쳐다보는 엄마의 눈동자는 번개처럼 빛났다. 혜진은 조금 전 침대에 누워 생각했던 것들을 그대로 말로 이어 갔다.

"아빠가 하신 말씀의 뜻은, 사람이 쓸 데 없는 곳에 한눈을 팔면, 자기 할 일을 할 수 없게 된다는 의미 아냐?"

"그거하고 거울 보는 것하고 무슨 상관이야. 또 '핸드폰'은 왜 소용이 없다는 것이고!"

엄마는 경계의 눈초리를 풀지 않고 혜진을 쳐다봤다.

"사람들이 거울을 보며 몸치장이나 하다 보면, 자연히 자기 할 일을 소홀히 하게 될 것 아니야? 뿐만 아니라 화장이나 몸치장이라는 것 자체가, 진실을 가리고 부풀려 거짓으로 세상을 살아가려는 행동이고."

혜진이도 엄마를 쳐다보며 대들 듯이 또박또박 대답했다.

"뭐?"

엄마는 또 한 번 놀라며 말을 잇는다.

"거울을 보며 몸단장하는 것이 설마 세상살이에까지 지장을 줄까?"

엄마의 대답은 부드러웠다. 혜진의 속마음을 읽었기 때문이다.

"따르릉! 따르릉!"

이모로부터 걸려온 전화 때문에, 혜진과 엄마의 대화는 자연스럽게 끝났다.

다음날 아침부터 혜진은 어제 다짐한 대로 거울을 보지 않았다. 몸단장은 혼자 책상을 지키는 컴퓨터 모니터에 어른거리는 검은 물체를 보며, 흩어진 머리카락들을 손으로 긁어 올리는 정도로 끝내고, 학교로 출발했다. 혜진은 아파트 현관에 있는 거울도, 엘리베이터에 있는 거울도, 학교 현관이나 교실에 있는 거울 등 모든 거울을 무시하고 관심을 두지 않았다. 줄지어 지나가는 차량들의 백미러도 외면했다. 거울에 신경을 쓰지 않고 교실에 도착하니 마음도 편해졌다.

"그동안 쓸데없는 데 신경을 쓰느라고 내 마음이 불편했었구나."

혜진이는 이렇게 말하며 수업 전 자습에 임했다.

넷째 시간이 끝나고 점심시간이 되었다. 혜진도 배식을 받아 책상에서 식사를 하기 시작했다. 모처럼 편한 마음으로 먹어 보는 기분이었다. 짝꿍 옥자와 함께 이야기를 하며 먹는 도중, 담임선생님이 오셨다. 학생들이 점심 먹는 모습을 감독하시다가 혜진이 곁에 멈추신 것이다.

"박혜진, 밥 맛있니?"

"네."

"그래, 많이 먹어."

하시며 선생님은, 귀 근처에 흐트러진 혜진이의 머리카락들을 손으로 다듬어 주셨다.

"어머!, 내 머리카락들이 흐트러져 있었나 봐."

혜진은 선생님이 지나가자, 점심을 먹는 둥 마는 둥 하고 일어나,

반사적으로 교실 뒷벽에 걸려 있는 거울로 향했다.

"아- 아니, 난 거울을 보지 않기로 했잖아."

장승처럼 굳어 버린 혜진의 발길은 더 이상 떨어지지 않았다. 혜진은 마음을 진정시키려고 숨을 고르고 교실 밖으로 나왔다.

"무얼 보고 머리를 다듬는 담?"

막막해진 혜진은 이런저런 궁리를 하다, 운동장 반대편에 있는 세면장으로 향했다. 손바닥을 모아 수돗물을 받고 얼굴을 비춰보았다. 그러나 얼굴은 떠오르지 않았다. 수돗물을 땅바닥에 내동댕이치고, 운동장 서쪽에 있는 쪽문을 지나, 어린이놀이터로 갔다. 그곳에 조그마한 분수대가 있었기 때문이었다.

지루한 겨울을 보낸 분수대는 물을 내뿜지는 않고 있었지만, 연못처럼 동그랗게 만들어진 넓은 바닥엔, 제법 많은 물이 괴어 있었다. 혜진은 쪼그리고 앉아 물결에 반사되는 자신의 모습을 들여다보았다. 자신의 상반신이 하늘하늘 물결 따라 흔들리며 떠올랐지만, 흐트러진 머리카락들이 보일 정도로 투명하진 않았다. 더구나 봄바람이 불 때마다 출렁이는 물결은, 자신의 모습을 완전히 망가뜨리곤 했다. 머리카락들의 상태를 보기는 완전히 불가능했다. 실망스런 마음으로 일어나려는 순간, "휙~!" 또 한 번 흙바람이 놀이터를 휩쓸고 지나갔다. 분수대 연못에도 흙먼지와 가랑잎들이 어지럽게 떠돌기 시작했다.

혜진은 포기하지 않고 이번에는 미끄럼틀로 다가갔다. 미끄럼대가 녹슬지 않는 '스테인레스 스틸' 로 만들어져 유리같이 하얀빛을 반사하고 있었기 때문이었다. 미끄럼대에 자신의 얼굴을 들이대며 비춰보았다. 그러나 어둡고 이상한 형체만 어른거릴 뿐, 얼굴이나 상반신은 전혀 나타나지 않았다. 기대 이하의 성과였다.

"맑고 반짝인다고 다 거울 역할을 하는 게 아니로구나."

혜진의 생각은 실망보다도 거울의 특이성으로까지 비약했다.

혜진은 모든 것을 포기하고 힘없이 일어나 학교를 향해 걸었다. 고개를 숙이고 걸어가던 혜진은 또 한 번 멈춰 섰다. 자신의 그림자를 발견했기 때문이었다. 등 뒤에서 비추는 한낮의 따뜻한 봄 햇살이, 어린이놀이터 땅바닥에 혜진이의 모습을 뚜렷하게 그려 놓은 것이다. 혜진은 자신의 그림자를 살피면서, 얼굴과 머리 모습을 읽어보려고 노력했다. 그러나 얼굴이나 머리 모습은 그림자에 나타나지 않았다. 혜진은 햇빛을 향해 돌아선 다음 목을 돌려 그림자를 뒤돌아보았다. 그래도 허사였다. 햇빛은, 사람들의 전체적인 얼개만을 그림자로 만들어 놓는다는 사실을, 혜진은 오늘에서야 알았다.

혜진은 또다시 힘없는 발걸음을 옮겼다. 도무지 거울을 보지 않고 자신의 모습을 살필 수 있는 묘책이 떠오르지 않았다. 점심시간이 거의 끝나 가는 것 같았다. 운동장에서 놀던 학생들이 대부분 교실로 들어가고 있었다. 교실로 돌아온 혜진은, 하루의 수업이 다 끝날 때까지도 마음속의 숙제를 해결하지 못했다.

수업이 끝나고 집으로 돌아온 혜진은 엄마와 마주쳤다. 엄마는 부엌일을 하고 계시다가 혜진이를 맞이했다. 엄마는 오늘도 혜진의 표정이 밝지 못하다고 읽었다. 그래서 엄마는 의도적으로 자극적인 질문은 하지 않았다.

"손 닦고 쉬어라."

엄마는 부엌일을 계속했다.

혜진은 어제처럼 공부방으로 들어가 침대 위로 몸을 던졌다. 한숨을 길게 내쉬고 눈을 감았다. 어제처럼 머리가 복잡하지는 않았지만, 앞으로 정말 거울을 보지 않고 생활할 수 있을지 궁금하고 답답했다. 그러나 곧 혜진은 어제 거울을 보지 않겠다고 엄마에게 다짐하였던 결심을 떠올렸다.

"거울을 안보겠다고 큰소리쳤던 결심을 하루도 못 참다니."

혜진은 자신을 꾸짖으며, 오늘 학교에서 헝클어진 머리카락을 다듬으려고, 이리 뛰고 저리 뛰던 모습을 생각했다.

"세면대, 분수대, 미끄럼틀을 찾아 헤맸고, 심지어 그림자에서도 내 얼굴을 찾아보려고 방황하지 않았던가! 내가 싫어하는 거짓을 찾아 헤맸던 게 아닌가!"

혜진은 자신이 초라해졌다고 생각했다. 거울을 보며 몸맵시를 다듬고 옥자보다 더 예쁘게 보이려던 자신이 비굴해진 것이라고 자학했다.

거울을 보지 않고 지내는 혜진이의 생활은, 어느덧 한 달이 넘도록 계속되었다. 그래도 티 없이 맑은 혜진이의 얼굴은, 날이 갈수록 뽀얗게 피어났다. 가끔 흐트러진 머리카락들이, 이마나 귀 앞으로 흘러내렸지만 문제되지 않았다. 혜진은 감각으로 알아차리고, 손가락으로 긁거나 다듬으며 해결했다. 엄마도 혜진이의 이런 생활을 눈치 채고 있었지만 관여하지 않았다. 오히려 거울을 보지 않고 등교 준비를 하는 혜진을 도와주었다. 제 마음대로 꾸밈없이 자연스럽게 성장하는 게 보다 진실하고 원만한 인격 형성에 도움이 될 것이라고 생각했다.

가을이 되자, 열대지방 은하스탄 공화국에서 건설 업무에 종사하시던 아빠가 돌아오셨다. 아빠와 함께 생활 할 수 있는 가정 분위기가 일 년 10개월 만에 찾아온 것이다. 엄마의 표정도 한없이 밝아지고, 집안 분위기도 활기에 넘치면서 단란한 가정으로 변했다. 그러나 아빠는, 혜진이가 거울을 보지 않고 생활하고 있다는 사실을 아직은 모른다.

어느 날 혜진이네 가족들은, 저녁 식사를 마치고 거실에서 함께 '텔레비전'을 시청했다. 아빠도 모처럼 일찍 귀가하셨고 개구쟁이 남동생 동민이도 자리를 함께 했다.

"몇 년 만에 찾아 온 순간인가. 아니 얼마나 기다렸던 행복인가."

엄마는 이렇게 생각하며 일일 연속극을 시청하고 있었다. 아기자기한 내용들이 유명 배우들에 의해 연출되었다. 30여 분 후, 남자 주인공 부모들이 완강하게 결혼을 반대한다는 사실을 알게 된 여자 주인공이, 애인의 행복을 빌며 도망치는 장면에서 연속극은 끝났다.

엄마는 싱크대 쪽으로 가 부엌일을 계속하였고, 동민이도 공부방으로 들어갔다. 혜진이는 아빠와 거실에 남아, 일일 연속극 다음에 방영되는 아홉시 뉴스를 시청했다. 함께 뉴스를 시청하던 혜진은 소스라치게 놀랬다.

"어-, 아빠가 뉴스를 보시네!"

어이없는 충격이었지만, 혜진은 억지로 내색을 하지 않으며 표정을 관리하고, 뉴스를 청취하시는 아빠의 거동을 살폈다. 뉴스는 헤드라인 뉴스에 이어 정치, 경제, 사회, 문화, 군사, 스포츠에 관한 소식들은 물론, 기동취재를 통해 사회 비리를 고발하는 내용까지 포함되어 있었다. 아빠는 계속되는 뉴스를 빠짐없이 시청하셨다. 가끔은 앉은 자세를 고쳐가며, 뉴스에 빨려 들어가는 것 같은 표정을 지으시기도 했다. 혜진은 뉴스가 끝나기만을 기다렸다. 직장인이 세상 물정을 너무 많이 알면, 본연의 임무에 충실할 수 없다고, 단호하게 말씀하셨던 아빠가 아닌가!

일기예보를 마지막으로 아홉시 뉴스는 끝났다.

"아빠!"

혜진은 기다렸다는 듯이 아빠를 불렀다.

"응, 그래, 왜?"

아빠는 나지막한 목소리로 대답했다. 아빠의 머릿속에는 아직도 뉴스의 내용들이 남아 있는 것 같은 표정이었다.

"뉴스를 열심히 보시네요."

"그럼, 열심히 보아야지. 세상 돌아가는 것을 알려면, 무엇보다도 뉴스를 열심히 청취하고, 신문도 많이 읽어야하는 거다."

아빠는 상상외로 딸을 교육시키는 말투로 대답했다. 또 한 번 놀란 혜진은 아빠의 대답이 끝나기도 무섭게 제일 궁금했던 질문을 했다.

"네? 지난번 아빠가 집에 오셨을 땐 뉴스를 보지 않으신다고 하셨잖아요?
직장인이 세상 물정을 너무 많이 알면, 본연의 임무에 충실할 수 없다고 하시면서….”
“뭐~, 음~, 그랬나!”
아빠는 잠시 후에 말을 계속 이어가셨다.
“혜진아, 그때 내가 너에게 그런 말을 했을 땐, 내가 해외건설 현장에서 밤낮으로 일하는 게 내 업무였고, 지금은 ‘은하스탄’ 공화국 ‘성운시’ 소재 (주)낙동건설 해외사업부 홍보과장으로 근무하고 있지 않니? 홍보업무는 모든 정보를 알아야 업무를 수행할 있고, 아울러 우리 사회의 구석구석도 알아야 효율적으로 해낼 수 있는 업무다. 때문에 내가 지금 이 직무를 수행하는 한, 뉴스도 열심히 보고 신문도 부지런히 읽어야 정보를 분석도 할 수 있단다.”
혜진이는 아빠의 말씀을 이해하기 어려웠지만 대강은 짐작이 갔다.
“그럼 뉴스를 보고 안 보는 것이, 아빠에게 주어진 직무와 관련이 있는 것이라는 말씀이시군요.”
“그럼, 그렇지.”
“아~, 저는 모든 직장인들이 뉴스를 보면 일하시는데 지장이 있는 줄 알았어요.”
혜진이는 머리를 끄떡이며 아빠에게 말을 이어갔다.
“그런데 아빠, 요즈음 사람들은 정보라는 말을 너무 많이 사용하는 것 같은데, 정보라는 말의 참뜻은 무엇이고 분석이란 말은 또 무슨 의미인가요?”
하고는 혜진이는 아빠를 쳐다보았다.
“뭐~, 정보가 무슨 뜻이고 정보분석의 의미는 무엇이냐고?”
아빠는 놀란 표정으로 혜진이를 쳐다본 후 무슨 결심이라도 한 것처럼
“그래, 말해주지. 그런데 내 설명을 네가 알아들을 수 있을지 모르

겠다."
하시며 잠시 숨을 고르고
"그러나 언젠가는 꼭 알아두어야 할 말들이니 이번 기회에 설명해 주마."
하시며 눈동자를 이리저리 굴린 다음, 강의하는 표정까지 지으며 설명을 시작했다.
"우선 정보라는 단어는 일반적인 의미와 전문적인 의미로 구분되어야 할 것이다. 일반적인 의미는, 국어사전에 있는 것처럼 사물의 내용이나 형편에 관한 소식 또는 자료라고 알아두면 될 것이고, 전문적인 의미는, 사용자를 위한 사전지식이라고 정의할 수 있다. 여기서 사용자란 대통령을 비롯해서 국무총리, 장관, 회장, 사장 등 다양한 데, 정보기관의 종류나 성격에 따라 달라지는 것이다. 민간적인 측면에서, 가령 어느 대기업 소속 사원들이 자기 회사를 위해 정보활동을 하고 있다면, 그 정보의 사용자는 회장이나 사장이 될 것이다. 그리고 사전지식이란, 정보 사용자가 어떤 행동을 하거나 의사를 결정하기 전에, 제공되거나 보고되는 지식이라는 의미다."
여기까지 설명한 아빠는, 혜진이의 표정을 살피며 자신의 설명을 딸이 알아듣고 있는지를 확인하려했다. 혜진이가 거실 창밖을 보며 고개를 끄덕이자 아빠의 설명은 계속되었다.
"그리고 정보분석이란, 정보보고서를 작성하기 위해 수집된 자료나 첩보들을 처리하고 종합하는 일련의 과정을 말하는 것이다. 소문이나 자료 수준의 내용들이, 정보로 탈바꿈되어 보고서가 필요한 사용자에게 제공되는 것이다."
장황한 내용들을 교과서적으로 설명한 아빠는
"이해하기 힘들지?"
하시며 혜진이의 대답을 기다렸다.
"거의 못 알아듣겠어요."

혜진은 솔직하게 말했다.

"그럴 것이다. 사람들이 정보, 정보하며 저마다 떠들지만 실제로 전문적인 입장에서 정보라는 단어를 정의하려면 많고 어려운 낱말들이 나열되어야 가능하단다. 그러니 너도 정보의 참다운 의미 같은 것엔 신경 쓰지 말고, 고등학교를 졸업할 때까지는, 남들처럼 아무런 부담 없이 정보라는 단어를 사용하는 게 좋을 것 같다. 물론 배움의 길을 계속 걸어야 하는 너 같은 입장에서, 모든 것에 의문적인 시각을 갖고 접근하는 자세야말로 칭찬 받아야 할 일이다. 그러나 정도가 지나치면 오히려 머리가 복잡해지고 역효과를 가져올 수 도 있단다. 그러니 혜진아! 인간세계의 진리나 철학은 변할 수 없는 것이지만, 이것들을 밑바탕으로 하는 세상살이의 방법은, 여건이나 상황에 따라 항상 변할 수 있는 것이다. 원칙만을 고수하며 융통성 없이 세상을 살아가기보다는, 가능한 한 자신을 양보하며 부드럽게 살아가는 자세야말로, 상대방과의 충돌도 피하고 화합적인 분위기를 조성해, 우리 사회를 보다 건전하게 발전시킬 수 있는 좋은 생활방법이다. 만일 세상 사람들이 모두 이기적인 생활자세를 버리고 자신을 양보하며 살아간다면, 공중도덕이나 사회질서는 저절로 잘 유지될 것이며, 선진국 수준의 민주주의도 꽃피울 수 있게 될 것이다. 그러니 앞으로는 항상 오늘 내가 한 말들을 명심하면서 살아가거라."

말씀을 끝낸 아빠는, 딸의 커다란 숙제를 풀어 준 것처럼 후련한 표정을 지으며, 혜진에게 보리차 한 잔을 주문했다. 혜진이는 일어나 식탁으로 가며

"녹차를 한 잔 드릴까요?"

하고 물었다

"아니다. 잠자기 전엔 보리차가 좋다."

하시며 녹차에도 '카페인' 이 들어 있다는 뜻을 딸에게 암시해 주었다.

혜진이가 보리차 한 잔을 드리자 아빠는 단숨에 마시고

"자, 이제 그만 잘 준비를 할까."

하며 혜진이에게 말했다.

아빠와 함께 일어선 혜진은 공부방으로 갔다. 침대에 누워 잠을 청했다. 그러나 뜻밖의 새로운 사실을 알게 된 혜진의 머리는, 또다시 혼란과 갈등으로 가득 찼다. 맡은 직무에 따라 생활자세도 바뀌는 것이라는 아빠의 말씀과, 거울을 보고 화장하는 것이 세상살이에까지 영향을 미치겠느냐고, 말씀하시던 엄마의 모습이 생생하게 떠올랐다. 예상은 했었지만 정보라는 말의 의미도 뜻밖으로 어려웠고 처음 듣는 단어들도 많았다. 아빠의 설명 내용은 매우 전문적인 것 같았으며, 표현 자세나 능력도 예상외로 놀라울 정도였다. 평소엔 전혀 느낄 수 없었던 아빠의 모습이었다. 불필요하게 예민한 자세로 생활하지 말고, 정도에 지나치지도 말라는, 자신에 대한 질책 또한 예사로운 말씀이 아닌 것 같았다.

"앞으로 무엇을 얼마나 더 배워야하는 것일까? 중학교, 고등학교, 대학교…. 아니 석사, 박사, 유학 공부도 있잖아."

끝없이 이어질 배움의 길이 너무도 길고 지루할 것 같았다. 그런 생각을 한 다음 혜진의 생각은 또 다시 거울 문제로 돌아왔다.

"그러면 거울 문제는 어떻게 해결해야 하나? 계속 거울을 보지 않고 살아갈까? 아니면 다시 보기 시작할까? 중학교에 진학한 후에 보기 시작하면 어떨까?"

혜진의 머리는 혼란스럽기만 했다. 결론을 내리지 못한 혜진은, 일단 자신이 결정한 일이니 자신이 해결해야 할 문제라고 괴로워하다 잠이 들었다.

아빠와의 진솔한 대화가 있었던 날 이후, 혜진의 머릿속은 항상 아빠의 훈계 말씀과 엄마의 말씀이 함께 맴돌았다. 날이 갈수록 무뎌졌던 거울에 대한 감각도, 소리 없이 되살아나기 시작했고, 가끔 자신도 모르게 거울을 보는 행동으로까지 발전했다.

혜진은, 그럴 때마다 자신의 굳은 결심이 깨어지는 안타까움을 느끼곤 했지만, 곧 마음의 평온을 되찾았다. 뿐만 아니라, 거울을 볼 때마다 점점 달라지는 자신을 발견할 수 있었고, 실수도 예방 할 수 있었다. 혜진은 거울을 볼 때마다, 아빠와 엄마가 자신을 포근히 감싸주는 것 같은 감정도 느끼곤 했다.

이런 변화된 생활이 계속되던 어느 가을 날. 창밖의 나뭇잎들이 단풍으로 울긋불긋 물들고, 아침저녁으로 제법 쌀쌀한 기운까지 감도는 날이었다. 혜진은 오늘도 학교를 가려고 엄마에게 인사를 드리다 크게 당황했다. 엄마가 자신을 바라보시며

"야, 우리 혜진이 참 예쁘구나. 멋진 '코트' 에 머리까지 단정히 빗고 보니 정말 선녀같이 보인다. 너 오늘은 거울 보며 몸단장했지!"

하시는 게 아닌가.

"어, 내가 거울을?"

자신의 모습을 아래위로 훑어 본 혜진은, 소스라치게 놀라며 벌써 며칠 전부터 거울을 보고 몸단장한다는 사실을 시인했다.

"엄마, 어떻게 알았어?"

"네 차림새를 보고 직감적으로 알았다. 혜진아 너 중학교에 진학해도 '핸드폰' 필요 없다고 했지?"

"아니 '핸드폰' 예정대로 사줘 엄마. 필요할 것 같아."

엄마는 황급히 현관문을 닫고 뛰어 나가는 딸의 뒷모습을 보며 환하게 웃었다. 혜진이도 여덟 달만에 감옥에서 해방된 것 같은 홀가분한 기분을 느끼며, 학교를 향해 가벼운 발걸음을 옮겼다. 코트 주머니 속의 작은 손거울을 만지작거리며…….

혜진이 아빠 박숭무 과장은, 꿈같은 휴가를 즐기던 중, 친구 김덕선의 연락을 받았다. 반월 시내에서 만나 오랜만에 저녁식사를 했다. 박

과장은 김 과장으로부터 열흘 간 휴가 후 "진급이 될 것 같다는 이야기"를 이야기를 들었다. (주)낙동건설 과장에서 부장으로 승진될 것 같다는 소식이었다. 김 과장은 박 과장이 '은하스탄' 에서 보내 준 "호압군주국 핵무기개발 관련 비밀 보고서" 가 태백공화국 안전보장 정책수립에 지대한 기여를 했다고 전달해 주었다. 박 과장은 고마웠다. 지긋지긋한 해외건설현장을 떠나, 국내에서 가족들과 아기자기하게 살아가는 게 최고의 '행복코스라' 고 그리워하던 터였다. 두 죽마고우의 정다운 이야기를 상현달이 도청했다. 내일 햇님에게 보고할 예정이다.

단편소설

요지경 마을

〈 명당마을 〉

까만 하늘이 별들을 왕소금처럼 하얗게 뿌려 놓았던 어느 여름날 밤이었다. 박정범 누나 세 명은 안마당에 멍석을 펴고, 마른 쑥으로 모깃불을 피웠다. 푸르스름한 연기가 이리저리 움직이며 아름다운 그림을 그렸다. 매큼한 연기가 약냄새로 진하게 퍼졌다. 자리에 앉아 손톱에 봉숭아로 꽃물을 들이는 일을 시작했다. 하얀 사기 사발에 봉숭아 이파리와 꽃잎을 따 넣고, 나무 방망이로 찧어가며 소금과 백반을 뿌렸다. 누나들의 능숙한 동작으로 봉숭아 꽃잎들은, 순식간에 푸른 물이 흘러나오며 검푸른 떡같이 변했다. 누나들은 손톱에 조금씩 떼어 붙인 다음, 칡잎으로 덮고, 칡껍질로 동여맸다. 이제 내일 아침에 눈을 뜨면, 누나들의 손톱은 봉숭아 같은 연분홍색으로 예쁘게 물들어 있을 것이다. 누나들은 멍석에 누어 손가락을 배위에 올려놓고, 별들을 헤아리기 시작했다.

"별 하나 나하나, 별 둘 나 둘……"

"저 별은 네 별, 이 별은 내 별….."

"북두칠성, 카시오피아, 작은곰자리, 큰곰자리, 은하수….."

고등학교 삼학년인 둘째 누나 종애宗愛가 정적을 깨며 봉숭아 노래를 시작했다.

종애 누나는 용龍띠 태생이라 명랑하고 적극적인 성격이다.

"울 밑에 선 봉선화야 네 모양이 처량하다."

엄마가 자주 부르던 애달프고 구슬픈 곡조의 노래였다. 중학교 삼학년이고, 정범이가 가장 만만해하는 셋째 누나 종화宗花도 합창한다. 부지런하고 인정 많은 누나다.

"길고 긴 날 여름철에 어여쁘신 아가씨들 너를 반겨 놀았도다."

밤하늘의 별들은 더욱 빛났고 사방은 조용했다. 아직까지 점잖게 말이 없던 큰누나 종숙宗淑이 나섰다. 종숙이는 서울에 있는 명문대학교 행정학과 삼학년생이다. 외교관이 되려는 꿈을 갖고 있다. 용띠 해辰에 태어나 성격도 남자답고, 강인하며 고집도 있었다. 침착하고 말수가 적지만, 한 번 입을 열면 자신의 소신을 분명하게 밝히는 성격이다. 승부 근성도 강하여 도전적인 자세를 보이기도 한다. 가끔은 엄마에게

"말馬만 한 게 집안일도 돕지 않는다."

고 꾸지람을 듣기도 한다.

"너희들은 왜 슬픈 노래만 부르니. 그 노래는 일본 사람들이 우리나라를 강제로 다스릴 때, 힘들고 서러웠던 우리 조상님들이 시름을 달래고, 일본 사람들을 미워하면서 부르던 노래야. 이젠 그런 노래보다는 밝고 명랑한 노래를 불러야 해."

하면서 최근 유행가인 '봉선화 연정' 을 한 곡조 뽑았다.

"손을 대면 톡하고 터질 것만 같은 그대 봉선화라 부르리, 더 이상 참지 못할 그리움을 가슴 깊이 물들이고. 수줍은 너의 고백에 내 가슴은 뜨거워."

노래 솜씨가 보통이 아니다. 둘째와 셋째 누나들이 언니와 함께 합창에 나섰다. 여성합창대의 아름다운 노래 소리가 토담을 넘어 온 동네로 퍼져나갔다.

"손을 대면 톡하고 터질 것만 같은 그대 봉선화라 부르리. 울면서 혼자 울면서 사랑한다 말해도. 무정한 너는, 너는 알지 못하는. 봉선화 연정, 봉선화 연정."

누나들의 노래 소리가 끝나자 주변은 고요하고 어두웠다. 종애 누나가 정적을 깨며 일어나

"손톱 끝이 뜨끈뜨끈하고 이상하다."

며 불안해하였다. 종숙 누나가 나서

"꽃잎에 소금을 넣고 잎떡을 만들어 그런 것이라며 곧 없어질 것."

이라고 달랬다. 그러나 종애 누나는

"멋 부리려다 손 다 버리겠다"

며 봉숭아 잎떡들을 손톱에서 모두 떼어냈다. 종숙 누나는

“그것도 참지 못하고 떼어내!”하며 핀잔을 주었다.
“밤새도록 고생해도 ‘매니큐어’ 한 번 바른 것보다 못할 텐데 뭐.”
종애 누나가 말했다.
“봉숭아와 ‘매니큐어’ 는 질이 다른 거야.”
종숙 누나가 뾰로통했다.
“뭐가 다른데”
종애 누나가 물었다.
“봉숭아는 무공해 자연산 화장품이고 ‘매니큐어’ 는 화학약품으로 만든 거다. 하늘과 땅 차이야. 자연산을 무시하고 화학약품만을 애용하며, 편리한 생활수단만을 추구하는 데 문제가 있는 거야. 암도 걸리고 각종 부작용도 생기고. 화장품 뿐 만아니라, 요즈음 음식물에도 ‘멜라민’ 인가 뭔가 그 방부재 말이야, 안 들어가는 데가 없단다. 건물에서도 발암물질들이 판을 치고 있으니 해도 너무해. 어디 음식물 뿐인가? 과자, 우유, 음료수를 비롯해, 가짜 휘발유와 짝퉁 명품들이 판을 치는 세상이다. 그런것들을 생각하면 이 곳 시골생활은 천당이야, 별다른 공해도 없고 건강상 문제점도 없으니. 도시생활이야말로 공해와 건강과의 싸움이라고 보아야 한다. 건강을 지키며 살아남는 게 다행이라고 보아야해.”
“그럼 서울 보다 시골이 더 좋은 곳이야.”
하며 종화 누나가 끼어들었다. 종숙이 계속 답변했다.

“단정적으로 말할 수는 없고 각각 장단점이 있는 거다. 문명이 발달하니 도시생활의 부정적인 측면이 너무 많아졌다. 대학생활도 그렇다. 너희들이 이곳 시골에서 보고 느끼는 것과 많이 달라. 대학이라고 배울 것 만 있는 게 아니고, 학생이라고 다 학생이 아니다. 학생들의 특이한 행태를 보면, 전신을 명품들로 휘감고 강의실에 들어오지 않는 학생, 전날 밤 과음으로 아침에 강의실에서 토하는 학생, 강의실에선 볼 수 없고 시험장에는 빠짐없이 나타나는 학생, 밤낮 없이 데모만 하는 학생, 입학한지 얼마 되지 않아 결혼하고 휴학하는 학생, 고급 승용차로 등하교하는 학생, 일학년 마치고 후진국가로 유학 떠나는 학생, 등 이루 헤아릴 수없이 많다. 한마디로 요지경 속이다 요지경! 자전거 분실신고가 하루에도 세 건 이상 발생하는 것을 생각하면, 보통 요지경 속이 아니라 지겨운 요지 경 속이다. 이와 같은 대학 캠퍼스 분위기가 언제 어떻게 조성되었는지 모르겠어. 일조일석에 만들어진 것은 아니겠지만, 너무 낮 뜨거운 광경들이 많아. 우리들로서는 정말 이해할 수가 없어."

종숙 누나는 아직도 할 말을 다 하지 못하였는지 설교를 계속 이어갔다.

"그런데 문제는 여기서 끝나는 게 아니야. 강의실에 나오지도 않은 학생의 학점이 상상외로 높게 나오고, 명품으로 휘감고 친구들과 어울리는데만 열을 올리는 학생들의 학점도 좋게 나온다는 사실이다. 직업적으로 데모를 하고 다니는 학생들이 학점 부족으로 유급하는 걸 보지 못했어. 나로서도 풀리지 않는 수수께끼다. 대충은 감이 잡히지만. 이런 생각하면 머리가 복잡해진다. 한 가지만 잘해서는 세상살이도 힘들겠으니, 대인관계라도 잘해 사회진출 발판을 넓히는 처세를 좀 해보아야겠어. 때로는 요지경 속에도 들어가 보고. 내가 외교관이 되면 치마, 저고리 같은 한복을 애용해, 외교가 홍일점이 되어 보겠다는 생각도 해보았다."

엄마는, 정범이와 누나들의 봉숭아 노래 합창은 물론, 흘러나오는 대화까지도 부엌일을 하면서 귀동냥 했다.

종숙 누나의 설교를 듣던 정범은 정신없이 선영 네 집으로 달려갔다. 선영도 누나들과 함께 손톱에 꽃물 들이라고 재촉할 셈이었다. 그러나 선영은 집에 없었다. 맥이 빠진 정범은 무거운 다리를 끌며 터덜터덜 집으로 돌아왔지만, 또 다른 실망이 기다리고 있었다. 사기그릇

속에 남겨두었던 봉숭아 잎떡이 모두 사라졌기 때문이었다. 정범은

"내가 봉숭아 꽃씨를 심고 보살펴 준 것은 선영이 때문이었는데."

라고 투덜거리며 대문 밖으로 나갔다.

"엄마! 밥 줘."

박정범鼎範은 책가방과 함께 몸을 마루 위에 내던지고 아무렇게나 벌렁 누워버렸다. 며칠 전에 중학교에 입학했다. 친구 김원식, 이선영과 같은 학교 같은 반이다. 일행들은 십리가 좀 넘는 시골길을 걸어 학교에서 돌아왔다. 낮은 고갯길도 하나 넘고, 냇물위에 놓인 외나무 다리도 건넜다. 같은 반 친구인 이선영善英과 김원식元植 등 세 명이 이야기 하며 걸어온 하굣길은 즐거웠다. 그래도 다리가 좀 아팠지만 어제 같이 춥지 않고 날씨가 포근해 고생을 덜 했다. 들녘에는 아지랑이가 피어오르고, 시냇가 둑 방 양지 녘엔 꽃다지가 노랗게 돋아나는 새봄이었다.

"그래 조금만 기다려라."

엄마는 외아들을 쳐다보지도 않고 무표정하게 하던 일만 계속했다. 안마당 토담 주변을 따라 만들어진 화단에 꽃씨를 심는 중이었다. 마루에 걸터앉아 피곤한 다리를 훑으며 엄마의 거동을 살피던 정범은, 무 슨 생각을 하였는지 재빨리 책가방을 정리하고 엄마 곁으로 갔다.

"엄마, 나도 꽃씨 심을래."

"그만둬, 아무렇게나 심으면 싹 안 터. 밥이나 먹어"

엄마는 정범이가 늘 누나들과 어울려, 성격이 소심해져 가는 것을 걱정하고 있었다. 엄마는 왼쪽 손으로 허리를 짚고 천천히 일어나 부엌으로 향했다. 정범이도 뒤따라와 마루에서 늦은 점심식사를 했다. 밥상을 마주한 엄마는 그제야 아들에게 관심을 갖았다. 중학교 분위기가 어떠냐. 반이 몇 개냐. 무슨 공부를 하였느냐. 담임선생님이 마음에 드느냐. 공부가 어떠하냐는 등 많은 질문을 퍼부었다. 정범이도 잔뜩 긴장을 하고 또박또박 거침없이 대답했다.

"일 학년은 반이 두 개고, 우리 반 담임은 남자인데, 이반 담임은 여자 선생님이며, 오늘은 쉬운 공부만 했는데, 원식이는 공부가 어렵다고 한다."

정범은 가끔 엄마에게 자신을 뽐내기까지 했다.

아들의 구석구석을 점검한 엄마는, 안심하는 듯 한숨을 길게 내쉬고 화단으로 향했다. 하던 일을 끝 낼 셈이었다. 정범도 서둘러 식사를 마치고 밥상을 그대로 놓아 둔 채 화단으로 가 거들었다. 엄마의 만류도 뿌리치고 봉숭아鳳仙花씨만 심으며 돌아다녔다. 아직은 시커먼 흙이지만, 이 작은 봉숭아 씨앗들이 싹트면, 화단은 붉고 푸른 색깔로 덧칠이 될 것이다. 정범은 봉숭아 씨앗을 자신의 마음과 함께 꾹꾹 눌러 심었다. 올여름 누나들이 손톱에 봉숭아꽃물을 들일 때, 여자 짝꿍인 옆집의 선영이도 불러 함께 꽃물을 들이게 할 셈이었다. 그날 밤 정범은 선영이의 손톱에 봉숭아 꽃물을 들여 주는 꿈을 꾸었다. 그 후 정범이의 화단 가꾸기는 자발적으로 계속되었고, 봉숭아에 각별한 관심을 갖고 비료를 많이 주었다. 어느덧 하지가 지나고 여름방학. 무더운 여름은 매미들의 합창 속에, 온 세상을 풍요로운 초록으로 만들어 놓았다. 정범이네 화단에도 채송화, 금송화, 다알리아, 파초, 나팔꽃, 맨드라미 같은 여름꽃들이 무성하게 어우러졌다. 봉숭아도 탐스러운 꽃송이들을 종처럼 많이 피웠다. 꽃잎은 연분홍 색깔을 하고 수줍은 듯 땅을 향해 매달려 있고, 노란색과 연분홍 색깔이 조화를 이루고 있는 줄기는, 마치 투명한 빨대로 붉은 물을 계속 빨아올리는 것처럼 보였다. 가끔 실바람이 불 때 마다 옆의 꽃들과 얼굴을 비벼대며 사랑스럽게 놀기도 한다. 이튿날 정범은 동구 밖 등굣길에서 선영을 만났다. 선영은 빨간 산딸기가 피어 있는 '부라우스' 를 입고 있었다. 예쁜 하얀 얼굴과 어울려 더욱 아름다워 보였다.

"어제 저녁엔 어디 갔었니?"

"엊저녁 언제?"

선영은 특유의 고운 말씨로 대답했다.

"해진 후 초저녁 무렵."

"냇가 밭에 지은 원두막에서 참외를 지키다가 어두워진 후에 집에 왔다."

"혼자서."

"아니 원식이 와 함께. 원식이가 배고프다고 해서 참외도 하나 따주고 낮에는 냇물에서 멱도 감았다."

선영의 말이 끝나기 무섭게 정범의 가슴은 쿵당거렸으며, 발걸음도 균형 감각을 잃었다. 그래도 정범은 용기를 내 이야기를 이어갔다.

"재미 있었겠구나."

"재미있긴. 아빠가 원두막에 늦게 나오셔서 모기만 많이 물렸다."

"누가 더 많이 물렸니?"

"내가 더 많이 물렸다."

"쑥으로 모깃불이라도 만들어 피우지."

"아이참! 우리가 왜 그런 생각을 못했을까. 원식이는 너보다 머리가 좋지 않은 것 같아. 공부도 그렇고......"

그 말로 정범은 가슴의 평온과 용기를 함께 되찾았다. 선영은 항상 원식이가 정범이 보다 섬세하지 못하고, 대충 대충하는 모습을 보여 못마땅했으며, 장난치기를 너무 좋아한다고 생각했다. 그런 평가 때문에 초등학교 뿐 아니라 중학교에 올라와서도 정범이와 짝꿍이 된 것을 내심 반기고 있었다. 그래도 선영은, 원식이가 아버지도 없이 엄마와 쓸쓸하게 살아가는 걸 생각하면, 코끝이 찡해왔다. 평온을 되찾은 정범이가 말을 이어갔다.

"어제 저녁에 우리 누나들은 손톱에 봉숭아 꽃물을 들였다."

"예쁘게 잘 들었대?"

"아직 모르겠어. 누나들은 아마 지금도 손톱에 싼 꽃잎들을 떼어내지 않았을 걸.

너도 어제 집에 있었으면 손톱에 봉숭아 꽃물을 들일 수 있었을 터인데……"

정범은 '선영이의 손은 얼마나 따듯하고 보드라울까.' 라고 생각하며 자신의 손을 살며시 펼쳐 보았다. 손바닥이 땀으로 촉촉했다.

"얘는! 중학생인 내가 어떻게 손톱에 꽃물을 들여. 처녀들이나 하는 거지. 그리고 요즈음 세상에 누가 손톱에 봉숭아 꽃물을 들여. 나는 이다음에 예쁜 '매니큐어' 도 바르고 멋도 낼 거야. 좋은 대학교에 들어가 공부도 열심히 하고."

선영의 말을 듣는 순간 정범이 머리는 큰 돌멩이로 맞은 듯 멍해지고 말았다. 그래도 정신을 가다듬고서 물었다.

"좋은 대학교가 어디 있는데?"

"서울에 있겠지. 공부 잘하면 갈 수 있을 게고."

"무슨 공부를 할 건데?"

"'컴퓨터' 하고 철학 공부."

"뭐, 우리 이모부님께서도 그런 말씀하시던데. 며칠 전 서울에 있는 명문대학교의 사회학 교수이신 이모부 김동진 교수께서 이모와 함께 우리 집에 오셨어. 컴퓨터 공부는 무궁무진한 것이고, 세상의 모든 일들이 컴퓨터와 관련되어 있다고 하셨어. 뿐만 아니라 철학은 '모든 공부와 인생의 근본 원리를 연구하는 학문' 이라고 말씀하시면서, 철학이 없는 국민들은 나라를 지켜낼 능력도 없고, 살기 좋은 세상도 만들 수도 없다고 말씀하셨어."

"아, 너는 훌륭한 이모부님이 계셔서 좋겠다."

선영은 부러운 표정을 하며 대화를 끝냈다.

정범이 엄마는 오늘 하루 종일 심난 했다. 어제 아들과 딸들이 멍석위에서 벌렸던 봉선화 노래합창과, 자유롭게 나누었던 이야기 내용을 부엌에서 귀동냥 한 게 화근이었다. 특히 큰애 종숙이가 대학생 사회를 요지경이라고 정의하며, 자신도 유연성 있는 처세를 해보고, 요지경 속에도 빠져 볼 예정이라고, 당당히 밝힌 게 마음에 걸렸다. 대학교에 다니는 큰딸이 동생들에게 공개적으로 밝힌 이야기들은, 부모로서 그냥 흘려 넘길 수 없는 내용들이라고 생각했다. 엄마는 잠자리에 들기 전에 남편박원정과 상의해 내일 저녁 원두막에서 삼겹살파티를 하기로 했다. 파티 분위기가 고조되면 이모부님께 아이들을 위한 좋은 말씀을 잠깐 부탁드려 볼 요량이었다. 엄마는 이모부 김동진東進 교수가 호랑이寅띠 해에 태어나 성격이 활달하고 강직하며, 포용력과 통솔력이 탁월하고, 남의 사정을 잘 도와주는 개성이라고 생각하고 있다. 뿐만 아니라 사회정의 구현의지도 강한 분이라는 말도 들었다. 엄마의 이 같은 의견에 남편 원정도 동의했고 동생도 좋아했다. 원두막이 시냇물과 참외밭 중간인 냇둑에 있어, 시원하고 야외휴가파티를 하기에는 좋은 장소가 될것 같았다. 다음날 엄마는 종숙이와 종애 두 딸을 데리고 읍내로 가 시장을 보아왔다. 어른과 아이들의 성격과 기호를 생각하며, 여러 가지 음식을 정성스레 준비했다. 등심, 삼겹살, 목살, 소주, 막걸리, 전, 동태, 생선회를 비롯하여 정범, 선영, 원식이가 좋아하는 과자, 바나나도 샀다. 엄마는 자신이 마련한 파티 준비로 하루가 어떻게 가는 줄도 모르며 뛰어다녔다. 길고 길었던 여름 해가 둥그런 저녁노을을 만들며 서산에 걸리자, 정범이네 원두막은 갑작스러운 인파로 뒤덮였다. 모두 열 명이었다. 원두막에서 전망되는 여름 들판은 싱그럽고 풍성한 초록색 광야였다. 깊은 바다색 벼 잎 위로 석양이 떨어지니, 모두 황홀감을 감추지 못했다. 검푸른 광야 한가운데로 시냇물이 흐르고, 북쪽 산 밑에 자리 잡은 정범이네 동네에도 석양이 걸쳐 있다. 산 밑에 위치한 정범이네 종중 할아버지 사당祠堂이 특출하게 돋보였다. 사당 뒤 조산朝山과 좌청룡左青龍 우백호右白虎도 뚜렷하여, 공작포란형孔雀抱卵形명당임을 쉽게 알 수 있었다. 사당 뒤, 산신령님께 제사를 지내는 산제당山祭堂도 원추형 고깔모자 같이 조그맣게 보였다. 산제사山祭祀는 마을 주민들이 함께, 정월 열나흘 날 자정에 지내는 제사이며, 제수로 소나 돼지를 잡고, 제당祭堂은 옛날부터 볏짚으로 만든다. 앞쪽에 출입구가 있고, 재주祭主는 한 달 전에 주민 중에서 두 명을 선정한다. 제주로 선정되면 한 달 전부터 매일 목욕을 하고, 심신을 깨끗하게한 상태에서 제사를 올린다.

원두막에 제일 먼저 오른 두 명의 동서同壻들은 화색이 만면했다. 다른식구들은 원두막 밑 냇둑 잔디밭에 깐 멍석에서 음식준비를 했다. 정범과 친구들은 물고기를 잡는다며 그물로 냇물을 훑고 또 훑는다. 나이가 손 위인 정범 아버지 원정씨가, 손 아래인 이모부에게 인사를 먼저 드렸다. 박원정元正은 농사꾼이다. 중학교를 졸업했고 온화한 성격의 전업농군이다.

"귀한 휴가시간을 이런 데서 쓸쓸하게 보내시게 해 죄송합니다."

두 사람이 동서 지간이지만 나이 차이도 있고, 농부와 교수라는 직업차이도 있어, 정범 아버지가 먼저 동서에게 깍듯하게 인사했다.

"어- 아닙니다. 동서! 이런 곳에서 휴가를 보내려고 집사람에게 부탁하여 계획적으로 온 것입니다. 넓은 들판 한 가운데로 시냇물이 흐르고, 사방은 산으로 병풍을 둘렀으니 보통 경치가 아닙니다. 인심이 좋고 예의도 바른 농촌 같습니다. 저기 암소가 송아지를 데리고 잔디 뜯는 광경좀 보십시오. 이국적이고 목가적인 풍경입니다."

말씀을 끝낸 이모부는 동서에게 한 가지 제의를 했다.

"우리 동서 두 명은 원두막에서 좋은 경치를 실컷 즐겼고 어두움도 깃드니, 우리가 멍석으로 내려가 그곳에서 파티를 합시다. 원두막은 정범이 친구들과 아이들이 마음대로 오르내리며 놀도록 하는 게 좋겠어요."

라는 내용이었다. 정범이 아버지는 지체하지 않고 멍석 쪽으로 소리를 질러, 아내와 이모 및 아이들의 의견을 들었다. 멍석에서는

"와- 신난다. 정범이 아빠 만세!"

하는 함성과 박수로 응답했다. 멍석 부근에서는 고기 냄새가 짙게

풍겼고, 참석자 열 명은 둥글게 마주앉았다. 한쪽 곁에선 모깃불이 타오르며, 뿌연 연기를 멍석 쪽으로 보내주었다. 또 다른 쪽에선 정범이네 암소가 송아지와 함께 풀을 뜯으며, 가끔 꼬리를 흔들고 정범이네 가족들에게 신호를 보낸다.

"푸우우욱 쩍! 음매……"

삼겹살 파티가 시작되었다. 이모님은

"말이 '삼겹살파티' 지 없는 음식이 없으니 그냥 파티라고 하자."

고 제의했다. 언니가 음식준비를 많이 했다는 의미다. 좌중은 이모의 제의에도 모두 동의했다. 이모부 제의로 건배를 했다. 좌중의 종이컵 속엔 소주, 맥주, 막걸리, 사이다, 콜라 등이 제각각 들어있었다. 조금 전 좌장이신 이모부께서

"컵을 채우는 것은 개인의 자유다."

라고 분위기를 부드럽게 푸셨기 때문이다. 술을 마시는 어른들 주변에서는 삼겹살, 목살, 등심 같은 고기가 많이 팔렸다. 중학생 네 명과 딸 두 명은 도토리묵, 빈대떡, 송편, 닭튀김, 과자, 음료수 등을 많이 먹었다. 특히 중학생 네 명은 원두막을 오르내리며 시끄럽고 분주하게 뛰놀았다. 정범이 엄마가 시끄럽다고 한마디 하자 이모부께서

"두 명은 남자고 두 명은 여자이기 때문"

이라고 농담을 하여 좌중을 웃겼다. 정범이 엄마는 식사를 하기 전에 이모부님의 한마디가 필요한 것이라고 생각했다. 옆에 있는 동생 허리를 손가락으로 살짝 누르며 눈총을 이모부에게 돌렸다. 이모도 빠르게 눈치채고 언니에게 낮은 목소리로

"다들 모이라고 해."

하며 대답했다. 어제 밤에 아내들로 부터 귀띔을 받은, 이모부와 정범이 아빠도 술잔을 비우고 아이들을 불렀다. 삽시간에 멍석엔 또다시 둥근 원이 생겼다. 훤칠한 용모와 반백半白의 머리를 한 정범이 이모부 김동진東進 교수는,

"음식을 앞에 놓고 말하는 게 도리는 아니다."

라고 운을 떼고, 종숙이 부터 학년을 모두 물었다. 그리고

"강의 대상자가 중학생, 고등학생, 대학생 등 각각 달라 모두에게 통하는 이야기를 할 수 없으니, 청소년을 주제로 너희들이 꼭 알아야 할 문제점들을 몇 가지 말하고 끝내겠다."

고 서두를 꺼냈다. 이모는 사회정의 실현과 복지사회 건설에 솔선한다는 분명한 목표를 갖고 교수생활을 하는 남편다운 말씀이라고 생각했다.

"청소년문제가 사회문제로 대두된 것은 어제 오늘이 아니다. 국가가 전적으로 노력해도 잘 해결이 되지 않는 문제다. 그래도 실정을 알고 있어야 본인도 자신을 보호할 수 있고, 부모들도 자식을 키우는데 도움이 될 것이다. 청소년들에게 미래가 없으면, 국가의 장래도 좋을 수 없기 때문에 나라에서도 신경을 쓰는 것이다. 도시 청소년을 중심으로 간단하게 말해주마.

첫째로, 폭력배들의 꼬임에 넘어가 학교를 버리고 길거리에서 하수인 노릇을 하는 경우를 예방해야한다. 이 문제는 친구 사귀는 문제와도 연결된 것이라 중요하다. 때문에 본인도 조심하고 부모도 항상 관찰하고 관심을 가져야한다. 부모에게 반항하고 심지어는 못된 짓을 하는가 하면, 스승에게 덤벼들고 학교생활을 외면하는 청소년들도 많다. 마약에 중독된 청소년도 있고….

둘째로, 언어와 글인데 이문제도 마찬가지다. 초등학생들의 평상시 대화에 상소리가 너무 난무한다. 올바른 우리글과 말을 사용하는 청소년들을 발견하기가 힘든 실정이다. 우리 고유의 말과 글이 너무 많이 손상된 상태로까지 변했다. 컴퓨터와 휴대전화기가 널리 보급되면서 더욱 빠르게 확산된 것이다. 특히 청소년들의 댓글과 문자통신을 보면, 앞으로 우리말과 글이 제대로 보존될지 걱정하지 않을 수 없다. 국문법에 따른 철자법과 맞춤법을 거의 모르고, 사용하지도 않고 있

는 실정이다. 고등학교를 나와도 편지 한 장을 쓸 줄 몰라서야 되겠느냐. 올바른 말과 글을 사용하지 않고는 청소년문제 해결이 불가능하다. 우리말과 글을 잃으면 민족도 국가도 잃게 되는 것이다.

셋째로, 국가관인데 요즈음 청소년들은 국가가 무엇인가를 아주 몰라! 나라가 없으면 국민도 없어지는 것이다. 가족도 나도 있을 수 없는 것이라는 진리를, 전혀 생각조차 못하는 실정이다. 우리민족이 일본에게 나라를 빼앗겼을 때, 삼십 육년간 우리 조상님들이 어떻게 탄압을 받았었고, 어떻게 투쟁을 하여 나라를 되찾았는지를 알아야 한다. 역사 공부를 통해서 말이다. 내 생각으로는 학교에서 배우는 내용들이 통일되어 있지 않은 것 같다. '이스라엘' 이나 '스위스' 같이 아주 작은 국가들이 잘 살고 있는 배경에는, 모두 역사공부를 통한 '애국심의 함양' 이라는 정부의 노력이 숨어있는 것이다.

넷째로, 가족관인데 우리나라는 도덕이 땅에 떨어져 있는 나라다. 건전한 가족관계는 건전한 사회의 초석이 되는 절대적 요소다. 전통과 예절 및 풍습이 생활화 되어야 가능한 것인데, 부모를 멸시하고 구타하는가 하면, 살해까지 서슴지 않는 이상한 세상이 되어 버렸다. 요지경 세상이지, 요지경! 지금으로부터 육십 년 전만 해도, 우리나라는 '동방예의지국가' 라고, 예절이 가장 바른 나라로 세계에 소문난 나라였다. 그런데 이 지경으로까지 변했다. 요즈음 중고등학교에서 윤리나 도덕을 제대로 가르치는지도 궁금하다. 정범아, 이제 너희들이라도 앞으로 부모님 말씀 잘 들어라. 바르게 성장하여 단란한 가정을 만드는 게 사회와 나라에 큰일을 하는 거다. 공부 열심히 하고. 부모님들의 은혜를 잊지 않으면 누구나 올바른 사람이 될 수 있다."

이모부님은 정범이와 친구들을 쳐다보며

"내 말 중 이해하기 힘든 내용은 부모님들에게 자주 물어서 깨닫도록 해라. 누구나 노력하며 성장하면 훌륭한 인물이 될 수 있다."

며 용기를 북돋아 주셨다. 이모부님은 전문가다운 강의를 밝은 표정으로 멋있게 끝냈다. 말씀 굽이굽이에서 분위기에 어울리는 손짓과 몸짓이 나왔고, 목소리 또한 우렁차고 맑아 듣는 이들은 지루함을 몰랐다.

"이제 목이나 좀 추기세요!"

정법이 이모 박혜진惠眞 여사는, 남편 김동진 교수가 숨을 고르는 자세를 보이자, 재빠르게 오랜지 쥬주 한 컵을 내밀었다.

정범 아버지 박원정元正도

"수고하셨습니다. 모두 중요하고 당연한 말씀이셨습니다. 학생들 귀에도 쏙쏙 들어박혔을 것입니다."

라고 감사를 표명했다. 그러나 조리있고 압축된 청소년 문제를 설파하신 김 교수는, 대책방안을 별도로 말씀하셨다.

"내가 앞에서 말한 청소년문제들은 청소년들에게만 책임이 있는 건 아니니다. 청소년 보다 오히려 기성세대와 국가에 책임이 더 많은 지도 모른다. 예를 들어 교육문제를 보면 국가에 더 많은 책임이 있는 것 같다. 지금 우리나라는 완전한 교육자치제를 실시하지 못하고 있다. 여러 번 거론되고 건의도 했는데, 반쪽짜리 교육자치제를 하고 있다. 교육부를 통해 국가가, 전국 각지의 교육문제를 지시하고 통제한다는 건, 이론적으로도 설득력이 없다.

완전한 교육자치제란, 우리나라 열다섯 개 광역자치단체 별로 교육청을 두고, 그 지역 교육문제는 그 지역에서 해결하는 제도다. 즉 국가가 교육에 관한 모든 것을 교육청과 광역자치단체에 위임하는 것이다. 이 교육자치제는, 대부분의 선진 국가에서 오래 전부터 실시하고 있는 제도이고, 훌륭한 성과를 거두고 있다. 우리나라도 이 제도를 도입하려고 교육부 해체를 구상하였는데 무산되었다. 교육자치제는, 모든 것을 떠나 국민과 국가 그리고 미래와 후손들을 위해 결정되어야 하는 건데, 정치적인 타협으로 무산됐다.

이제 학부모와 학생들은 희망을 잃었다. 또 다시 학교평준화문제, 대학구조조정문제, 학원문제, 특목고문제 등 각가지 문제점들이 표출되었기 때문이다. 매년 때만 되면 나타나 세상을 뒤흔들고, 학부모와 학생들을 불안하게 만드는 교육의 문제점들이, 모두 어제오늘 제기된 게 아니다. 수학능력시험 같이, 수십 년 전부터 국민들을 괴롭히는 제도조차 해결하지 못하고 있는 실정이다. 이게 요지경 세상이 아니고 무슨 세상이냐! 사실 나도 과거엔 철모르고 요지경 세상에 빠진 적이 있었다. 그러나 정신을 차리고 빠르게 탈출했다. 사람이 자기 허물을 감추고 살면 병마와 감옥이 찾 오고, 허물을 벗어 버리면 희망과 행복이 뒤따르게 마련이다. 완전한 교육자치제가 물거품이 될 때 나는 매우 안타깝게 생각했다."

라고 열변을 토하셨다.

이모부님의 말씀이 끝나자 좌중은 큰 박수로 환영했다. 학생 여섯 명은 모두 조용했다. 정범 아버지가 무겁게 내려앉은 밤공기를 갈랐다. 자, 이제 식사들 하자. 일행들은 밥과 고깃국에 각가지 반찬으로 저녁식사를 했다. 정범과 친구들이 잡은 민물고기도 매운탕이 되어 나왔다. 찌그러진 양은 냄비가 농촌 실정을 대변했다. 파티 종료는 인사말씀 대신 교육내용에 나온 요지경 노래를 합창하는 것으로 하자고 종숙이 제의했다. 찬성하는 박수 소리가 그치자 종숙이 선창했다. "세상은 요지경"이라는 노래가 고요한 농촌 벌판에 메아리치고 끝없이 퍼져나갔다.

세상은 요지경, 요지경 속이야
잘 난 사람 잘난 대로 살고, 못난 사람 못난 대로 산다.
야 야 야들아, 내말 좀 들어라.
여기도 짜가, 저기도 짜가, 짜가가 판친다.
인생이 살면 칠팔십년, 화살같이 속히 간다.
정신 차려라, 요지경에 빠진다.
싱글벙글 싱글벙글, 도련님 세상.

방실방실 방실방실, 아가씨 세상.
영감 상투 삐뚤어지고, 할멈 신발 도망갔네, 허-
세상은 요지경, 요지경 속이다.
잘난 사람은 잘난 대로 살고, 못난 사람은 못난 대로 산다.

합창을 끝낸 일행들은 박수를 치고 함께 마을로 향했다. 논밭과 냇물이 흐르는 한여름의 농촌 들녘은 서늘했다. 중천에 떠있던 상현달도 어느새 서산마루에서 밤 인사를 하고 있었다. 정범 아버지는 동네로 들어오며 사당에 모셔진 할아버지를 소개했다. 이모부님은 산제당과 사당 주변의 조산 및 좌청룡 우백호에 관한 질문을 했다. 동네 주민들의 민심도 물었다. 이모부 부부는 상구집喪具이 보이자 너무 오랜만에 보는 모습이라며 반가워했다. 뒤따라오는 정범이 일행은 한밤중에도 장난을 치며 쑤군거렸다. 그날 원두막 삼겹살 파티에 참석하였던 일행들은 밤늦게 잠자리에 들 수 있다.

일 년 반이라는 세월이 흐르자 이모부로부터 강의를 들었던 파티 참석 학생 여섯 명은, 모두 신분이 달라졌다. 종숙은 외무고시에 합격하여 외교관이 되려던 꿈을 이루었다. 치마저고리 등 한복을 즐기는 홍일점 외교관으로 부상될 가능성이 높아졌다. 종애는 이모부님이 계시는 명문대학교 교육학과에 합격하여, 서울 이모네 집에서 통학하고 있다. 교육학 박사를 따는 게 목표다. 종화는 고등학교에 진학해, 언니들에게 지지 않겠다며 면학의 칼을 갈고 있다. 정범이 부모는 풍년이 들어 농사를 잘 지었으며, 두 마리 암소가 각각 송아지를 출산하여 둘째 놈 등록금 걱정이 없어졌다. 정범과 친구들은 중학교 이학년을 거의 마치고 겨울방학을 보내는 중이다. 겨울이 지나면 졸업반이 될 것이다. 정범은 공부가 실증 날 때면 이모부님 얼굴을 떠올리는 습관이 생겼다. 이모부님 내외도 가끔 정범이네 집에 들르시며, 퇴직 후 정범 네 마을에서 여생을 보내려고 준비한다.

정범 아버지는 자식들이 모두 잘되고, 동서가 우리 마을에서 여생을 보내겠다고 결심한 이유가, 사당 및 산제당과 공작포란형의 명당明堂 때문이라고 생각하고 있다. 동서와 종숙이가 요지경에 빠지기는 했지만, 공작포란형 명당이들어 있는 요지경에 빠졌기 때문에, 그 괴력怪力으로 앞길이 훤해지는 것이라고 마을 사람들에게 자랑했다. 정범 아버지의 이 같은 이야기는 동네 사람들에게 점점 펴져나갔다. 그 여파로 마을에 요지경을 만들어 정성스럽게 보관하는 세대가 늘어가기 시작했다. 주민들은 요지경을 만들어 속에 형형색색의 노리개와 장신구 등을 넣었다. 물론 산제당과 사당이 있는 지도도 조그맣게 접어 함께 넣었다. 주민들은 요지경이 만들어 진 첫날 밤 열시에, 전 가족이 모여 양쪽 발을 요지경에 빠뜨렸다 다시 뺀 다음, 영구 봉인하여 조용한 곳에 모셨다. 그리고 가족들의 안녕과 부자가 되기를 기원했다. 이 같은 마을 주민들의 동향을 보며 정범 아버지는 내심 불안한 마음을 떨칠 수 없었다. 자신들의 마을이 요지경 마을로 변해도 사당에 계시는 할아버지와 산신령님께 누를 끼치는 게 아닌지 궁금했다. 정범이 아버지는 동서가 내려오기를 학수고대하고 있었다.

삼년 후, 정범이 이모부는 정년퇴직을 하고, 정범네 마을로 낙향落鄕했다. 여생을 요지경 마을에서 보낼 요량料量이었다. 그리고 또 이년 후, 정범이 이모부가 근무하시던 '명문대학 지방캠퍼스' 도 요지경 마을에 신축되었다. 요지경 마을 주민들은 즐겁고 행복했다. 명문대학 덕분으로, 요지경 마을은 이름난 마을로 부상했고, 주민들도 부자가 되었다. 특히 정범네 일가들이 덕을 많이 보았다. 대학교를 짓는 부지敷地로 정범네 종중 땅이 많이 수용되었고, 토지 보상비도 잘 받았기 때문이다. 요지경 마을 주민들은, 예기치 못했던 이런 변화가, 사당에 계시는 할아버지와 산제당에 계시는 산신령님, 그리고 공작포란형 명당 때문이라고 생각하고 있다.

단편소설

펜 팔(Pan Pal)

박대농은 대한민국 육군 중위이다. ROTC 출신 장교다. 박 중위는, 사점이인치포(4.2인치포) 소대장이며, 일반전초지역 산기슭에서 근무한다. '4.2인치포' 는, '4.2인치박격포迫擊砲' 의 준말이며, 길고 둥근 포열 구멍의 지름이 4.2인치(약106.7mm) 라는 뜻이다. 포砲는 대포大砲의 약자이고, 포대砲隊란, 대포를 쏘는 포부대砲部隊의 약칭이다.

박 중위는 1968년 이월 어느 일요일 오후, 편지에 사진 두 장을 동봉했다. 박 중위가 4.2인치 포대를 '사격지휘' 하는 사진과, 전투사격을 위해 박 중위 포대가 '총 출동' 하는 모습이 담긴 사진이었다. 박 중위는 '미찌꼬' 가 편지와 사진을 보고, 박 중위의 힘든 일과를 이해하여 주기를 바랐다. 박 중위는 일본 여자친구 '미찌꼬' 에게, 자신이 한국 전방 일반전초지역에서, 종종 북한군과 전투를 하는 입장임을 알리고, 북한군들의 만행을 규탄해 주기를 기대했다.

박 중위가 '사격지휘' 를 하는 사진의 배경은, 한국 전방 일반전초지역에 위치한 포진지砲陣地였다. 포진지는 포사격을 위해 모든 준비를 끝낸 요새要塞다. 박 중위가 지휘하는 포대 장병들이, 산기슭에 토굴을 파고 숙식하는 모습과, 여덟 문의 4 · 2인치포가, 좌우로 네 문씩 나란히 설치되어 있는 장면이었다. 포들은 위장막이 처져 있어, 적의 항공기가 식별하기 어려운 모습이었다. 박 중위의 모습은, 전투복장에 철모를 쓰고, 지휘봉으로 '화력지휘반' FDC에 사격명령을 하달하는 모습이었다. 4.2인치포 주변에는 각종 포탄과 장약이 쌓여 있는 모습도 보였다. 포대 장병들도 소대장처럼 전신을 위장했다. 온몸을 풀이나 나뭇잎으로 가려, 식별이 어렵도록 철저히 위장僞裝 했다.

전투사격을 위한, 박 중위 포대 총출동 사진은, 포대 모든 병력과 장비, 무기 등이 진지陣地를 떠나 명령받은 장소로 이동하는 모습이었다. 완전무장한 병력과 무기들이, 구불구불한 비탈길을 일열 종대로 내려가는 장면이었다. 대열隊列 제일 선두는, 소대장 박 중위와 전령傳

令, 통신병, 운전병이 승차한 지휘차指揮車였다. 천막을 걷어 무개차로 변한 지프차 오른쪽 앞좌석엔, 운전병이 운전 중이다. 왼쪽 앞좌석엔 박 중위가 앉아 있다. 박 중위도 완전군장을 했고, 몸과 머리를 위장했다. 오른쪽 허리에는 구경 45mm권총을 찼고, 왼쪽에 'M2칼빈소총' 을 총구가 하늘을 향하도록 세로로 거치据置했다. 오른 손은 놋쇠로 만든 지휘봉을 잡고 있다. 박 중위 철모 이마부분과 전투복 상의 오른쪽 칼라에는, 중위 계급장인 '쌍다이아몬드' 가 반짝 반짝 햇빛을 반사하고 있었다. 왼쪽 어깨 밑엔 보병사단 표지 휘장이 이채롭다. 지휘차 뒷좌석엔 전령傳令과 통신병이 탑승했다. 통신병은 무전기로 상부와 통화중이고, 지프차 뒤쪽에는 이 미터 길이의 안테나가 좌우에서 흔들거렸다.

지휘차 20m 뒤에는 '통신차' 가 뒤따랐다. 통신차도 지프차였다. 운전병과 선임하사가 좌우에 탑승했다. 선임하사는 6.25전쟁에 참가했던 사십대 노병이다. 뒷좌석엔 육중한 박스형태의 통신기가 설치되었고, 통신병이 조작하며 수신과 발신을 책임지고 있다. 통신기에서 흘러나오는 교신내용이, 깊은 산골짜기에 메아리치며 퍼져나가기도 한다. 통신차 중앙에는 실탄을 장착裝着한 구경 50mm 기관포와 사수射手가 서 있다. 기관포 사수도 완전군장을 하고 손가락을 방아쇠에 대고 있다. 기관포는 대공화기로, 저공비행하는 적의 항공기를 공격하는 무기다. 필요시엔 운집해 있는 적군들을 공격할 수도 있다. 때문에 기관포는 통신차 거치대에 높게 설치되었으며, 삼백육십 도 회전하며 모든 방향으로 사격이 가능하다. 통신차 삼십 미터 뒤로, 4.2인치포 '제일소대' 병력이 뒤따랐다. 제일먼저, 제일분대 병사들이 포한문을 3/4톤 트럭砲車에 싣고, 포 주변에 앉아 있다. 병사들은 모두 M1칼빈 소총을 등에 메고 사방을 관찰하고 있다. 분대 병사들도 나뭇잎과 풀로 위장했다. 로켓포를 휴대한 병사도 보였다. 적군의 탱크와 조우 시, 로켓포는 즉시 불을 뿜을 것이다. 제일분대 포차砲車 삼십 미터 뒤로는, 제이분대 포차가 뒤따랐다. 제이분대 포차도 제일분대 포차와 동일한 병력과 무기가 실려 있다. 제삼분대 포차와 제사분대 포차 뒤로 탄약차가 뒤따랐다. 탄약차는 육중한 사톤 트럭이었다. 탄약차에는 포탄상자가 가득 실려 있었으며, 경계병도 오명이나 탑승하고 있었다. 경계병들은 포대 후방을 '기습공격' 하는 적들을 물리치는 임무가 주어졌다. 제일소대 병력들은 이런 상태로 험한 비탈길을 서서히 내려가고 있었다.

제일소대 병력 후미인 탄약차 오십 미터 뒤에, 4.2인치포 '제이소대' 병력이 뒤따랐다. 순서와 요령은 제일소대와 동일했다. 지휘차, 통신차, 포차 네 대, 탄약차가 정해진 거리를 유지하며 질서정연秩序整然하게 출동하고 있었다. 박 중위는 제이소대도 지휘하고 있다. 지난달 이곳에서, 제2소대 소대장이 전사戰死해 결원 상태였다. 박 중위는 두 개 소대를 모두 지휘하고 있다. 결국 포대 총출동 사진은, 박 중위가 지휘하고 있는 '4.2인치포' 두개 소대가, 전투사격을 위해 명령받은 지점으로 이동하는 장면이었다.

'4.2인치포' 두 개 소대가 함께 차량으로 이동하는 모습은 장관이었다. 선도차와 후미차의 거리가 삼백오십 미터 정도 되었다. 전투사격을 위해 이동하는 장면이라 더욱 위압감을 느낄 수 있었다. 구불구불한 비탈길에서, 뿌연 먼지를 휘날리며 이동해, 조심스럽게도 보였다. 포대 이동을 처음 보는 사람들은 4.2인치포와 차량 이외에도 많은 무기와 장비들이 함께 이동된다는 사실을 알게 된다. 포대 장병들은 전장戰場에서 아군들을 지원사격하기 위해, 모두 '개인화기' 로 무장하고, 구경 50mm 기관포와 대전차 로켓포, 수류탄, '크레모어' 등 다양한 무기들로 무장했다. 포대는 우군友軍에 대한 지원사격 이외에도, 포진지와 자체병력을 보호하기 위한 전투능력도 갖고 있어야 하기 때문이다. 그래서 포대 장병들은, 그 어느 부대 장병도다 힘들고 부지런해야한다.

박 중위가 '미찌꼬' 에게 보내는 편지에 동봉한 "포대 총출동 모습" 이 담긴 사진은, 두 달 전 전투사격훈련시 찍어 둔 사진이었다. 그러나 오늘은 박 중위 포대가 전방 일반전초지역으로 이동하라는 명령이 하달되었다. 사단장님의 부대이동 명령이 연대장님을 경유해 하달되었다. 박 중위의 4.2인치 포대砲隊는 오늘 훈련이 아닌 실전實戰을 위해 부대이동을 하게 되었다. 박 중위는 두 달 전에 훈련했던 경험을 바탕으로 부대이동을 지휘하게 된 셈이었다. 박 중위 포대는 지난 6일간 이동을 위한 완벽한 준비를 끝낸 상태다. 출동개시 시간은 10:00시였다. 포대 출동식은 연대장과 참모들이 참석한 가운데 시작되었다. 박 중위는 임석 상관들에 대한 신고를 끝냈다.

"육군중위 박대농은 1966.8.30 부로 포대이동을 명 받았습니다. 이에 신고합니다."

연대장님의 출발명령이 하달되었다.

"포대이동 출발!"

박 중위는 "포대이동 출발!" 을 복창하고 포대 장병들을 향해

"포대이동 출발!"

명령을 하달했다. 박중위, 전령, 동신병이 탑승한 지휘차가 서서히 움직였다. 연병장을 가로질러 정문을 향해 출발했다. 박 중위가 이동하는 장병들에게 첫 번째 지휘명령을 하달했다.

"통신병, 통신기 작동!"

통신병이 "통신기 작동 오버!" 을 복창하며 무전기를 작동시켰다. 지휘차 20m 뒤를 따라오는 통신차도 "무전기 작동완료" 를 보고했다. 박 중위가 지휘하는 4,2인치 포대는 13:00경 목적지에 도착할 예정이다. 비포장 도로에 험준險峻한 고갯길과 비탈길이 많은 악조건이었다. 당시 전방의 작전도로들은 전혀 포장되지 않는 상태였다. 산사태, 홍수 등으로 장애물도 많았다. 때문에 엄청난 장병과 장비들이 이동하는 작전은 조심스럽고 안전사고도 자주 발생한다. 박 중위의 두

번째 명령이 하달되었다.

"전 포대는 인원파악, 장비점검, 포탄점검 후 애로사항과 함께 건재순으로 보고하라," 무전병이 박 중위 명령을 전 장병에게 전파했다.

"고라니, 여기는 사슴! 전 포대는 인원, 장비, 포탄 등 점검 후 건재순으로 보고할겄. 오버." 약 10분 후부터 포대 분대장들의 보고가 계속되었다.

"사슴, 사슴, 여기는 고라니 하나. 고라니 하나 4개 포대원 전투준비 이상 무. 오버" 박격포 제1소대의 보고가 끝났다. 곳이어 제2소대 보고가 계속되었다.

"사슴, 사슴, 여기는 고라니 둘. 전 장병 전투 준비완료. 이상 무 오버."

박 중위 산하 8문의 4.2인치 박격포와 장병들이 이상 없이 이동하고 있었다. 이 때 박 중위가 직접 무전기를 들고 송신했다.

"라저Razer! 여기는 사슴. 고라니 하나, 고라니 둘, 모두 수고 많았다. 도로상태가 험하니 운전병들은 안전사고 예방에 최선을 다해라. 차량 선임좌석에 앉은 장병들은 각별히 운전병들을 격려하라. 오늘 장병들의 점심식사는 비상식량으로 이동 중에 차량에서 한다. 식사시간은 별도하달 예정임. 오버." 박 중위는 계속 궁금한 사항을 점검하고 장병들과 대화하며 이동했다. 3시간이 걸리는 부대 이동시간에 장 병들이 긴장을 풀지 않도록 지휘했다. 박 중위는 전령傳令에게 지시했다.

"김성기 상병, 박금오 하사를 무전기로 호출해 나와 연결해라."

전령 김 상병은 항상 박 중위 와 인접한 지점에 위치한다. 전령은 밤잠도 박 중위와 가까운 곳에서 자야한다. 포대장의 모든 지시를 적시에 부대원들에게 전달하고 지휘활동에도 편의를 제공해야한다. 포대장과 전령은 항상 함께 위치해야 포대가 잘 돌아간다. 김성기 상병은 성격이 온순하고, 침착하며, 행동이 빠르다. 박금오 하사는 월남전

참전용사다. 귀국한 지 얼마 않되고 전투경험이 많아 항상 장병들의 큰형 노릇을 한다.

야간전투의 달인이고, 매서운 경계태세가 명품이다.

“사슴, 사슴, 여기는 고라니 하나 떴다, 하명 바람. 오버”

박금오 하사가 무전으로 박 중위와 연결되었다.

“박 고라니, 부대 이동 대열의 최후방에 위치한, 탄약차량의 상태와 경계 실태를 상세히 파악해 보고하라. 오버.”

박 중위가 박 하사에게 개별명령을 하달했다. 조금 후 박 하사의 보고가 이어졌다.

“라저, 사슴! 포탄을 가득 탑재한 4톤 포탄차량은 특이사항 없음. 5명의 병력과 50mm 대공포, 로켓트 의 보호를 받고 있음. 오버.” 박 중위 지시가 계속되었다.

“라저, 여기는 사슴, 수고했다. 포대의 목적지가 보인다. 끝까지 경계를 풀지 않도록 병사들을 독려하라. 오버.”

박 중위 포대 장병들과 장비, 4.2인치 포, 각종차량, 포탄 등 멈청난 전투비품들은 13:00정각에 백암산 남쪽 기슭에 무사히 도착했다. 아무런 사고 없이 뿌연 먼지로 조용하고 맑은 전방 하늘에 그림을 그리며 안착했다. 이제 박 중위 포대 장병들은 이곳에 포진지를 구축하고 적과 싸우고 전방을 지킬 것이다.

“전령, 전 장병들은 지금부터 한 시간 휴식을 취하도록 하라,”

박 중위는 일단 부대이동으로 3시간 고생한 장병들에게 휴식 시간을 제공했다. 점심식사는 이동 중 비상식량으로 차에서 소대별로 교대로 했다. 전령과 무전병은 신나게 합창하며 박 중위 지시를 전 포대원들에게 무전으로 전파했다.

“여기는 사슴, 여기는 사슴! 전 장병 현 위치에서 한 시간 휴식한다. 오버”

포대 병력들이 휴식을 취하는 시간에도, 적군의 심리전 방송소리는 계속 들렸다. “포근한 수령님 품으로 돌아오라! 이밥과 고깃국을 먹으러 언제나 넘어오라.”

높은 산과 깁은 계곡을 타고 들려오는 적의 심리전 ‘스피커소리’는 지척에서 방송하는 것처럼 크게 들렸다. 방송 내용도 전방생활을 처음 시작하는 병사들의 심금을 자극하기에 충분했다. 박 중위는 장병들이 휴식하는 시간에 포진지 주변을 한 바퀴 돌아봤다. 사전 지형정찰을 했다. 박 중위는 전령 김성기 상병과 통신병 이선영 상병을 동행케 했다. 박 중위는 포진지 구축을 위한 많은 사항들을 점검하며 전령에게 메모시켰다. 점검을 끝낸 박 중위는 전령에게 메모한 내용들을 큰소리로 읽어 보라고 지시했다. 전령은 메모 순서대로 보고했다.

“(1)장병들이 숙식할 내무반 위치. (2)3/4 박격포차량 10대 주차지역. (3) 8문의 4.2인치포 거치 지점. (4)포탄 은익 장소. (5)포진지 경계를 위한 5개 경계초소 위치 (6)야간 적의 접근로 확인 (7) 화장실, 식당 위치. (8)대공화기, 크레모어 성치 장소. (9) 관축소 위치 (10)포대 지휘소 위치.”

등 박 중위가 할 일은 너무 많았다.

박 중위는 약 1시간 30분 간 포진지 구축 지역 주변을 정찰했다. 박 중위와 전령, 통신병은 많은 것들을 보았고 많이 놀래기도 했다. 6.25한국전쟁이 정전停戰된지 꼭 10년이 지난 전방은 아직도 전쟁터였다. 정전 이후 인적이 없었던 전방의 산하는 10년전의 처참했던 동족상잔同族相殘의 피비린내를 그대로 내뿜고 있었다. 박 중위는 두 번째로 전령에게 메모지시를 했다. 박 중위는 인적 없이 십년간 방치된 전방지역의 얼굴이 이런 상태였는지는 미처 몰랐다. 지형정찰을 마치고 부대로 돌아오는 박 중위 가슴은 심난했다. 보이는 것들은 모두 전쟁이 핥키고 간 상처뿐이고, 마음을 달래주는 것은 오르지 맑은 노래를 부르며 흐르는 벽계수 뿐이었다. 박 중위는 자신이 해야할 일들이 너무 산적해 있다고 판단했다. 박 중위는 전령에게 두 번째로 메모 내용을 읽어보라고 지시했다. 김 상병이 보고했다.

"(1)지뢰와 인계철선. (2)전우의 유골과 녹슨 소총 및 총알 (3) 전쟁 시 뺏고 빼앗겼던 능선의 참호. (4) 여기저기서 나뒹구는 녹슨 철모 (5) 차도 옆 계곡에 곤두박힌 녹슨 지프차. (6)양지바른 계곡에 아무렇게나 조성한 전우의 묘지와 비목. (7)화전민이 살던 부서진 초가삼간 (8) 화전민 집 마당가에 피어난 복숭아꽃 등"

박 중위는 전쟁이 남기고 가버린 전쟁터에서 많는 것들을 보고 배우고 느꼈다. 박 중위는 전쟁은 파괴와 비극만 가져오는 독재자들의 광기일 뿐이라고 생각했다.

"전령, 포대 전장병 즉시 집합!."

박 중위는 포대 장병들이 약 2시간 정도 휴식했을 15:00시, 전원집합을 명령했다. 오늘 해가 지기 전에 끝내야할 일들을 지시하려는 목적이었다.

"전 포대 장병, 15:00까지 공터로 집합!" 하라는 무전병 이 상병의 목소리가 강원도 고산준령高山峻嶺 계곡에 메아리 치며 퍼져나갔다.

곧이어 포대 이동 후 박 중위의 첫 번째 지시가 장병들에게 하달되었다.

"오늘 포대이동은 아무 사고 없이 잘 끝났다. 모든 장병들의 적극적인 참여와 애국심이 만들어 낸 결과라고 평가한다. 지금 우리가 밟고 있는 지역은 우리가 포진지를 구축하고 조국과 국민을 위해 군복무를 해야 할 지역이다. 우리 장병들이 새롭게 구축할 포진지가, 영구적이 진지인지, 반 영구적인 진지인지는 아직 하달되지 않았다. 때문에 오늘은 내일을 무사하게 맞을 수 있는 긴급사항을 중심으로 몇가지만 지시하겠다. (1)앞으로 2시간 내로 분대별로 야전천막을 가설한다. 오늘 밤은 천막에서 잔다. (2)취사반도 야외식당을 가설해라. 전방에선 음식을 만들고 불을 피울 때는 일은 일몰전에 끝내야한다. 밤에는 촛불, 라이터 불도 허가되지 않는다. (3)선임하사와 분대장들은 포대장이 선정해 주는 지점에 4.2인피 박격포를 거치하고 완벽하게 위장한다. (4)3/4포차량 8대와 4톤트럭 2대도 포대장이 지시하는 지점에 주차시키고 완벽히 위장한다. (5)구경 50mm대공포도 지시하는 지점에 일몰 전에 설치한다. (6)야간경비는 실탄을 장전한 상태에서 근무한다. 초소는 8개소이며 새벽 한시에 근무 교대한다. (7)화력지휘반(FDC) 장병과 전령, 통신병은 일몰 전까지 야외화장실을 설치한다. 장소는 포대장이 선전한 장소다. (8)적의 심리전 방송은 야간에 더 잘들리고 적극적이다. 경계근무 장병들의 사기를 저하시킬 목적으로 계속되는 것이다. 경계근무 장병들은 내 가족, 내 조국을 내가 지킨다는 애국심으로 극복해 나가라."

박 중위의 전방생활 첫날은 이렇게 시작되었다. 밤이 되자 박 중위 포진지에도 어두움이 찾아왔다. 공해 없이 청명한 하늘에는 반달도 떠 있었다. 그러나 강원도 산악지대에서 쳐다보는 밤하늘은 세수대야처럼 좁았다. 그날 밤 박 중위는 전령 김 상병과 무전병 이 상병이 설치한 야전천막에서 함께 잤다. 그러나 예고 없이 몇 시간만에 적군의 심리전방송이 들리는 전방으로 이사 온 포대 장병들은 단잠을 잘 수 없었다. 장병들은 오직 비몽사몽非夢似夢 속에, 노루 우는 소리와 풀벌레들의 사랑 노래를 감상했을 뿐이었다.

박대농 중위는 오늘도 새벽 여섯시에 기상했다. 농촌생활 이십년간 몸에 밴 생체리듬이었다. 그 날은 일요일이었다. 아저씨네 가족들은 아직 한밤중이다. 학생들이 많아 언제 기상할 지 대농이도 모른다. 한식寒食이 지난 봄 날씨는 포근했다. 지난 겨울은 대농에게 너무 혹독한 날 들이었다. 대농은 호랑이해壬寅인 금년1962 초부터 서울생활을 시작했다. 그래서 모든 게 서먹서먹했다. 게다가 추운 날씨는 더욱 대농을 얼어붙게 했다. 그러나 멀게만 생각되던 등굣길도 어느새 정이 들었다. 지루함을 몰랐다. 그러나 무엇보다 다행스러운 건 한국사회가 많이 편해졌다는 사실이다. 작년 봄 '5.16군사혁명' 이 발발한 이래, 불안하고 어수선했던 모든 분야가 안정되어 가고 있었다. 군사혁명의 주역 인물인 박정희 장군은, 국가재건최고회의 의장에 취임했고, 미국 '케네디' 대통령과도 회담했다. 혁명정부는 올해 초 독일, 이태리와 경제협정을 체결했다. 이월엔, 김종필 특사가 동남아 각국들을 친선 방문했다. 울산공업센터 기공식도 했다. 군인들이 통치한다는 무서운 분위기가 이제 사라지고, 혁명정부가 활발하게 국정을 이끌어가는 분위기로 바뀌고 있었다.

대농이 연초에 상경上京하게 된 건, 서울 마장동에 사시는 종중宗中 아저씨 때문이었다. 친척親戚 중 성공하신 분이라는 박재주 아저씨는, 대농이 명문대학교에 합격했다는 소식에 접하시고, 대농에게 상경을 독촉하셨다. 금년 십일월에 명문중학교 입학시험에 응시해야 할 아들 건농健農이가 있었기 때문이었다. 박재주 아저씨는, 아들 건농이를 개인지도 할 수 있는 사람이 절실한 입장이었다. 당시 서울의 교육 분야 분위기는, 명문초등학교를 졸업해야 명문중학교에 진학하고, 명문고등학교가 명문대학교로 이어지는 풍토였다. 때문에 학부모들은, 자식들에게 명문名文이라는 두 글자를 붙여주려고, 온갖 노력을 기우렸다. 그 당시 농촌에서 성장한 대농도, 대학교는 합격했지만, 숙식宿食을 해결 할 수 있는 방책을 찾지 못하고 있던 때였다. 대농이 부모들은, 서울 아저씨의 이모저모를 소개하시며 상경을 독려하셨다.

서울 가는 시외버스에 몸을 싣고 상경하는 대농은 불안했다. 고향땅을 떠나보지 못한 대농은 차창으로 나타나는 풍경들이 황홀하게만 느껴졌다. 재작년 '4.19학생데모사태' 때 상경해, 주마간산走馬看山 격으로 중앙청, 내무부, 한국은행, 서울역 등지를 밟아 봤지만, 어디가 어디인지 서울의 거리는 낯설기만 했다. 그랬던 대농이 어느덧 삼 개월 간 서울생활을 하고, 봄꽃들이 곱게 핀 사월에 들어 선 것이다. 대농은 서울생활 삼 개월 간 많이 변했다. 이제 대농은 서울시 내 전철

노선과 시내버스 노선을 대충 알고, 외출도 혼자 하는 상태로 변했다. 대농은 아저씨의 권고에 따라, 문중 동생 세 명을 가르치는 가정교사가 되었다.

아저씨는, 한옥 집 방 한 칸을 대농에게 배정하시고, 삼형제들을 함께 지도하도록 하셨다. 아저씨는

"금년에는 우선 초등학교 육학년생인 둘째아들 건농이를 집중적으로 가르치고, 중학생인 첫째아들 동농과, 초등학교 삼학년생인 셋째아들 인농은, 옆에서 자습하게 만들고 묻는 것만 지도하라고 당부하셨다."

그렇게 시작한 대학생 대농의 가정교사 생활이, 벌써 삼 개월이나 지났다. 꽃피는 봄이 왔던 사월 어느 토요일 저녁, 아주머니께서 대농이 방문을 열고 돈 봉투를 주셨다.

"조카, 지난달에 선생님하신 월급이야. 얼마 되지 않지만 학비에 보태써."

하시며 흰봉투 한 장을 주셨다. 방으로 돌아와 봉투를 뜯어 본 대농은 놀랬다.

"엇! 이렇게 많은 돈을 주시다니… 숙식문제가 해결된 것만도 고마운 일인데!"

하며, 대농이는 그 날 밤을 하얗게 새웠다. 대농이가 일요일인데도 아침 일찍 일어난 것도 어제 그런 일이 있었기 때문이었다.

대농이는 대문 안에 던져진 신문을 들고 화장실로 갔다. 아저씨가 신문 두부를 신청해, 아저씨와 선생님인 대농이가 한 부 씩 읽는다. 신문기사를 읽던 대농이 눈이 조그만 가십(Gossip) 난에 고정되었다.

"일본 '미찌꼬' 라는 여고생이 한국학생과 '펜팔' Pen PAL을 희망한다."

는 내용이었다. '미찌꼬' 라는 학생의 일본 주소도 함께 있었다. 대농이는 그 기사를 가위로 오려 책상서랍에 넣었다. 일주일 후, 대농이

는 등굣길에 그 기사 내용이 생각났다. 그 후에도 기사내용은 종종 대농이 머릿속을 방문했다. 대농이는 헷갈렸다.

"편지를 보내 볼까? 말까! 일본 말과 글을 모르는데…, '미찌꼬' 라는 일본 학생도 한국말과 글을 모를 텐데… "

하는 잡생각이 스쳐갔다. 그런 고민과정을 거쳐 대농은 결국 다음 일요일에 서툰 영어로 일본 여고생 '미찌꼬' 에게 편지를 썼다.

To Miss. Mizko(미찌꼬 양에게)

신문가사를 읽고 '미찌꼬' 양의 의도와 주소를 알게 되었습니다. 우선 한국학생과 펜팔Penpal을 하고 싶다는, 그 용기를 아름답게 생각합니다. '미찌꼬' 양도 알고 있는 바와 같이, 일본은 과거 36년간 한국을 식민지통치 했습니다. 엄청난 억압을 당하고, 많은 희생과 수탈을 당한 한국인들은, 아직도 일본을 좋게 생각하지 않습니다. 그러나 역사는 세월과 함께 계속 흐르는 것입니다. 일본 사람들이 떠난 후, 한국은 또다시 공산주의자들의 침략을 받았습니다. 수백만 여명이 희생되고, 모든 것을 잃었습니다. UN의 도움으로 전쟁은 끝났고, 이제 한국인들은 피해복구사업에 전념하고 있습니다. 미국, 일본 등 많은 유엔 회원국가들이 지원해 주고 있습니다. 나의 희망은 육군 장교가 되는 것입니다. 장군이 되어 대군을 지휘하고 공산주의를 허물어버리는 것이 나의 꿈입니다. 만일 본인과 귀하가 펜팔을 통한 친구가 된다면, 한국과 일본 양국이 상호를 이해하도록 민간사절 활동도 할 수 있을 것이라고 생각합니다. '미찌꼬' 양의 희망이 성취되고, 앞날의 성공을 바랍니다. 일본 말과 글을 몰라 미숙한 영어로 편지를 써 미안합니다.

* 대학교 교복차림의 사진 1장을 동봉합니다.

* 자기소개 : 생년월일 1941.2.4생. 신장 165Cm. 혈액형 B형.
명문대학교 안전보장학과 1학년. 취미 - 문학, 운동, 독서
대한민국 경기도 출생

1962. 4. 10

From Dea nong Park. Seoul, Korea
대한민국 서울에서 박대농 드림

대농은 다음날 대학교 부근에 있는 우체국에서 국제우편을 발송했다. 대농이 생전 처음으로 보낸 국제우편이었다. 그러나 대농의 마음은 즐겁지 않았다. 미찌꼬로부터 답장이 올 가능성이 낮게 생각되었기 때문이었다. 그 이유는 일본글로 쓴 편지가 아니었고, 한국인들의 대일본 감정이 들끓는 시대였기 때문이었다. 대농은 일본 여고생 '미찌꼬' 와의 펜팔을 학수고대하지는 않았다. 대농이는 농촌에서 상경해, 명문대학교에서 신나게 대학생 생활을 즐기고 있었기 때문이었다.

대농은 넓고 넓은 대학교 구내에 봄이 찾아온 광경을 처음 보았다. 드넓은 캠퍼스가 꽃대궐로 변했다. 농촌에서 보았던 뒷동산의 봄과는 비교도 할 수 없었다. 대농은 봄이 찾아 온 캠퍼스가 별천지처럼 생각되었다. 뿐만 아니다. 학생들이 이동하며 교실을 찾아 강의를 듣는 것이 이채롭게 생각되었다. 모두가 농촌에서는 볼 수 없는 광경이었다. 공부하는 학과와 강의 내용도 대농이 마음을 사로잡았다. 철학개론, 법학개론, 국제법, 심리학, 전략론, 경재원론, 국방경제, 전쟁론, 군사학, 안전보장론 등 모든 학과가 대농이 마음에 쏙 들었다. 대농은 일학년 강의가 시작 된지 일주일 만에, 대학생 생활에 푹 빠져있었다. 그런 대농이 머릿속에 일본 여고생 '미찌꼬' 가 파고 들 여유는 없었다.

대농은 즐거웠다. 낮에는 대학생 신분으로 강의를 듣고, 밤에는 가

정교사 선생님 신분으로 문중 동생들을 가르쳤다. 가정교사 활동은, 오후 여섯시부터 열시까지 네 시간이었다. 그러나 초등학교 육학년생인 둘째아들 건농이 시험기간에는 자정이나 새벽까지도 공부를 가르쳤다. 그래도 대농이 가슴속은 즐거웠다. 젊은 체력이 모든 것을 감당했고, 피곤하거나 귀찮은 느낌은 전혀 없었다. 대농은 건농이네 집이 있는 마장동에서, 명문대학교가 있는 휘경동 까지 십리 정도인 등굣길도 즐거웠다. 시골 고향마을에서 읍내 고등학교까지 걸어 통학했던 거리 보다 훨씬 가까웠다. 게다가 대농은 대학교 등굣길 주변 풍경도 흥미로웠다. 눈요기를 하는 게 아니라, 시골에는 없는 것들을 보고, 감상하고, 배웠다. 서울은 모든 게 보고, 듣고, 배워야 할 것들이라고 생각했다.

대농이가 좋아했던 사월도 꼬리를 내밀었다. 며칠 지나면, 계절의 여왕이라는 오월이 시작될 것이다. 오월 어느 토요일이었다. 대농이는 문간방에서 건농이 등 세 명의 육학년 학생들을 가르치고 있었다. 며칠 전에, 건농이 어머니께서 건농이 반 학생 두 명을 더 데리고 오셨다. 모두 십일월에 '중학교입학시험' 을 볼 학생들이었다. 그때 대문 밖에서 우체부의 외침소리가 크게 들렸다.

"편지요 편지, 일본에서 온 국제우편물입니다."

대농은 놀랬다. 가슴속이 뜨끈하면서 '미찌고' 생각이 떠올랐다. 대농은 용수철이 되어 튀어나갔다. 대문을 열자 우체부는 사방이 색종이로 장식된 직사각형 봉투를 내밀었다. 선생님의 비호같은 행동을 구경하던 학생 세 명이 합창했다.

"와! 우리 선생님 연애하신다!"

대농은 자신도 모르게 학생들에게 편지봉투를 보여주었다. 아직 내용도 모르는 '미찌꼬' 편지봉투를 학생들에게 보였던 것이다. '미찌꼬' 도 대농이 같이 주소를 영어와 한문으로 기재했다. 학생들은 편지봉투를 보고 함께 놀라면서 선생님만 살폈다. 그날 밤 대농이는, 미찌꼬 편지를 개방하지 못하고, 두근거리는 가슴을 달래며 학생들을 가르쳤다. 학생들은 처음 보는 국제우편 봉투에 기가 죽어 조용했다. 공부가 끝나자 건농이가 선생님께 말했다.

"선생님, 내일은 그 편지 보여주실 거죠?"

대농이와 건농이가 함께 본 미찌꼬의 편지 내용은 짧고 정다운 영어 문구였다.

Dear Mr. Dea Nong Park(박대농 씨에게)

안녕하세요. 박대농씨! 일본 청수여자고등학교 삼학년생 '미찌꼬'입니다. 답장이 늦어 죄송해요. 대농씨의 편지를 받은 지 보름도 넘었네요. 공교롭게도 시험기간이라 답장이 늦었어요. 넓은 이해 바랍니다. 제가 한국 신문에 펜팔 친구를 찾는 기사를 보낸 후, 많은 한국 학생들이 편지를 보내오셨어요. 저 혼자 여러분들에게 답장을 보낼 수 없어, 담임선생님과 상의를 했습니다. 저는 두 분에게만 답장을 보내고, 그 이외 분들은 우리 반 여학생들에게 한 분씩 주소를 나눴어요. 저에게 편지를 보내셨던 한국 학생들은 모두 며칠 내로 답장을 받을 수 있을 것입니다.

박대농씨 편지 잘 읽었습니다. 국가와 국민을 지키는 커다란 희망을 갖고 계시더군요. 숭고한 그 뜻, 꼭 성취하시기를 기도하겠습니다. 남자로 태어나 최고의 희망을 간직하고 계신 분이라고 생각했어요. 그리고 박 선생님이 말씀하신 한일관계와, 한국인들의 일본인에 대한 적개심, 한국전쟁 종료 후 진행되고 있는 복구활동 같은 모든 사항들은, 일본학생들도 알아야할 내용들이었습니다. 박 선생님의 편지 내용을 담임선생님께서 학생들에게 교육했어요. 담임선생님도 박 선생님을 훌륭한 분이라고 칭찬하셨어요.

박 선생님 말씀대로, 한일관계가 원만하지 않아도, 박 선생님과 계속 편지를 주고받았으면 고맙겠습니다. 함께 우정을 쌓으면서, 민간 외교활동을 했으면 해요. 저도 한국말을 모릅니다. 이 편지를 쓰기 위해 영어사전을 많이 찾았습니다. 영어공부에 도움이 될 것 같아요. 담임선생님께서도 여러 가지 목적으로 펜팔활동을 권고하는 것이라고 말씀하셨어요. 오늘은 이만 줄이겠습니다. 매일 행복하세요.

* 지난주에 전 가족이 '구마모또'로 여행을 갔었습니다. 가족사진과 제가 다니는 청수여자고등학교 교복을 착용한 사진 등 두 장의 사진을 동봉합니다.

1962. 4. 28

From Miss. Miziko, Kyto Japan

일본 교토에서 미찌꼬 드림

대농은 기뻤다. 답장이 올 것이라는 기대도 않했고, 대학생 생활에 푹 빠져 미찌꼬에 대한 생각이 거의 지워진 상태에서 답장이 왔기 때문이었다. 뿐만 아니라, 미찌꼬가 많은 한국의 펜팔 신청자 중 자신을 파트너로 선정했기 때문이다. 대농은 미찌꼬가 영문으로 편지를 썼다는 사실과, 자신의 편지 내용을 조목조목 열거하며 긍정적인 평가를 한 점도 기뻤다. 그러나 무엇보다도, 대농의 심금心琴을 울린 내용은

"한국과 일본의 관계가 원만하지 않아도, 대농이 자신과 열심히 편지를 나누고 친분을 구축하고 싶다."

는 내용이었다. 미찌꼬의 답장을 계기로 대농과 미찌꼬 간에는 현해탄玄海灘을 넘나드는 가교架橋가 설치되었다. 대농은 일본 여고생 친구를 얻었고, 미찌꼬는 한국 대학생 친구를 얻었다.

대농의 등굣길은 즐거웠다. 대농이 얼굴엔 항상 희색喜色이 만면滿面했다. 대농은 행복했고, 가슴속엔 항상 미찌꼬가 들어 있었다. 대학생 생활도 더 즐거워 졌으며, 가정교사 활동에도 더욱 힘이 붙었다.

싱그러운 오월 중순이 되었다. 만산萬山은 신록으로 빛났다. 모든 생명들은 꽃을 피우고, 열매를 맺어 자손들을 키우고 있었다. 젊은 대농이도 대학생 생활과 가정교사 활동에 날개가 달렸다. 서울을 펄펄 날아다니는 농민의 자식 박대농! 미찌꼬 생각을 하면 더욱 힘이 솟았다. 세 명의 학부모들은 매월 대농에게 봉급을 보내왔다. 학생들에게 봉급봉투를 보내는 게 아니고, 어머니가 직접 봉급을 가져왔다. 세 명의 부모가 모두 그랬다. 어머니들이 대농을 방문하시는 순간은, 학생들은 잠시 휴식을 취했다. 어머니들은 대농에게 봉급을 주고, 아들의 학업자세와 발전정도를 꼭 확인했다. 이제 대농은 일 년에 두 번 대학교에 납부하는 등록금에서 자유로웠다. 생활비용도 충분했고 저축을 하는 상태로 발전했다.

대농과 미찌꼬의 '펜팔활동' 도 활발했다. 두 명의 국제우편이 부지런히 현해탄을 넘나들었다. 두 사람은 편지와 사진이 들어 있는 국제우편봉투를, 매달 두 번씩 보내고, 두 번 받았다. 대농이 미찌꼬에게 편지를 보내고 답장을 받아보는 기간이, 부지런해야 보름 정도 걸렸다. 그 시절에는 국제우편물 자체가 흔하지 않았다. 두 사람의 우정은 현해탄을 건너 차곡차곡 두터워졌다. 두메산골 농촌 출신인 대농의 대학생 생활은 정말 알차고, 즐겁고, 희망적으로 발전했다.

그러나 대농의 행복한 생활은 너무 빨리 흘렀다. 어느덧 가을이 왔고 건농이의 중학교입학시험 날도 코앞에 와 있었다. 세 명의 학생들은 예민해졌고, 학부모들도 예민해 졌다. 박대농 선생님도 불면증세가 나타나곤 했다. 이제 대농은 미찌꼬 생각도 나지 않았다. 대농은 학생들과 새벽 두 시까지 공부했다. 시험 날을 며칠 앞두고, 마지막으로 전 과목을 총 복습했다. 대농과 학생들의 얼굴이 창백해 졌다. 학부모들은 세 명이 교대로 야식을 준비했고, 학생들은 밤 열한시에 야식을 먹었다. 드디어 결전決戰의 날을 맞이하는 전날 밤, 대농은 긴 밤을 하얗게 새웠다. 대농이의 앞날이, 학생 세 명의 입학시험 결과에 좌우되기 때문이었다. 대농이의 문중 동생인 건농이는, 서울에서 두 번째 명문 중학교를 지원했다. 다른 두 명의 학생들은, 각각 세 번째 명문 중학교와, 네 번째 명문 중학교를 지원했다. 학교 지원은, 학부모들이 아들의 담임선생님과 상의한 결과와, 가정교사 박대농의 의견, 그리고 학생의 의견을 반영하여 신중하게 선정했다. 그러나 실질적으로는 가정교사인 대농이의 의견이 결정적으로 작용했다.

드디어 중학교 입학시험 날! 날씨가 쌀쌀했다. 그래도 학교 정문마다 학부모들이 가득했다. 학부모들은 오후 세시, 입학시험이 끝나는 순간까지 움직이지 않았다. 중학교 주변 차도는 교통체증이 심각했고, 굳게 잠긴 철문에는 엿, 떡, 촛불 등이 무질서하게 붙어있었다. 두 손을 합장하고 학교를 향해 기도하는 학부모들도 많았다. 잠을 설친 대농은 자신이 일 년간 가르친 학생들이 입학시험을 보는 현장을 방문했다. 차례차례로 세 학교 정문을 찾아가 학부모들을 만났다. 학부모들은 대농이를 반겼다. 발을 동동구루며

"잘 되겠느냐?"

며 안달하는 학부모도 있었다. 대농은 학부모들에게

"부모님들의 마음이 편하면 합격될 것이다."

라고 철학적인 답변을 했다.

합격자 발표는 보름 후였다. 세 학생 모두 일류 중학인 일차 입학시험을 본 것이다. 그날부터 대농은 대학생 생활만 했다. 가정교사 활동은 중지했다. 학생들도 휴식을 취하며 기진氣盡한 체력을 보강했다. 그러나 학부모들은 대농을 편하게 해주지 않았다. 학부모들은 아들을 대농에게 보내고, 놀아도 가정교사 선생님과 놀도록 했다. 학부모 세 명은 교대로 저녁식사를 제공하는 한편, 극장표를 보내고 함께 관람토록 했다. 정말로 서울에서도 최고 지식층의 학부모들이었다.

대농은 학생들의 시험결과를 기다리며 불안한 마음으로 하루하루를 보냈다. 그런 불안한 대농의 가슴을 미찌꼬가 뚫고 들어왔다. 대농

은 잊고 있었던 미찌꼬가 생각났다. 대농은 학생들의 입학시험 때문에, 미찌꼬에게 이십 일간 편지를 못했다. 당연히 미찌꼬의 답장도 올 수 없었다. 그러나 대농은 미찌꼬에게 편지를 보낼 용기가 나지 않았다. 합격자발표가 있기 전에는 아무것도 할 수 없을 것 같았다. 늦가을은 빨리 도망쳤다. 낙엽과 찬바람을 일으키며 흘러갔다. 거리마다 낙엽이 뒹굴고, 청계천 건너 마을 창밖으로 흘러나오는 등불만 가물가물 거렸다. 고요와 적막寂寞이 감도는 십일 월 말의 서울의 거리는 쓸쓸했다. 그날 밤, 대농은 청계천 둑에 나와 차디찬 하늘을 우러러 묻고 또 물었다.

"내일 대농의 운명은? 부처님은 내일 어떤 결정을 내려주시렵니까?"

대농의 가슴은 부처님께 축원을 드리고도 답답했다. 대농은 방으로 들어왔다. 피곤도 잊고 창밖을 응시하던 대농이 움직였다. 신들린 사람처럼, 재빠른 동작으로 앨범에서 미찌꼬 사진을 꺼냈다. 미찌꼬 사진을 양손바닥으로 감싸고, 다시 부처님께 축원祝願을 올렸다. 조계사 쪽을 향해 반야심경을 독경했다. 그리고 부처님께 오체투지五體投地를 세 번 올렸다.

늦잠에서 깨어난 대농이 마음은 그저 그랬다. 베개 옆에는 미찌꼬 사진이 놓여 있었다. 대농은 방을 정리하고 청소를 끝낸 후 안방으로 갔다. 대농은, 아저씨가 건농이의 합격여부를 질문할 것이라고 생각하며, 아침식사를 했다. 아침식사는 매일 안방에서 했다. 건농이 부모와, 건농이 삼형제, 건농이 여동생, 대농이 등 일곱 명이 자리를 함께 했다. 대농이가 자리에 앉자, 모든 가족들의 시선이 대농이를 향했다. 대농이가 먼저 건농이에게 말을 건넸다.

"건농아, 기분이 어때, 오늘 발표 날 인데!"

건농이는 왼손으로 머리를 긁으며 대답했다.

"글쎄요. 못 푼 문제가 몇 개 있어서…… ? "

라고 대답하고 막막한 표정을 지었다. 대농이가 말을 받았다.

"몇 문제만 못 풀었다며 합격한 것이다. 걱정 마!"

가족들은 크게 한 번 웃었다. 그날 아침 건농이 가족들과 대농은 기분 좋게 식사 했다. 건넌방에서 식사를 하시던 건농이 할아버지께서 안방 문을 열고 물으셨다.

"건농이 학교 붙었니?"

가족들은 또 한 번 크게 웃었다.

그날 오후 두시 경, 대농의 기분은 하늘에 떠 있었다. 경사 중 경사가 대농을 찾아왔다. 대농이 가정교사 했던 세 명의 학생들이 모두 합격했다. 학생들이 지원한 일류 중학교에 모두 합격한 것이었다. 그날 초저녁에 학부모 3명이 대농을 방문했다. 학부모들의 얼굴을 환하게 열려있었다. 학부모들은

"극장표 사왔어요. 시간 있으실 때 아이들하고 머리 식히세요."

"유명식당 식권 3장입니다. 우리 아이들과 함께 식사하세요."

"학부모들이 모은 사례금입니다. 대학 등록금에 보태 쓰세요." 등 분에 넘치는 대접을 했다. 학부모들은 대농에게 저녁식사를 함께하자고 제의도 했다. 이런 분위기를 파악한 박재주 아저씨께서 말리셨다.

"오늘은 세 집이 각각, 형제자매들과 식사하고, 축하하는 게 도리다."

라고 대농이를 지도하셨다.

겨울은 방학의 계절이었다. 중학교나 대학교나 모두 방학이었다. 그러나 대농이는 방학이 없었다. 건농이 아버지 지시에 의거, 중학교에 합격한 세 명의 예비 중학생들에게 영어를 가르쳤다. 하루에 두 시간씩 가벼운 예습이었다. 대농이도 좋았다. 고향인 시골마을에 귀향하여, 무료하게 세월을 보내는 것보다 더 좋았다. 학부모들이 월급을 보내주어 더 좋았다. 해가 바뀌고 토끼띠인 계묘년癸卯,1963이 밝았다. 한국사회는 또다시 소용돌이에 휩싸였다. 한일협정韓日協定 때문이었다. 군사혁명정부는, 일제日帝 강점기强占期 삼십육 년간 한국이

억압받고, 희생되고, 빼앗겼던 모든 것을 보상하라는 청구를 일본에게 했다.

한일협상은 한국 대통령 특사와 '오히라' 일본외상 간에 삼년간 계속되었다. 오히라 일본외상은 일방적으로 협상중인 메모형태의 보상규모(액수)를 공개했다. 이른바 '오히라 메모공개 사건'이었다. 한국 국민들은 분개했다. 일본을 규탄하는 데모가 무섭게 고개 들었다. 한국정부가 일본에게 굴욕외교를 해 보상금액이 너무 적다며 반발했다. 데모사태는 대학생들도 거국적으로 참여해 더욱 사회가 혼란했다. 이른바 1964년 '6.3데모사태'였다. '오히라' 일본외상이 메모를 일방적으로 공개한지 일 년 만이었다. 당시 혁명정부는 서울시 일원에 비상계엄령을 선포했었다.

이런 한국사회 분위기 속에서도 대농과 '미찌꼬'의 펜팔활동은 계속되었다. 대학교입학시험에 낙방하여 재수再修를 했던 '미찌꼬'도 1964년 명문대학교 대학생이 되었다. 두 사람의 편지 왕래는, 한국의 데모사태를 계기로 더욱 빈번했다. 더 많은 편지와 사진들이 오고 갔다. 한일문제가 국제적인 사건으로 비화되어, 두 사람은 서로 주장하고, 해명하고, 당부할 말이 더 많아졌다. 대농은 대학생들의 데모행렬에 동참하지 않았다. 육군 장교 임용을 위한 ROTC 단원이었기 때문이었다. 장교임관 후보생들에게는 대정부규탄시위에 동참이 허용되지 않았다. 때문에 대농은 더 많은 편지와 사진을 미찌꼬에게 보냈다.

세상이 뒤숭숭했던 어느 날이었다. 건농이 아버지인 아저씨가 대농을 찾았다. 대농이 건농이네 집에서 밥을 먹기 시작한 이래 처음 있는 일이었다. 대농은 안방으로 이동해 박재주 아저씨 앞에 앉았다.

"대농아, 너 일본에 여자친구 있지, 편지 왕래하는."

"네"

"내가 이번에 사업차 일본을 방문할 예정이다. 네 여자친구를 만나보고 싶은데, 네 생각은 어떠냐?"

“좋습니다 아저씨! 사업에 방해되지 않으시겠습니까?”

“아니다, 네 친구가 사는 교토시에 가는 길이다. –괜찮다.”

며칠 후 박재주 아저씨는 김포국제공항에서 일본으로 출국하셨다. 대농이와 건농이 가족들은, 공항 옥상에 있는 송영장送迎場에 나가, 비행기가 이륙할 때까지 손을 흔들며 환송했다.

미찌꼬는 아저씨 귀국길에, 신랑신부가 함께 그네를 타는 앙증맞은 인형을, 대농이에게 선물했다. 귀국 후 아저씨는, 미찌꼬를 칭찬하셨다.

“미찌꼬는 대학교 일학년 학생답지 않게, 명랑하고 영특해 보였다.”

고 칭찬하셨다. 아저씨는 귀국길에 일본제품인 ‘흑백텔레비전’을 한 대 사 오셨다. 당시 서울에는 흑백텔레비전도 귀하고, 칼라 텔레비전은 전혀 없었다. 건농이에 마을에서 텔레비전이 설치된 곳은, 건농이네 집과 마장동사무소 뿐이었다. 주민들은 연속극, 노래자랑, 영화상영, 권투중개 같은 재미있는 내용을 두 곳에서 시청했다. 건농이 엄마도 텔레비전을 수시로 안마당에 내놓고, 대문도 개방했다. 건농이 아버지의 지혜로운 선행이었다.

한일협정韓日協定이 1965.6 일본 도쿄에서 조인되었다. 정부는 대학생들의 일본에 대한 굴욕외교 반대 데모사태를 저지하기 위해, 1965.8 서울지역 일원에 위수령을 선포했었다. 대농이도 대학교 졸업을 앞둔 사학년이 되었다. 대농이 신분은 육군 장교 임용후보생 ROTC이었다. 지난해 여름방학 땐, 한 달간 군부대에 입대해, 뜨거운 염천炎天속에 혹독한 군사훈련을 받았다. 때문에 대농이의 얼굴은 구릿빛으로 변했고, 행동과 말에도 절도가 들어 있었다. 이제 사학년 일학기 공부를 마치면, 여름방학을 이용해 군부대에 입영入營해, 두 번째로 한 달에 걸친 군사훈련을 받을 예정이다. 그 후 사학년 이 학기 수업을 끝내면, 졸업식과 임관식이 기다리고 있다. 대농이 학사학위를 받고, 육군 장교로도 임관될 예정이다. 대농의 대학생활은 정말 빠르고, 힘들고, 화려하게 끝날 것이다. 두메산골 농촌 출신인 대농이가 자수성공自手成功을 앞두고 있었다.

어느 여름날 건농이 어머님이 마루에서 대농을 부르셨다. 아주머니는 할머니와 함께 계셨다.

"선생님, 초등학교 6학년 학생 4명을 모아 놓았는데, 일 년만 더 지도해줄 수 있겠어요? 건농이도 좋은 학교에 들어갔고, 선생님이 학생 지도를 잘한다는 말이 퍼져, 배우려는 학생들이 많아요, 선생님도 이제 대학교 4학년이라 물어보는 것입니다." 라고 말슴하셨다. 대농은 고맙다고 대답하고 머리 숙여 절도했다.

이제 대농은 대학생활 사년간 계속해 가정교사를 하고, 자신이 학비를 벌어 졸업할 수 있게 되었다. 그러나 대농은 아저씨네 집을 떠나, 새로 시작하는 학생 집에서 숙식을 해야 했다. 새로운 학부모들이 희망했기 때문이었다. 대농은 아쉬웠다. 건농이 아버지는, 농촌출신 대농이를 완전한 서울사람으로 만들어, 또 다른 희망의 터전으로 보낸 것이었다.

대학교 사학년 생활은 쉬웠다. 후배들도 많았고, 교수님들도 소소한 허물은 모른척하며 넘겼다. 결강缺講을 해도 꾸짖는 교수가 없었다. 졸업예정인 학생들의 관심은 오르지 직장문제, 취직就職이었다. 당시도 졸업생들의 최대 과제는 취업就業이었다. 그러나 대농을 비롯한 '안전보장학과' 소속 25명의 졸업생들은 달랐다. ROTC 육군장교 임관식과 군복무가 기다리고 있었기 때문이었다.

대농은 1966.2월 졸업식과 임관식에 참석했다. 시골 고향에서 가족들이 상경해 축하해 주었다. 아버지 무봉씨, 셋째누님 숙희, 둘째누님 효숙 등이 참석해, 학사모자도 써 보시고, 다이아몬드 계급장도 대농이 양어깨에 달아 주셨다. 육군 장교 임관식은 육군본부 연병장에서 개최되었다. 가족들은 금빛 찬란한 군복과 군모, 반짝이는 계급장을 만지며 환하게 웃었다. 대농이의 성공이 빛을 발휘하는 순간이었다. 대농은 다음날, 학사모를 쓴 졸업사진과, 번쩍이는 장교복을 착용한 사진을 미찌꼬에게 보냈다. 미찌꼬는 보름 후,

"대농이의 꿈이 사년 만에 성취된 것이라고 축하하는 한편, 생존경쟁에서 승리하여 자랑스럽다."

는 답장을 보내왔다. 미찌꼬는 사진도 두 장 보내왔다.

임관식을 마친 대농은 며칠 후 육군보병학교에 입학했다. 광주시 변두리에서 본격적인 군대생활을 시작했다. 박대농 소위는 장교가 배워야할 훈련을 사 개월 이수履修하고, 중부전선을 지키는 사단師團에 배치되었다. 박 소위의 보직은 '사점이인치포' 소대장이었다. 북한군과 전투할 때, 포열의 지름이 4.2인치나 되는 대포大砲로 사격해, 적군들에게 포탄을 퍼붓는 임무였다. 박 소위 부대는 민간인통제선 남쪽에 위치해 있었다. 농부들도 거주하는 전방 농촌이었다. 박 소위는 기뻤다. 적의 진지陣地와 가까운 지역이 아니고, 미찌꼬와 자유롭게 펜팔활동도 할 수 있었기 때문이었다. 박 소위는 병영생활을 하며, 많은 편지를 미찌꼬와 주고받았다. 포대砲隊 근무의 특성은, 박 소위에게 더 많은 편지를 미찌꼬에게 보낼 수 있게 만들었다. 미찌꼬도 외로운 박 소위를 위해 많은 답장을 보내주었다.

그러나 박 소위 팔자가 그렇게 좋은 것만은 아니었다. 대농이 '4.2인치포' 사격기술을 완벽하게 익히고, 전방생활에도 충분한 적응력이 생겼던 어느 토요일이었다. 사단장님으로부터 부대이동 명령이 떨어졌다. 적군과 대치하던 전방 부대는 후방으로 돌리고, 후방의 예비부대들은 전방으로 배치되었다. 박 소위 부대도 전방이었다. 4.2인치포 제일소대와 제이소대가 함께 전방지역 산기슭으로 이동했다. 민통선 북쪽이고, 일반전초지역GOP이었다. 일반전초一般前哨란, 주력부대 전방에 배치되어 적을 관측하거나, 적의 기습으로부터 아군을 보호하는 부대 또는 진지를 일컫는 군사용어다. 민간인들은 영농, 벌초 등 뚜렷

한 목적으로 군부대의 허락을 받아야, 일반전초지역 출입이 가능했다. 박 소위는 산기슭에 4.2인치포 여덟 문을 좌우로 4문씩 배치하고 전투준비에 임했다. 박 소위 휘하 병사들은 긴장된 표정이었다. 사방으로 보이는 고봉준령高峰峻嶺은 가슴을 답답하게 만들었고, 동서남북을 둘러싼 산봉우리 위로 파란 하늘이 겨우 보일 뿐이었다. 적군의 심리전 방송도 들렸다.

강원도 험난한 산골에도 봄은 찾아왔다. 6.25전쟁 전에 화전민火田民이 살던 초가삼간 뒤엔, 복숭아꽃, 살구꽃이 진달래와 할미꽃을 손짓하고 있었다. 고독한 전선戰線의 봄이었다. 박 소위는 점심식사를 후 계곡 너머로 보이는 '비목'碑木을 보고, 낮은 목소리를 흘려보냈다.

초연이 쓸고 간 깊은 계곡 양지녘에
비바람 긴 세월로 이름 모를 비목이어
먼 고향 초등 친구 두고 온 하늘 가
그리워 마디마디 이끼 되어 맺혔네

궁노루 산울림 달빛타고 흐르는 밤
홀로 선 적막감에 울어 지친 비목이어
그 옛날 천진스런 추억은 애달퍼
서러움 알알이 돌이 되어 쌓였네

박 소위는, 이 노래를 작시作詩했던 ROTC 선배 소대장과, 작곡가를 그리며 불렀다. 박 소위와 병사들은 외로웠다. 날마다 산과 하늘만 쳐다보며 살았고, 밤마다 적군의 스피커 소리에 시달렸다. 고요한 밤에 가슴을 파고드는 적군의 스피커 소리는 병사들의 밤잠을 설치게 만들었다. 전방부대에는 월남전쟁에 참전했던 장병들도 배치되었다. 모두 제대를 앞두고 있는 고참 병사들이었다. '베트콩'과 전투를 했던 이들 참전용사들은 용감했다. 근무자세도 철저하고, 모든 전투기술에 능숙했다. 대농이 부대에도 여러 명이 보충되었다.

한국의 155마일 전방 상황은 급박했다. 야간에 비무장지대DMZ를 넘어 몰래 남하한, 무장공비를 소탕하는 작전이 수시로 벌어졌었다. 후방지역에 주둔하는 한국군 부대들도, 산과 바다로 넘어와 후방에서 '게릴라전투'를 벌리는, 북한 특수부대원 소탕에 총력을 기울였다. 북한은 동해상에서 어업에 종사하던 어선 56함을 폭침1967.2시켰고, 김신조 일당을 남파시켜, 대통령 집무실인 청와대 습격1968.1을 기도企圖했다. 김신조 일당은 청와대 부근에서 적발되어 체포되거나 사살되었다. 또한 북한은 강원도 울진과 삼척에 백이십 명의 무장공비를 침투시켜1968. 양민들을 참살하는 행위를 자행했다. 이른바 "공산당은 싫어요." 라며 반항했던 초등학생 이승복 사건이었다. 전후방의 이런 분위기 속에서 한국군의 희생도 많았다. 북한의 무장공비 남파 행위는, 정전停戰된 한국의 전방 분위기를 살벌하게 만들었다. 그런 분위기 속에서 박 소위도 4.2인치포 2개 소대小隊를 지휘하며 국가에 충성하고 있었다.

박 소위를 괴롭히는 문제점은, 한국 전방의 불안한 상황 말고 또 하나 있었다. 일본 여대생 미찌꼬와 펜팔을 할 수 없다는 환경이었다. 민간인 출입이 어렵고, 코앞의 적군이 호시탐탐虎視耽耽하고 있는 지역에서, 미찌꼬와 편지를 주고받는다는 건, 생각할 수도 없었다. 박 소위는 부대이동 전까지, 미찌꼬와 자유롭게 편지를 주고받았다. 그러나 전방은 달랐다.

박 소위는 연대장님의 교육내용이 생각났다. 박 소위는 부대이동 직전, 연대장님으로 부터 교육을 받았었다. 연대에서 근무하는 지휘관, 지휘자 모두 함께 교육을 받았었다. 교육내용은 부대이동과 관련된 사항들이었다. 부대 위치, 임무, 임무수행 방법, 경계근무 요령, 적군의 동향, 안전사고 예방, 보안유지 철저 등 많았다. 모두 숙지해야 할 내용들이었다. 교육내용 여러 가지 중, 박 소위 머릿속을 자극한 내용은, 보안유지였다. 자신이 '미찌고'와 주고 받는 '펜팔편지'도 보안에 저촉되는 거 아닌가 하는 생각이 들었다. 만일 저촉이 되는 것이라면, 상급자의 지시를 위반하는 행위였다. 장교가 보안사고를 저지르는 행위였다. 그런 생각을 한 박 소위는 큰 결심을 했다. '미찌꼬'와의 페팔(Pen Pal)을 자진해 중단하기로 했다. 제대 후 '미찌꼬'와 펜팔을 계속하기로 작정했다. 박 소위는 이런 자신의 결단을 '미찌꼬'에 알리기로 했다.

박 소위는 전방지역에 투입 된지 삼 개월이 지난 시점1966에서 외출외박을 신청했다. 그러나 연대장의 생각은 달랐다. 연대장은

"박 소위의 임무가 막중하고, 전장戰場에 4.2인치포 사격을 지휘할 수 있는 장교가 없는 형편을 감안, 외출만 허가한다."

는 지시를 하달했다. 연대장은 박 소위에게 직접 전화하고

"박 소위, 외출만 허가해 미안하다. 적의 동향이 심상치 않아, 박 소위가 꼭 필요하다. 외출 후 귀대하면 내 집무실에 한 번 들러라."

고 말했다. 박 소위를 달래는 전화였다. 박 소위는 다음날 자신의 지프차로 외출했다.

오랜만의 외출이었다. 정들었던 읍내에서, 전령, 운전병과 함께 점심을 먹었다. 그리고 우체국에서 미리 준비했던 편지를 미찌꼬에게 발송했다. 박 소위의 외출목적은 미찌꼬 때문이었다.

당일 저녁 부대에 복귀한 박 소위는 즐거웠다. 연대장이 박 소위 외출을 허가하고, 중대장과 초소장들에게 박 소위 출입을 보호해주라는 지시도 내려 더욱 고마웠다. 박 소위가 외출했던 날 밤에도, 비무장지대에서 피아가 희생되는 전투상황이 벌어졌었다. 무전병의 무전기가 큰소리로 비상교신을 했다.

"여기는 호랑이, 사슴 응신하라."

호랑이는 연대장이고, 사슴은 4.2인치 포대장 박 소위였다. 무전無電할 때 사용하는 음어陰語였다.

"라저Razer, 여기는 사슴, 호랑이 계속하라."

"라저, 여기는 호랑이, 적군 삼십 여명과 아군이 접전 중이다. CT23645871지점. 즉시 조명탄 지원요망."

박 소위는 미리 계산해 두었던 화집점火集點을 찾아, 신속하게 '사격지휘반' FDC 에 사격명령을 하달했다.

병사들은 신속하게 포격을 했다. 적군들이 있는 지역을 밝게 비춰주는 조명탄이 날아가 하늘에서 터졌다. 관측병이 소대장 박 소위에게 무전으로 보고했다.

"여기는 하늘, 사슴 나와라."

"라저, 여기는 사슴, 하늘 말하라."

"라저, 일탄 명중!"

"라저, 여기는 사슴 계속 보고하라."

박 소위는 포대에 연속사격명령을 하달했다. 박 소위가 지휘하는 여덟 문의 '4.2인치포' 들은 이십초 간격으로 조명탄을 쏘아 올렸다. 비무장지대 전투현장 하늘은 대낮 같이 밝았다. 박 소위 포대 후방에 위치하고 있는 105mm포대도 지원사격을 했었다.

연말이 되었다. 정미년丁未年.1967이 억세게 꼬리를 감추고 있었다. 그러나 한국 전방지역 산기슭에 주둔한 장병들은 힘들고 괴로운 한해였다. 그런 충성의 덕분이었는지, 정부는 박 소위 동기생들을 한 계급씩 진급시켰다. 박 소위는 1968.1.1 중위中尉로 진급되었다. 박 중위는 모자와 양 어깨에 빛나는 '쌍다이아몬드' 계급장을 부착했다. 너무 고생하는 ROTC 출신 장교들에게, 사기를 진작시키려는 정부의 배려 같았다.

전방 일반전초 지역에도 새벽이 왔다. 박 중위 소대 포진지 앞 계곡에, 밝은 햇빛이 뻗어 내렸다. 뿌옇게 서려있는 짖은 안개를 뚫고 내린 햇살들이 아름다웠다. 아침에 상부에서 전화통지문이 왔다.

"어제 밤에도, 아군 후방을 교란하려던 무장공비들이 완전히 괴멸되었다."

는 내용이었다. 박 중위는 몇 달 전 조명탄 사격을 하였던 작전을 머릿속에 떠올렸다. 만일 남하南下하던 적군들이, 박 중위 부대 장병들과 조우遭遇하여 전투가 벌어졌다면, 정말 위험하고 힘들었을 것이었다. 박 중위 부대 장병들은 포, 차량, 탄약 등을 보호하며, 적군과도 싸워야 했기 때문이었다. 그렇게 피 말리는 전선의 밤이 계속되며 세월이 흘렀다.

박 중위는 집무실인 동굴에서 밖으로 나왔다. 멍하니 하늘을 쳐다봐도 산봉우리와 하늘뿐이었다. 박 중위는 그날부터 용기를 잃었다. 부대를 멋지게 지휘하려는 의욕도 없어졌다. 박 중위는 며칠을 생각하며 고민했다. 미찌꼬 생각에 일손이 잡히지 않았다. 그렇게 외롭고 괴롭던 박 중위에게 미찌꼬가 찾아왔다. 미찌꼬는 아우성을 치며

"부하들을 시켜서라도 편지를 해라!"

고 호령하고 사라졌다. 꿈이었다. 그날 밤 박 중위는 꿈속에서 미찌꼬를 만났다.

2월 어느 일요일이었다. 박 중위는 미찌꼬에게 편지를 썼다. 동굴 속 소대장 집무실에서 밤을 꼬박 새우며 편지를 섰다. 박 중위는 사진도 두 장 동봉했다. 박 중위가 포사격을 지휘하는 모습이 담긴 사진과, 박 중위 포대가 전투사격을 위해 총출동하는 장면이 담긴 사진이었다. 포대 병사들은 이런 사실은 모른다. 박 중위는 봉투를 튼튼하게 밥풀로 붙였다. 며칠 후 박 중위는, 제대 명령을 받고 귀가歸家하는 제일분대장에게 편지를 주었다. 고향에 가면 우체국에서 발송해 달라고 부탁했다.

"박금오 하사! 제대를 축하한다. 미안하지만 개인적인 부탁 하나 해도 되겠나."

“그럼요, 소대장님! 무슨 일이던 명령만 내리세요. 그간 저를 많이 사랑해 주셨잖아요.”

“아, 명령이 아니고 편지 붙이는 일인데, 집에 가면 우체국에서 발송해줘. 내용은 안부를 묻는 편지야, 부담 갖지 말고.”

“네 잘 알았습니다. 고향에서 발송하고, 소대장님께 편지 올릴께요.”

제1분대장은 월남 전선에서 돌아와, 박 중위 부대에 배치된 참전용사였다. 분대장은 걱정하지 마시라며 소대장을 위로했다.

To Miss. Miziko(미찌꼬 양에게)

‘미찌꼬’, 그간안녕? 답장이 늦어 죄송해요. 지난번 제가 드린 편지 보시고 걱정 많이 했나 봐요. 이곳 한국 전선은 호전될 기미를 보이지 않고 있어요. 비무장지대DMZ를 중심으로 양국 군인들이 대치하고 있습니다. 지난 6.25전쟁 때도, 공산군들은 자신들의 야욕을 양보하지 않았습니다. 한국 군인들은 6.25 전쟁을 통해, 북한군의 속내를 많이 파악했습니다. 최근에도 북한군은 많은 도발행위를 자행했습니다.

금년 무신戊申.1968.1년에도 북한은, 미국해군 정보함 ‘푸에블로호’를 원산 앞바다에서 납포하고, 승무원들을 감금하고 있습니다. 뿐만 아닙니다. 북한은 특수부대원 김신조 일당을 서울에 침투시켜, 대통령 집무실인 청와대를 습격하려 했습니다. 한국은 그들은 모두 체포 또는 사살했습니다.

북한은 강원도 울진과 삼척 지역에, 백이십 여명의 무장공비를 침투시켜, 많은 양민良民들을 무참하게 살육했습니다. “공산당은 싫어요.” 하며 몸부림치던 국민핵생도 칼로 무참하게 살해했어요. 이런 사실들을 ‘미찌꼬’도 알고 계신지요? 일본신문들도 한국에서 북한이 저지르는 만행들을 보도하는지요? 우리 한국군 장병들은, 목숨을 걸고 적군과 싸워, 항상 승리하고 있습니다. 한국 장병들은 전방지역과 월남전선 등 두 곳에서 공산주의자들과 싸우고 있습니다. 한국군에게 많은 칭찬 보내주시고, 그 실상을 많은 사람들에게도 알려주세요. 우리 한국군은 꼭 공산군을 무찌르고, 한반도에서 평화를 찾을 것입니다. 그런 결과는 많은 UN 회원국가들의 희망사항이기도 합니다. 왜냐 하면, 지난 6.25한국전쟁 때 많은 유엔 회원국가 들이 참전해, 평화를 되찾았기 때문입니다.

'미찌꼬' 양, 대농이는 육군 중위로 진급 했습니다. 사진에서 계급장을 보실 수 있을 것입니다. '다이아몬드' 두 개가 반짝반짝 빛나고 있을 것입니다. 이제 대농이도 4개월 후이면 제대합니다. '미찌꼬' 양도 대학교를 졸업하셨겠네요. 이미 직장인으로 신분이 바뀌셨나요? 아무튼 제 걱정 마시고, 모든 희망이 멋지게 성취되기를 빌겠습니다. 그리고, 부탁이 하나 있어요. 혹시 박 중위와 편지연락이 되지 않으면, 이래 주소住所로 편지해 주세요. 저의 고향집입니다. 그 곳에는 박 중위 가족들이 살고 있어요.

* 사진 두 장 동봉합니다.

1. 박 대농 중위가 4.2인치 포사격을 지휘하는 모습
2. 전투사격을 위해 4.2인치 포대가 총 출동하는 모습

1968. 2. 28

From Dea nong Park. Seoul, Korea.

대한민국 서울에서 박 대 농 드림

박대농 소대장의 국제우편물 발송을 부탁 받은 박금오 분대장은 이틀 후에 집에 도착했다. 박 하사는 소대장님 편지를 일본으로 보내고, 박 중위에게 보내는 편지도 함께 발송했다. 박 하사의 편지를 받은 박 중위는 고마웠다. 오랜만에 미찌꼬에게 편지를 보냈다는 사실이 몹시

즐거웠다. 그간 고민하고, 불안했던 모든 것을 떨쳐버렸다. 민간인을 볼 수없는 전방에서 근무하는 박 중위에게는, 미찌꼬가 유일한 태양이고 별이었다. 그래도 박 중위 병영생활은 빈틈이 없었다. 4.2인치 포대가 없으면 비무장지대가 뚫린다는 책임감으로 가득 차 있었다. 4.2인치 포사격이 없으면, 수천 명이나 수만 명이 동원되는, 연대전투나 사단전투에 차질이 생긴다는 걱정으로 가득 차 있었다. 박 중위는 큰 전투에서 패배하면, 많은 인명피해와 장비손실이 발생한다는 충성심을 갖고 근무했다.

한국전선 전방 지역의 겨울은 아직도 추웠다. 산악지대 기온은 영하 이십도 이하로 까지 떨어졌다. 전방 지역은 모두 눈과 얼음 천국이었다. 장병들의 최우선 임무는 재설작업이었다. 눈을 부지런히 치워도 부식차량이나 작전차량들이 고갯길을 오르지 못하는 경우가 종종 생겼다. 그래도 박 중위 부대원은 높은 산봉우리에서 근무하는 부대원들보다 편했다. 산봉우리로 오르는 길은 겨우내 얼음으로 쌓여 있기 때문이었다. 군인들의 겨우살이엔 이런 문제점이 있는가하면, 득得을 보는 측면도 있었다. 눈과 얼음 천국이 된 전방지역엔, 북한 무장공비들의 도발행위도 뜸해지게 마련이었다. 장병들은 경계근무와 제설작업과, 그리고 정신교육에 매달려, 긴 겨울을 보냈다.

눈 덮힌 전선戰線에도 봄은 왔다. 삼월이 되자 박 중위 포대가 주둔하고 있는 진지陣地에도 봄이 왔다. 얼어붙은 계곡에선 물 흐르는 소리가 들리고, 산기슭에선 얼음이 녹아 떨어졌다. 화전민火田民이살던 집터엔 또다시, 산수유, 개나리, 할미꽃, 꽃다지 등 봄꽃들이 활짝 피었다. 박 중위의 마음은 쓸쓸했다. 봄을 맞이하는 마음이 황량荒凉했다. 박 중위 머릿속으로, 봄의 상념想念이 파고들었다.

"미찌꼬가 대학교를 졸업했을 텐데 …. 취직은 되었나, 놀고 있나? 이제 나도 사 개월 후엔 제대한다. 고향으로 갈까, 서울에 있을까."

박 중위 포대 병사들은 소대장을 부러워했다.

"소대장님, 이제 제대하실 날 얼마 남지 않았네요! 제대해실 날 기다려지시지요?"

라고 묻는 장병들이 늘어갔다. 그러나 봄이라는 계절은 박 중위의 모든 생각과 감정을 빼앗아 갔다. 지난해 박 중위가 경험했던 그대로, 북한군의 대남 도발행위가 다시 고개를 들었다. 박정희 대통령은 이런 북한군에 대응할 수 있는 갖가지 방책을 수립했다. 재향군인 250만 명 무장, 향토예비군창설 등 조치로 맞섰다. 숨 가쁘게 전개되는 한국 전방의 상황은 심각했다. 남한과 북한이 한 치의 양보도 없이 공격하고 피해를 당하는 비정규전非正規戰을 계속했다. 북한은, 한국군이 월남越南 전선에 파병되어 월남군을 지원하고, 자신들의 우방국가인 월맹越盟군을 살상하는 보복을, 한국전선에서 자행하는 것 같았다.

박 중위가 지휘하는 4.2인치 포대는 눈코 뜰 사이도 없이 바빴다. 밤에는 전투사격을 대비하고, 낮에는 야간전투를 준비 했다. 우선 여덟 문의 포砲를 깨끗이 닦았고, 포탄과 장약을 준비했다. 포탄과 장약이 부족하면, 상부에 보고하여 신속히 지급 받았다. 운전병들은 각자 자신이 운전하는 차량의 이상 유무를 확인하고 출동 준비를 했다. 다음에는 개인장비와 공용장비를 점검하고 탄환을 준비했다. 야간에 포대 방어전투를 위한, 수류탄, '크레모어', 총류탄, 기도비익 자료 등을 준비했다. 야간 포진지 경계근무병력을 선정하고, 근무위치도 확정해 하달했다. 야간 잠복근무조도 편성했다. 박 중위는 마지막으로 화력지휘반FDC 반원들과 화집점을 점검했다. 화집점火集點이란 중요한 사격지점 마다, 사격제원을 미리 산출하여, 신속하게 포사격 할 수 있도록, 번호를 붙여 놓은 서류다. 적군지휘소가 화집점 일번이면, 급하게 포사격을 할 때, 사격제원을 산출하지 않고, 화집점 일번의 사격제원을 병사들에게 하달하면 되는 것이다. 포대 병사들은 하달되는 포의 방향, 고도, 장약(화약), 포탄의 종류 등을 조작하여 신속히 사격하면 된다.

연일 숨 막히는 전방상황에 대응하는 장병들은 고단했다. 모든 것이 힘들고, 괴롭고, 짜증나고, 위험했다. 그 속에서 가장 그리운 건 잠이었다. 낮에도 못 자고, 밤이면 근무하는 장병들은 힘들었다. 그래도 새벽이 오면

"죽지는 않았구나!"

하는 승리감이 모두를 존재케 하는 안전핀이었다. 잠이 부족하여 헛소리를 하고, "사물이 두 개로 보인다."

며 괴로워하는 병사들도 있었다. 후방부대로 보내달라고 호소하는 병사들도 있었다. 그럴 때 마다 박 중위는

"나도 제대가 삼 개월 남았다."

며 부하들을 달랬다. 박 중위 자신도 연일, 귀 고막을 자극하는 수천발의 포성砲聲으로, 왼쪽 귀 고막이 피해를 입은 상태였다. 박 중위가 가장 애석하게 생각하는 건, 야간매복근무나 '부비추랩' 으로 전사하는 장병들이었다. 적군과 싸워보지도 못하고, 작은 실수로 목숨을 잃은 부하의 시체를 본다는 건, 소대장 입장에서 정말 괴로웠다. 다음으로 박 중위가 비극이라고 생각하는 건, 계속되는 근무로 잠을 못자, 제정신을 잃은 장병이었다. 이런 모든 비극들이, 공산군들의 만행 때문이라고, 박 중위는 단정했다.

드디어 오월이 왔다. 전방 산골에선 꽃과 신록이 노래했다. 산새들도 여러 종류였다. 고요한 산속에서, 이름 모를 새들이 짝지어 사랑을 부르는 소리는, 젊은 장병들의 가슴을 허약하게 만들었다. 그러나 적군들은 이런 계절을 침투의 적기로 활용했다. 북한군은 나뭇잎이 우거지고 장병들의 경계의식이 무뎌지는 틈을 타, 많은 무장공비를 남파시켰다. 그 대표적인 만행이 강원도 오대산 속에 백이십여명의 무장공비를 남파시킨 사건이었다. 박 중위는 오랫동안 미찌꼬를 잊고 있었다. 계속되는 야간전투로 미찌꼬를 생각할 겨를이 없었다. 박 중

위가 편지를 보낼 수 없는 전방의 근무여건도, 미찌꼬를 머릿속에서 밀어내는 여건으로 작용했다.

그러나 제대할 날이 가까워지자, 미찌꼬 생각은 자연스럽게 박 중위 가슴을 찾아왔다. 박 중위는 미찌꼬 생각이 났는데도, 무엇을 어떻게 해야 할지 막막할 뿐이었다. 박 중위는

“침투하는 적군을 괴멸시키고, 포대병사들이 희생되지 않도록 지휘하겠다.”

는 생각뿐이었다. 간혹 미찌꼬가 생각나면

“내게 답장은 했을 텐데. 한 달 후 제대하면 편지부터 해야지!”

하는 생각만 했다.

신록이 녹음으로 성장하는 강원도 산골은 아름다웠다. 비도 많이 내렸다. 첩첩한 고산준봉高山峻峰이 흘려보내는 벽계수는 시원하고 맑았다. 박 중위는 벽계수碧溪水를 시조로 읊은 황진이가 생각났다. 산과 계곡에는 녹음만 있는 게 아니었다. 산천어도 뛰어놀고, 고라니, 노루, 꿩, 산양, 꿀벌, 도라지, 더덕 등, 박 중위가 고향에서 보지 못한 보물들이 많았다. 박 중위 포대 분대장들은 강원도 출신 병사들과 함께 보물들을 많이 획득해 왔다. 어느 날 병사들은 큰 산돼지를 잡아왔다. 박 중위는 포대 회식을 허락했다. 그러나 박 중위 속마음은 불안했다. 며칠 전 우측전방을 지키는 사단에서 전화통지문電通이 왔었다.

“병사들이 6.25전쟁 때 설치했던 지뢰地雷를 밟아 세 명이 희생되었다.”

는 내용이었다. 비전투희생병사! 그들은 적군과 싸워보지도 못하고 희생된 불쌍한 병사들이었다.

유월 중순이 되었다. 박 중위 동기생들의 제대가 보름밖에 남지 않았다. 박 중위직속상관인 중대장, 연대장, 사단장은 종종 박 중위에게 전화를 했다.

“주야晝夜로 전방 경계근무를 철저히 하라. 제대를 앞두고 소대장 마음이 해이解弛되면, 병사들의 마음도 해이되는 법이다.”

등 내용이었다. 상관님들 말씀대로 이미 박 중위 마음은 해이되어 있었다. 박 중위 머릿속엔 부모형제 생각, 고향생각, 건농이와 아저씨, 중고등학교 동창생들, 그리고 일본의 미찌꼬, 모든 것들이 주마등처럼 수시로 스쳐갔다. 상관들의 전화는 오히려 박 중위에게 해害가 되었다. 잊었던 생각들까지 되살아나게 만들었다.

되돌아보니, 박 중위가 이곳 산골에 포진지砲陣地를 구축한 게, 만 이년 전이었다. 박 중위 포대 병사들은 사람이 살지 못할 곳에서 오랫동안 생활했다. 위험하고, 힘들고, 어려운 환경에서 이년을 보낸 것이다. 박 중위는 그날 자신이 전방생활을 이년이나 했다는 사실을 깨달았다. 박 중위는 자신과 같은 동기생이 별로 없다는 사실도 알게 되었다. 어느 날부터 동기생들의 전화가 오기 시작했다. 한국의 전방지역 155마일은 군용전화로 연결되어 있었다. 동기생들은 서로 제대를 축하하며, 며칠 후 유월 마지막 날, 사단 연병장에서 만나자고 약속했다.

내일이 제대하는 날이었다. 선임하사와 병사 한명이 박 중위 집무실로 찾아왔다. 동굴 속이었다. 선임하사는

“사단장님께서 소대장님을 모실 차를 보내셨습니다.”

라고 보고했다. 사단에서 온 ‘지프차’ 운전병도 한마디 했다.

“사단장님께서, 장기간 전방생활을 하신 장교 몇 분에게만 보내주신 차량입니다.”

박 중위는 그날 포대 장병들과 ‘이별의 오찬’을 하고 사단본부로 출발했다. 전역식轉役式을 하러 가는 것이었다. ‘4.2인치포대’ 병사들의 축하박수 속에, 박 중위가 탄 지프차는 남쪽으로 굴러갔다. 박 중위의 전방생활이 마감되는 순간이었다. 지프차는 비포장되고 구불구불한 고갯길을 힘겹게 기어올랐다. 박 중위는 전방 고갯길이 이렇게

험한지, 산이 이렇게 높은 산이었는지를 다시 한 번 확인했다. 뒤를 돌아보니, 자신이 탑승한 지프차가 만드는 흙먼지가 맑은 하늘로 치솟고, 저 멀리 적군의 경계초소GP도 가물가물 눈에 들어왔다. 이년간 살았던 포진지! 박 중위는 건물이나 천막에서 생활한 게 아니고, 토굴土窟 속에 이불과 식기, 그리고 총이 있었다.

지프차는 십분 후, 일반전초지역GOP을 벋어났다. GOP지역은 민간인 출입이 제한된 작전지역이었다. 그리고 십분 후, 지프차 오른쪽 앞좌석에 앉은 박 중위는, 동양화 같은 풍경을 발견했다. 박 중위는 자세히 보고 또 살펴보았다. 저 멀리 산 밑에서, 흰색 치마저고리를 입은 아주머니 한 분이, 파랗게 자란 보리밭에 앉아, 호미질을 하고 있었다.

"아– 고향에서 보았던 그 풍경! 이년간 잊고 있었던 농민의 모습!"

"주루룩! 주루룩!"

박 중위의 두 눈에서는 눈물이 흘러 내렸다. 그 순간 박 중위는

"여기는 군인이 아닌 민간인들이 살고 있는 곳이구나. 이제 적군의 총탄에 맞아 죽는 일은 없겠구나."

하는 생각이 머릿속을 스쳐갔다. 박 중위 입은 울지 않았다. 감격을 못 이겨 눈물이 제 멋대로 흐른 것이었다. 승리와 생존을 위해 밤마다 전투사격을 했던 박 중위 입은 굳게 닫혀 있었다.

다음날 유월 말일! 전후방에 배치되었던 박 중위 동기생들이 제대하는 날이었다. 동기생들은 모두 박정희 대통령이 군사혁명 후, 다음해부터 모집했던 ROTC 제4기생들 이었다. 박 중위 사단에서 근무하던 동기생들은, 사단 연병장에서 전역식을 했다. 사단장 훈시와 인사참모의 공지사항을 듣고 제대했다. 사단장은 어제 저녁 읍내에서 전역하는 장교들에게 단체회식을 베풀었다. 사단장 이름이 새겨진 '라이터' 도 한 개씩 선물했다. 동기생들의 얼굴은 하나 같이 구릿빛이었고, 눈에서는 광채가 번쩍거렸다. 전역식을 마치고 집으로 향하는 동

기생들은 개선장군 같았다. 사단에서는 기차가 다니는 춘천까지 군용 트럭을 운행하는 편의를 제공했다. 박 중위는 기차 편으로 서울에 도착했다.

박 중위 복장은 군복이었다. 전역식을 했어도 전투복을 그대로 입고 있었다. 계급장도 그대로 부착되어 있었다. 귀향하는 동기생들은 민간 옷이 없었으며, 퇴역증에도 현역 복무기간이 삼일 더 남아 있었다. 전역 후 귀향하는 병사들의 편의를 위한, 용의주도用意周到한 군사 행정이었다. 박 중위는 우선 마장동 건농이네 집으로 갔다. 온 가족들이 반갑게 대농이를 맞았다. 다음날 박 중위는 가정교사 생활시 숙식했던 학생들 집을 찾아 인사했다.

그리고 고향에 내려왔다. 우선 어머니 산소를 찾아 신고를 드렸다.

"충성, 육군 중위 박 대농은 군복무를 마치고 귀향했습니다. 이에 신고 드립니다. 충성!"

자상하셨던 어머니 얼굴이 떠올랐다. 전방에서 '죽을 고비' 마다 대농이 가슴에 떠오르던 그 모습이었다. 선영 '두무실' 은 조용했다. 칠월을 맞은 이만여 평의 논과 밭엔, 농작물이 무성했고, 종산宗山은 온통 녹음천지였다. 풀벌레 소리가 요란하더니, 멀지 않은 곳에서

"꿩! 꿩!"

하며 꿩 한 쌍이 하늘로 치솟았다. 어릴 때부터 수 없이 보았던 장면이었다. 박대농이는 눈에 보이는 모든 것이 반가웠다. 그렇게 멀고 멀었던 군대생활이었나 보다. 대농은 고개 정상에 있는 성황당에 돌멩이를 한 개 올려놓고 집으로 내려왔다.

논농사를 거의 마친 가족들은 한가했다. 집에는 아버지 무봉씨와, 셋째누나 숙희, 남동생 성농이, 여동생 정숙이등 네 명이 있었다. 가족들은 대농이를 반겼다. 그러나 아버지는 대농이를 자세히 살피시더니 한마디 하셨다.

"대농아, 왜 남의 말을 들을 때, 오른쪽 귀로만 들으려고, 얼굴을 외

쪽으로 돌리느냐?"

하시며 대농이의 정곡正鵠을 찔렀다. 대농은

"엄마 산소에 들러 내려오는 길에 날파리가 왼쪽 귀로 들어갔어요."

라고 둘러댔다. 아버지는 안방으로 들어가시더니 벽장에서 우편봉투 하나를 꺼내 대농에게 주시며 말씀하셨다.

"외국에서 온 편지라는데, 네가 한 번 봐라. 아무도 내용을 알 수가 없다"

라고 하셨다. 미찌꼬가 보낸 편지였다. 대농이가 기다리고 수소문하던 그 편지였다. 날짜를 보니 두 달 전에 집에 도착했었다. 대농은 시원하고 조용한 사당집으로 이동해 미찌꼬의 답장을 읽었다.

Dear my Heart Mr. Dea Nong Park(사랑하는 대농씨 에게)

지난 2월28일 전방에서 보내주신 편지와 사진을 잘 받았어요. 지루한 기다림 속에 받은 편지여서 무척 반가웠습니다. 그리고 유익한 내용들이 많았습니다. 저는 편지를 보고 눈시울을 붉혔어요. 생각할 수도 없었던 한국 군인들의 전방생활을 알게 되었어요. 그렇게 끔직한 북한의 도발들이 있었는지를 아는 일본인들은 별로 없습니다. 그래서 북한군의 행위를 가족들과 많은 친구들에게 알렸답니다. 일본에 주재근무를 하는 우방국 외교관들에게도 편지 많이 보냈어요. 캄캄한 밤에도 적군과 전투를 하신다는데, 몸조심 하셔야겠어요. 많이 걱정됩니다. 너무 반가워 편지를 받고 다음날 답장을 보냈는데, 아무 소식도 보내주시지 않더라고요.

그래서 당신의 말씀대로 당신의 고향으로 편지를 보냅니다. 꼭 답장해 주세요. 당신의 예측대로 '미찌꼬' 는 지난 2월에 명문대학교를 졸업했습니다. 그리고 직장생활을 준비하고 있습니다. 저는 요즈음 시간이 많아, 당신이 금빛 찬란한 장교복을 입은 사진을 간직하고 다닙니다. 저는 당신이 유월에 제대하면, 칠월부터는 자유롭게 편지하고, 전화도 할 수 있을 것이라며 기뻐하고 있습니다. 우리 둘이 모두 취직하고 직장생활을 하면, 만날 수도 있을 것 같아요. 편지를 주고받은 지도 벌써 육년 반이나 되었잖아요. 공산주의자들을 용감하게 무찌르시고, 많은 부하들을 씩씩하게 지휘하시던 그 얼굴, 빨리 보여주세요. '미찌꼬' 는 날마다 당신을 기다리고 있습니다.

* 사진3장 동봉 : 고등학교 졸업사진, 대학교 졸업사진, 그리고 가족사진을 보내드립니다.

1968. 4. 29

From Miziko. Kyto, Japan(일본 교토에서 미찌꼬 올림)

대농은 미찌꼬의 편지를 읽고 또 읽었다. 가슴이 찢어져 나가는 것처럼 아팠다. 그리고 울분했다. 공산주의자들, 그리고 북한군들의 만행 때문에, 모든 게 파괴된 것이라고 단정했다. 북한의 만행이 없었다면, 남북한 군인들의 충돌도 없고, 같은 민족끼리 죽이고 죽는 참사도 없었을 것이라고 못 박았다. 대농은 힘차게 자리를 박차고 일어났다. 뒷동산을 거쳐 능선을 따라 무봉산에 올랐다. 강원도 전방 산골에 비하면, 무봉산은 산 같지도 않았다. 단숨에 올라왔다. 대학입학시험을 준비할 때 많이 올랐던 봉우리였다. 사방이 훤하게 굽어 보였다. 한더위가 내려앉은 농촌은 고요古謠했다. 미찌꼬가 살고 있을 동쪽 하늘도 맑았다. 구름 한 점 없는 빈 하늘엔, 이름 모를 산새 한 쌍이 현해탄玄海灘 쪽으로 날아갔다.

다음날부터 대농은 집에서 일주일을 잤다. 밤에도 자고 낮에도 자는 생활을 일주일간 했다. 낮에는 자다 일어나 바람을 쏘이고, 쉬다 졸리면 또 자는 리듬으로 살았다. 대농이 아버지가 또 한마디 하셨다.

"대농이 눈빛과 행동이 제대로 되어 간다. 나는 자식 하나 또 버린 줄 알았다. 누가 말을 걸면 대농이는, 놀라는 표정으로 상대방을 쏘아보았고, 긴장된 표정으로 대화를 했었다."

다음 주 대농이는 '미찌꼬'에게 편지를 썼다. 너무 오랜만에 써보는 영어편지는 서툴렀다. 영어 문장이 머릿속에서 맴돌기만 했다. 대농은 쓰고 고치기를 반복하며 힘들게 편지를 완성했다. 다음날 읍내로 나가 우체국에서 발송했다. 대농은 분했다. 이렇게 손쉬운 편지 발송을 거의 이년 동안이나 하기 어려웠다. 그래서 미찌꼬와의 연락이 두절되고, 현해탄에는 그리움만 떠다녔다. 대농이가 급히 편지를 보낸 지 이십여 일이 지나도, 미찌꼬의 답장은 오지 않았다.

기다림에 지쳐있는 대농에게 기쁜 소식이 날아왔다. '안전보장부'에서 공무원채용고시를 볼 예정이라는 소식이었다. 대농은 대학생활 사년 간, '안전보장학'을 전공했었다. 대농은 지체 없이 연례 '안전보장부' 채용고시에 응시했다. 대농과 대학생활을 하고 군 복부를 끝낸 동기생들도 함께 응시했다. 대농이 동기생 절반이 채용고시에 합격했다.

합격자들은 그해 1968년 팔월부터 직장에 출근했다. 대농이 직장은 직원도 많고 바쁜 부서였다. 그래도 대농은 기뻤다. 대농이 부서의 업무 내용이 6.25한국전쟁의 결과물인 '비무장지대'와 관련 있는 업무였다. 폭幅이 4Km이고, 길이가 155마일에 걸친 비무장지대에선, 남북한의 끊임없는 충돌이 계속되고 있었다. 대농의 전공은 안전보장학 이며, 군복무도 전방에서 장교로 근무했다. 때문에 대농은 신입직원이라는 감정을 가질 수 없었다.

대농이는 첫 달 봉급을 수령하자, 신사복부터 마련했다. 제대 후 한 달을 쉬었지만, 양복을 마련할 생각조차 못하고 있었다. 직장 출근 첫째 날, 대농은 근농이 아버지 박재주 아저씨의 양복을 입고 출근했다. 아주머니가 대농이 눈치를 채고, 긴급조치를 취해 주셨다. 대농이 직장은 공무원 사회에서, 막강한 부서라는 평가 받았다. 속칭 말로 힘이 센 부서였다. 일반 공무원들과 다른 점이 많고, 바쁜 만큼 대접받는 부서였다. 대농은 신입직원채용고시에서 이등으로 합격했다. 그 영향이었는지, 대농은 지휘부서 근무를 명받았다. 대농의 직장생활은 점점 안정되어갔다.

대농이는 업무파악도 빨랐다. 전공과 장교근무 경험이, 업무와 비슷했기 때문이었다. 직장생활이 안정되자, 가족들이 사는 고향마을에선,

"대농이가 출세했다."

는 소문이 퍼졌다. 1970년에는 고향에서 남동생 성농이와 셋째누님 숙희가 상경했다. 가족들은 대농이가 하숙하고 있는 서울 변두리 동네를 찾아왔다. 대농이는 놀랬다. 가족들이 무작정 상경한 것이었다. 당시 농촌 주민들은, 전쟁 후 복구사업이 거의 마무리되고, 일자리도 많이 생기는 서울로 무작정 상경했었다. 숙희 누님은 고향에서 가져온 돈으로, 십이 평짜리 판잣집을 한 채 샀다. 대농이 가족 세 명은 그 집에서 함께 살았다. 세월이 흐르자 성농이와 숙희 누님도 일자리가 생겨 모두 직장생활을 했다. 이른바 호구지책이 마련되었다.

그 때, 대농은 김포국제공항에서 근무하라는 보직명령을 받았다. 김포공항에는 항공사 사무실이 많았다. 항공사들 뿐 아니라 행정부서 사무실도 많았다. 세관, 교통부, 경찰, 보건사회부, 농수산부, 군인 등 무척 많았다. 대농은 '안전보장부 공항출장소' 근무를 명령받은 것이었다. 대농은 출국업무와 입국업무를 비롯, 안전사고, 항공기 점검 등 많은 업무를 취급했다. 공항업무는 즐거웠다. 많은 여행객들

과 공무원들이 들끓고, 정치인, 경제인, 군인, 상인 등 모든 계층이 공항을 이용했다. 대농이는 공항이 '인종전시장' 같다고 생각했다.

바쁘고 번화한 근무환경에서도, 대농은 일본항공 여승무원과 친분

을 갖게 되었다. 대농이 의식적으로 일본항공 여승무원 '요시꼬'에게 가까이 하며 친분을 쌓았다. '미찌꼬' 때문이었다. 대농의 내심은 일본 여자친구 '미찌꼬'의 근황을 알아보려는 심산心算이었다. 일본항공 여승무원 '요시꼬'도 김포공항에서 근무하는 한국 공무원의 도움이 절실한 입장이었다. 어느 한가했던 날, 대농과 일본항공 여승무원 '요시꼬'가 공항구내 커피숍에 마주 앉았다. 두 사람은 영어로 대화했다.

"'요시꼬' 양, 일본 젊은이들이 결혼하면, 여자도 남자의 성姓씨를 갖게 됩니까?"

"물론입니다. 한국과는 다릅니다. 미국과 마찬가지입니다." 요시꼬는 친절한 자세로 명랑하게 답변했다.

"결혼 전 여자의 주소로 편지를 하면, 전달이 가능할까요?"

"글쎄요. 반반으로 봐야 할 것 같습니다. 여자의 가족들이 이사를 하지 않았다면, 가능하지도 않을까요? "

대농은 '요시꼬' 양의 대답으로, '미찌꼬'와의 펜팔 편지가 중단된 이유를 대충 짐작할 수 있었다. 그 날부터 대농은, 미찌꼬가 지난 팔월 이후 취직이나 결혼을 하여, 편지가 중단된 것이라고 단정했다. '요시꼬' 양은 대농이에게, 일본여성 특유의 친절을 베풀며, 결혼한 일본여성을 찾으려면, 일본 공무원이나, 경찰, 신문기자들에게 부탁해 보라고 권고했다. 그 후 '요시꼬' 양은, 김포공항에 입항이나 출항시 종종 대농이가 근무하는 보세구역 검사대를 찾아오곤 했다.

대농의 공항 근무도 바빠졌다. 김포공항 청사 내에서 하는 업무 이외에도, 수시로 해외출장을 가야 했다. 항공기 안전사고나, 항공기 납치행위를, 사전에 대비하는 업무 때문이었다. 대농은 젊은 나이에 외국출장도 자주 가는 '엘리트' 공무원으로 부상했다. 그런 분위기속에서, 둘째누님 효숙이 대농이 혼담을 꺼냈다. 아버지 무봉씨는 휴가를 받아 고향을 찾은 대농에게 신부 후보를 소개했다. 대농은 그해 '크리스마스' 전날 결혼식을 올렸다. 신부는 교육공무원이었다. 대농이 부부는 맞벌이 생활을 해야 했다. 대농의 가정은 시골에서 장모님이 상경해 보살피셨다. 대농은 행복했다. 대농이 장모님은 시골에서 식모食母도 데려와 함께 살림살이를 해주셨다.

미찌꼬는 이제 대농이 머릿속에서 점점 사라졌다. 대농의 머릿속은 직장업무와 가정생활, 어린 딸을 보살피는 장모님 등으로 가득 찼다. 그래도 대농이 외국출장을 갈 땐, 가끔 미찌꼬가 머릿속으로 살짝 찾아왔다. 그러나 대농이는 의식적으로 잊어버리고, 털어버렸다. 미찌꼬를 잊으려고, 대농이는 글을 읽거나 공부를 하기도 했다. 대농이의 결혼은 미찌꼬가 강한 적군으로 작용했다. 대농은

"미찌꼬는 자신의 대학생활과 군복무를 무사히, 성공적으로 끝낼 수 있도록 도와준 친구였고, 은인恩人이기도 했다."

고 정의했다. 대농이는

"인간은 유한有限한 존재이며, 인연因緣 또한 유한한 것."

이라는 철학적인 생각을 했다.

대농이 부부의 공무원 생활은 순탄했다. 맞벌이 가정의 특징인 궁핍이나 가난을 몰랐기 때문이었다. 여유 있고 풍부하게 살았다. 대농이 부부의 신분이나 서울생활 동향은, 고향이나 시골주민들에게 많은 영향을 끼쳤다. 대농은 시골사람들의 애로사항도 풀어드리고, 자식들의 어려움도 보살펴주었다. 한번은 대농이 선영先塋에 계신 십육 대 할아버지 산소의 장군석石物을 도둑맞았는데, 대농이가 노력하여 회수해 원위치에 모셔드렸다. 육백여년 된 장군상將軍像 이었으며, 종중宗中에서도 칭찬이 많았었다. 대농이 부부는 삼십오 년간 공직생활 후 정년퇴직 했다. 세월도 흘러 21세기 새로운 '밀레니엄'이 도래했다. 당시 대농이 아들과 딸은 모두 대학교를 졸업하고 직장생활을 했다. 대농이 자식들은 안정된 가정에서 출퇴근하며, 직장을 위해 최선의 역량을 발휘했다.

정년퇴직을 한 대농이 부부에겐, 많은 자유시간이 주어졌다. 88올림픽 이후 상승일로를 달리던 대한민국의 국격國格도 일약 선진국으로 높아졌다. 한국인들에게는 해외여행이라는 자유로운 삶이 주어졌다. 동남아 각국은 물론이고, 미주, 유럽, 호주, 동유럽, 남미, 아프리카 등지도 한국 관광객들이 몰려 다녔다. 일 년 간 출국하는 여행자가 칠백만 명이 넘었다. 인천국제공항은 세계경쟁력 제일위 위치를 확보했다. 한류寒流도 전 세계로 확산되었다. 전 세계 뿐 아니라 북한까지 한류가 퍼졌다. 한국은 수직적인 발전을 계속 했고, 인터넷 강국으로, G20정상회의 의장국가로 강대국 대열에 합류했다. 뿐만 아니라 한국의 새마을운동 경험을, 국가발전의 원동력으로 하고 있는 나라도 팔십 개가 넘는 상태이다.

대농은 젊었던 시절에 해외출장을 많이 했다. 그래도 대농은 아내의 해외여행에 관심을 두고 동참했다. 아내가 해외여행에 관심을 갖지 않을 때까지 함께 다니며 통역원 역할을 했다. 그러나 대농이 부부는 요즈음 해외여행을 다니지 않는다. 대농이 아내가,

"외국 구경도 할 만큼 했다, 유럽 풍경이나 호주 풍경이 많이 다르지 않다, 거기가 거기 같다, 해외여행은 시작도, 끝도 없는 것이다, 더 이상의 여행은 소비일 뿐이다,"

등의 말을 하는 상태로 변했다. 그렇게 지내던 세월에 변화가 왔다. 지구가 변하고, 기후가 변했다. 한국의 기후도 많이 변했다. 장맛비도 내리고, 장마기간도 길어졌다. 봄과 가을이 짧아지고, 여름과 겨울이 길어졌다. 더위나 추위도 예상을 넘어 혹독했다. 게릴라성 폭우는 우박을 동반하고 배추밭을 쑥대밭으로 만들었다. 서울의 혹한酷寒이 소련 '모스크바' 기온보다 더 추웠다는 발표에 국민들은 어리둥절했다. 대농이와 미찌꼬만 변한게 아니었고, 한국과 북한만 변한 게 아니었다. 지구만 변한 게 아니었고, 바다도 변했다. 아니 태양도 변했다.

대농은 몇 년 전에 문인文人이 되었다. 신인상을 받고, 수필가가 되

었다. 대농은 '문학작품창작활동'에만 매달렸다. 부지런하고 억척같은 대농이는, 한 해 동안 두 번 작품집을 발간했다. 고희古稀가 오기 전에, 총력을 다 해 창작활동을 하고 있다. 대농은 지루한 장마철을 계기로, 일본을 가보자고 아내에게 말했다. 몇 년간 해외여행을 중지했던 아내도 좋아했다. 비행기 타는 시간도 짧고, 온천욕도 유명하며, 여행기간도 이삼일이면 가능하다는 여건이, 대농이 부부를 유혹했다. 대농이 부부는, 그해 2008년 장마철에 일본 동경지역을 삼일 간 관광했다. 국내 펜팔여행사를 통해, 안내원과 함께하는 '패키지여행'을 했다. 대농이 부부는 모처럼 좋은 구경을 했다. 여행기간 중 대농이 아내는 온천욕을 실컷 즐겼다. 말로만 듣던 동경東京의 번화가인 긴자銀座, 신주꾸新宿, 시부야 등지를 거닐었다.

대농이 일행 삼십이 명은 동경의 야경도 보고 인공섬 오다바이, 하코네국립공원, 오와꾸다니大地獄, 지열군地熱群 등지를 구경했다. 일행들은 닛코국립공원과日光國立公園 동조궁도 구경했다. 동조궁은 '에도막부시대'를 개막한 '도꾸가와 이에야스'德川家康을 모신 신궁神宮이었다. 대농은 금번 일본여행을 통해 예기치 못했던 공부를 했다. 일본은 세계 제이위의 경제대국일 뿐 아니라, 산림대국이었고, 기후도 온대, 열대, 아열대, 한대지방 등 골고루 있었다. 국민들도 공중질서와 도덕성을 우선시하고, 남에게 폐가되는 행동을 하지 않는다는 문화가 활짝 피어 있었다. 일본은 정신적으로도 강대국이었다.

대농은 동경지역만 관광만한 게 아니었다. 대농은 금번 여행을 통해 사십년간 잊고 있던 펜팔 친구 '미찌꼬'를 머릿속에서 만날 수 있었다. 수소문搜所聞에도 착수했다. 펜팔여행사 안내원에게 미찌꼬의 일본 주소住所를 주고, 연락처를 알아보라고 부탁했다. 펜팔여행사 안내원은 자신이 소속한 여행사가, 일본 여행사들과도 긴밀한 협조를 하고 있다며, 긍정적인 자세를 보였다. 대농이의 귀국길은 즐거웠다. 대농이는 귀국하는 항공기에서 흘러간 사십년을 회고하고, 자신의 현

위치도 재확인 해 보았다. 그리고 회고했다.

"사십년 전, 공무원에 취직하고 결혼한 게 엊그제 같은데, 이제 고희古稀가 코앞에 다가와 있다. 무심하게 흐른 세월! 그러나 그 내용에는 알찬 열매들이 가득하다. 만약 '미찌꼬' 를 찾으면, 양쪽 부부가 서로 만나 상봉하고, 옛날을 회상하며 함께, 새로운 여생의 동반자로 걸어가자."

고 제의할 것이라는 다짐을 했다.

대농이 부부는 다음해 2009년 장마철에도 일본여행을 했다. 작년에 이용했던 펜팔여행사 안내로 일본 '홋가이도'(북해도) 여행신청을 했다. 이번에도 지루한 장마철과 게릴라성 폭우를 피해보려는 여행이었다. 홋가이도는 장마도 없고 시원하다는 여행사의 홍보도 있었다. 대농이 부부는 삼일 간 '오오누마국립공원'沼國立公園, '니시야마분화구' 山火口, '하코다테항구' 와 야경, 다시마백화점昆布館 '도야호' 洞爺湖 등지를 구경했다. 이번에도 관광객들은 유황냄새 짓게 풍기는 온천에서 실컷 온천욕을 했다. 노천露天 온천욕을 즐기는 여행객들도 많았다. 대농은 금번 일본 여행에서도 많은 것을 보고 들었다. 한국인들은 일본인 보다, 기초질서 위반율이 144배 높고, 인근 소란죄는 1,878배 많으며, 국제결혼 이혼율도 40배나 높다는 사실도 알았다. 대농은 단체여행도중 틈틈이 안내원과 이야기 했다. 안내원은 말했다.

"미찌꼬에 관한 내용을 인계 받았다. 한국여행사와 일본여행사가 함께 관심을 갖고 조용히 노력하고 있다. 만일 그 문제가 해결되면, 한일양국의 성공적인 선행성과로 기록되고, 언론도 관심을 가질 가능성이 있다."

고 설명했다. 대농도 안내원에게 의견을 밝혔다.

"양국 여행사들이 인도적인 측면과 도덕적인 측면을 동시 검토한 후, 추진여부를

결정하는게 좋을 것 같다."

고 분명히 밝혔다.

대농의 귀국길은 올해도 즐거웠다. 자신과 미찌꼬의 관계를, 한일 양국여행사들이 선행사업으로 분류하고, 상면을 추진하고 있다는 게 즐거웠다. 그러나 대농이는 안내원이

"조용히 추진하고 있다."

고 말했던 부분을 상기하며, 모든 것이 확인될 때까지 굳게 참기로 결심했다.

대농은 새해 2010년을 맞이했다. 그러나 지난 해 장마철에 일본 '홋가이도' 를 여행했었다는 사실도 잊고 있었다. 연일 계속되는 '문학작품장작활동' 때문이었다. 대농은 금년에도 세 번째 문집발간을 준비하고 있었다. 노익장을 과시하며, 창작활동에만 매진했다. 친구들도 이젠 대농을 '박 문인' 이라고 부른다. 언행도 자세도 문인답다고 평가해주는 친구들도 있다. 대농은 올해 연 말에 있을 고희 잔치를 '출판기념회' 로 대치할 예정이다. 그런 계획 속에 일상日常을 살아가는 대농이에게, 오월이 빠르게 달리며 꼬리를 보여주었다. 그날 오후 전화가 왔다.

"박대농 문인이십니까! 펜팔여행사 안내원입니다. 금년 여름 일본 여행 일정 잡으셔야지요. 제 생각으론 올해도 장마철인 7.10부터 삼일 간 다녀오시는 게 어떠할까 생각되는데요."

대농은 여행사 안내원에게 대답했다.

"고맙다는 인사와, 미안하다는 말을 함께 했다. 대농은 미찌꼬에 관한 일을 까맣게 잊어버리고 있었다는 게 미안했고, 여행일정까지 잡아놓고 통보해주는 여행사가 고맙다며 진심을 보여 주었다."

대농은 세 번째 문집文集 발간 원고를 유월 말에 끝냈다. 그러나 지루한 장마는 계속되었다. 가끔 서울 도심을 집어 삼킬 것 같은 폭우가 쏟아졌다. 광화문 광장이 물바다로 변하기도 했다. 대농은 모처럼 휴식을 취하며 건강을 보살피는 일상日常을 이어가고 있다. 문집 발간은

일본 일본관광을 마친 후 귀국하여 시작할 예정이었다. 칠월 중순에는 펜팔여행사가 잡아놓은 관광일정에 따라 일본을 여행할 것이다. 대농이 일행은 일본에서 나라Nara, 오사카大板, 고베神戶, 교토京都 등지를 여행할 예정이다. 미찌꼬의 고향인 교토Kyto가 마지막 날에 들어있었다. 대농은 당연한 일정이라며 출국날을 기다렸다.

칠월이 되었다. 일본 관광일정을 정해놓은 대농이 부부는, 출국날짜가 다가올수록 초조해졌다. 장마 비는 계속 내리고, 무릎관절염도 꺾일 기세를 보이지 않았다. 출국 전날에는 폭우주의보가 내리더니, 제주, 여수, 이리 등 남쪽지방이 물바다로 변했다. 농민들은 농작물 피해로 넋을 잃었다. 밤이 되자 서울지역에도 폭우주의보가 떨어졌다. 대농은 무섭게 쏟아지는 폭우가, '미찌꼬'에게 길조吉兆일까 불길할 징조徵兆일까를 더듬어 보았다. 그리고 걱정 속에 잠자리에 들었다. 대농 부부는 눈을 비비며 새벽 세시에 기상했다. 서울 시가지는 이미 물바다로 변해 있었다. 인천국제공항까지 갈 방법이 막연했다. 택시를 부른다고 해결될 문제가 아니었다. 대농이는 부리나케 컴퓨터를 켰다. 검색창을 통해 '밴형공항택시'를 불렀다.

대농이 부부는 아파트 현관에서 밴형공항택시에 올랐다. 공항택시는 진흙탕 물을 헤치며 단숨에 서울대학교 정문에 도착했다. 공항 행 '리무진버스'로 옮겨 타는 순간에도 옷이 빗물에 젖었다. 좌석에 앉은 대농이 부부는 안도의 한숨을 몰아쉬었다. 아직도 캄캄한 밤중인데 리무진공항버스에 십여 명의 승객이 타고 있었다. 값 비싼 택시를 이용한다고 저기압이었던 대농이 아내의 표정도 밝게 변했다. 공항버스는 새벽 네 시에 출발했다. 텔레비전 누스가 수해상황을 보도했다. 경기도 북부지방의 수해가 가장 컸다. 연천, 포천, 파주 등지가 물바다로 변해 농작물들이 침수되었고, 주택침수와 차량, 농기구들이 침수되었다.

공항버스는 남부순환도로를 달렸다. 무서운 물보라를 가르며 인천

공항으로 향했다. 차도에 가득 찬 빗물이, 달리는 버스의 '헤드라이트' 빛을 흡수하여 앞을 분별하기 힘들었다. 그래도 핸들을 굳게 잡고 노련하게 물바다를 가르는 운전기사가 고마웠다. 숨을 죽이고 무사하기만 바라는 승객들은, 이제 구로동을 지나 김포공항 주변에서 올림픽 고속도로로 올라섰다. 리무진공항버스의 속도가 빨라졌다. 고속도로를 점령한 빗물이 버스 바퀴에 부서지며 밤안개로 변했다. 승객들은 불안한 장관壯觀만 응시하며 인천국제공항만 생각했다.

십여 분이 지나자, 공항버스 주변에서 바다가 살며시 새벽을 열고 있었다. 아침바다는 물안개를 하늘로 올려 보내며 캄캄한 밤을 쫓고 있었다. 무작정 빗물을 퍼붓는 게릴라성 집중호우도, 바다에게는 덤벼들지 못했던 것 같았다. 바다엔 하마의 입처럼 무섭게 생긴 먹구름들이, 인상만 찌푸리고 있을 뿐, 비를 뿌리지는 못하고 있었다. 캄캄한 암흑을 헤집고 얼굴을 들어 보이는 인천앞바다 갯벌! 승객들은 좌석의 안전벨트를 풀고 자세를 고쳐 앉으며 뻣뻣해진 몸의 긴장을 풀었다. 바다는 밤새도록 쏟아진 폭우를 꿀꺽 집어삼키고, 아무 일도 없었다는 듯 동쪽하늘에서 터져 나오는 붉은 동東으로 몸치장을 하고 있었다. 붉어지는 동쪽하늘은 물안개를 주홍색으로 물들이고, 먹구름은 하늘위로 쫓아내고 있었다. 드디어 차창 밖으로 인천국제공항 관제탑 끄트머리가 보였다. 버스 속 승객들은 긴 기지개를 켜고 웅성거렸다. 폭우로 쌓였던 불안감을 떨쳐버리는 소리였다. 공항버스 텔레비전 뉴스는, 어제 밤에 광주, 고흥, 목포등지에 950mm의 폭우가 쏟아졌다고 보도했다. 가난한 사람들이 엄청남 수해를 입었다. 그래도, 외국여행을 하려고 버스에서 내리는 승객들의 발걸음은 가벼웠다.

대농이 부부도 인천국제공항 출국장에 도착했다. 아직 새벽 여섯시 반이었다. 넓은 대합실에 가득한 외국여행객들! 그들이 만들어내는 즐거운 소리들은, 가을하늘을 군무하는 갈가마귀 떼들의 울음소리 같았다. 대농은

"그렇게 무서웠던 폭우와 수해도, 외국여행은 말리지 못한다."

는 생각을 했다. 대농이는 약속 장소에서 '펜팔여행사' 안내원과 상면했다. 작년 일본여행 때 수고했던 안내원이 아니었다. 안내원은 십여 분 후 대농이 부부에게 항공기 좌석권을 주었다. '비즈니스클래스' 좌석권이었다. 대농은 소스라치게 놀랐다. 한평생을 공직에 몸담고 살아오면서, 많은 외국여행을 했어도 '비즈니스클래스' 좌석에는 앉아보지 못했다. 대농은 안내원에게 분명하게 사양했다. 그러나 안내원은

"한 좌석이 남아 여행사가 최고령자에게 베푸는 호의다. '미찌꼬' 상면相面과 관련된 사항은 여행 마지막 날 오후 한시에, 한·일 양국 여행사들이 발표여부를 결정할 것이다."

라고 알려 주었다. 대농이는 목례를 하고 안내원과 헤어졌다.

대농이 부부는 여덟시에 출국수속을 마치고 면세점에 들렀다. 우선 항공기 탑승구를 확인했다. 격리대합실 창밖 계류장에서 출국을 기다리는 항공기들이 이슬비를 맞고 있었다. 대농은

"일본 오사카 지방에도 폭우가 내리는 건 아니겠지."

하는 생각을 하며 한국항공기에 탑승했다. 일본 오사카로 출국하는 항공기는 만원이었다. 드디어 약속된 시각, 아침 아홉시가 되었다. 기체機體는 이슬비 내리는 활주로를 질주하다 물보라를 박차고 하늘로 솟아올랐다. 기체는 이륙 후, 비틀거리고 후들거리며 힘들게 먹구름층을 뚫었다. 십여 분 후 승객들은 맑은 창공을 비행했다. 창밖으로 목화송이처럼 하얀 구름나라가 펼쳐졌다. 황홀한 구름나라를 둥둥 떠다니는 묘미가, 항공기 여행의 진수인지도 모른다. 동해의 푸른 물도 내려다 보였다. 대농은 "저 바다가 현해탄이었으면 좋겠다."

는 생각을 했다. 기체가 고도를 잡고 안정되자 기내식사가 시작되었다. 샌드위치, 커피, 과자, 오렌지주스 등이 제공되었다. 대농이 일행은 출국 한 시간 반 후에, 일본 오사카大坂 '간사이국제공항'

Kansai에 도착했다. 일본의 입국수속은 까다로웠다. 여권사열, 열손가락 지문채취, 얼굴촬영, 세관검사 등이 계속 이어졌다. 공항 보세구역을 무사히 통과한 관광객들은, 항공사 안내원과 상면했다. 대농이 일행 이십삼 명은 '난카이철도' 편으로 '난카이역' 으로 이동했다.

일행들은 지체 없이 여행사가 제공한 관광버스로 나라Nara 지역으로 출발했다. 버스는 해안고속도로를 달리고, 농촌지역을 통과하고, 무성한 산림지역도 보여준 후, 일본 전통식당에 주차했다. 한 시간도 넘게 달린 버스가, 한 번도 과속을 하지 않았다. 일 년 만에 찾아 온 일본식당! 종업원들은 오늘도 전통의상을 착용하고, 현관에서 허리 굽혀 절하며 손님들을 반겼다. 일행들은 일본식 정식으로 점심식사를 했다. 여종업원들의 깍듯한 자세와 상냥한 목소리도 여전했다. 깨끗한 식기와 정갈스런 음식도 관광객들의 구미를 돋우는데 손색이 없었다. 식사 후 일행들은 첫 번째 일정인 동대사東大寺 관광에 나섰다. 여행사 안내원의 활동도 시작되었다.

"오사카는 일본에서 두 번째로 큰 도시다. '요도가와하구' 에 위치한 오사카는 신흥도시이고 상업지역으로 발전한 도시다. 오사카 주변에는 삼십 여개의 위성도시들이 자리 잡고 있다. 일본열도의 넓이는 37만㎢ 이며 남한의 네 배 면적이다. 일본 땅의 남북 길이는 북해도에서 '오끼나와' 까지 총 3,600㎞이다. 열도의 동서 넓이는 총 4,241㎢인데 한국의 경부고속도로 길이와 비슷하다. 이러한 지리적 여건을 갖은 일본열도는 기후도 다양하다. 열대지방, 아열대지방, 온대지방, 한대지방 등 모든 기후를 다 갖고 있다. 여기에 해양성 기후가 추가되어, 자연히 없는 것이 없는 나라로 발전한 것이다. 오사카의 인구는 팔백만여 명이고, 해발 삼천 메타 이상의 산이 열여덟 개나 있다."

여행사 안내원의 활동은 계속되었다.

"나라Nara지방은 서기 칠백십년부터, 칠십사 년간 일본의 수도였다. 때문에 일본 고대사와 전통이 살아있고, 문화유산도 가득한 도시다. 불교문화도 일찍 꽃피운 도시다. 나라에는 동대사가 있다. 동대사 東大寺엔 세계 최대 목조불상인 '다이브쯔' 가 있다. 이 목조불상은 '쇼무' 천황의 의지로 서기 칠백오십이 년에 준공되었다. 1,256년 전이다. 불상 제조에는 신라와 백제 고승들도 동참한 것으로 알려져 있다. 목조불상과 옥상에 있는 오래(금고기)는 세계문화유산으로 유네스코에 등재된 문화재다. 오래의 높이는 사십구 메타이고, 목조불상의 높이는 심육 메타이다."

안내원의 말이 끝나기 무섭게 관광버스는 동대사 주차장에 도착했다. 날씨가 무척 더웠다. 일행들은 일본이 한국보다 약간 덥다는 안내를 받고 출국했다. 그러나 나라 지방의 기온은 열대지방 기후 같았다. 대농이 일행들은 상의를 벗어들고, 이마에 흐르는 땀을 닦아가며 관광일정을 소화했다. 대농이 일행들은 동대사 '다이브쯔' 목조불상을 손으로 쓰다듬으며 소원성취를 기원했다. 동대사 관광을 마친 일행은 사슴공원으로 이동했다. 사슴공원은, 동대사 입구 도로와 주변의 넓은 잔디밭, 공원, 산림지역에 많은 사슴을 방목하는 공간이었다. 일본인들은 사슴을 '신의 사자' 로 여기며 신성하게 기르고, 함께 생활하는 풍습이 있었다. 대농이 일행도 그곳에서, 생전 처음 사슴 발과 악수하고, 사슴얼굴과 비벼대는 체험을 했다. 대농이는 버스가 기다리는 주차장으로 이동하며, '일본인들의 관광기법은 한도 끝도 없다' 는 생각을 했다.

일행들은 오사카로 귀한 했다. 유명한 '오사카성' 을 관광하기 위한 '버스투어' 였다. 안내원의 사전 안내활동, 즉 관광대상 목표에 대한 설명이 또 시작되었다.

"일본인들은 역사와 전통을 중요시 여기는 국민이다. 유럽의 독일과 네덜란드 등 전 세계에 이백년 이상의 역사를 갖고 있는 기업이 오천여개 있다. 그러나 일본에만 이백년 이상 된 기업이 3,145개이고, 이천년이 넘은 기업체도 일곱 개나 있다. 오사카 성은 일본 삼대 성중 하나다. 임진왜난의 주역인 '도요토미 히데요시'豊臣秀吉가, 십오 년 간 매일 삼만 여명의 인력을 동원해 축성한 난공부락難攻部落이다. 성城 입구에는 배수진背水陣 이외에도, 공회자空膾炙 와 천수각이 있다."

일행들은 주차장에서 천수각으로 이동했다. 천수각은 '모모야마' 양식으로 축조되고, 회색과 금색으로 도색된 탑 모양의 팔층 건물이었다. 전망대에 오르니 오사카성과 오사카 시가지가 한눈에 조망되었다. 시가지가 생각보다 넓었다. 끝이 보이지 않고 서울 시가지가 연상되었다. 한국교포와 조총련 교포들이 함께 어우러지고 각축하는 오사카가, 이렇게 대도시인줄은 미처 몰랐었다. 난공부락이었던 오사카성과 공원은 이제 유명관광지로 둔갑하여 전 세계 관광객들에게 일본의 역사를 전파하고 있었다. 대농이 일행은 서기 1583년 당시의 일본 통치자들의 속내를 생각하며 천수각 칠층으로 내려왔다. '도요토미 히데요시'의 한평생에 관한 홍보판과, 유물, 전투도, 영상실 등이 전시되어 있었다.

대농이 일행들은 전시되어 있는

"도요토미 히데요시와 일본인"

제하의 홍보판을 읽으며, 임진왜난의 일본 주역인물을 다시 한 번 가슴에 각인시켰다.

"'도요토미 히데요시' 는 빈농의 아들로 태어나 통치자에 오른 입지자다. 일본인들은, 신분의 굴레를 벋어나 자신을 개척한 '시대요시'의 생애를 알고 희망을 얻었다. 그를 주인공으로 하는 연극, 영화, 드라마 등이 무수히 제작되어 일본인들의 가슴속에 살아있다. 그는 십오 세기 후반부터 십육 세기 후반까지 백년간 계속된 전난을 종식시키고 일본을 통일시킨 영웅이다. 주군 '노부나가'의 통일사업을 이어받아 '오사카성'을 중심으로 팔년간 전투 끝에 통일을 달성했다. 오사카성은 1583년에 축성공사를 시작했다. 그는 중국대륙을 정복할 목적으로, 우선 조선에 대군大軍을 파병해 임진왜난, 정유재란을 일으켰으나, 명군과 조선군의 연합대결로 꿈을 이루지 못하고, 1598년 사망했다. 그가 사망 시 아들 '히대요리' 는 어린 여섯 살이었다. '도요토미' 의 매부인 '도꾸가와 이에야스' 가 반대세력을 격파하고 실권을 장악했다. '히데요리' 가 이십삼 세였던 1615년 '오사카성' 은 '이에야스' 의 공격을 받아 함락되었다. 그 사건으로 '도요토미' 일가는 멸망했다."

후세 일본인들은, 오사카성 내 공원에 매화나무1.250구루와 벚나무4,500구루를 심어, 화려한 휴식터를 만들었다. 성城 주변에 건물 십삼 동, 공원, 박물관 등을 신축하여, 일본의 역사가 살아 숨 쉬는 현장으로 만들었다. 많은 국내외 방문자들이 인산인해를 이루고 있는 이면에는, 이런 일본인들의 끈질긴 노력이 숨어있었다.

어느덧 해가 저물고 서쪽 하늘이 붉게 물들기 시작했다. 오사카 성 관광을 마친 대농이 일행은 일본 제일의 쇼핑가 '신사이바시' 와 먹거리, 유흥가, 극장가로 유명한 '도톰보리' 거리를 찾아 이동했다. '신시이바시' 는 예로부터 '상인의 거리' 라고 이름을 날리는 거리였다. 지금도 이곳은 일본인들에게 유행의 첨단지역으로 불리고 있다. '도톰버리' 거리는 동서로 흐르는 '도톰보리천' 을 중심으로 자리 잡고 있었다. 관광객들은 '오사카' 최대의 유흥지라는 이곳에서 쇼핑은 물론, 먹꺼리, 긴키近畿 지역 극장가에서 자유관광을 즐겼다. 일행들은 시루 속의 콩나물처럼, 밀고 밀리는 인파 속에 쌓여 어우러졌다. 육십 대 후반의 대농이도, 인파에 쌓여 거리를 누비며 다녔다. 젊은이들의 노랫소리와 아우성 속에서, 대농이는 중국 상해의 야경인파를 생각했다. 대농이 아내는, 일본 북해도에 있는 '하코다테' 항구의 야경인파 같다고 평가했다.

대농이 일행들은 예기치 못했던 무더위를 이기고 첫날 관광일정을 잘 소화했다.

일행들은 오사카 시가지 야경을 구경하며 호텔로 이동했다. 넓고 넓은 오사카 시가지와 황홀한 네온사인, 그리고 거리의 인파들! 대농이는 오사카가 서울보다도 더 발전한 신흥도시라는 생각을 했다. 그간 대농이 머릿속엔, 오사카는 조총련 교포들이 활개치고, 북한 공작원들의 거점도시라는 부정적인 지식만 입력되어 있었다. 그러나 오늘밤, 대농이 머릿속의 해묵은 편견들은 맑게 청소되고, 새로운 인식들이 자리 잡았다.

일행들은 초저녁에 '나카노' 호텔에서 여장을 풀었다. 이곳도 초저녁 기온이 섭씨 삼십 도였다. 관광객들은 호텔 구내에서 온천욕을 즐겼다. 어딜 가나 천연 온천수를 즐길 수 있는 일본! 일본은 천부적인 자원과 기후에, 국민들의 단결정신과 개척정신을 혼합하여, 경제 강대국을 이룩했다. 온천욕 중 대농이의 머릿속은, 일본인들의 질서의식과 절약정신, 친절하고 남에게 폐를 끼치지 않으려는 사무라이정신 등으로 가득 찼다. 대농은 침대에 누워 오늘 하루를 결산했다. 무더위 속에서도 웃음과 즐거움으로 보낸 하루였다. 서울에서 쌓였던 장마 우울증을 단숨에 날려 보낸 하루였다.

일본여행 둘째 날이었다. 새벽에 기상했는데 하늘이 맑았다. 다행스럽다고 생각되었다. 일행들은 오늘도 뷔페식으로 아침식사를 하고 고베(神戶, Koba) 지역으로 떠났다. 한 시간 반을 '버스투어' 하며 이동했다. 대농은 일본의 산하들이 신비롭게 생각되지 않았다. 대신 정답게 여겨졌다. 일본여행을 세 번째로 하고 있기 때문인 것 같았다. 안내원의 마이크 소리가 또다시 버스 속에 가득했다.

"고베항은 미국함대 페리Ferry제독의 요청으로 개항開港,1854한 낭만의 항구다. 일본 삼대 미항美港 중 하나이고, 요코하마, 하코다테 등 여타항구들 처럼 미국과 불평등강화조약으로 개항되었다. 고베항은 일본의 컨테이너 운송실적 중 30%를 처리하는 바다교통의 요지다. 이런 고베항이 1995.1.7 강도 7.5도의 대지진을 만났었다. 육천사백여명의 인명피해와 십이만 여 호의 주택과 건물이 파괴되었다. 난민

규모는 백오십삼만 여명이었다. 아름다운 항구의 해안선도 붕괴되어 초토화되었다. 일본정부는 예기치 못했던 대지진에 놀랐다. 전 세계인들도 놀랬었다. 그러나 세계에서 두 번째 경제 강국임을 자랑하는 일본정부는, 이년 만에 피해복구사업을 완료했다. 고베는 더 아름답고 현대적인 도시로, 경쟁력 강한 항구로 다시 태어났다. 세계인들은 또 한 번 놀랬다."

일행을 태운 관광버스는 열시에 고베 시청청사에 도착했다. 청사에 최고층에 있는 전망대를 돌며, 사방으로 굽어보이는 시가지를 구경했다. 깨끗한 환경과 즐비한 고층건물이 많아, 대지진이 휩쓸고 간 지역같이 생각되지 않았다. 일행들은 새롭게 단장된 고베항구로 이동했다. 깨끗한 쪽빛 바닷물 위에 아열대지방의 태양이 작열하고 있었다. 관광객들은 고베지진메모리얼파크, 롯코아일랜드 거리, 차이나타운 등지를 구경했다. 일본은 고베항 부두에, 대지진 당시 붕괴된 현장을 원형 그대로 보존하여, 당시의 참상慘狀을 생생하게 느낄 수 있도록 복구했다.

그 뿐 아니라, 쓰레기소각장을 궁전모양으로 신축해 관광객들의 시선을 끌었다. 상점들도 가게 앞 도로변에 책상모형의 가판대를 설치하고 상품을 판매하고 있었다. 행인들이 손쉽게 상품을 살 수 있는 여건을 마련한 것이었다. 대농이 일행들은 해변가를 도보로 이동하며 모사익Mosaic광장, 상가, 식당가, 놀이시설, 공원, 대형호텔가 등지를 관광했다. 일행들은 한국교포가 운영하는 식당에서 한식으로 점심식사를 했다. 펜팔여행사 안내원이 자유시간도 주어, 일행들은 바닷가에서 청정한 공기와 아열대 햇볕을 실컷 마셨다. 관광객들은 도보로 주차장으로 이동했다. 일행들의 화두는, 대지진 피해를 이년 만에 복구한 일본의 능력이었다. 비극과 파괴를, 새롭고 경쟁력 있는 도시로 역전시킨 지혜였다. 개중에는, 일본의 이런 능력이 제이차세계대전을 야기하게 만들었다고 비평하는 사람도 있었다.

관광버스는 남은 일정을 소화하기 위해 아리마(有馬, Arima) 지역으로 떠났다. 일행들이 온천욕을 즐기려고 이동한 것이다. '아리마온천'은 천이백년의 역사를 자랑하는 일본 삼대 온천 중 하나였다. 금탕金湯과 은탕銀湯이 있어, 각자가 희망하는 온천욕을 했다. 금탕은 염분과 철분이 섞인 황갈색 물이고, 은탕은 탄산염을 함유하고 있는 흰색 물이었다. 대농이 일행들은 대부분 금탕욕을 했다. 욕탕 속은 만원이었다. 여러 나라 관광객들이 어우러진 인종전시장 같기도 했다. 대농이도 황갈색 금탕 온천욕을 처음 해봤다. 욕탕의 뜨거운 온도와 수증기 때문인지, 온천욕을 장시간 즐기는 손님들은 없었다. 십 분이면 피부병이 고처진다는 선전 때문인지도 모른다.

아리마 온천마을은 활화산活火山 부근에 에 있었다. 사천이백 여년의 역사를 자랑하는 마을 이었으며, 목욕탕은 겨우 남탕과 여탕이 구분되어 있는 작은 규모였다.

탈의실이나 사물함도 낡고 허술했다. 그래도 절도사건이나 분실사건이 없다고 안내원은 말했다. 작은 규모의 온천욕탕이 많이 모여 있고, 민박집, 기념품 가게, 전통과자가게 등이 모여 있는 산골마을이었다. 행인들 중엔 장기 투숙하는 외국인들도 눈에 띄었다. 많은 관광객들이 일본 전통과자를 샀다. 깨끗하고 완벽한 포장술이 눈길을 끌었다.

일본의 자판기문화는 이곳 산골마을에서도 여전했다. 일본은 모든 것을 자판기로 처리하는 나라 같았다. 맥주, 라면, 과자, 목공예품, 음료수, 책은 물론이고 도시락도 자판기에서 나온다. 온천욕 후 뜨거워진 몸을 식히기 위해, 자판기에서 '아이스크림'을 빼 먹는 관광객들이 많았다. 산골마을의 기온도 오사카 시가지의 아열대지방과 마찬가지였다. 호텔로 귀환하는 길은 지루하지 않았다. 어제 밤 구경했던 '도톰보리' 번화가에 들러 저녁식사를 했기 때문이었다. 온천욕을 즐긴 일행들이 버스에서 낮잠을 즐긴 것도 이유 중 하나였다. 대농이 부부도 회덮밥으로 저녁식사를 했다. 번화가의 인파가 어제저녁 보다 더 많았다. 안내원은 오사카 시내에 위치한 호텔로 귀환하며, 노벨상을 수상한 일본인이 십육 명이라고 소개했다. 대농이 일행들은 '나카노' 호텔에서 이틀째 묵었다.

일본여행 마지막 날이 밝았다. 새벽 여섯시에 기상하여 호텔에서 식사를 하고 여덟시에 '교토' 京都, Kyoto로 '버스투어'를 시작했다. 안내원은 일행들을 면세점으로 안내했다. 관광객들에게 쇼핑기회를 준 것이다. 부엌에서 사용하는 '도마' 같은 일용품을 구매하는 여성들이 많았다. 버스가 출발하자 또 안내원의 방송이 시작되었다.

"교토의 면적은 611㎢이고, 인구는 백사십육만 여명이다. 교토는 일본 칠대도시의 한 곳이며, 서기 794년부터 천칠십사 년 간 일본의 수도였다. '메이지' 천황天皇이 동경東京으로 천도한 것이다. 이런 여건으로 '교토'는 문화재가 많고, 사찰寺刹도 많다. 1,650 고대문화의 중심도시고, 도시 전체가 세계문화유산으로 '유네스코'에 등재되었다. 오래전에 도시 전체가 개발제한 지역으로 지정되어, 현대식 고층건물들이 별로 없다. 전통공예가 발달되었으며, 주민들은 공업, 비단짜기, 염색업 등 분야에 많이 종사하고 있다. 불교문화의 뿌리도 깊은 도시이며, 주민들은 채식위주의 식사를 한다. 일본 궁중요리의 전통도 이곳에서 이어지고 있다. 이런 도시 특성 때문에, 태평양전쟁 때도 연합군은 '교토'를 폭격하지 않았다. 프랑스의 수도 '파리'와 마찬가지다."

대농이 보기에도 교토 시가지는 천년 넘는 고도古都답게 시골 냄새가 짓게 풍겼다. 고층빌딩이 거의 없고, 무성한 가로수와 육중한 정원수들이 옛날을 이야기 하고 있었다. 오래된 차도와 주택가 도로는 교토의 주름진 얼굴을 대변하고 있었다. 대농이 일행들은 교토 시내 식당에서 불고기로 점심식사를 했다. 대농이는 감격스러웠다. 수십 년 간 그토록 가슴속에 깊이 간직하고 있던, 일본 교토 땅을 밟아보고,

식사와 관광까지 하고 있기 때문이었다.

식사가 끝나고 오후한 시, 펜팔여행사 안내원은 눈짓으로 대농이를 불렀다. 대농이와 안내원은 식당 내 화장실 쪽으로 갔다. 안내원은 낮은 목소리로 대농이에게 알렸다.

"오늘 저녁 여섯시에 '나카노' 호텔에서 만난다. 양쪽 부부가 상봉하는 것이니, 사모님에게 의사를 타진해 결과를 알려 달라."

고 당부했다. 대농이는 놀랬다. 전신이 어지럽고 힘이 쭉 빠졌다.

"어떻게 해야 하나! 빨리 안정을 되찾고, 의젓해 저야 하는데."

대농이는 크게 기지개를 키며 관광버스에 올랐다.

대농은 지금 '미찌꼬' 와 생이별 후 사십 사년 만에, 미찌꼬가 출생하고 성장한 일본 교토시 한복판에서 식사를 하고 있는 것이었다. 아침부터 안정을 찾을 수 없었던 대농 의 가슴 속은 벅찬 감회로 가득했다. 대농이는 식사를 했는지, 소화가 되었는지도 감지할 수 없는, 둔탁한 감각 속에 말없이 일행들을 따라다녔다. 그래도 대농이는 자신의 감회를 표출하지 않았다. 관광단체의 일원으로 함께 움직이며 정해진 일정을 소화했다. 오직 가슴 속 깊이 감추어져 있는 한마디

"미찌꼬도 가끔 내 생각을 하겠지. 나보다 두 살 적은 친구였는데."

라는 생각만 거듭했다.

대농이 넋을 잃고 있는 동안, 일행들을 안내하는 버스가 청수사淸水寺에 도착했다. 청수사의 본당은 백삼십구 개의 기둥과 바위 절벽 위에 세워진 절이었다. 청수사의 연간 참배객은 삼백만 명이 넘었다. 유명한 고찰이었다. 많은 외국 참배객들이 부처님께 삼배三拜하며 소원성취를 축원하고 있었다. 불교 신도인 대농이 부부도 세 번 오체투지五體投地를 하며 소원성취를 빌었다. 대농이는 '미찌꼬' 의 건강과 무병장수無病長壽도 빌었다. 대농이는 대웅전 앞뜰에서 멀리 굽어보이는 교토 시가지를 둘러봤다. 머릿속에 들어 있는 '미찌꼬' 의 주소를 읊조리며 사방을 둘러봤다. 그러나 뿌연 안개로 쌓인 교토 외곽 끝자락만

눈에 들어왔다. 대농이는 '미찌꼬'의 집이, 시내 중심가라는 사실을 너무 잘 알고 있었다.

청수사 관광 중 대농은

"아내에게 '미찌꼬' 상면계획을 이야기 했다. 금일 저녁 여섯시 '나카노' 호텔에서 양쪽 부부들이 상봉할 예정이라고 말했다."

아내도 대농이의 계획에 동의했다. 대농은 아내의 동의同意를 펜팔 여행사 안내원에게 전화했다.

관광을 마친 일행은 주차장까지 도보로 하산했다. '미찌꼬'의 동네도 점점 시야에서 사라졌다. 도로변에는 기념품가게들이 양쪽으로 줄지어 있었다. 민박집들도 많이 보이고 외국인들로 붐볐다. 일행들은 '교토' 시내 중심지에 있는 '기온거리', 전통가옥마을로 이동했다. 기온거리는, 천년고도인 '교토' 시내에서도 수백 년 전 전통가옥들이, 고색 찬란하게 잘 보존되어 있는 구역이었다. 대농이의 머리가 잊어버렸던 '미찌꼬'의 주소를 다시 찾아냈다. 대농이는 일행들과 삼백미터 정도의 기온거리를 왕래하면서 집집마다 문패를 살폈다. 그러나 대농이의 꿈은, 인본 주민들이 대문大門에 내 걸고 홍보하는 휘황찬란한 등불에 파묻히고 말았다. 일본 주민들은 일본차, 공예품, 비단의류, 궁중요리, 전통가구 등을 홍보하고 있었다. 이곳 주민들은 외국인들이 숙박하며 관광하는 '프로그램'도 운영하고 있었다. 용의주도用意周到한 관광 아이디어였다.

대농이 일행들은 흘러내리는 땀을 수건으로 닦으며, 십분 거리에 있는 '헤이안신궁'平安神宮으로 이동했다. '헤이안신궁'은 교토시가 일본의 수도로 된지 백년을 기념하기 위해 서기 1895년에 건축한 신궁이다. 신궁에는 일본 제 오십 대 천황 환무桓武737-781의 신위와, 제 백이십일 대 천황 효명孝明1831-1847의 신위를 모셨다. 두 명의 천황을 모신 '헤이안신궁' 창건일에는, 각계각층 주민들이 참배하여 성황을 이루고, 헌금도 답지하고 있었다. 천황의 신궁답게 넓은 대지위에 세워진 부속건물들도 화려했다. 거대한 본당과 도리는 붉은색과 누런 금색으로 장식되었고, 정원에는 벚꽃과 창포(붓꽃)를 많이 심어 봄에는 꽃대궐 같은 경치가 꾸며진다. 본당에서 근무하는 여성들의 흰색제복과 정성스런 행동이, 엄숙한 분우기를 자아내 방문자도 엄숙해졌다. 대농이 일행들은 일본인들의 신앙인 신궁신사 문화의 진수를 확인할 수 있었다.

대농이 일행들은 신궁 관광을 끝으로 삼일 간 계획된 모든 일정을 끝냈다. 안내원은 지체 없이 일행들을 오사카 간사이국제공항으로 안내했다. 대농이 일행은 공항 내 항공사에서 출국수속을 밟았다. 곳이어 출국대합실로 가기 위한 보안검색을 받고, 사열대에서 여권검사를 받았다. 그러나 대농이 부부는 출국장 입구에서 일행과 헤어졌다.

펜팔여행사 안내원은 대농이 부부를 '나카노' 호텔로 안내했다. 대농이 심장은 뛰기 시작했다. 안정을 취하려고 하품도 해보고, 한숨도 쉬어보았지만 모든 게 허사였다. 사십팔 년의 기다림이 끝나는 종점은 낭떠러지 같았다. 그때 대농이 머릿속에, 미찌꼬는 침착하고 근엄한 얼굴로 자신을 기다리고 있을 것이라는 생각이 찾아왔다. 대농은 넓은 버스에서 용감하게 일어서, 기지개를 지치고, 허리운동을 했다. 그리고 한반도의 허리인 전방지대와 북한군을 생각했다. 전신에 소름이 끼쳐지며 마음이 안정되었다. 대농이는 다시 적군 앞에서 팔십 여 명의 병사들을 지휘하던 모습으로 돌아왔다.

대농이 부부와 펜팔여행사 안내원만 태운 관광버스는 십오 분 후 호텔에 도착했다. 여행사 안내원은 대농이 부부를 삼층 회의실로 안내했다. 안내원이 회의실 출입문을 열었다. 사십팔 년간 막혔던 검은색 장벽이 말없이 허물어져 내렸다. 밝은 조명 아래서 '미찌꼬 부부'가 손을 저으며 대농이 부부를 환영하고 있었다. 미찌꼬 부부 주변에는 호텔 관계자, 신문기자, 텔레비전 방송 기자 등 여덟 명이 카메라

'라이트'를 쓰고 있었다.

대농이 부부와 미찌꼬 부부는 '테이블'을 마주하고 첫 상면相面을 했다. 미찌꼬가 대농에게 악수를 청했고, 대농이 아내가 미찌꼬 남편에게 악수를 청했다. 두 쌍의 악수는 거의 동시에 이루어졌다. 이어 대농이가 씩씩하고 똑떨어지는 어투로 말했다. 영어로 말했다.

"너무 오랜만의 상면입니다. 그리고 미안하게 생각합니다."

미찌꼬도 일본여자 특유의 자세를 취하며 웃으며 말했다. 역시 영어로 말했다.

"소대장님의 씩씩하신 기상 여전하십니다. 이제라도 얼굴을 볼 수 있게 해주셔 고맙고요."

미찌꼬는 계속해 남편을 대농이 부부에게 소개했다.

"제 남편 '다나카' 상입니다. 초등학교 선생님으로 퇴직하셨습니다."

다나카 상은 대농이 부부에게 머리를 숙이며 인사하고 말했다.

"반갑습니다. 앞으로도 자주 뵈웠으면 좋겠습니다."

미찌꼬는 남편의 인사말을 영어로 통역하며 대농이를 쳐다봤다. 대농이도 미찌꼬 말을 한국어로 번역해 아내에게 전달했다. 이어 대농은 '미찌고' 부부에게 아내를 소개했다.

"제 아내 정공도입니다. 초등학교 교장선생님을 역임 했습니다."

대농의 영어 소개 내용을 미찌꼬가 일본말로 남편에게 통역했다.

양쪽가족 네 명의 소개가 조용한 가운데 끝났다. 대농이 미찌꼬에게 질문하며 대화를 이었다.

"What was Your Occupation during Past Day?"

과거 직업이 무엇이었어요?

미찌꼬는 자랑스런 표정으로 웃으며 대답했다

"I was goverment officer during Thirty Four years."

삼십사 년간 공무원 했습니다

'미찌꼬'의 말이 끝나자 양쪽 부부는 잠시 머뭇거리다 웃음바다에 빠졌다. 미찌꼬의 웃음이 제일 먼저 터졌다. 미찌꼬와 대농이의 직업이 동일했고, 다나카 상과 정공도 여사의 직업이 같았기 때문이었다. 취재기자와, 안내원, 호텔관계자들도 함께 웃음 속에 빠졌다. 대농이와 미찌꼬, 다나카상과 정 여사는, 다시 한 번 손을 잡고 악수를 했다.

상봉하는 네 명은 대농의 손짓 신호에 따라 의자에 앉아 상면을 계속했다. 대농이는 미찌꼬에게 사십팔 년 전1962년에 받았던 미찌꼬 사진 세장을 건네주었다. 박대농이가 틀림없다는 사실을 확인시켜주려는 의도였다. 미찌꼬는 크게 놀라며 자신의 사진을 자세히 보고,

"너무 어렸을 때 사진이다, 최근의 모습이 담긴 사진을 드리겠습니다."

하며 대농에게 사진한 장을 주었다. 미찌꼬는 자연스럽게 대농이 갖고 있는 자신의 사진을 바꾼 것이었다. 대농이는 놀라운 미찌꼬의 재치에 감탄했다. 대농은 계속 미찌꼬에게 말했다.

"사진에 때가 묻은 건, 모두 제 손 때문입니다."

'미찌꼬'는 계속 굽실거리며,

"Thank You. 고맙습니다."

를 연발했다.

이어 대농이 아내가 미찌꼬 남편 다나카 상에게, 한국산 홍삼정 두 병을 선물했다. 대농이는 영어로 홍삼정을 설명해 주었다. 다나카 상은 의자에서 일어서 공손히 받고, 고맙다는 일본말로 인사했다.

"아리가도 고자이마스다."

감사합니다.

를 연발했다. 기회와 눈치를 보고 있던 미찌꼬도, 대농이 사십사 년 전1966년에 주었던 육군 장교정복 차림의 사진을 보여주었다. 그리고 말을 이어갔다.

"저는 박대농 소대장님이, 북한군들과의 전투에서 꼭 승리하시고,

안녕하시기를 많이 빌었어요."

말을 마친 미찌꼬의 예쁜 눈가에 물기가 돌았다. 표정도 슬프게 변했다. 대농이 대답했다

"I understand what you think. I thought you prayed for me to win every fighting"

나는 당신의 마음을 알고 있어요. 당신은 내가 모든 전투에서 승리하기를 빌었어요.

미찌꼬가 대농에게 대답하고 질문도 했다.

"Thank You, How many people in your family?"

감사합니다. 가족은 몇 명이신가요?

대농은 명랑한 어투로 대답했다.

"My family? Oh, just moment please. Two men and five women. Two men are me and my son. And five women are my wife, my daughter, and a daughter-in-law, twin daughters. My family are all seven."

우리 가족 말이십니까? 네, 잠시 만요. 남자 둘 그리고 여자가 다섯 명 입이다. 남자는 저와 아들이고, 여자 다섯 명은 아내, 딸 그리고 며느리, 쌍둥이 손녀들입니다.

대농의 말이 끝나기 무섭게 '미찌꼬' 가 놀라며 확인질문을 했다.

"One moment please! Did you say your son gave birth to twin daughters?"

잠깐만 이요. 지금 아드님께서 쌍둥이를 낳았다고 말씀하셨나요?

대농이도 맑게 웃으며 대답했다.

"Right! three months ago, I got twin grand daughters. They are very little pretty."

맞아요! 세달 전에 나는 쌍둥이 손녀를 봤어요. 쌍둥이들은 매우 앙증스럽게 생겼어요.

'미찌꼬' 도 맑은 어투로 웃으며 말했다.

"Congratulation to your twin grand daughters."

당신의 쌍둥이 손녀들을 축하합니다.

대농과 '미찌고' 의 대화를 조용히 듣고만 있던 '다나카' 상이 대농이 아내에게 준비한 선물을 전달했다. 일본제품인 '세이코' 시계였다. 남자용시계와 여자용 시계 한 벌이었다. 대농이 아내도 일어나 공손히 선물을 받고

"Thank You!"

라고 영어로 대답했다. 네 사람의 주변을 맴돌던 사람들도 모두 박수를 보내며 축하해주었다. 네 사람의 상면은 계속되었다. 대농은 호텔 측이 준비한 생수와 음료수를 권했다. 대농이 미찌꼬에게 먼저 생수 한 컵을 따라주었다. 다나카 상도 정 여사에게 사이다 한 컵을 따라주었다. 일행이 음료수를 즐기는 틈을 타, 대농이 덕담을 시작했다.

"미찌꼬 양은 제가 한국 전방에서 북한군과 전투할 때, 편지로 많은 용기를 주었고, 그 힘으로 저는 계속 승리할 수 있었다. 뿐만 아니라 미찌꼬는 한국의 젊은 병사들이 한국전방과 베트남 전선에서 공산주의자들에게 생명을 빼앗기고 있다는 사실을 많은 일본인들에게 알렸다. 늦었지만 오늘 대농은 한국정부를 대신하여 공식적으로 미찌꼬 부부에게 감사의 뜻을 전달하는 바입니다."

취재진을 비롯한 많은 관계자들의 박수가 쏟아졌다. 취재진들의 발걸음이 더욱 빨라졌다.

공무원 출신의 미찌꼬가 대농이의 말을 이어 발언을 했다.

"사십팔 년 전! 제가 한국 학생들과 펜팔을 하려고, 한국신문에 부탁을 했습니다. 당시 백열 명의 한국 학생들이 편지를 보내왔었습니다. 담임선생님개서는 모든 편지를 밤새워 읽으신 후, 다음날 박대농씨를 미찌꼬의 파트너로 정해주셨습니다. 대농씨의 편지 내용이 가장 훌륭했다는 평가도 해 주셨습니다. 그 후 우리 두 사람의 편지는 현해

탄을 넘나들며 깊은 우정을 쌓아갔습니다. 그러나 다음해부터 한국학생들은, 한일협정이 진행되는 과정에서 일본을 규탄하는 데모를, 대규모로 삼년간 계속했습니다. 그러나 내 친구 대농씨는, 한국대학생들의 일본 규탄시위에 동참하지 않았습니다. 신분도 육군장교 임용후보자였습니다. 대농씨는 저에게 한국 전방에서 전투사격을 하는 사진도 보내주셨습니다. 지금 생각하면, 미찌꼬와 대농씨의 펜팔활동은 북한군들의 침략행위 때문에 중단된 것이었습니다. 이제 사십팔 년만에 저의 한국친구를 만나보니 정말 꿈만 같습니다. 대농씨가 우정을 찾아 일본 땅을 헤맸던 불굴의 의지는, 사나이로서의 강한의지와 전투정신 그 자체였습니다. 내 친구 대농씨가 자랑스럽습니다."

미찌꼬의 아름다운 목소리가 웅변되어 회의실을 울릴 때, 모든 사람들은 숨을 죽였었고, 우뢰 같은 박수로 화답했다.

펜팔여행사 안내원은 미찌꼬의 답변을 끝으로, 공식적인 상면을 종료한다고 선언했다. 안내원은 참석자들에게, 양쪽 부부 네 명이 '나카노' 호텔에서 숙식하고, 내일 헤어질 것이라고 공지했다.

두 부부 네 명은 호텔 일층 식당으로 이동했다. 일행은 조용한 식탁에서 뷔페식으로 식사했다. 좌석은 삼층에서 상면할 때와 동일하게 앉았다. 네 사람의 표정은 모두 밝았으며, 웃음소리도 간간히 흘렀다. 네 명 모두, 음식을 많이 먹지 않고, 이야기에 정신을 쏟았다. 미찌꼬는 생각보다 젊어 보였다. 하얀 피부와 뚜렸한 이목구비耳目口鼻가 돋보였으며, 말솜씨도 능숙했다. 행동거지도 주저함이 없었다. 대농이가 사십팔 년 전 사진으로 보았던 '원피스' 차림의 여고생이 아니었다. 토끼를 두 손으로 잡고 자택 대문 밖 차도에 앉아있던 그 모습도 아니었다. 대농이는 확인했다.

"미찌고가 오늘 보여 준 외향적인 성격이, 한국신문에 펜팔 기사를 싣게 만든 것이었다."

고 단정했다. 한편 미찌꼬의 남편인 '다나카상'은 외모보다 침착한 성격아라고 판단했다. 대농은 자신의 역학易學실력으로 다나카상을 세밀히 뜯어 봤다. 그 결과도 다나카상은, 언행이 느리고 피부도 깨끗하지 않았다. 몸도 뚱뚱한 편이었다. 대농은 '다나카상'의 그런 성격이 초등학교 선생님이라는 직업을 선택하게 만들었다고 판단했다. 미찌꼬 부부에 대한 대농의 종합적인 판단은, 양陽과 음陰이 만난 천생연분天生緣分이라고 평가했다. 때문에 미찌꼬 부부는 평생 행복할 것이라는 판단도 했다. 대농은 '미찌꼬' 부부가 자신自身들과 동일한 부분이 많아, 양쪽 부부 모두는 쉽게 화합하고, 협력할 수 있을 것이라고 판단했다. 때문에 대농은, 양쪽 부부가 함께 이해하고 도와주며, 함께 인생의 길을 걸어갈 수 있을 것이라고 결론지었다.

대농은 동향철학에 나오는 이치理致 한마디를 이야기했다.

"상上과 하下는 동同이요, 좌左와 우右는 합合이다."

는 말이었다.

'상上과 하下는', 먼 것 같지만, 결국은 동일한 것이라는 의미다, 국민은 대통령을 아주 높은 사람이라고 생각하는 한편, 대통령은 국민을 자장 높은 사람들이라고 생각한다는 이치다.

'좌左와 우右는 합合이라는 말' 도 마찬가지다. 왼쪽 손바닥과 오른쪽 손바닥이 서로 반대, 즉 대칭하여 있는 것 같지만, 서로 합치면 동그라미가 되고, 함께 힘을 합쳐 일을 하니, 모두 하나라는 것이다. 여당이나 야당은 모두 국가와 국민을 위하여 존재하는 것이니, 서로 남이 아니고, 함께 존재存在하는 것이라는 이치理致었다.

양쪽 부부 네 명의 저녁식사가 끝났다. '다나카' 상이 제의했다.

"커피숍으로 자리를 옮겨 이야기를 계속하자."

고 일본말로 했다. 펜팔여행사 안내원도 함께 이동했다. 대농은, 자신이 동양철학과 역술의 논리에 따라 분석했던, 두 부부 네 명에 대한 판단과 전망에 대한 내용을 밝혔다. 미찌꼬에게 이야기 해, 남편에게 전달하도록 했다. 그 내용을 여행사 안내원도 열심히 메모했다. 펜팔

여행사 안내원은 귀국 후 회사 상관이나 언론에 이야기하려는 모습이었다. '다나카' 상이 네 사람의 대화가 중단되지 않도록 새로운 제의를 했다.

"내일 대농이 부부가 귀국할 항공권은 우리 부부가 마련할 예정이다. 그리고 적당한 시기에 우리 부부가 한국을 방문하고 싶다."

대농이 부부는 '다나카' 상의 제의를 반기며 동의했다. 무르익은 분위기에 젖은 두 부부는 시간 가는 줄 몰랐다. 결코 쉽지만 않았던 인생행로를 뚜벅뚜벅 걸어 온 네 사람이었다. 가족 같은 분위기는, 미찌꼬 부부도 대농이 부부가 숙박하는 호텔에서 함께 묵도록 만들었다. 내일 아침식사도 네 사람이 함께하고, 미찌꼬 부부도 '간사이국제공항'에 동행하여 대농이 부부를 환송키로 했다.

두 부부는 밤 열시에 각각 침실로 갔다. 양쪽 가족 '파트너'들이 악수하며

"Good Knight! See you Again Tomorow." 안녕히 주무세요. 내일 또 만납시다.

대농은 미찌꼬에게, "Have a good Knight!" 안녕히 주무세요.

라고 인사했고, 미찌꼬는 대농이에게, "Have a nice dream." 좋은 꿈꾸세요.

라는 인사를 했다.

대농이 부부는 목욕을 간단히 한 후 잠자리에 들었다. 대농이 부부는 아침부터 일본여행 마지막 일정을 소화하고, 미찌꼬 만나는 일에 매달려 있었다. 피곤기가 있었지만 생전 처음 경험한 일이었기 때문에 기진하지는 않았다. 호텔 밖으로 펼쳐진 오사카의 야경이 아름다웠다. 대농은 창가에 앉아 오늘을 회고하고 결산 했다. 문인文人들이 하루를 결산하는 버릇이었다. 미찌꼬를 찾고 사십팔 년 만에 상봉한 게, 정말 생시인지를 또 확인했다. 오늘의 결과가 과연 미찌꼬 말처럼, 대농이 자신의 강인한 의지와 전투정신 때문이었는지도 되새겨 보았다. 오사카 밤거리는 네온사인과 함께 깊어갔다. 대농이도 침대

에 누웠다. 그러나 잠은 오지 않았다. 농촌에서 태어나 오늘에 이르기까지 힘들었던 일들이 필름 되어 스쳐갔다. 대농이 머릿속에 옛시조 한 수가 떠올랐다. 조선朝鮮 시대 양반가문 출신 명기名妓 황진이의 시조였다. 대농이는 조용히 읊었다

동짓달 기나긴 밤을 한 허리를 베어내어
춘풍 이불아래 서리서리 넣었다가
어른님 오신날 밤이어던 굽이굽이 펴리라

대농이 부부의 출국날은 소리 없이 밝았다. 대농이가 사십팔 년 만에 일본 여자친구를 만난다는 사실도 모르고, 소리 없이 밝았다. 아침식사 약속이 여덟시였는데 대농이 부부는 여섯시에 기상했다. 날씨는 맑았다. 대농은 이렇게 기분이 좋은데 날씨가 맑지 않을 수 없겠다고 생각을 했다. 대농이 아내도 아침부터 몸치장에 바빴다. 대농이 아내는 화장대에 매달려

"이번 여행은 두 사람의 일본 친구를 얻는 행운을 잡았다."

고 즐거워했다. 대농은 아내가 고마웠다. 대농이는

"아내가 자신과 평생 맞벌이 하며, 자식들을 뒷바라지 했고, 가정생활도 풍성하게 장식했다." 고 생각했다.

대농이의 시계바늘은 어제 오후부터 빨리 달렸다. 점심식사 후 펜팔여행사 안내원이, 미찌꼬를 오늘 만날 것이라고 밝힌 후부터, 대농은 시간 가는 게 아까웠다. 대농은 오늘 아침에도 시간을 아끼다, 십분 전에 호텔 일층 식당으로 출발했다. 미찌꼬 부부가 먼저 와, 호텔로비에서 대농이 부부를 맞이했다. 대농이 먼저 아침인사를 했다.

"Good morning Mr and Mrs Danaka !"

미찌꼬 부부도 답례했다. 다나카 상이 대농이에게 일본말로 했다. "곤니찌와, 박상!"(박 선생님, 좋은 아침입니다.) 대농이도 "곤니찌와

다나카 상" 하고 일본말로 받았다. 두 부부 일행은 조용하게 웃었다. 두 부부 네 명은 어제 저녁식사를 했던 식탁에 앉았다. 오가는 손님이 별로 없는 조용한 위치였다.

아침식사를 마친 일행 네 명은, 호텔 구내 커피숍으로 옮겨 많은 이야기를 나누었다. 미찌꼬 부부는 오래 전부터 일본 동경東京에서 살고 있었다. 대농이가 직장을 구할 때, '미찌꼬' 도 공무원채용고시에 응시 했고, 미찌꼬가 결혼한 날짜도 대농이의 결혼날과 많은 차이가 없었다. 두 사람의 이별은 숙명적이었다. 미찌꼬는 결혼을 계기로 남편의 집이 있는 동경에서 살기 시작했다. 몇 달 후, 미찌꼬 가족들도 거주지를 동경으로 옮겼다. 대농이 동생과 누님이 무작정 상경했던 시기와 비슷한 시점이었다. 미찌꼬 부부는 슬하膝下에 일남 일여를 두었고, 모두 결혼하고 직장생활을 하고 있었다. 맞벌이 때문이었는지, 미찌꼬 부부는 경제력도 풍부하고, 성공적인 인생행로를 걸어가고 있었다. 대농은 자신도 열심히 인생행로를 개척해 왔지만, '미찌꼬' 부부만큼 성공하지는 못했다는 생각을 했다.

일행들의 대화는 한국과 일본의 노인문제로 옮겨졌다. 대농이 질문을 많이 하고, 미찌꼬 부부가 대답하는 시간이 많았다. 대농은 미찌꼬 부부를 통해 일본의 노인정책과 복지시책을 공부했다. 반면, 미찌꼬와 다나카 상의 질문은 북한정부의 동향과 한국의 발전에 관한 것들이었다. 다나카 상은 한류寒流가 일본사회에 확산되어 있는 실정도 상세히 설명했다. 미찌꼬는, 일본경제가 지난 잃어버린 십년간 침체되었는데, 아직도 회복하지 못하고 있는 점을 아쉬워했다. 반면에 한국은 인터넷 강국과 경제강국으로 부상했으며, G20정상회의 의장국으로 국격國格도 높아졌다고 칭찬했다.

두 가정의 부부들이 두터운 우위友誼를 굳히는 동안에도, 미찌꼬와 대농은 시간 가는 게 아쉬웠다. 대농은 자신의 최근 모습이 담긴 사진을 '미찌꼬' 에 주었다.

사진을 받는 '미찌꼬'의 손에선 잔잔한 파도가 일었고, 눈가에선 맑은 물기가 형광등빛을 반사하고 있었다. 대농은 '미찌꼬'에게 인사말을 했다.

"Good bye. See you again after six months, in Korea!"

안녕히 계십시오, 육 개월 후 한국에서 만납시다. '미찌꼬'가 대답했다.

"Good bye. Lieutenant Park. See you again."

안녕히 계십시오, 박 중위님. 또 만나요. '미찌꼬'의 대답은 간단했다.

네 사람은 뜨거운 악수를 하고 '간사이국제공항'으로 향했다. '미찌꼬'의 제의로 두 부부는 보도步道를 거닐며, 못다 한 이야기를 나누었다. '미찌꼬'는 온몸에 힘이 없어 보였다. '미찌꼬'는 택시를 탈 때까지, 대농을 외면하며 걸었다. '미찌꼬'는 대농과 눈과 눈이 마주치지 안 토록, 조심하며 발길을 옮겼다. '미찌꼬'는 간혹 먼 산을 쳐다보며 한숨도 쉬고, 허리를 굽히며 오른쪽 손바닥으로 입을 가리기도 했다.

삼일 전에 보았던 '간사이국제공항' 은 반가웠다. 대농은 보안검색을 끝내고, 출국장으로 들어가기 직전, '미찌꼬' 부부를 향해 오른 손가락으로 V자를 만들어 승리표시를 했다.

출국장 입구에 서있는 '미찌꼬' 부부는, 열심히 손을 저으며 대농이 부부를 환송했다. 대농이 부부도 손을 흔들며 답례했다.

단편소설

문인과 시국담론

〈국화코끼리 연출〉

2011년辛卯 허리 부분 6월이었다. 금년 여름도 게릴라성 폭우가 쏟아졌다. 너무 일찍 찾아 온 장마였다. 하루 종일 먹구름이 하늘을 점령했다. 언제 어디서 폭우사태가 발생할지 아무도 몰랐다. 지구온난화 현상 때문이었다. 지구촌은 매년 엄청난 피해를 당했다. 참혹한 대형 사건들이 계속 발생했다. 이제 인류의 재앙은 걱정사태가 아니다. 큰일 났다는 지경이다. 그게 정론이다. 지난 3.11 일본에서 발생한 초대형 '지진과 쓰나미' 사건이 가장 대표적인 사례다. 참혹한 사태를 겪고도 인류는 대책을 못찾고 있다. 아직도 자기나라, 자기민족 챙기기에 매달려있다. 지구촌에 사는 인류멸망이 한꺼번에 올 수도 있는 데 말이다. 미국 예일대 지질학자 '로스 미첼' 은

"지진활동으로 대륙판이 이동하고, 지구가 한 개의 대륙으로 북극에 만들어 질 가능성이 있다. 그런 상황이 오면 인류가 생존할 가능성은 희박하다."

고 발표했다. 미국 CNN방송이 이런 발표 내용을 보도했다.

휴가철인 7월은 매우 더웠다. 폭염과 물난리가 기승을 부렸다. 그날은 7.27이었다. 박대농의 서재 유리창에도 장맛비가 미끄러졌다. 대농은 문집文集 발간을 위한 창작활동 중이었다. 문집 발간 작업을 일찍 끝내려고 4월부터 서재를 지키고 있었다. 쏟아 퍼붓는 장맛비 소리를 타고 아들 종농이의 외마디 소리가 들렸다.

"아빠! 우면산에 산사태가 발생했데. 지금 컴퓨터에 떴어."

아들은 직장에서 여름휴가를 얻어 제 방에 와 있었다.

"그래? 가끔 확인해 대형 산사태라면 내게 알려라."

대농은 창작활동을 계속했다.

대농은 2009년 신인상 수상으로 문단에 등단했다. 대농의 문집 발간활동은 이번이 세 번째였다. 문집 제목은 펜팔(Pen Pal)이었다. 펜팔 내용에는 중편소설, 수필, 생활수기 등이 게재되었다.

약 두 시간 후 아들의 목소리가 아파트 거실을 건너 메아리쳤다.

“아빠! 우면산 산사태가 대형이래. 토사와 부유물이 우면산牛眠山을 휩쓸고 남부순환도로를 넘어 아파트까지 쳐들어왔데.”

대농은 의자에서 일어섰다. 대농이 가족들은 서울시 서초구 신반포 지역에서 18년을 살았었다. 우면산을 뒷동산 삼아 안식처로 오르내렸다. 대농은 펜을 놓고 거실로 나가 YTN 뉴스를 계속 들었다. 대농의 전직직원 친목모임 사무실도 우면산 기슭에 있다. 아들이 대농에게 전갈傳喝한 내용은 정확한 뉴스였다. 대농은 유명 일간지 사회부 최선배 기자에게 전화했다. 최 기자는 대농과 대학교 동창이고, 육군장교 임관 동기생이다. 활동적이고 부지런한 성격이다. 대농은 내일 최 기자와 방배역 대합실에서 만나기로 약속했다.

대농은 PC를 열고 친목회 ‘홈페이지’ 를 ‘로그인’ 했다. 그러나 홈페이지는 열리지 않았다. 대농은 친목회에 유선전화를 했다. 여직원이 전화를 받았다.

“저희들도 홈페이지가 고장나, 관리회사에 통보하고 기다리는 중입니다.”

라는 대답이 왔다. 친목회 사무실은 이상이 없는데, 통신망은 산사태 영향을 받은 것 같았다. 대농은 문집 창작활동을 계속했다. 대농은 저녁식사 후 서초구청 상황실에 전화를 했다. 여직원이 상냥한 목소리로 설명했다.

“아직 인명피해, 재산피해는 집계할 수 없는 상태입니다. 다만 산사태로 우면산 주변 도로 교통이 두절되었습니다. 흙, 모래, 나뭇가지 등이 헝클어진 부유물들과 아파트 저층세대들을 공격했습니다. 인명피해도 발생한 것으로 생각됩니다. 정확한 피해상황은 날이 밝아야 파악될 것 같습니다.”

우면산 산사태는 전례 없는 대형사건이었다. 1907년 이후 104년 만에 찾아온 폭우사태였다. 우면산 뿐 아니라 전국에서 물난리가 났다. 주택피해 720채, 이재민 620명, 정전 가구 66,093가구, 사망 16

명의 피해가 발생했다.

불교신도인 대농은 다음날 대성사를 찾았다. 대성사는 우면산 기슭 예술의전당 부근에 있다. 백제 시대인 서기 384년에 창건되었다. 6.25전쟁 때도 피해가 없었던 사찰이다. 대성사는 1,626년이라는 장장세월을 그 자리에서 서울 시민들과 우면산을 지켜온 사찰이다. 대농이 가족들도 종종 대웅전에서 불공을 드렸던 사찰이다.

다음날 대농은 대성사를 찾았다. 지하철 2호선을 타고 방배역에서 내렸다. 그리고 대합실에서 친구 최선배 기자와 만났다. 예상대로 피해 현장은 참혹했다. 우면산 계곡마다 부유물들이 여기저기 얽혀 있었다. 계곡 두 개는 엄청난 분량의 토사를 아파트까지 밀어내렸다. 부유물들은 남부순환도로를 건너 아파트 담장을 제쳐버리고 주차장과 저층 아파트를 덮쳤다.

대농은 우선 법당(대웅전)으로 들어갔다. 부처님께 3번 오체투지를 드렸다. 국가, 국민, 가족들의 무고무난無苦無難을 축원드렸다. 대성사 주지스님과 신도 10여명은 종무소와 사찰 이곳저곳에서 수해 복구 작업을 하고 있었다. 복구작업에는 공무원, 군인, 자원봉사자 등 다양한 계층들이 동참하고 있었다. 이미 언론기관들도 우면산 산사태 사건을 취재하고 있었다. 대농은 최선배 기자가 취재하는 동선動線을 쫓아다녔다. 많은 내용들을 알 수 있었다. 기자는 '주지스님' 부터 인터뷰했다.

"우면산 대성사는 기적같이 피해가 없는데, 주지스님께서는 어떻게 생각하시나요?"

"천만 다행이지요. 고찰古刹이 한꺼번에 사라질 뻔 했어요. 얼마나 부유물이 무섭게 휩쓸고 내려왔는지 모두 절이 떠내려 갈 것으로 생각했었어요. 엄청난 토사와 부유물이 섞인 물줄기가 함께 콸콸 흘러내려왔습니다. 물줄기는 법당 돌계단을 치고 오른쪽 계곡과 왼쪽 계곡으로 갈라졌어요. 오른쪽 물줄기는 법당 밑에 있는 종무소 옆 '컨테이어' 박스와 건물 다섯 채를 밀어냈어요. 물줄기에 떠내려 오던 컨테이너들은 나무에 걸렸어요. 덕분에 컨테이너 속에서 대학입시 공부하던 고3학생도 구조된 것입니다."

주지스님은 아직도 상기된 표정으로 어제 있었던 산사태 광경을 생생하게 설명했다. 꼼꼼하게 달려드는 최선배 기자의 질문도 계속됐다.

"법당 뒤쪽 돌계단에서 물줄기가 양쪽 계곡으로 갈라졌는데 왼쪽 계곡 상황은 어떻게 진행되었습니까?"

주지스님은 불편한 기색 없이 또박또박 설명했다.

"왼쪽으로 빠진 물줄기와 부유물은 법당 바로 밑에 있는 종무소를 거쳐 '컨테이너' 박스와 부유물들을 예술의전당 까지 밀어냈습니다. 당시 종무소에는 본인과 신도 10명이 있었어요. 갑자기 전신주도 쓰러져 캄캄한 세상으로 변했어요. 모두들 공황상태에 빠졌었지요. 당시 뿌리까지 뽑힌 나무들도 많이 떠내려갔는데 다행히 예술의전당에서 멈췄습니다. 인간들이 만들어 내는 지구온난화가, 인류와 지구를 붕괴시키고 있는 것입니다. 참으로 기가 막히는 모순 아닙니까?"

최 기자는 순발력 있게 확인질문을 했다.

"주지스님! 인간이 만들고 있는 지구온난화가 인류와 지구를 붕괴시키고 있는 것입니까?"

주지스님도 즉시 큰 소리로 대답했다.

"그렇지 않습니까? 몇 년 전부터 지구온난화가 점점 심해지더니 전례 없는 물폭탄을 만들어 우면산을 휩쓸고 말았습니다."

주지스님 인터뷰가 끝나자 기자들도 많아졌다. 주민들도 기자들을 따라다녔다. 기자들은 종무소로 내려갔다. 대농도 기자들을 따라갔다. 유명일간지 최 기자가 대표로 신도회장에게 질문했다.

"회장님! 엄청난 물줄기와 부유물들이 법당 뒤편 돌계단에서 좌우로 갈라지며 휩쓸고 내려갔습니다. 대성사 법당과 종무소는 별다른 피해를 당하지 않았습니다. 이런 사실을 어떻게 생각하십니까.?"

신도회장도 모든 게 신기하다는 어조로 답변했다.

"당시 종무소에 모두가 함께 있었습니다. 우면산이 무너질 듯한 물줄기와 토사들이 밀려 내려오는 광경을 함께 보았습니다. 참으로 아슬아슬한 순간이었습니다. 물줄기와 부유물들은 고의로 피해 내려가는 듯 했습니다. 양쪽으로 갈라져 전신주와 컨테이너 박스만 실어갔어요. 그 상황에서도 컨테이너 속에서 공부하던 고3학생이 멀쩡했어요. 이런 현상들은 모두 부처님의 가피를 받은 은덕이라고 생각하고 있습니다. 신도들은 이번 같은 부처님의 기적이, 수 천 년 간 대성사를 지켜온 것이라고 생각하고 있습니다."

기자들의 취재활동을 가까이서 구경한 주민들도 주지스님과 신도회장의 답변에 공감하는 표정이었다. 고개를 끄떡이거나

"절이라 기적이 일어난 것."

이라는 반응이었다. 대농은 기자들과 함께 지하철 방배역으로 내려왔다. 대농은 함께 걸며 최 기자에게 1990년 7월 안성군과 용인군 폭우사태 피해현황을 설명해 주었다.

"경기도 안성군과 용인군 호우피해 사태는, 집중적이고 유례없었던 물벼락이었다. 2개 군君이라는 넓은 지역에 그날 오후부터 다음날 새벽까지, 물동이로 물을 퍼 붓는 것 같은 집중호우사태가 발행했다. 피해현장은 참혹했다. 논밭은 밀려온 토사와 나무가지 등 부유물로 뒤덮혔다. 넓은 평야에 농작물은 보이지 않았다. 밤새 여기저기서 떠 내려 온 소, 돼지, 젖소 등 가축들의 시체가 뒹굴고 있었다. 농수를 공급하던 개울은 냇물로 변했고 토사와 돌맹이들은 농민들의 마을까지 점령했다. 산마다 산사태가 발생해 황토색 신작로가 봉우리에서 마을까지 만들어진 것처럼 보였다. 안성군 소재 천주교 유명 성지聖地 '미리내' 도 엄청난 피해를 당했다.

넓은 주차장의 아스팔트들이 찢어지고 솟구쳐, 차량커녕 사람도 다닐 수 없었다. 산봉우리부터 물이 흘러내리던 개울은 냇가처럼 넓어

졌다. 개울 물길이 흙을 휩쓸어 논과 평야까지 옮겨간 것이다. 그래도 광장에 우둑 서 밤낮으로 성지를 지키던 '성모마리아동상' 은 아무런 피해가 없었다. 광장을 휩쓸고 간 물줄기와 부유물들이 '성모마리아동상' 좌우로 큰 개울을 만들며 흘러갔다. 집중호우사태가 지나가자, 성모마리아동상은 양쪽의 넓은 계곡물의 보호를 받으며 성지를 지키고있었다."

대농은 이 번 우면산 집중호우사태는 게릴라성이라, 다행이 피해지역이 비교적 좁았다는 평가를 했다.

대농의 신묘辛卯년은 보람과 과제 속에 찾아왔다. 지난 크리스마스 전날엔 쌍둥이 손녀를 얻었고 문인 신분으로 문집도 발간했다. 문집은 대농의 입지를 꽤 넓혔다. 이런 것들은 보람이었다. 반대로 쌍둥이 손녀들을 잘 키워야한다는 과제가 생겼다. 또 칠순맞이 행사도 해야 된다는 의무감도 생겼다. 올 겨울은 55년만의 폭설과 유례없는 혹한을 동반했다. 지구는 온난화溫暖化라는 무기로 인류를 계속 괴롭혔다. 인류들이 수천 년부터 지구를 괴롭혔던 댓가를 계속 요구하고 있는 것이다. 지구의 반발은 연초부터 한반도를 눈 덮힌 세상으로 만들었다. 혹한도 영하 18도부터 영하 22도까지 몰고 왔었다. 한국인들의 가슴도 썰렁했다. 농작물, 수산물, 축산물 피해가 곳곳에서 발생했다. 피해를 당한 주민들은 정부와 하늘을 원망했다. 설상가상으로 구제역 파동도 전국을 휩쓸었다. 가축들은 생매장되고, 농민들의 원망은 하늘을 찔렀다. 이제 농민들이 '콤바인' 으로 배추밭을 밀어 엎는 장면은 연례행사로 여겨졌다. 그래도 한국의 형편은 좀 낳은 형편이었다.

지구가 인류에게 준 외국의 피해현황을 알게된 대농은 울적해 졌다. 올해 지구가 인류에게 준 재앙의 규모가 너무 크고 피해지역도 넓었기 때문이었다. 그러나 잠시 후 대농은 긴장된 마음을 되찾았다. 지난 3.11에 발생했던 일본의 초대형 '지진과 쓰나미 사태' 가 생각났기 때문이었다. "일본의 대 재앙" 또는 "일본 최후의 날" 로 일컬어지는 사건이 다시 생각난 것이다. 일본에서 낙원으로 불리우던 '센다이 지방' 과 '후쿠시마' 지방福島, '거센누머마시' 지방에, 진도 9.0 지진과 쓰나미가 함께 덮치는 대재앙이 발생했다. 사망 15,854명, 행방불명 3,155명, 피난민 468,653명, 원자력발전소도 피해를 당해 방사선과 '세슘' 이 누출되고 있었다.

대농은 대학교 일학년 때부터 일본 여대생 '미찌꼬' Miziko 와 펜팔 편지를 주고받았다. 미찌꼬美智子는 일본의 고도古都인 교토Kyoto 번화가에서 출생하고 성장했다. 대학 졸업 후 직장생활은 동경東京에서 하고 있다. 미찌꼬는 명랑한 성격에 언변과 재치가 돋보이는 여성이다. 대농과 미찌꼬의 펜팔활동은 두 사람이 결혼하고 직장생활 때도 계속되었다. 그러나 이동전화가 출현한 이후엔 핸드폰으로 종종 연락한다. 두 사람의 펜팔활동은, 대학생 생활 4년과 대농의 군복무 기간 2년 6개월 간에도 계속 이어졌다. 펜팔활동은 대농의 형편이 어려웠을 때라 우의가 더욱 두터워졌다.

일본의 긴급사태를 알게 된 대농은 일본 여자친구 '미찌꼬' 에게 긴급 전화를 했다.

"미찌꼬 여사! 별일 없으십니까? 한국 텔레비전들이 일본의 지진과 쓰나미 사태를 특보로 방송하고 있습니다. 그 곳 분위기는 어떻습니까?"

미찌꼬의 아름다운 음성이 스마트폰을 타고 대농의 귓전을 울렸다.

"하이! 박 중위님. 안녕하세요. 저와 가족, 동경에 거주하는 국민들은 별일 없습니다. 지상 낙원이라고 불리우던 '센다이' 지방에 진도 9.0규모의 지진과 초대형 쓰나미가 한꺼번에 해안과 도시를 덮쳤습니다. 쎈다이 시내 곳곳에서 불길이 치솟고, 건물들도 무너졌습니다. 공항도 폐쇄되고 교통도 두절되었어요. 일본열도가 순식간에 아비규환阿鼻叫喚의 땅으로 변했습니다. 쓰나미는 시속 700Km 속도로 동진해 남미대륙 '칠레' 에 도착했습니다. 쓰나미는 러시아 쿠릴열도, 필리핀 해역, 하와이 등 지역에 도착했습니다. 이번 쓰나미는 일본 뿐 아니라 태평양 전체 국가들에게 불안을 주었어요. 필리핀에서는 1,500여명이 긴급대피 했답니다.”

미찌꼬의 대답은 또렸 또렸 했다. 원래 표현력이 좋고 맑은 목소린데 긴장스러운 감정까지 곁들여 상세한 설명을 해주었다. 대농이도 덩달아 긴장스러웠다. 미찌꼬에게 두 번째 질문을 했다.

“미찌꼬 여사! 한국 언론들은 피해지역도 넓고, 방사선이 누출될 가능성도 있다고 계속 보도하고 있습니다. 긴급구호활동에 동참해야한다는 여론도 나옵니다.”

대농의 질문은 짧았다. 미찌꼬의 두 번째 답변이 거침없이 스마트폰을 통해 대농의 머릿속에 입력되었다.

“감사합니다. 박 중위님. 피해지역은 ‘후쿠시마’ 에 있는 인구 7만여명 규모의 ‘거센누마시市, 인구 7만명 규모의 ‘미나미소마시’ 南相馬, ‘미나미산쿠리시’, ‘미야기현’ 宮省縣 지방의 인구 73,000여명의 ‘나토리시’ 名取市 등입니다. 피해규모는 정확히 파악되지 않았고, 계속 확인되고 있습니다. ‘일본열도 최후의 날’ 이라는 말이 피해규모를 대변해주고 있습니다. 한마디로 일본열도는 순식간에 집도, 가족도, 삶도 다 빼앗겼습니다. 참혹한 피해현상이 계속 공개되고 있습니다.

전 일본 국민들이 긴장 속에 시간을 보내고 있습니다.

후쿠시마 원자력발전소도 피해를 입었습니다. 방사선 유출여부, 원전 제1호기 외벽 폭발사건, 원전 제2호기와 3호기의 방사선 누출 가능성 등에, 전 국민들의 눈과 귀가 집중되고 있습니다.

‘거센누마시’ 해변 뻘 밑에는 수 많은 주민들이 묻혀 있다는 보도가 나왔습니다. ‘마나미소마’ 시에선 인구 7만 여명 중 1,800가구가 괴멸되었습니다. ‘미나미산리쿠’ 지역은 10,000여명이 행방불명 된 상태입니다. 이 도시는 유령의 도시가 되었습니다.

‘미야기현’ 의 ‘나토리시’ 는 인구 73,000여명 중 사망 100여명, 실종 500여명이라는 뉴스도 방영되었습니다. 박 중위님! 지구가 온난화로 인류를 말살시킬 작정인가 봐요!

그런데 박 중위님! 지구온난화는 인간들이 만들어 내는 게 아닌가요? 너무 이해할 수 없는 모순이 아닌가요? 만물의 영장이라는 인간들이 자신들이 만든 덫에 걸려 멸망할 처지에 놓여 있다니! 정말 믿을 수 없는 재앙입니다."

계속 맑은 목소리로 아나운서 같이 일본 대재앙의 현장을 전해주던 미찌꼬가 숨을 골랐다. 대농에게 전하고 싶은 참상이 너무 많은 것 같았다. 미찌꼬의 말을 듣고만 있던 대농이도 진저리가 쳐졌다. 대농은 한 동안 스마트폰을 귀에서 떼고 손으로 들고 있었다. 미찌꼬의 말도 흘러나오지 않았다. 미찌꼬가 숨을 고르고 있는 게 분명했다. 그러나 미찌꼬의 숨고르기는 오래 걸리지 않았다. 드디어 미찌꼬의 설명소리가 스마트폰 스피커에서 흘러나왔다.

"박 중위님! 일본인들은 울지 않습니다. 지구가 일본을 미워하고, 지진과 쓰나미라는 무기로 일본을 괴롭혀도, 일본인들은 포기하지 않습니다. 일본인들은 역경을 이겨내고 다시 행복을 찾은 경험이 너무 많습니다. 관동 대지진, 고베 대지진 등 많은 재앙을 극복했어요. 전 국민이 유치원 시절부터 재난관리 훈련을 받고 있습니다.

일본인들은 이번 사태도 꼭 이겨내고야 말 것입니다. 박 중위님! 이번에도 우방국들이 고마운 지원활동을 해주고 있습니다.

미국은 '워싱턴호' 등 항공모함 2척을 투입해 각종 지원활동을 하고 있습니다. 러시아도 항공기병원 6대와 구조대원 200명을 긴급지원 했습니다. 한국도 160억원을 원조하고 구조대원 102명을 급파했어요. 감사합니다."

미찌꼬의 목소리가 낮아지고 눈물기도 느껴졌다. 대농과 미찌꼬의 전화는 끊어지고 말았다. 대농은 미찌꼬가 피해 참상을 설명하다 울적해진 것이라고 단정하고 다시 전화를 했다.

"미찌꼬 여사! 미찌꼬 여사의 말씀이 맞습니다. 박 중위를 비롯한 한국 국민들은 꼭 이겨내고 말겠다는 일본인들의 그 정신을 부러워하고 있습니다. 단결, 인내, 협동, 공공질서 준수 등 신사도가 일본을 강대국으로 성장시킨 것이라고 평가하고 있습니다.

박 중위도 일본 땅에 미찌꼬와 함께 있다는 생각으로 이번 사태를 지켜보겠습니다. 각종 모금활동에도 적극 동참하겠습니다. See You Again Mrs. Michko(안녕, 또 만나요 미찌꼬 여사)"

일본인 피해자들의 하루살이는 불안하고 힘들었다. 대 지진과 '쓰나미' 에 방사선 피폭이라는 예기치 못했던 재앙災殃으로 모든 게 정지되었다. '일본열도 최후의 날' 이 왔다는 여론 속에, 이재민들은 나락奈落에 떨어진 사람들처럼 힘이 쭉 빠져 있었다.

모두 하늘만 쳐다보거나, 오르지 생존을 위한 발걸음만 힘없이 옮기고 있었다. 헤아릴 수 없는 많은 피해자들은 식량도, 식수도, 아기들의 분유까지도 구하기가 힘들었다. 일본인들은 이런 생활환경 속에서 허기를 먹으며 하루하루를 살았다. 모두가 파괴되고 인적조차 찾아볼 수 없는 유령幽靈의 도시에서, 무었을 먹고, 무었을 하며, 어떻게 살아야 할지를 알 수 없는 상태였다.

지구온난화 피해자들은 오르지 정부의 구호 손길만 기다렸다. 지구地球의 피해자들은, 유령의 도시에서, 나락의 현장에서, 희망도 없이 그날그날을 엮어야 했다. 모두가 떠나고 부서진 주택, 잘려나간 차도, 쓰나미가 가져온 산더미 같은 부유물 위에도 햇볕이 내려앉고 세월도 흘렀다. 이제 장마도 그쳤고 울긋불긋 가을이 왔다.

모두가 지구의 자전과 공전이 빚어내는 장난질이었다. 대농이 아파트 뒤 관악산이 아름다운 수채화로 단장하고 뽐내던 그날, 대농은 아파트 우체함에서 낯익은 국제우편 봉투를 발견했다.

일본 여자친구 '미찌꼬' Miziko가 보낸 편지였다.

지난 3.11 '대지진과 쓰나미 공격사태' 발생으로 많은 통화를 했었다. 아직도 미찌꼬美智子는 대농에게 여러 가지 희망을 선물하는 정다운 친구였다. 추석 선물을 편지로 하다니! 대농의 가슴 속은 또 한 번 미찌꼬 얼굴로 가득 찼다.

Dear Mr. Lieutenant Park(박 중위님 귀하)

박 중위님! 통화한 지도 벌서 일곱 달이 지났네요. 즐겁고 행복한 추석명절이 되시기를 기도합니다. 박 중위님이 아껴주시는 미찌꼬도 무고합니다. 행복한 날들을 보내고 있습니다. 박 중위님께서 걱정해 주시고, 온 세계 인류人類들이 온정을 베풀어 주셨던, 7개월 전의 일본 '대지진과 쓰나미 사태' 도 빠르게 복구되고 있습니다. 피해자들의 상처도 많이 치유되고 있습니다. 그러나 아직도 치유되지 않는 분야도 있습니다. '후쿠시마 원자력발존소' 피해로 방사선이 유출되고 국민들이 피폭을 받는 초유의 사건이 발생했습니다. 그리고 지금도 피해가 진행되고 있지만 해결 방안이 마땅치 않다는 보도가 나오고 있습니다.

원자력발전소가 있는 '후쿠시마' 일대는 지금도 유령의 도시 그대로 입니다. 사람이 살지 못하고 모든 게 파괴되어 도깨비들만 사는 삭막한 지옥 그대로 입니다. 젖소들은 물 한 모금 먹겠다고 메마른 수로水路에 빠져 허우적거리고 있어요! 방사선에 피폭被曝된 애완동물들은 인적이 그친 지옥의 거리를 방황하고 있습니다.

소, 돼지 같은 가축들의 시체가 여기저기서 썩어가고 있어요. 논과 밭에는 농작물 대신 잡초들이, 사람 키만큼 자라 흉물스럽게 우거져 있습니다.

일본정부는, 후쿠시마 원자력발전소가 있는 바닷가 지점을 중심으로, 반경 20Km의 반원형 지역 628Km² 일대를 출입금지 지역으로 선포했습니다. 한국의 서울시 지역보다도 넓은 면적입니다. 더욱 놀라운 사실은, 사고가 난 원자력발전소에서 '핵연료' 를 회수하고 관련시설들을 해체하는 데, 30년~40년이 더 걸린다고 합니다. 정말 걱정스럽고 기 막히는 일입니다.

후쿠시마 원자력발전소가 있는 지역 628Km² 의 넓은 지역이 사람이 살 수 없는 유령들의 도시로 이미 변해버렸습니다.

이곳 도쿄東京 사람들도 방사선이 무서워 규슈지방 쌀을 사다 먹고 있어요. 수돗물도 먹기가 겁나 생수를 사 먹고 있어요. 또 많은 어머니들이 원자력발전소 사고 이전에 제조된 통조림을 구해 아기들에게 먹이고 있습니다.

일본정부는 이번 피해복구가 앞으로 10년 더 걸리고, 복구비용은 23조엔(314조원)이 필요하다고 추산하고 있습니다. 이번 후쿠시마 원자력발전소 피해 사건은 전 세계 각국에 경고를 주었습니다. 이미 독일, 스위스 등 많은 나라들이 원자력발전소를 폐쇄하기로 선언했습니다. 그리고 새로운 '에너지' 개발에 박차를 가하고 있습니다. 일본은 54개의 원자력발전소를 모두 모두 가동하지 않기로 확정했습니다. 이미 52기의 원자력발전소들이 가동을 중지했습니다. 작동 중인 2개의 원전도 한달 후에 가동 중지할 예정입니다. 일본정부는 이번 사건을 계기로, 원자력발전소의 안전성을 자신할 방법이 현재로는 없다는 판정을 했습니다.

박 중위님! 한국도 원자력발전소가 있는 것으로 알고 있습이다. 한국은 무슨 채비를 하고 있나요? 원자력발전소와 방사선이 그렇게 무서운 존재 인지를 미찌고도 처음 알았어요. 방사능과 세슘 등 원자력발전소 때문에 유령의 도시가 된 곳이 너무 많습니다.

정든 고향을 버리고 타향생활을 하며 떠도는 국민들이 너무 많습니다. 이번에 지구地球는 온난화溫暖化라는 무기로 일본열도를 저주의 땅으로 만들었습니다. 너무 잔인하고 황당한 보복이 아닌가요? 우리 인류들이 그렇게도 못된 행위로 지구를 괴롭혔나요? 박 중위님의 고견을 듣고 싶습니다. 박 중위님! 그래서 미찌꼬는 지구상의 인류들이 앞으로는 서로 미워하거나 싸우지 말고 서로 도우며 살아가야 한다고 생각합니다. 미찌꼬는 아직도 지난 3.11 그날을 생각하면 지금도 가슴이 답답해 옵니다. 오늘은 박 중위님의 미찌꼬에 대한 걱정을 덜어드리고 즐거운 추석명절을 위해 모처럼 편지를 써봤습니다. 그때 그 시절을 생각하며…… 안녕!

◆ 3 · 11일본 대지진 피해현황 ◆

인명피해 : 사망 15,854명. 부상 26,992명. 행방불명 3,155명. 피난민 발생 468,653명. 고아발생 1,600명. 재산피해 : 17조 4,000억엔(약238조원). 건물피해 : 1,168,453채. 침수지역 : 561만Km². 방사선물질방출량 : 77만 테라베크렐. 지진규모 : 9.0

여진(진도4이상) : 232회. 쓰나미 최고 높이 : 40m.

2011. 10 21 From Miziko, Tokyo, Japan

(일본 동경에서 미찌꼬 올림)

대농의 문집발간 활동은 끝났다. 세 번재 문집인 펜팔(PenPal) 발간을 위한 모든 활동이 예정대로 6.29 끝났다. 문집 펜팔 내용엔 중편소설 펜팔, 수필, 생활수기 등이 게재되었다.

다음날 대농은 친목회 사무실을 방문했다. 문집이 들어있는 서류가방을 들고 갔다. 친목회 사무실 회원들은 대농을 반갑게 맞았다. 대농은 문집을 담당회원에게 내밀었다. 회원들은 크게 놀랐다. 대농이 문인신분이라는 사실을 모르고 있었기 때문이었다.

대농은 2009.10 신인상을 수상하고 문단에 등단한 사실을 친목회에 알리지 않았다. 문집 '두무실'을 발간한 사실도 혼자만 알고 있었

다. 그간 대농은

"풋내기 문인이 아닌 중견 문인이라는 평가를 받을 때, 친목회 회원들에게 알리겠다."

는 각오를 하고 있었다. 대농은 그간 중견문인으로 성장을 위해 자신의 머릿속에 인간의 굴레(Human Bondage, 속박)를 동여매고, 정진에 또 정진을 거듭 했었다. 그런 결심 덕분으로 대농은 등단 1년 8개월 만에 펜팔이라는 세 번째 문집을 발간 할 수 있었다. 대농의 설명을 들은 친목회 회원들은 모두 놀랬다. 회원들은

"문집 발간을 축하한다."

고 격려해 주었다. 담당회원은 대농에게

"주신 문집 펜팔은 간부님들과 회원님들에게 한 권 씩 드리겠다"

며 고마워했다. 대농도 즐겁고 보람된 기분으로 귀가했다.

다음날 오후, 선배 친목화원 황별섭이 대농에게 전화를 했다. 황 선배는 대농이 신입사원으로 입사 해 2년을 함께 근무했던 선배였다.

"박대농 문인! 문집 '사이트' 관리자가 왜 댓글에 답글을 않올려?"

하고 묻는 전화였다. 대농은 어리둥절하며 되물었다.

"선배님, 그게 무슨 말씀이십니까?"

하고 물었다. 황 선배는

"뭐? 친목회 홈페이지에 대농 씨의 문집 팬팔 사이트가 만들어 졌어. 내가 지금 댓글을 달고 전화하는 거야."

황 선배는 이해가 안 된다는 어조로 답변했다. 대농은

"예, 고맙습니다. 지금 바로 확인하고 답글 드리겠습니다.".

대농은 즉시 친목회 홈페이지 회원동향 내용을 로그인했다. 문집 펜팔 겉표지가 환하게 밝혀진 상태에서 대농을 반겼다. 겉표지 사진은 박 중위가 전방 포진지에서 전투복 차림으로 소대원들에게 포사격 훈련을 하는 장면이었다. 대농은 즉시 의견난에 답글을 올렸다.

"선배님! 보잘 것 없는 문집을 과찬하셨네요. 작년에 발간한 문집

'죽을 고비' 는 수필 중심 문집이었습니다. 이번에는 중편소설. 생활수기, 수필 등을 게재 했습니다.

독자들의 공감을 얻을 수 있을 지 궁금합니다."

대농이 답글을 올리자, 또 다른 댓글이 올라왔다. 이번에는 여성 회원이었다.

"문집 펜팔 발간을 축하합니다. 지난 번 문집 '죽을 고비' 엔 흘러간 지난시절 고생스러웠던 아픔들이 그대로 녹아 있네요. 마음 짠하게 잘 읽었습니다. 이번 문집 펜팔의 주제가 '한반도 평화정책' 이라고 하시니, 작가님이 또 다른 커다란 밑그림을 그려 놓으셨나 보네요. 다시 한 번 축하드려요. 건강하세요."

대농의 펜팔 사이트 관리활동은 7월 한 달 간 계속되었다. 무더운 폭염과 지루한 장마가 계속되었던 시점이었다. 덕분에 대농의 휴가는 날아가 버렸다. 대농은 신묘년이 밝은 후 오늘까지 강행군을 계속했다. 독자들의 댓글 내용은, 문집 발간 축하한다는 내용이 가장 많았다. 그 내용 이외에도

"펜팔기간 로맨스도 있었나? 문학창작 작가로 변신한 선배님이 부럽다. 끊임없이 도전하는 작가님의 열정에 박수 드립니다. 중편소설 정말 멋있었어요. 칠순을 앞둔 선배님의 젊고 활기찬 모습 정말 멋있어요. 작가님께 용기와 희망을 배우겠습니다." 등등의 내용이었다.

대농은 우면산 산사태 현장과 대성사를 방문하고 오후에 귀가했다. 대농은 그 날부터 또 창작활동을 시작했다. 칠순맞이 이전에 문집을 하나 더 발간하려는 의도였다. 네 번째 발간하는 문집 이었다.

이번 발간하는 문집은 대농이가 수십 년 전부터 축적蓄積해 온 작품들도 모두 게재할 예정이었다.

문집 제목은 "결혼일기"로 결정했다.

대농이 설계한 문집 내용은 일기문학 감상, 기행문학 감상, 현대시조 감상, 현대시 감상, 첨부자료 등이었다. 대농은 3개월간 창작활동

을 하고, 한 달은 출판사와 문집을 발간하는 시간으로 잡았다. 대농의 칠순맞이 날이 12.2일 이라, 모든 활동을 그날에 맞췄다.

다행이 대농의 창작활동은 순조로웠다. 3개월간 대농에게 바쁜 일이 생기지 않았다. 주변에 별다른 희로애락喜怒哀樂 사건이 없었다. 그러나 창작활동 현장은 항상 고달펐다. 예기치 못했던 암초들이 여기저기서 나타나곤 했었다. 대농이가 쉽게 보았던 분야는 어렵게 넘어갔다. 오리려 어려울 것이라고 예측했던 분야들이 쉽게 완성되었다. 이번에도 대농은 또 한 번 인생살이의 진면목을 발견했다.

8월 중순이었다. 그날도 대농은 글길이 뒤얽혀 가슴이 답답했었다. 그 때 대농의 핸드폰이 큰소리로 울렸다. 아무도 없는 조용한 서재였다. 전화의 주인공은 이별조 중위였다. 이 중위는 대농과 육군장교 임관동기생이다. 전방 수색중대 소대장도 함께 했다.

"박대농 중위! 요즈음 계속 바쁜가봐. 목소리도 들을 수 없고, 용안 본지도 오래 되었네."

친구의 인사는 정답고 조용했다. 택권도가 특기인 이 중위의 성격은, 원래 적극적이며 명랑하고 활기차다. 대농도 또박또박 대답했다.

"정말 그렇네. 만난 지 몇 개월 지났네. 내가 월초부터 문집 발간을 위한 창작활동을 시작했어. 칠순을 맞는 날에 배포하려고. 친구들은 칠순날이 지났나? 안지났나?" 대농이가 이 중위에게 물었다.

"나도 몰라. 나는 내 것만 알아. 나는 지났어."

이 중위의 대답은 간단했다. 이 중위는 원래 강단하고, 짤막한 걸 좋아하는 성격이다. 대농의 말이 즉시 계속되었다.

"그럼 날자를 정해 한 번 만날까? 아니면 내 칠순이 십이월 초순이니 그날 만나 점심식사도하고 문집도 구경할까?"

대농은 자신의 형편과 의견을 분명히 밝혔다.

"그럼 연말에 만나 식사하는 게 좋겠네. 알았다. 열심히 해라."

이 중위는 또 간단한 대답을 했다.

대농은 세 명의 육군장교 임관동기생 친구가 있다. 오늘 전화했던 이별조 중위, 김별광 중위, 전별선 중위 등이다. 네 명의 장교들은 한 날 한시 한 장소에서 육군소위로 임관되었다. 군복무도 한국 전방에 있는 수색중대에서 함께했다.

군복무를 마친 박대농과 김별광 중위는 공무원생활을 했다. 이별조 중위와 전별선 중위는 대기업 임원을 역임했다. 네명의 친구들은 직장생활 때도 종종만나 우의를 다졌다.

서로 돕고 협조하며 세상을 살아갔다. 네명의 예비역 장교들은 애국심도 강했다. 모두 학사자격과 장교경력 소지자들이다. 명실공히 문무文武를 겸비한 엘리트들이다. 이들의 응집력 있는 모임은 유유상종類類相從이라는 단어가 꼭 어울린다.

지루했던 장마가 끝났다. 9월이 오고 무더위도 꼬리를 사렸다. 가을 냄새가 대농이 아파트 어린이놀이터에서 풍겨 퍼졌다. 매미들이 사라진 정원수 뿌리에서 귀뚜라미 소리가 들려왔다. 바닷물 색깔을 하고 하늘에 떠 있는 반달도, 대농이 서재 창 밖에 와 있었다. 대농의 '결혼알기' 창작활동도 순조롭게 진행되었다. 이제 대농은 창작활동 여정의 절반도 넘는 지점에 와 있었다. 자신의 위치를 발견한 대농은 즐거웠다.

"넘어야 할 고지가 이제 눈 앞에 와 있다."

는 명언도 생각났다. 몸과 손이 가벼워 지자 대농의 창작활동도 더 빨라졌다. 마무리에 마무리를 하고, 확인에 또 확인을 하는 작업을 계속했다. 대농은 작품 편집활동을 했다. 우선 문집의 차례를 선정했다. 그리고 완성된 작품들을 순서대로 한 개의 메모리칩에 옮겼다. 목차에 일치하게 작품 폴더 현황도 타자했다.

출판사 제출 자료였다. 대농은 출판사에 제출할 계약서를 작성하고, 문집 속종이內紙에 사용할 사진들도 결정해 챙겼다.

작가가 준비해야 할 사항은 또 있었다. 겉표지와 뒷표지에 사용할 문장과 사진들 이었다. 이들은 독자들에게 문집의 첫인상을 제공할 것이다.

대농은 금번 문집 뒷표지 속면에 사용할 사진을 신중하게 선택했다. 대농이 부부가 중국 만리장성에서 함께 웃고 있는 사진이었다. '결혼일기' 는 아내도 주인공이라는 사실을 고려한 것이다.

대농이 부부는 내일 함께 출판사로 갈 예정이다. 그때 대농이 서재에 있는 커다란 책상 위에서 핸드폰이 울렸다. 이별조 예비역 중위였다. 대농이 먼저 말문을 열었다.

"이 중위! 나다. 잘 있었어? 문집창작작업이 늦어 미안하다. 친구들은 잘 있나? " 대농은 미안한 심경을 밝혔다. 이 중위가 대답했다

"그래, 난 별 일 없어. 건강은 어떠냐, 운동시간이 부족할 텐데? 연말이 닥아 오니

네 생각이 나 전화했다. 별일 없지?"

안부 전화였다. 이 중위도 대농의 건강을 궁금해했다. 대농은 연말연시 모임에 관한 생각을 이 중위에게 했다.

"이 중위, 걱정해줘서 고맙다. 덕분에 창작활동은 예정대로 마쳤어. 내일 출판사 갈 예정이다. 칠순 날 며칠 전에 문집 '결혼일기' 가 나올 예정이다. 친구들 덕분으로 생각하고 있어. 우리 네 명이 만나 식사하는 일시를 12월 중으로 내가 결정하면 어떨까? 나도 이제 자유시간이 있어."

대농은 내심 3명 친구들에게 미안한 생각을 하고 있었다. 자신의 창작활동 때문에, 월례적으로 모이는 점심식사가 올해는 세 번 밖에 못 모였다. 대농은 시간여유를 주지 않고 계속 이야기를 이어갔다.

"어차피 연말이 가까이 와 있다. 크리스마스 이브인 12.24. 저녁 6시에 지하철 2호선 교대역 부근에 있는 한식집에서 하자. 내가 이미 예약을 해 놨어. 친구들과 상의 없이 혼자 결정한 거야. 너희들 보기가 미안해서. 이 중위가 김 중위와 전 중위에게 의견을 들어 보고 전

화 좀 해줘. 내가 주도할 거야."

대농은 친구들과 뜻있는 연말을 보내고 싶었다. 대농은 칠순을 맞이하는 올해 신묘년에, 일 년 내내 문집 발간에만 정진했었다. 이 중위는 십여 분 후 답신전화를 했다.

"박 중위, 전 중위와 김 중위가 박 중위 제의에 동의했다. 박 중위 계획대로, 그때 그곳에서 만나자. 젊은이들이 즐거운 날, 우리 노인들도 모여 세상살이 좀 이야기 해보자."

이별조 중위는 즐겁고 희망적인 어조로 전화를 끝냈다.

대농이 부부는 결혼일기 발간을 출판사에 의뢰했다. 인쇄는 11.18 끝났다. 그간 대농은 출판사 편집부와 유기적인 협조 속에 3회에 걸친 오탈자 교정작업을 했다.

대농은 11.25 문집 결혼일기를 수령했다. 결혼일기는 파란 하늘색 갈의 겉표지에, 천년 묵은 향나무가 웅장한 자태를 뽐내는 얼굴로 세상에 태어났다. 대농은 11.27 결혼일기 3권을 휴대하고 국립중앙도서관을 찾았다.

납본과 직원은 문집 '결혼일기' 내용과 작가 학경력 등 여러 가지들을 확인한 후 납본納本 받았다. 그날 대농이는 하루 종일 즐거웠다. 대농의 문학작품집 '결혼일기'가 국가 경영 국립중앙도서관에서 영구보관하고, 독자들에게 자유열람 되기 때문이었다.

대농의 일과는 더 바빠졌다. 결혼일기를 우체국 택배로 각계각층에 우송했다. 가족, 혈육, 일가, 친척 뿐 아니었다. 고향마을 친구, 각급학교 동창생, 육군장교임관동기생, 직장 친목회 회원, 사회 각계 지인 등 400명이 넘었다. 대농은 결혼일기 속에 파묻혀 매일 바쁜 일과를 보냈다. 문집으로 즐겁고, 보람 있고, 바쁜 상태에서 대농이는 칠순을 맞이했다. 눈보라와 혹한 속에 밝았던 신묘년의 연말이 오고 있었다. 대농은 생일날 12.2 아침식사를 하고, 겨울옷을 챙겨 입었다. 결혼일기가 들어 있는 가방을 들고 친목회 사무실을 찾았다.

"여보! 나 친목회 사무실에 문집 전달하고 돌아올께."

대농은 안내에게 알리고 출발했다. 아내도 문집 내용에 자신이 들어 있는 사실을 잘 알고 있다. 대농을 본 친목회 회원들은 또 놀랬다. 4개월 만에 또 다른 문집을 발간했기 때문이었다. 담당회원은

"놀랍다. 몇 달 만에 이렇게 분량이 많은 문집을 발간하다니!"

하며 큰소리로 말했다. 한 순간 사무실은 야단법석 같았다. 모든 회원들의 눈과 입이 대농이를 향하고 있었다. 대농은 회원들과 그 간 있었던 재미있는 이야기만 몇 마디 했다. 오래 머물지 않았다.

대농은 내일 아내와 고향을 방부문할 예정이었다. 대농이 고향마을과 아내 고향마을 모두 방문할 계획이었다. 이번 대농이 부부의 고향 행차는 3년 만이었다.

대농이는 며칠 전부터 양쪽 고향마을 주민들에게 드릴 문집을 준비했다. 우체국에서 택배용 박스를 구입해 정성스럽게 문집을 포장했다. 다음날, 하늘에는 구름이 가득했다. 대농은 공무원 퇴직 후 11년 만에 문인신분으로 고향마을을 찾았다.

대농이 문학작품에도 많이 나오는 그 농촌마을이었다. 승용차를 운전하는 대농의 손길은 가벼웠다. 아내도 모처럼의 고향 나들이에 즐거운 표정이었다. 한 시간 후 대농이 부부는 아내 선영에 도착했다. 겨울의 선영은 쓸쓸했다. 대농이 부부는 10여 기基 봉분 앞에서 술잔을 올렸다. 생전 처갓집 어른들의 모습이 생생하게 떠 올랐다. 아내는

"생각보다 선영이 잘 관리되고 있다. 이제 잡초도 없고 잔디만 잘 자라고 있다. 그간 가족들이 고생했다."

며 세심하게 둘러보았다. 대농의 승용차는 고향마을로 출발했다. 대농은 선영 '두무실' 성묘를 생략했다. 처갓집 선영과 3Km 거거리에 있는 두무실은 승용차 출입이 자유롭지 못하다. 엊그제 내린 비로 아직 출입로에 물기가 많을 게 분명했다.

성묘를 새봄으로 연기하는 게 좋을 것 같았다. 대농의 승용차는 고

향마을 청재공 할아버지 사당祠堂 주차장에 주차했다. 종중宗中 박별배 형님 부부가 미리 나와 대농을 기다리고 있었다. 별배 형님이 먼저 말씀했다.

"대농이 동생! 칠순을 축하한다."

형님 부부가 대농이 부부를 반겼다.

"사람 노릇도 못하는 게 항상 폐만 끼쳐 죄송합니다."

대농은 형님 부부에 공손하게 인사를 드렸다. 대농과 형님은 문집 상자를 형님댁 마루로 옮겼다. 형수님은

"사당집 할아버지 대를 이어 출세한 동생이 와 약주를 준비했다."

며 단출한 술상을 차려 오셨다. 형수님이 계속 말씀했다.

"저이(형님)는 대농 동생을 문무 겸비한 최고 인물이라며 자랑하고 다니신다."

고 소개했다. 별배 형님이 말문을 열었다.

"현재 우리 마을에 거주하고 있는 가구들이 총 72가구다. 그러나 한글을 모르는 가구도 있고, 문학잡지를 읽거나 소화할 능력이 없는 가구도 있다. 그래서 며칠 전에 마을 이장과 상의해 45가구에만 문집을 드리기로 했다."

고 설명했다. 대농은 예측하지 못했던 내용의 말을 듣고 속이 찔끔했다. 대농은 내색을 하지 않고 바로 답변했다.

"잘 하셨습니다, 형님. 문집이 두 종류이고, 부수部數는 많으니 45가구에 두 가지 문집을 다 드렸으면 좋겠습니다. 농한기로 농민들도 글을 읽을 시간적 여유가 있을 것 같습니다."

라는 견해를 밝혔다. 대농이 부부는 별배 형님의 안내로 몇 년 만에 사당집을 찾았다. 대농은 18대 할아버지 청재공淸齋公 사당 내 제당 위패 앞에서 분향하고 재배했다. 분향 순간 사당 밑 농가에서 출생하고 성장했던 대농의 눈에서 햇빛이 반짝거렸다. 회심의 눈물 빛이었다.

"청재공 할아버지의 뒤를 이어 출세하고 문중도 빛내겠다."

던 대농의 젊은 시절 포부는 미완성된 꿈이었다. 대농의 자책감은 전신으로 퍼져나갔다. 별배 형님은

"우리마을 종중에서 사당집 할아버지와 종중을 빛낸 사람은 대농이 뿐이다."

라고 대농이를 위로 했다. 대농은 별배 형님에게 알렸다.

"형님! 결혼일기 중 조상일기 부분에 청재공 종중과 청재 할아버지 관련 내용을 많이 게재했습니다."

하고 안내해 드렸다. 별배 형님은 또 대농을 칭찬했다.

"도둑맞아 잊어버린 조상님 산소 앞의 비석, 장군석을 되찾아 정위치 시킨 종원은 대농이 뿐이다."

라며 대농에 대한 사랑과 고마움을 잊지 못했다. "칠순맞이" 는 평생 중 한번 맞이하는 것이다. 대농이의 "칠순맞이"는, 고향마을 가가호호에 자신의 문학작품집을 드리고, 18대 청재공 할아버지 사당에 참배하는 것으로 끝났다. 오늘을 위해 대농은, 지난 11년간 힘든 목표를 설정하고, 호된 고생을 하며 자신의 뜻을 성취했다.

대농은 읍내 효선누님 부부를 방문했다. 대농은 3년 만에 인사를 드리며 죄인 같은 심경을 떨치지 못했다. 휴식을 취한 대농은 처갓집으로 승용차를 몰았다. 처갓집은 읍내에서 8Km 거리에 있는 농촌이었다. 끝없이 펼쳐진 안성평야와 평택평야는 조용히 겨울을 보내고 있었다. 처갓집 마을도 인적이 보이지 않는 평화스런 분위기였다.

처남들은 부모세대의 낡은 주택을 헐고, 신형주택을 신축해 살고 있었다. 대농 아내는 반가워했다. 오랫만에 친정에 와 오빠들의 현대식 저택을 보고 감개무량한 표정이었다.

대농이 부부는 서둘러 상경했다. 경부고속도로에서 교통전쟁을 만나지 않으려는 조치였다. 두 사람은 안성휴게소에서 휴식했다. 수십 년간 추억이 얽힌 휴식터였다. 부부는 고향 안성에서 생산된 쌀도 한 포대 샀다. 대농은 문인생활 때문에 고향을 찾는 발길이 뜸해진 것이

라는 생각을 했다. 이제 조상님들을 좀 더 가까이 해야겠다는 다짐도 했다.

대농은 저녁식사 후 컴퓨터를 켰다. 친목회 홈페이지에 들어가 회원동정을 클릭Click했다. 그 순간 대농이는 놀랬다. 자신의 이름을 발견했기 때문이었다.

"박대농 회원, 결혼일기발간"이라는 제목 아래 문집 겉표지 사진이 멋지게 떠올랐다. 표지 아래 부분에 있는 천년 묵은 향나무도 파아란 하늘 아래서 웅장한 자태를 뽐내고 있었다. 엊그제 대농이가 제공한 문집 결혼일기로 친목회가 '사이트'를 만든 것이다. 지난 7월 대농이 문집 '펜팔' 사이트를 관리 했던 것과 동일한 조치를 한 것이다. 대농은 우선 반가웠다. 파란 겉표지가 화려해 더욱 마음에 들었다. 대농은 기분이 좋은 상태에서 "의견쓰기 난'에 인사말을 올렸다. 사이트 관리자 활동경험도 있어 더욱 자신을 갖고 섰다.

"이런 기회를 마련해주신 친목회에 감사드립니다. 며칠 전 12.2 소생이 문집을 들고 친목회 사무실을 방문했던 그 날은, 소생의 생일이었고 칠순을 맞이한 날이기도 했습니다. 문집 '결혼일기'는 소생이 몇 년 간 창작한 작품들이 모두 게재되었습니다. 어제는 3년 만에 고향마을을 방문하고 가가호호 문집을 드렸습니다. 거듭 친목회원 모두와 평소 소생의 작품을 애독하시는 회원님들께 감사드립니다(박대농)."

그날 저녁에 여성 회원이 댓글을 올렸다.

"작가님의 문집 결혼일기를 감명 깊고 재미있게 잘 읽었습니다(유달자)."

대농의 답글은 다음날 오전에 올라갔다.

"안녕하세요, 유회원님. 바쁜 일과 중에서도 소생의 문집을 읽으셨다니 정말 감사합니다. 지난 7월 펜팔 사이트에서도 많은 회원님들이 수고하셨는데, 이번에도 따듯한 정성을 보내주셔 감사합니다(박대농).”

다음날 여성회원님의 댓글이 두 번째 올라왔다.

“열의 대단하신 박 작가님의 노고에 칭송을 보냅니다. 언제나 젊고 축적된 노하우에 찬사를 보냅니다. 건강하시고, 많은 활동 기대합니다(이달영).”

이달영 회원이 새벽에 보낸 댓글이었다. 작가 대농은 그날 오전에 답글을 올렸다.

“댓글 감사합니다. 지난 7.18 Pen-Pal 사이트에서도 격려를 아끼지 않으시며 용기를 북돋아 주셨습니다. 금번에도 과찬을 해 주시니 너무 고맙습니다. 회원님 당부 잊지 않고 열심히 활동해 좋은 소식 전해드리겠습니다(박대농).”

다음 날 여성 회원님의 댓글이 또 올라왔다.

“문집 보내주셔 감사합니다. 앞으로 더 멋진 글 많이 쓰시고, 오래 오래 건강하게 활동해 주시기를 기원합니다.

문집 발간 축하드립니다(정달례).”

대농은 두 시간 후에 답글을 올렸다.

“댓글 감사합니다. 별스럽지 못한 문학작품을 읽으셨다니 더욱 감사합니다. 이번 문집은 대부분 축적된 작품들로 엮어졌습니다. 가벼운 마음으로 창작활동을 시작했습니다. 그러나 창착활동은 역시 어려운 도전이었습니다. 70여일이 소요되었습니다. 좌절이 올 땐 인간의 굴레(Hunan Bondage, 속박)를 제 머릿속에 동여맸습니다. 그래도 주눅 들었던 가슴은, 11.17 국립중앙도서관이 소생의 문집을 납본(納本) 받아주는 순간부터, 녹아 내렸습니다(박대농).”

남자 회원님이 세 번째로 오랜만에 댓글을 올렸다. 후배 회원이었다.

“진정으로 축하드립니다. 국외여행을 잠시 다녀왔어요. 오늘 뒤늦게 결혼일기 사이트를 보았어요. 축하드립니다. 칠순을 맞이하신 선배님께서, 젊은 청년들 같이 활동하시는 정열과 노력에 고개숙여 집니다(최별수).”

대농 작가는 반가운 회원에 반가운 답글을 섰다.

“최 선생님, 댓글 감사합니다. 오히려 소생이 죄송해요. 황망(遑遑罔措)중이라 최선생을 잊고 있었어요. 이제 제정신이 좀 들어요. 이번에는 출판사와 협조도 잘 되었습니다. 소생이 계약서를 작성해 출판사에 제시하고 협의를 시작했어요. 저쪽에서 아무런 수정 없이 서명했습니다. 문집 배분도 작가(90%) : 출판사(10%)로 했어요. 파격적입니다. 문집 내지(內紙)도 코팅Coating이 되어 물기에 강합니다. 내일 문집을 우송해 드릴 께요(박대농).”

신묘년 연말은 대농이 문집 결혼일기 사이트 관리자로 바쁜 일과를 소화하는 가운데 찾아왔다. 대농은 12.24 성탄절 전날 아침에 있을 쌍둥이 손녀들의 첫돌 행사에도 관심 두고 있었다.

작가 대농은 연말을 맞이해 문집 결혼일기 사이트를 통해 독자들에게 신년인사를 했다.

“밝아오는 새해에 회원님들 모두 복 많이 받으세요. 용龍띠 해인 임진壬辰년은 실질적으로 음력 정월 초하루(설날, 춘절)부터 시작됩니다. 그리고 양력 4.21-5.20 기간은 음력으로 윤달입니다. 윤달 기간중엔 산소이장, 장례식 등이 좋고, 아기출산은 기피하는 풍습이 있습니다. 용龍띠들의 사주四柱는, 대장부다운 기개로 의식 걱정은 없습니다. 액운이 별무해 부귀영화도 누릴 수 있습니다. 반면 강인한 성격과 남의 충고를 외면하는 교만과 고집이 커더란 흉망을 가져올 수도 있답니다.

용龍은 중국인들이 신령한 존재로 믿고 있는 상상의 짐승입니다. 중국인들은 용을 제왕, 왕자, 위인에 비유합니다. 용의 머리에는 뿔이 있고, 몸통은 뱀과 같으나 네 다리엔 날카로운 발톱이 있어요. 중국인들은 용이 춘분에 하늘로 올라가고, 추분 때 연못에 잠긴다고 상상합니다. 용의 색깔은 청룡, 황룡, 흑룡 등입니다. 그리고 등용문登龍門이라는 단어는 인간의 입신출세를 의미하는 말입니다. 근하신년謹賀新年! 임진壬辰년 새해에는 친목회 모든 화원님들이 '용龍오름' 처럼 발전하는 한 해가 되시기 바랍니다(박대농)."

대농의 '결혼일기' 사이트 관리자 활동은 12.31 끝났다. 회원들의 총 조회건수는 465건 이었다. 작가 대농이 답글 내용에 관심을 기울였던 사항들은, 문학에 대한 이해 증진, 작품에 대한 궁금증 해소, 작품감상 요령, 창작요령, 문학이론 등 광범위 했다. 대농은 답글 작성에 최선의 노력을 다했다. 다행히 독자들의 반응은 좋았다. 지난 7월에 이은 연속적인 사이트 운영으로 많은 회원들이 작가 대농을 알게 되었다. 대농은 두 번 사이트 관리를 통해 유명인물로 급부상 했다. 모두 문학의 위력 때문이었다. 문집이 예상치 못했던 기적을 만들었다. 결혼일기 사이트 운영을 통해 나타난 회원들의 반응은 여러 가지였다.

"37년 전에 작성한 진솔한 이야기, 양서良書로 보관하겠습니다(송달옥). 결혼일기를 작성해 37년간 보관했던 작가의 성의는 금메달 감이다(한별은). 아름다운 결혼일기 감동적입니다. 존경합니다(우별식). 대단하다 박대농!(박장군). 결혼일기를 37년간 간직한 사실이 놀랍다. 분명히 대농이는 세상을 멋지게 사는 사람이다(황별섭). 작은아버지 젊게 사시는 것 보기에도 좋습니다(조카). 조상님들과 부모님들의 시詩를 쓰고 사진도 함께 게재한 것을 보고 너무 부러웠다. 그렇게 할 능력이 없는 나는 무식한 존재라고 생각되었다(허별칠). 결혼일기를 오늘 독파했다.

작가가 살아온 한 평생을 구석구석 모두 알 수 있었다. 작가가 그렇게 휼륭한 일들을 해낸 엄청난 사람인 줄 미처 몰랐다. 미안하다. 지난 날의 내 모습이 부끄럽다. 나는 인생을 헛살아 온 사람이라는 사실도 발견했다. 존경한다(배별남). 나도 인생을 되돌아보고 새로 창조하는 자세로 살아가겠다(김별수)."

대농은 모처럼 친목회 사무실을 찾았다. 대농의 얼굴을 발견한 회원들은 환호했다. 모두 반가운 표정이었다. 대농은 친목회의 고마움에 답례하는 측면에서 적은 액수를 기부했다. 회원들의 환호가 또 터졌다. 대농은 지난 2009년 신인상 수상으로 문단에 등단한 후, 자신이 계획하고 바랐던 제1단계 창작활동을 완전하게 달성했다. '해피엔딩' Happy Ending이었다. 대농은 지하철로 귀가하며, 2년 3개월 간 매달렸던 창작활동 생각을 했다. 고된 행군이었다. 군인들 처럼 힘들었던 행군은, "두무실, 죽을 고비, 펜팔, 결혼일기" 라는 문집을 세상에 선 보였다. 대농은 일단 휴식을 취하고, 새봄이 오면 '소설 창작활동'을 하기로 마음속에 정해놓고 있다.

귀가한 대농은 안방 침대에 누웠다. 지난 해 한해살이가 거미줄처럼 풀려나왔다.

신묘辛卯년을 되돌아보면, 대농의 '칠순맞이행사' 는 연초부터 거론되었다. 며늘아기가 지난 2010년 성탄절 전야에 쌍둥이 손녀를 출산했기 때문이었다. 우선 대농의 아내, 아들, 딸 등 가족들이 기념행사를 제의했다. 뒤를 이어 며늘아기와 사돈댁도 멋진 연회를 주장했다. 그러나 대농은 처음부터 거절했다. 대농은 가족들에게

"많은 친구들 중에 '칠순잔치' 하는 사람 못봤다. 세상이 변했다. 사람은 변한 세상을 따라 살아야한다. 지금은 평균수명이 남자 77세, 여자 84세나 된다. 모든 게 발전하고 부족한 것도 없다. 굿이 우리 가족만 예날 풍습을 지킨다는 것도 바람직한 세상살이가 아나다."

라는 말을 거듭했다. 그러나 가족들과 쌍둥이 부모들도 물러서지 않았다. 가족들과 아들 부부는, 잊을 만하면 대농에게 그 이야기를 꺼냈다. 기념행사를 해야한다는 가족들은

"자식들이 효도 한 번 하려는 것인데 그 기회를 박탈하면 않된다. 칠순행사를 하지 않으면 자식들의 사기도 저하된다. 간단하게 양쪽 가족들이 함께 점심 식사하는 자리라도 만들겠다. 음식 먹는 행사가

싫으면, 국외여행을 하는 것은 어떠냐?"

하고 강하게 나왔다. 이런 양쪽의 의견은 가을이 지나도 계속되었다. 그러던 중 언니쌍둥이손녀 건강에 이상이 생겼다. 어니손녀가 심한 변비증세로 대학병원 응급실을 찾았다. 언니손녀는 며칠 전부터, 먹은 음식을 토하고, 식사도 하지 않고, 잠도 설치며 고통을 호소했다. 결국 언니손녀는 응급실에서 관장처치와 수액투척 후 귀가했다. 언니손녀 변비사건을 계기로 대농의 칠순맞이 행사문제는 종적을 감췄다. 그래도 대농은 쌍둥이손녀들의 첫돌맞이 행사는 조촐하게 해줄 예정이었다. 그러나 대농의 '칠순맞이' 는 '육군장교 임관동기생' 3명과 저녁식사를 함께하는 것으로 때울 생각이었다.

대농이 칠순을 맞이했다고 축하해준 곳은 딱 두 곳이었다. 전직직원 모임인 친목회에서 농수산물 교환권을 축전과 함께 보내왔다. 친목회 산하 동우회도 축전 한 장을 보내왔다. 대농의 마음은 즐겁지 않았다. 서운하지도 않았고 슬프지도 않았다. 그저 지나온 한 평생이 고맙기만 했다. 다만 대농은 한국사회가 혼란하고 국가와 민족의 미래가 밝지 않아 서운했다. 정말 대농이 칠순고지를 점령한 시점의 한국사회는 혼란했다. 국가와 민족이 왜 이렇게 어려운 처지에서 헤매고 있는지 야속했다. 정치인도 야속했고, 여당과 야당 등 모든 분야가 야속했다. 대농이 이런 생각을 할 때 Xmas Eve 성탄절 전야가 다가왔다. 대농은 아침에 쌍둥이손녀 집으로 갔다. 아내와 함께 갔다. 아침식사도 하지 않고 출발했다. 돌쟁이들의 돌잡이 행사를 위해 간 것이다. 쌍둥이네 집은 붐볐다.

쌍둥이 집 가족, 대농이 가족 들이었다. 거실과 방, 주방이 손님들로 가득했다. 싱크대와 식탁 주변에선 여성들이 돌상을 준비했다. 돌상은 조금 후 거실로 옮겨졌다. 돌상에는 책, 공책, 색실, 돈, 약, 쌀떡, 장난감 등 여러 가지가 놓여 있었다. 돌잔치에 참석한 친인척들은 모두 거실에 모였다. 돌상 왼쪽에는 쌍둥이 부모들이 각각 손녀들을 안고 있었다. 맞은 쪽에는 돌쟁이 할아버지와 할머니가 나란히 앉아 있었다. 돌잔치는 아홉시에 시작했다. 할아버지와 할머니가 손녀들의 이름을 부르며

"이리 오너라. 걸어서 이리 와봐"

하고 부르며 손짓을 했다. 쌍둥이 손녀들은 부자유스러운 발걸음으로 돌상을 향해 걸어왔다. 그리고 돌상 위 물건들을 양손에 한 개씩 잡았다. 손녀들은 걸어와 할아버지와 할머니 품에 안겼다. 많은 사람들이 크게 웃고 박수도 쳤다. 쌍둥이들은 영문도 모르고 할아버지와 할머니 품에서 장난만 했다. 대농은 큰 소리로 평가했다.

"언니 손녀는 공부를 잘 해 학자가 될 것이고, 동생 손녀는 돈을 많이 벌어 재벌이 될 것이다"

라고 예언해 주었다. 대농은 쌍둥이 돌맞이 행사로 행복했다. 행복한 순간은 빠르게 흘렀다. 어느덧 해가 기울고 오후 5시가 되었다. 대농이 주관하는 '육군장교임관 동기생모임' 시간이 가까이 와 있었다. 대농은 아내에게 .

"육군장교 임관동기생 저녁식사 모임이 있어 먼저 간다." 고 알렸다. 그리고 18:00 예약된 한식집으로 떠났다. 교대역으로 가는 지하철로 이동했다.

대농은 예약시간 20분 전에 한식집에 도착했다. 조금 후 이별조 중위가 씩씩한 발걸음 소리와 함께 나타났다.

"어! 이 중위구나, 들어와 앉아. 먼 데 사는 사람이 제일 먼저 왔네."

대농이 정답게 맞이했다. 이 중위는 대농이 옆에 앉으며 대답했다.

"원래 그런 거 아니냐. 오래간 만이다 문인님, 수고가 많구나."

두 사람의 악수는 안부를 주고받는 말과 동시에 이루어졌다. 이 중위의 씩씩한 말투도 여전했다. 뒤를 이어 전별선 중위가 헛기침을 하며 복도에서 대농과 이 중위를 번갈아 보며 인사를했다.

“야! 둘이 재미있게 노는 구나. 김별광 중위는 못 온대?”

하고 물었다. 전 중위는 대농이 옆에 앉아 사방을 둘러 본 후

“고급 음식점이구나. 박 중위 단골집이겠지?”

하며 치밀한 성격을 내 비췄다. 김별광 중위는 오후 6시 정각에 도착했다.

”야! 다들 왔네. 늦어 미안하다. 박 중위가 수고 많이 했군.”

하며 손에 손을 잡았다. 박 중위를 제외한 친구 세 사람은 모두 명문 대학교 출신이다. 김 중위가 박 중위에게 물었다.

”요즈음도 바뿐거야? 문집 나왔어?”

하고 물었다. 박 중위는

”연말연시는 좀 쉬어야 하지 않겠어?“

라는 대답으로 친구들을 안정시켰다.

눈치 빠른 음식점 여종업원 두 명이 상에 음식을 진설했다. 대농이가 사전에 예약한 메뉴였다. 종업원들이 준비된 음식상을 차리는 데는 오 분 밖에 걸리지 않았다. 행사 주관자인 박 중위가 친구들에게 인사말을 했다. 사방이 조용해졌다. 드디어 육군장교 임관동기생 월례 모임이 시작되었다. 박 중위가 칠순잔치를 마다하고, 대신 벼르고 또 벼르던 모임이었다.

“문학작품 창작활동으로 금년엔 월례모임을 제대로 못했다. 미안하다. 이제 문단에 등단한 후 설정했던 목표를 모두 점령했다. 문집을 네 번 발간했다. 이제 문집을 위한 창작활동은 하지 않을 예정이다. 자연스럽게 문인 활동을 하고, 작품들이 축적되면 문집으로 엮을 예정이다. 그런 자세가 정상적인 문인의 자세라고 생각한다.”

이 중위가 기다렸다는 듯 말을 이어 받았다. 이 중위는 박 중위와 개인적인 일들도 많이 주고 받은 친구다.

“야, 박 중위! 나이도 생각해야지. 2년에 문집 4권 발간했다는 게 쉬운 일이 아니잖아? 지금 네 몸이 건강한 게 다행이다. 네가 지금 말

한 대로 서두르지 말고 천천히 작품활동을 하는 게 좋을 것 같다.”

대농은 고맙다는 답변을 했다. 곧 이어 저녁식사가 시작되었다. 누가 봐도 푸짐한 메뉴였다. 여종업원은 소주 두병과 막걸리 두병을 가져왔다. 순간 김 중위 목소리가 방 안에 가득했다.

“아가씨! 소주 두병은 치우세요. 여기 누구 소주 먹을 사람 있어? 있으면 손들어 봐.” 하고 주문했다. 네 사람 모두

“막걸리로 하자.”

는 합의가 합창처럼 튀어나왔다. 4명의 친구들은 짧은 시국담론時局談論을 하며 저녁식사를 했다.

“요즈음 나라 전체가 어수선한 것 같아.” 행동 빠른 이 중위가 먼저 운韻을 뗐다.

“일찌감치 ‘네임덕’ 이 온 것이라고 봐야 될 것 아닌가?” 김 중위가 이어 받았다.

“여당권의 비리문제가 연일 쏟아진다. 야당은 기가 올랐어.” 전 중위도 한마디 했다

“과거엔 볼 수 없었던 일들이 나타나고, 세상이 너무 빠르게 변하고 있어. 우리 식사 끝내고 시국담론時局談論이라도 하고 헤어지자. 최근 시국동향에 대한 의견을 서로 주고받아, 이 자리에서 모르는 것들을 배우고 헤어지자.”

박 중위가 제의했다. 모두 박 중위 제의에 동의했다. 식사도 계속되었다. 참석자 모두 올해 칠순을 넘긴 사람들이었다. 젊었던 시절엔 소주를 퍼붓던 용사들이 모두 막걸리만 선호했다. 담배를 피우는 사람도 없었다. 일행들의 저녁식사는 40분 정도 소요되었다. 모두 메뉴가 좋다며 박 중위에게 감사를 표명했다. 박 중위는 주방에 막걸리 두병을 다시 주문했다. 시국담론을 위한 막걸리였다. 박 중위 의도를 빠르게 알아차린 김 중위가 말문을 열었다. 김 중위는 서울시 관악산 기슭에 있는 명문대학을 졸업했다. 군복무 직후 공무원에 임용되어, 여러

지역에서 시장, 군수도 역임했다. 김 중위는

“최근 한국 사회가 급변해 모두들 어리둥절하는 것 같은데, 박 중위가 제의했던 대로 이야기 좀 하고 헤지자.”

며 박 중위 제의에 힘을 실어주었다. 박 중위와 김 중위는 공무원시절, 같은 부서, 같은 지역에서 근무한 적도 있다. 평생 서로 돕고 주고받는 친구 사이다. 김 중위는 정치문제에 관한 견해를 밝혔다.

“정치문제는 우선 여당 정부가 심한 ‘네임덕’ 현상을 보이고 있다. 지난 6.29 실시된 서울시장 보궐선거에서 야당 단일후보 가 당선되었다. 기존 정치인들에 대한 지지도가 너무 낮다.

그간 정치권도 국민들을 많이 실망시켰다. 게다가 20대, 30대, 40대 유권자들이, ‘스마트폰’이나 ‘트위터’ 같은 문명의 이기利器를, 정치와 선거에 악용하고 있다. 반면 보수계층 유권자들은 스마트폰이나 트위터 사용에 매우 서투르다. 이런 현상을 보고 많은 사람들이 ‘세상 확 변했다.’ 고 표현한다. 그러나 내 생각은 다르다. 문명의 이기는 인류의 복지를 위해 활용되어야한다. 문명의 이기를 정치적으로, 이념적으로 악용하는 나라는 한국 국민뿐이다.

김 중위 담론은 전문적이고 실질적인 내용이었다. 표현기법도 세련되고 청중의 심금을 울리는 어조였다. 좌중이 조용해지자 이 중위가 사회문제에 관한 의견을 발표했다.

“최근 한국 사회는 대형 시위로 몸살을 앓고 있다.

대형시위는 밤낮을 가리지 않고, 지역도 가리지 않으며, 계층 구분도 없다. 제주도의 해군기지건설반대 시위, 평택의 미군기지이전반대시위, ‘한미FTA협상비준안’ 철회시위 등이 그 대표적인 사례들이다. 이들 시위들은 모두 장기적이고, 희망버스나 항공기를 이용해 불법시위를 하는 기현상을 보이고 있다. 시위대들은 폭행을 일삼을 뿐 아니라, 정복을 착용하고 불법시위를 저지하는 경찰에게도 폭력을 행사했다. 지난 세대들의 시위와 근본적으로 다르다. 불법폭력시위 대형화

현상은 지난 20년간 허술했던 정부의 대북정책과 무관하지 않다.

한국이 북한에 지원한 엄청난 액수도 이제 구체적인 내용들이 분명하게 밝혀져야 한다."

이 중위는 여기서 호흡을 조정했다. 너무 열변熱辯을 토한 때문이었다. 이 중위는 한국이 서기 2,000년부터 2008년 간 공식적으로 지원해 준 차관 규모는 이미 유명일간지가 보도 한 적이 있다면서 담론을 이어갔다.

"한국이 북한에 지원한 차관은 식량차관 과 경공업원자재차관으로 구분할 수 있다. '식량차관' 은 총 7억 2,004만$(약 8,230억원)이다. 이자 1억 5,528만$(약 1,775억원)은 별도다. 차관은 쌀 240만톤과 옥수수 20만 톤을 제공했다. 조건은 10년 거치 20년 상환에 연리는 1%였다. 2012.6.7부터 상환을 받아야하는 상태다. 한편 '경공업원자재차관' 은 한국이 북한에 섬유, 신발, 비누 생산에 필요한 원자재 8,000만$(약 914억원)을 제공한 것이다. 이중 북한은 3%인 240만$을 현물(아연괴)로 이미 갚았다. 남은 차관액은 7,760만$(약 887억원)이다. 조건은 5년 거치 10년 상환이다. 앞으로 북한은 2014년부터 860만$(약 98억원) 씩 갚아야한다. 결국 한국이 북한에 제공한 차관은 총 3조 5,000억원이다. 2012.6.7부터 한국이 상환을 받아야하는데 전망이 어둡다는 게 중론이다.

이 중위도 명문대학교 출신답게 심도 있는 내용들을 명쾌하게 발표했다. 이 중위가 북한 지원 차관 내용을 발표할 때 친구들은 조용히 막걸리로 목을 축였다.

이제 시국담론時局談論은 박 중위가 발언하는 순서로 깊숙하게 들어왔다. 박 중위는 침착하게 입을 열었다.

"자세히 살펴보면 현재 한국사회는 모든 것이 흔들리고, 모든분야가 느슨해졌다.

최근에는 그랜저 검사, 벤츠 검사, 성추행 판사, 국회의장, 국회의

원, 저축은행, 아프리카에서 '다이아몬드' 광산을 발견했다던 외무부 직원, 승부조작에 동참한 축구선수, 야구선수, 농구선수…

한국은 이제 세계를 호령하던 로마가, 사치와 목욕으로 멸망했다는 전철을 밟는 것 같다. 각 분야가 너무 무너져 앞으로 나라를 재건하기 힘들 것 같은 생각이 든다. 전쟁과 질병만 국가와 사회를 뒤흔드는 게 아니다. 부정부패와 무사안일 이야말로 국가와 민족을 붕괴시키는 무서운 적이다. 이제 경제발전으로 살만한 한국 국민들이, 바로 이 점을 소홀히 하며 편하고 즐겁게만 살아가고 있는 것이다. 상대방은 핵무기로 무장한 세계 10위 군사 강국이다. 군사력, 통일전략, 국민사기 등 전쟁능력에서 한국을 앞지른다. 가장 짧은 기간에 기적적으로 경제강국을 건설한 한국을, 상대방은 자신들이 필요한 시기에 내려와 너무 쉽게 점령할 수 있는 여건이 형성되고 있는 것이다."

박 중위의 담론은 실망적인 한국의 장래를 걱정하는 내용으로 끝났다. 시국담론에 참가한 친구들도 박 중위와 함께 긴 한숨을 내 쉬었다. 조용하고 긴장된 분위기 때문이었는지 기지개를 지치는 친구도 있었다. 박 중위는 친구들의 표정을 살핀 후

친구들에게 숨을 고르는 시간을 주었다. 너무 지루하게 이야기만 계속하는 것도 싫증을 불러올 수 있다는 판단을 했다. 이직 전 중위가 의결 발표를 하지 않은 상태였다. 박 중위는 친구들에게 재미있고 유익한 짧은 휴식 공간을 제공했다.

박 중위는 어제 친목회 주관 안보강연에 다녀 온 내용의 요지를 친구들에 전달했다. 안보강연 연사는 탈북자 '고별한' 교수였다. 고별한 교수는 북한에서 김일성대학교를 졸업했다. 한국에서도 대학생들에게 강의를 하고 있는 북한통 유명인사다. 어제 친목회에서 고별한 교수는 "점령은 이미 완성됐다." 는 제목으로 강연을 했다. 박 중위는 고 교수가 강의 전에 청중들에게 배포했던 유인물을 어제 복사해 놓았었다. 박 중위는 그 유인물을 오늘 친구들에게 한 장 씩 나눠 줬다.

뜻밖의 유인물을 받은 박 중위 친구들은 그 자리에서 읽어 내려갔다. 친구들의 독서 속도는 매우 빨랐다.

〈 점령은 이미 완성됐다 〉

미국에서 "점령하라 월스트리트" 시위가 시작된 것은 2011.9월이었다. 한국은 이 보다 빨랐다. 반값등록금 시위대가 서울 광화문 네거리로 진출한 게 같은 해 5월이었다. 이게 "점령하라."의 전조前兆라는 사실을 당시에는 몰랐다. 나도 그 땐 '철 없는 아스팔트의 아이들' 이라고만 생각했다. 그로부터 8개월 후, 점령은 이미 완성됐다. 그 사이에 벌어진 변화는 8개월 전에는 상상치도 못했던 것들이다. 반값등록금은 이미 큰 방향에서 시작됐다. 사회의 주변에 몰려있던 젊은이들은 서울시장 선거를 거치면서 정치적 주류가 됐다.

이건 우리가 '경제독재의 시대' 에 살아 왔음을 은연중에 인정하는 것이다. 정치민주화가 군사독재를 무너뜨렸듯이 경제민주화도 재벌독재를 무너뜨리라는 메시지다. 순환출자의 고리를 끊어 재벌을 해체하자거나, 재벌 세습이 북한3대 세습과 무엇이 다르냐는 얘기가 대로를 활보할 줄 8개월 전엔 미처 생각하지 못했다. 작년 이맘 때만해도 오너 중심 재벌경제체제의 과감한 투자 결정, 속도감 있는 의사결정이야말로 한국경제의 강점으로 받아드려졌다. '롤러코스터' 도 이런 롤러코스터가 없다.

야당의 말과 행동은 이제 모든 기업과 대학과 언론의 주목대상이 됐다. 벌써 제 일당이 된 듯 행동한다. 반면 여권은 계속 뒷북을 치더니 시대변화에 맞춰 당명까지 바꿨다. 만약 여당에 박대표라는 자산마저 없었더라면 딱 2007년의 야당 신세였을 것이다. 지난 8개월은 조금 과장해서 말하면 '시대교체' 의 시기였던 것이다. 하지만 정말 진지해야 하는 건, '점령 후,' 바로 지금이다. 여당이든 야당이든, 지금은 정권이 어디로 가는가 그 이상이 필요한 시점이다. 그림 퍼즐은 손바닥 한 번 휘젓는 것으로 부서진다. 그러나 새로 맞추려면 상당한 시간과 솜씨기 필요하다. 퍼즐 조각 하나에는 비정규직, 복지와 증세, 청년고용, 재벌개혁 같은 그림이 그려져 있다. 근본 해결은 아예 불가능한 것들이다. 권력을 잡기 위해 뻥치는 사람들이 아니라, 점령을 '모두를 위한 점령' 으로 만드는 사람들이 필요하다.

박 중위 친구들은 5분 후에 유인물에서 눈을 뗐다. 3명의 친구들은 세쌍둥이처럼 함께 큰 호흡을 했다. 표정도 3사람이 비슷했다. 모르던 것을 깨달은 사람들처럼, 머리가 맑아진 사람처럼, 함께 표정을 지었다. 유인물에 대한 친구들의 반응은 좋았다.

"북한문제 전문가로서 상상외 심오深奧한 분야도 독파讀破하고 있다."

는 반응이었다. 박 중위는 친구들의 머리에 새로운 지식들이 축적되었다는 사실을 감지했다. 박 중위는 이제 '시국담론' 을 종료해야겠다는 목적으로, 이야기를 못한 분야에 관한 이야기를 시작했다. 몇 달 전부터 세계적으로 관심의 대상으로 부각된 "자본주의 위기"

에 관한 이야기였다. 박 중위는 자신이 이 문제를 제의하면 김별광 중위가 받아 의견을 개진하고, 그 후 전별선 중위가 종합적인 의견을 발표해 마지막으로 대책을 강구하는 것으로 시국담론을 마칠 예정이었다. 박 중위가 문제를 제기 했다.

"스위스 다보스에서 연례적으로 개최되는 '다보스포럼' 은 경제올림픽이라고도 불린다. 전 세계 각국 유명 경제인들은 물론, 국가원수들도 많이 참가한다. 유감스럽게도 금년 다보스포럼의 회의주제는, '자본주의 경제의 위기' 라는 과제였다."

공무원 출신인 김 중위가 담론을 했다.

"자본주의 경제가 위기를 맞이한 것은 사실이다. 그렇다고 공산주의가 다시 살아날 수도 없다. 중국이나 러시아가 미국을 제치고 초강대국가로 부상할 가능성도 별무하다. '다보스포럼' 창시자인 '클라우스 슈밥' 은 현재의 자본주의 구조를 개선할 때가 되었다고 말했다. 그는 급속한 세계화로 인한 치열한 경쟁 일변도의 현 자본주의 시스템이 나라마다 20% - 30%의 낙오자를 양산했다. 이들을 껴안지 못하면서 사회통합이라는 문제가 발생한 것이라고 밝혔다."

김 중위는 명문대 출신답게 전문적이 의견을 거침없이 발표했다. 김 중위는 막걸리를 한 모금 마신 후 담론을 계속했다.

"얼마 전부터 제기된 자본주의 미래와 문제점에 대한 각국 지도자들의 의견은 아래와 같다. 이탈리아 총리를 역임 한 '로마노프로디' 는, 앞으로 일 년 간 58개 국가들이 선거를 통해 지도자를 뽑는다. 이들 국가 국민들은 자신들의 지도자를, 자본주의를 개혁할 수 있는 능력이 있는, 강력한 인물을 지도자로 선출해야 한다.

스웨덴 총리를 역임한 '예란페르손' 은, 1990년대 중반 경제위기 때 격렬한 반대여론을 무릅쓰고 재정개혁과 복지개혁을 단행, 스웨덴 경제를 되살린 인물이다. 그는 정치인들이 올바른 일에 모든 것을 걸어야 한다. 재선에 실패해도 좋다는 각오로 개혁을 해야 한다.

위기는 항상 지도자들을 겸손하게 만든다. 국가 지도자가 돈을 구하려고 20개 은행에 고개를 숙인 적도 있었다. 리더는 천재일 필요가 없다. 자신이 무었을 해야 할 지는, 누구나 알 수 있는 것이고, 어려운 일을 수행하고 해내려는 의지가 필요한 것이다. 모든 개혁은 누구에게나 고통스럽다. 그러나 개혁을 하지 않으면 더 끔찍한 결과를 맞는다. 국가 지도자는 국민들이 효과를 피부로 느낄 수 있도록 구체적인 정책을 마련해 소통하고 설득해야 한다. 유권자들의 동의를 받아 놓으면, 상황에 따라 방법은 바꿔도 복지의 원칙을 지켜낼 수 있다.

일본 총리를 역임한 '하또야마 유키오' 는 자본주의 4.0이란 인간의 존엄성을 지키면서, 극단적인 자유, 무조건적인 평등 요구는 배제하는 우애友愛정신에 바탕을 둔 새로운 자본주의이다.

1960년대부터 박정희 대통령 정부에서, 국무총리를 역임한 남별우 경제학 박사는, 대통령의 경제 발전을 위한 직접지휘 중요성을 역설했다. 남 총리는 박 대통령과 함께 6.25한국전쟁으로 붕괴된 한국경제와 사회를 재건한 주인공이다. 그는 박 대통령이 새마을운동, 고속도로 건설, 외국차관 도입, 연속적인 경제개발5개년계획 수립 및 시행에 직접 참여했다.

포항제철 건설, 조선소 건설 등 중공업 발전과, 국민들이 잘살 수 있는 세상을 만들기 위해, 현장을 방문하고 독려하며 국민과 함께 울었다. 광부와 간호사들이 파견된 서독西獨을 방문하고 그들과 함께 울었던 이야기는 세상이 다 안다. 박 대통령은 모든 중대 사업들을 현장에서 지휘하고, 확인했다. 박 대통령은 항상 국민 속에서 조국을 재건하고, 함께 노래했고 조국이 경제대국으로 발돋움 할 수 있는 초석을 놓았다 고 역설했다."

김 중위는 전문적이고 구체적인 내용들을 거침없이 이어갔다. 발표 내용도 보통 머리로는 간직하기 힘든 내용들이었다. 김 중위가 기지개를 킨 후 편한 자세로 막걸리 컵을 들자, 이 중위가 예고 없이 담론을 계속했다. 박 중위는 내심 전별선 중위가 의견을 개진할 것으로 생각했었다. 돌출突出한 이 중위가 의견을 개진했다.

"세계경제도 중요하지만 우리나라, 우리 한반도 경제문제가 더 시급하다. 북한은 국민들을 굶어 죽이며 핵무기를 만들었다. 김일성 '3대세습왕조' 체제도 시작했다. 그런데 한국 정부와 국민들은 현 시국의 중요성을 느끼지 못하는 것 같다. 국가안보를 위해 온 국민이 함께 대책을 강구하려는 모습은 보이지 않고 안일한 일상日常만 거듭하고 있다. '천안함 피폭과 연평도 포격사건' 을 경험한 후에도 상대방의 의도를 모르는 것 같다. 국가 안전보장정책은 상대방의 침략을 물리칠 능력만 기르는 게 아니다. 정부와 국민이 한마음 한뜻으로 상대방의 강점의지를 사전에 예방하는 게 더욱 중요한 것이다. 그런데 정부와 국민들은 계속 상대방에게 유리한 여건만 만들어 주고 있다.

특히 각종 선거를 통한 국민들의 생각과 행동이 상대방에게 유리한 조건을 만들어 준다. 과연 한반도와 한국국민들의 운명은 어떻게 될 것인가? 우리 후손들이 설 땅이 어딘지 모르겠다. 나도 박 중의가 조금 전에 했던 말에 동의한다. 국민의 생명을 빼앗아가고 국가와 사회를 뒤흔드는 건 전쟁이나 질병 뿐 아니다. 최근 한국사회에 만연된 무사안일과 부정부패야 말로 국가와 민족을 붕괴로 몰고 가는 최대의 적이다."

이 중위 담론은 열변에 가까웠다. 담론 내용도 친구들의 눈과 귀를 사로잡는 내용이었다. 곳 이어 마지막 순서로 전별선 중위가 의견을 발표했다. 전 중위는 신촌산 기슭에 있는 명문대학교를 졸업했다. 친구들과 신의가 두텁고, 서두루지 않으며, 침착한 성격이다.

"지금까지 세 명 친구들의 의견을 잘 들었다. 최근 한국사회의 현주소가 위험수준이라는 판단에는 나도 동의한다. 앞으로 멀지 않은 시점에, 모든 국민들이 커다란 재앙과 마주칠 시점에, 우리가 서 있는 것 같다. 우리 국민들에게 주어진 문제는, 고장난 조국을 어떻게 무순 방법으로 수리할 것인가 하는 것이다.

나는 병들어 시름시름 앓고 있는 우리조국을 치유하는 방법에, 두 가지 처방이 병행되어야 한다고 생각한다. 우선 국가의 최고 지도자가 외교, 국방, 통일, 군사 같은 안보사항을 직접지휘해야 한다. 둘째로는 대통령이 국민의 신임을 받지 못하면, 즉시 하야하고 부통령에게 자리를 넘겨주어야 한다. 부통령 자리를 다시 만드는 작업이 우선 시급하다. 부통령 제도는 미국에서 수십 년 간 해 내려오는 제도다. 한국은 현재의 국무총리 제도를 폐지하고, 3-4명의 복수부통령제도를 도입해야한다. 그래야 많은 행정부서들의 국정을 빈틈없이 관리할 수 있다.

안보문제를 대통령이 직접 챙긴다는 건 당연한 상식이다. 많은 국가들이 하고 있는 제도다. 한국도 제도상으로는 안보장관회의 의장은 대통령이다. 그러나 대통령이 직접 현장에서 지휘를 하느냐, 아니면 지시와 전화로만 하는냐 하는 점이 문제다.

되돌아보면 '6.25남북전쟁' 때도 한국의 이승만 대통령과 북한의 김일성 주석은 현장지휘를 했다. 두 명의 지도자들은, 총탄과 포탄이 작렬하는 전투현장을 시찰하며 지휘했고, 장병들의 사기를 북돋워 주었다. 영국의 '처칠' 수상, 독일의 '아데나워' 대통령, 미국의 '아이젠하워' 대통령, 프랑스의 '나폴레온' 장군, 미국 '맥아더' 장군이 큰 전쟁에서 승리한 지도자들이다. 전쟁에서 승리한 장병들이 개선가를 부르며 조국에 입성할 때, 모든 국민들은 환호하고 눈물도 흘렸다. 이런 지도자들에 대한 국민들의 지지도는 태산 같이 높았다.

제2차세계대전에서 승리한 연합군 지도자들은 민주주의와 자본주의 경제를 꽃피웠다. 그 여파가 지금도 계속되고 있다. 나는 현재의 한국 대통령이 이런 훌륭한 국가 지도자들을 흉내라도 내고 있는지 궁금하다.

당시 러시아는 일본천황이 무조건 항복선언을 했던 1945.8.15 일주일 전에 연합군에 합류했다. 종전終戰 후 불노소득을 챙기기 위한 야심이었다. 소련군은 1945.8.9 일본 관동군을 격파하고, 1945.8.13에는 제25군단 병력을 북한 청진에 상육시켰다.

우리는 미국 대통령이 국민들의 지지를 받지 못하면, 자진 사퇴하는 사례를 몇 번 보았다. 이게 진정한 민주주의 국가 대통령이다. 나는 아직 한국 대통령이 임기 중에 자진 사직하는 사례를 보지 못했다. 한국은 부통령도 없어 인계할 사람도 마땅치 않다.

부통령이라는 제도가 원래 있었는데 언젠가 없어졌다. 대통령은 기업체 사장처럼 말로만 지시하는 자리가 아니다. 엄청난 비용을 낭비하며 외국에나 다니는 게 대통령의 직무가 아니다. 한국은 전쟁터를 뛰어다니고, 현장에서 명령을 하달하는 그런 대통령이 필요하다. 대통령은 현장에서 뛰고, 청와대 건물에서 할 수 있는 국정은 부통령들에게 맡기면 된다. 대통령이 앞장서면 따르지 않을 각료는 없다. 장관도, 공무원도 활발한 자세로 근무에 임하게 된다.

그렇게 공직자와 국민들의 호응을 받아, 국가기관, 군부, 정치인, 경제인들이 국가재건대열에 합류하도록 해야 한다.

나는 1960년 대 중반에 박정희 대통령이, 대학생들의 데모현장을 예고 없이 방문하는 모습을 목격했다.

당시 박 대통령은 전용 승용차에서 내려 최류탄이 난무하는 데모현장을 경호원 없이 뚜벅뚜벅 걸어갔다. 대통령을 본 데모대들은 혼비백산해 흩어졌다. 당시 이 광경은 흑백 TV화면으로 국민들에게 방영되었다.

김은상 유괴사건도 마찬가지다. 1960년대 후반에 서울시 마포지역에서 발생했던 사건이다. 유괴범이 국민학생 김은상을 등굣길에 유괴했다. 그 당시 국민들은 '유괴' 라는 단어조차 생소한 상태이었다. 전 국민들의 눈과 귀는 유괴사건으로 쏠렸다. 수사활동이 부진하자 박 대통령은 "김은상이를 조속히 귀가시켜라! 죄과는 선처하겠다." 는 담화를 발표했다. 김은상은 그 날 귀가했고. 전 국민들은 환호했다. 국민들은 함께 안도하며 짓눌렸던 가슴을 활짝 열었다. 이 사건은 대통령이 국민들 가슴속에 있으면, 국가의 무거운 수레바퀴도 쉽게 돌아간다는 사실을 보여주는 사례었다. 그 후 수십 년 간, 나는 이런 족적을 남긴 대통령을 보지 못했다."

'시국담론' 을 마친 네 명의 예비역 장교들은 막걸리로 건배를 했다. 건배 구호는 "잘해보자." 였다. 박 중위가 선창하고 친구들이 제창했다. 박 중위가 칠순맞이 기념으로 주관한 '육군장교임관동기생모임' 은 이렇게 끝났다. 그날 밤 크리스마스 전야의 서울 거리는 휘황

찬란했다. 홍콩의 야경보다 화려했고, 중국 상해 야경보다도 아름다웠다. 예비역 장교들은 밝은 가로등 밑에서 뜨거운 악수를 했다.

귀갓길의 박 중위 머릿속은 맑지 못했다.

만물의 영장이라는 인류가 고도의 문명을 발달시켜 복지사회가 찾아온 것인데, 그 문명의 배설물이 지구온난화를 만들어 인류를 위협하고 있다는 사실이 너무 허망하게 생각되었다. 게다가 지구상에서 유례없는 복지국가를 건설한 한국사회가, 붕괴 직전에 와 있다는 사실도 허무하게 생각되었다.

그런 생각을 하니 박 중위는 자신이 더욱 왜소해 보였다. 이제 칠순을 맞은 박 중위는, 기울어져가는 국가와 민족을 구하는 문학창작활동이 절실한 시점이라는 생각을 했다. 앞으로 박대농 예비역 중위는 한국의 위상을 되찾을 수 있는 문학작품을 찾아 끝없는 여행을 계속할 것이다.

Ⅱ. 제2부 | 생활수기(세모에서 본 한해살이)

〈서울대공원 벚꽃〉

〈생활수기〉

세모에서 본 한해살이

1. 개요(槪要)

• 서기 2011년, 토끼 해 신묘년辛卯年은 폭설 속에 밝았다. 박혜월 가족들은 일주인 전에 출생한, 쌍둥이 손녀들에게 관심을 집주했다. 긴장 속에 하루하루 계속되는 손녀들의 상태는, 혜월의 날자 감각을 무디게 만들었다. 이리 뛰고 저리 뛰고, 혜월은 신년맞이 행사도 제대로 못했다. 그래도 “한국해군 특수부대인 청해부대UDT/SEAL 대원들이, 2011.1.21 ‘아덴만의 여명작전’ 을 성공적으로 완수했다.” 는 소식은 머릿속에 확 들어왔다. ‘소말리아’ 해상에서 해적들에게 납치됐던 삼호주얼리호 선원 21명이, 총격 끝에 무사히 구출되었다는 쾌거였다. 선원구출작전 성공은 몇 달 동안 애를 태우던 선원가족들과 국민들에게 연초 청량제로 작용했다.

• 금년 정월 추위는 유례없이 혹독했다. 방송들은 10년 만에 찾아온 혹한이라고 연일 사고예방을 당부했다. 새해 연초였던 1.10부터 영하 10도 - 영하 19도의 기온이 계속되었다. 1월 중순인 1.15에는 영하 17도, 1.16에는 영하 18도, 1.18에는 영하 20도의 강추위가 계속되었다. 게다가 칼날 같은 북풍이 계속되어, 체감온도는 영하 20도가 넘는 상태였다. 국민들은 그날그날을 웅크리고 살았다. 폭설과 혹한이 만들어 내는 피해도 가지가지였다. 영등포역에서는 전선이 동파되어 전철운행이 불가능했다.

• 서해바다에선 여객선 운항이 금지되어 많은 섬 주민들이 불편을 겪었다. 차량, 수도계량기 동파사건이 전국에서 신고 되었다. 기상청은 1월 한 달 간의 강설량이 작년의 두 배였다고 발표했다. 96년 만에 찾아온 폭설은 농민들의 가슴을 까맣게 태웠다. 비닐하우스들이 붕괴되고, 과수도 얼어붙어 농업과 원예업은 일찍 포기해야 했다. 특히 제주도와 서해바다 주변 농민들은, 폭설사태로 일상생활이 불가능했다. 농민들은 금년 농사가 불가능 하다며 울상이었다. 그런 농민들의 가슴을 영하 25도의 한파가 할퀴고 지나갔다.

• 얼어붙은 국민들의 마음을 상하게 한 건 혹한 뿐 아니었다. 작년에 기승을 부려 온 세상을 뒤집어 놓았던 구제역이 다시 얼굴을 들었다. 구제역은 1.24 경남지방에서 다시 나타났다. 1.25에는 경주, 충남 공주까지 확산되었다. 구제역 꼬리를 물고 무시무시한 조류독감도 다시 나타났다. 혹한 속에서도 창궐하는 전염병들! "이제 한국이 저주의 땅이 되려나?" 농민들의 한숨은 하늘을 찔렀다. 정부는 신묘년 연초에 불어 닥친 자연재해에 대한 대응책으로, 1.26 "설 명절에 고향방문을 자제해 달라." 는 담화를 발표했다. 행정안전부(내무부) 장관과 농수산부 장관이 합동으로 발표했다.

• 혜월이 가족들도 혹한과 폭설로 얼룩진 겨울살이를 하며, 쌍둥이 손녀들 양육에 최선을 다했다. 그러나 어려운 일들이 계속 나타나며 앞을 가로막았다. 제일 먼저 나타난 장애물은 쌍둥이네 전세 아파트 이사문제였다. 계약기간 2년이 만료되었다. 혜월은 아들과 함께 이리 뛰고 저리 뛰었다. 재계약은 쉽지 않았다. 임대인이 임대료 천만 원 인상을 요구했다. 혜월이 부자夫子는 갓 태어난 쌍둥이들을 위해 아파트 임대인의 요구를 수용했다. 1.10 임대인 자택에서 재계약서를 작성할 수 있었다. 혜월은 자신의 건강도 어려웠다. 10년 전부터 나타난 심장내과 질환과 신경외과 질환이 때를 만난 것처럼 기승을 부렸다. 혜월은 평소 주위를 소홀히 하지 않는 호사다마好事多魔를 생각하

며 소기의 목적을 달성했다. 지루했던 1월이 가고 2월이 되자, 혜월은 얼음장 속에서 고래를 잡은 것처럼 상쾌한 성취감을 느낄 수 있었다.

• 혜월은 신묘년 연초에 불어온 '아랍(중동)의 봄' 을 지켜보며 많은 교훈을 얻었다. "장기 집권은 독재자를 만들고, 독재자들은 국민들에게 쫓겨 나간다." 는 진리도 배웠다. 그러나 무엇보다도 진정한 아랍의 봄은, 검은 '차도르' 를 온몸에 걸치고 수천 년간 짓눌려 살고 있는, 이슬람 여성들의 인권향상과 평등한 지위가 보장될 때 환하게 끝나게 될 것이다. UN의 2009년 보고에 의하면, 아직도 아랍지역에서 매년 5,000여건의 명예살인이 발생되고 있다. 여성들을 이슬람 율법에 따라 돌로 때려 죽이고, 여성들의 선거권은 물론, 승용차 운전도 불허하는 나라가 많은 상태다.

• 혜월은 2011.5.2 승용차에서 미국해군 특수전 부대원들의 '제로니모 작전' 관련 뉴스를 라다오로 들었다. 귀가 후에는 작전 종료 이후 전개되는 상황을 예의주시銳意注視했다. 10년이라는 장장세월을 기다렸던 쾌거快擧였기 때문이었다. 전 세계인들이 이목을 집주하는 사건이기도 했다. 혜월이 개인적으로는 9.11테러사건 당시 아들이 군복무 중이었고, 자신도 장교출신 이었다. 테러사건 그날부터 주한미군駐韓美軍들은 경계태세를 강화하고, 긴장된 분위기였다. '빈 라덴' 사망이후 혜월의 미국에 대한 인식은 '업 그레리드(Up Grade)' 되었다. 미국은 국회의원이라도 법을 어기면 현장에서 체포하는 전형적인 법치국가다. 미국은 전 세계 사람들로 구성된 국민들을, 법으로 다스리며 공동체를 꾸며가는 나라다. 이번에도 미국은, ' 알 카에다 ' 에 희생된 4,000여명의 영혼을 위로할 수 있는 명분을 분명히 만들었다. "테러행위는 반드시 응징한다." 는 미국의 의지를 만천하에 증명해 보였다. 혜월은 다짐했다. "노력하자! 편한 자세로 목적을 달성할 수 있는 일은 이 세상에 없다. 끊임없는 낙숫물이 바위를 뚫는 것이다."

• 혜월은 세모에 유럽 선진국들이 재정위기에 봉착해 허덕이는 사

실을 알게 되었다. 유럽(EU)각국들의 재정위기 진면목眞面目을 알게된 혜월은 크게 놀랬다. 지구상에서 수백 년간 선진국이라는 명칭과, 지상낙원이라는 평가를 받던 국가들이, 예기치 못한 암초를 맞난 것이었다. 유럽의 재정위기는 순전히 무상복지, 전면복지, 책임복지, 차입복지정책 때문에 온 것이었다. 이런 얼굴을 한 복지정책들이 짧은 기간 지상낙원이라는 평가를 받은 후, 나라가 망할 괴물로 변한 것이다. 영국 '파판드레우' 총리처럼, 아버지가 뗀 계산서를 아들이 갚게 하는 흉물이다. 국가 재정위기의 모든 책임은 정당과 정치인들에게 있다. 선거에서 유권자들의 표票를 많이 얻으려고 '포퓔리즘' 에 정신이 팔린 정치인들 책임이다. 복지의 혜택을 받은 국민들이 더 많은 복지를 요구하는 것은 죄가 아니다. 이제 한국의 정치인과 국민들도 유럽의 그리스, 아일랜드 같은 나라의 복지정책의 진상을 깨달아야한다. 선진국들이 폐기처분하는 복지정책을 뒤늦게 한국사회에 이식移植하려는 정당과 정치인들의 득표작전인 '포퓔리즘' 을 국민들이 나서 막아야한다. 국가와 후손들을 위해 지금부터 서둘러야 할 과제다.

2. 국내동향(國內動向)

• 새봄이 되자 금수강산 조국의 산하는 싱그러웠다. 봄꽃들이 다투어 피어나고 산과 들은 온통 꽃대궐이었다. 한파와 폭설로 찌들었던 국민들도 기지개를 켜며 가슴을 넓히고 새희망을 설계했다. 그러나 서울의 시가지는 항상 복잡하고 시끄러웠다. 대학교들이 개강을 하자마자 청계광장은 옥외집회로 몸살을 앓았다. 대학생과 야당원들이 합세해 "등록금 반값인하 요구 옥외집회"를 계속했다. 대학생들의 요구사항이 비화되어 정치인들도 옥외집회에 합세했다. 한심한 노릇이었다. 5.30 시작된 등록금 반값 시위는 6월에도 계속되었다. 대학생들의 등록금 인하 집회는 2010년 9월 미국 월가Wall에서 시작된 "월가

를 점령하자," 는 시위가 원조였다. 한국 대학생들도 전 세계로 확산되는 시류에 동참한 것인데, 정치인들이 뒤늦게 커다란 정치문제로 비화시켰다. 등록금 문제가 복지문제로 변질되어, 경제문제와 정치문제로 비화되었다.

• 원래 "월가 점령 시위"는, 자본주위가 빈곤 가정을 양산했다고 비난하는 시위였다. 즉 자본주의 개혁이 필요하다는 시위였다. 그러나 한국은 뒤늦게 복지문제로 변질되어, 여당과 야당이 앞 다퉈 서구식 완전복지정책을 도입하자며, 국민들에게 공약하고 있다. 한국 정치인들도 이미 유럽의 노르웨이, 이이슬랜드, 그리스, 미국 등 많은 국가들이 완전복지 정책에 실패해 몸살을 앓고 있다는 사실을 잘 알고 있는 상태다. 한국 정치인들은, 완전한 복지정책의 종말을 잘 알면서도, 오르지 집권과 득표得票를 위해, 선진국들의 실패한 정책을 도입하려고 안달이었다. 더구나 대학생과 연계하며 함께 시위를 했었다.

• 계절의 여왕 5월에는 모두가 활발하게 활동했다. 북한 김정일 위원장은 5.20 – 5.28 중국을 방문했다. 김 위원장은 스텔스 기능을 갖춘 열차여행을 하며 중국 여러 도시에서 산업사찰을 했다. 언론들은 김 위원장의 중국방문 목적이, 아들 김정은 세습 문제에 관한 중국 측의 동의를 얻어 내려는 데 있다고 보도했다. 김정일과 중국 '후진타오' 주석은 5.23 양저우揚州 빌라에서 화담했다. 그러나 김정일은 소기의 목적을 달성하지 못했다.

한편 한국에선 5월에 저축은행들의 대형 부정사건들이 터졌다. 국민들은 금융기관에 또 한 번 놀랬다. 16개 저축은행들이 영업정지처분을 받았다. 실질적으로 파산된 것이다. 검찰은 검사 44명을 투입해 사건들을 수사했다. 전 청와대 홍보수석비서관 등 139명이 연루된 사실이 확인되었다. 졸지에 예금을 묶인 고객들은 발을 동동 굴렀다.

서기 2011.07.07.00:18! 멀리 남아프리카공화국 수도 '더반' 에서 들려온 승리의 함성이 전 국민들의 밤잠을 깨웠다. 강원도 평창동계올림픽 유치가 확정되었다는 함성이었다. 고요했던 한반도가 한순간에 환희와 함성으로 뒤덮혔다. 그 날 한국 TV들은 하루 종일 기쁜 소식만 방영했다. 온 국민들이 하나 되어 김연아, 나승현을 외쳤다.

• 7월은 휴가철이었는데도 숨 가쁘게 돌아갔다. 한나라당은 7.4 올림픽체조경기장에서 전당대회를 개최했다. 당 대표에 홍준표 의원(4선)을 선출했다. 한편 검찰총장은 7.4 수사권 관련 문제로 사직했다.

강화도 해안초소에서는 경계근무를 하던 해병 병사가 K-2 소총으로 야간에 동료 전우들을 무차별 사살하는 기막힌 사건이 발생했다. 범인은 근무 후 내무반에 들어와 잠자는 동료들을 총살했다. 동료병사 4명이 사망하고 2명이 부상당했다.

정부는 새마을운동 제창 제 41주년 기념행사를 중앙청 회의실에서 개최했다. 고 박정희 대통령이 경상북도 청도군 신도리에서 착안해 1970.4.22 제창했던 사실을 기념하는 행사였다. 새마을운동은 2011.7월 현재 84개 국가에 전수되었다. 지난 20년간 외국인 25만여 명이 한국을 방문하고 교육을 받았다. 아프리카 콩고 등 12개 국가들은, 새마을운동 농촌모델을 접목 완료했거나 진행 중에 있다. 가난에 찌들었던 국민들의 허기를 해결해준, 박정희 대통령의 횃불은 꺼지지 않고 온 세계로 퍼지고 있었다.

서울 광진구 구의동 소재 39층 건물인 '테크노마트' 가 흔들렸던 사건이 발생했다. 1998년 신축 때 진도 7.0이상의 지진 대비 설계를 한 건물이었다. 진동 사건으로 상인, 주민들이 도피하는 사태가 발생했다. 그러나 건물 안전점검 결과는 정상이라는 결론이었다. 한미연합군사령관 '월터셔프' 대장이 7.14 이임했다. 후임에 '제임스 셔먼' 대장이 부임했다.

• 남한과 북한 6자회담 대표들이 7.22 인도네시아 '발리' 에서 남북한비핵화회담을 개최했다. 아세안지역포럼(ARF)이 개최되는 계기를 이용해 깜짝회담을 개최했다. 회담에선 한국에서 위성락 한반도평

화교섭본부장이 참석했다. 북한 대표는 리용호 외부성 부상이었다. 양측은 회담에서 천안함 사건, 연평도 포격사건 등을 논의했다. 북한은 리용호의 뒷바라지를 위해, 북한 내각총리 최영철의 딸 최선희가 참석한 사실이 밝혀졌다. 최선희 사진은 국내 일간지에 보도되었다. 이명박 대통령은 7.25 라디오 방송에서 연간 한국의 관광객 현황이 한국인 출국자 1,200만 명, 외국인 관광객 방한이 800여만 명이라고 밝혔다.

• 8월과 9월에도 큰일들이 몇가지 있었다. 오세훈 서울시장은 학생들의 무상급식 관련 시민투표를 8.24 실시했다. 야당이 주도하는 서울시의회의 전면급식 제의에 대결하기 위해 취한 조치였다. 투표결과 시민투표율은 25.7%에 머물렀다. 오세훈은 시장직에서 사임했다.

북한 감정일 위원장은 8.28 소련을 방문하고 '메드베테프' 대통령과 정상회담을 했다. 김정일은 '불라디보스코' 와 '브라트공화국' 의 '울란우데' 를 방문했다. 한편 곽노현 서울시 교육감은 선거 당시 야당후보자 단일화 관련, 수억 원을 수수한 혐의로 9.10 구속 수감되었다.

대한민국은 9.15 암흑의 세계가 되었다. 한국의 모든 가정과 산업시설들이 암흑의 세계로 빠졌다. 대규모 정전사태인 불랙아웃(Black Out)의 직전 사태가 발생했다. 전국의 212만 가구가 단전되었고, 수많은 금융기관, 통신망, 기업체, 군부대 등 모든 것들이 암흑의 세계로 빠져버렸다. 당일 한국의 예비전력은 24만Kw로 확인되었다. 당국은 전력거래소가 전력공급능력을 허위보고 했다고 뒤늦게 밝혔다. 이렇게 막중한 사건이 최경중 지식경제부장관이 사직하는 것으로 끝났다.

• 서울특별시장 보궐선거가 10.26 실시되었다. 통합민주당 후보로 출마한 재야인사 박원순 후보가 당선되었다(53.4%). 여당인 한나라당 후보 나경원(여)은 낙선했다(46.2%). 이번 선거는 내년 2012.12.19 실시될 대통령선거와도 연계된 선거여서, 여당과 야당은 총력을 경주했다. 그러나 9월부터 한국 정치사회를 뒤흔들었던, 안철

수 서울대 교수의 돌풍이 새로운 선거혁명을 가져왔다. 유권자 층에서 20대, 30대, 40대 유권자들이, SNS망(이동전화 등을 매개체로한 사회연결망)을 이용해 단결하고 새로운 선거풍토를 조성했다.

선거 결과에 당황한 한국 정치권은 정당명칭 개명, 안철수 교수 모셔오기, 젊은 유권자 지지기반 조성 등 법석을 떨었다. 한국 정치인들은 유럽 선진국들이 폐기처분廢棄處分한 전면복지全面福祉 정책을 억지춘향抑止春香으로 도입한다고 경쟁적으로 발표했다.

• 한국 국회는 11.22 한국 · 미국자유무역협상안(FTA) 비준안을 의결했다. 한 · 미 양국 정상들이 협상안에 서명한 후, 4년 7개 월 만에 양국 의회가 비준批准한 것이다. 야당인 민주당은 거리 시위에 돌입했다. 야당은 대학생, 재야단체들과 연계하며 대규모 시위를 획책하고 재협상을 요구했다.

그런 혼란한 연말 분위기 속에서 철강왕 박태준(84세) 회장이 홍진紅塵을 떠나 승천昇天했다. 장례식은 12.17 사회장으로 했고, 국립현충원에 안장되었다. 박 회장은 1973.6월 포항제철소를 건립하고, 1977 '포스코'(기술연구소)를 설립했다. 1990.1월 민정당 대표, 2,000. 1월 국무총리 등을 역임했다. '포스코'는 2011년에 세계 제 1위 철강사로 선정되었다. 박태준은 1987년 "포스코-포스텍-Rist"가 함께하는 산학연구개발체제産學硏究開發體制를 국내 최초로 구축했다.

3. 국외동향(國外動向)

• 미국과 중국은 1.18 - 1.22 간 미국 워싱턴 백악관에서 정상회담을 개최했다. 양국 정상들은 두 나라 간의 현안문제들과, 북한 핵개발 저지문제, 연평도 포격사건등을 논의했다. 미 · 중 양국은 회담의제를 3분야로 분류해 협상했다. (1)우선 협상이 쉬운 의제는, 양국 교역량 120배 증가, 양국 인적교류 200만명 초과 등이었다. (2)두 번째로 협

력이 가능한 문제들은, 911테러사건 협력, 한반도비핵화 공동노력 등 6개 현안이었다. (3)세 번째로 대립이 예상되는 문제들은, 지역 주도권 경쟁, 티베트 '달라이라마' 등 이데오르기 안건, 무역불균형 및 신흥강대국들의 알력 등 3가지 안건이었다.

'후진타오' 주석은 미국에 60시간 머물며 20개 행사에 참석했다. 양국 정상들은 7개 항목의 공동성명을 발표했다. (1)미국은 태평양국가로 지역안정과 번영에 기여. (2)상호 인권보호 증진에 기여 (3)이란 핵시설 평화적이용 촉구 (4)아태지역 평화, 안정, 번영을 촉구 (5)중국 위안화 환율개혁 촉진. (6)양국 간 무역, 투자를 자유화. (7)중국에 '핵안보센터' 를 공동으로 설립한다. 등 내용이었다. 금번 회담에서 미국은 450억 달러에 달하는 무역을 계약했고, 북한의 핵문제에 대한 중국의 협조를 얻어냈다. 반면 중국은 미국 심장부에서 일본을 제치고, 세계 제2대 강대국(G2)으로 성장했다. 양국 정상들의 공동성명 발표광경을 세계인들이 지켜보았다.

• '중동(아랍)의 봄' 은 북아프카 '튀니지공화국' 에서 발원했다. 중동의 봄은 일 년 간 아랍권에서 계속되며, 이슬람권 4명의 절대군주들을 차례로 하야시켰다. (1) '튀니지' 의 봄은 2011.01.04 한 노점상의 분신자살 사건으로 시작되었다. 국민들의 시위는 거칠게 확산되었고, 23년 간 장기집권을 계속하고 있던 '벤 알리' 대통령은 1.23 하야했다. (2) 중동의 봄바람은 '이집트' 로 불었다. 시민들의 반정부 시위는 군부까지 흔들어, 국방부장관 '무하마드' 와 부통령 '오마르 술래이만' 이 군사최고위원회를 구성하고 국회해산, 정치개혁안을 발표했다. 친 미국계 인물로 30년 장기집권을 해오던 '호스니 무바라크' 대통령은, 2.11 헬리콥터 편으로 망명해 독재정치의 종지부를 찍었다. 중동의 봄 바람은 아랍 국가들을 완전히 바꿔 놓았다. 장기집권 독재자들을 모두 하야시키고 새로운 정권을 탄생시켰다.

(3) '예멘공화국' 의 봄바람도 2011.01.27부터 불어왔다. 시민 시위

대들은 반정부 구호를 외치고 대통령 하야를 요구했다. 33년간 대통령직책을 고수하고 있던 '알리 압둘라 살레' 대통령은, 부상으로 2011.06.04 사우디아라비아 리아드로 망명했다. 살레 대통령은 2011.11.23 사우디에서 부통령 '압둘 만수루 일하디' 에게 권좌를 넘겼다. (4) '리비아' 대통령 '무아마르 카다피' 는 42년 철권통치 끝에 사살되었다. 카다피는 시민혁명군과 NATO(북대서양동맹기구)에 완강히 대항하다 고향으로 은둔했다. 시민군이 지하 배수관에서 발견해 10.23 사살했다. (5)시리아 독재자 '바사르 알 아사드' 대통령은 2011.1.28 발생한 노점상 분신 사건으로 중동의 봄을 맞았다. 그러나 아바지로부터 물려 받은 세습왕조의 주인공인 '바사르 알 아사드' 대통령은, 무자비한 무력진압으로 반정부 시위대들을 계속 사살했다. UN도 본격적으로 개입해, 10.02에는 안전보장이사회도 무력진압 즉시 중단을 요구했다. 그러나 '시리아의 봄' 은 결국 해를 넘겼다. 2012년이 밝아도 끝나지 않았다. UN 안전보장이사회도 2012.2.11 아사드 대통령에게 무력진압 중지를 강력하게 요구했다.

• 2011.03.11. 14:46! 일본열도에 강도 9.0도의 초대형 지진과 쓰나미가 함께 닦쳤다. 후쿠시마福島 지방 피해가 가장 심했다. 일본열도는 순식간에 폐허되었다. 주택 파손은 물론 도로 붕괴, 철도 파괴, 원자력발전소 파괴 등 사상 초유의 피해가 발생했다. 날이 갈수록 피해현황은 증가하고, 국민들의 생활은 위험수준으로 떨어졌다.

- 피해현황 : 사망자 15,854명, 행방불명 3,155명, 부상자 26,992명, 피난민 468,653명, 고아발생 1,600명, 재산피해 17조 4,000억원(약 238조원), 건물피해 1,168,453채, 침수지역 561만㎢, 방사선물질 방출량 77만 테라베크렐, 여진(진도 4.0이상) 232회, 지진규모 9.0도, 최고 쓰나미 높이 40m, 금번 대지진과 쓰나미 재해로, 일본열도는 지구온난화 피해를 가장 많이 받은 지역으로 변했다. 전대미문의 이 사건을 처리하는 과정에서, 일본정

부는 비상사태 앞에서도 매뉴얼만 중시하며 늑장을 부렸다는 따끔한 평가를 세계인들로부터 들었다. 그러나 일본 국민들은 죽음 앞에서도 서두루지 않고 철저히 공중도덕과 질서를 지키는 선진국민이라는 칭찬을 받았다. 당시 온 세계인들은 일본 시민들에게 많은 박수를 보냈다.

• 미국 대통령 '버락 오바마'는 2011.05.02 '알카에다' 최고지도자 '오사바 빈 라덴'을 사살하라는 특수작전명령을 하달 했다. '빈 라덴' 은 2001.9.11 미국 국제부역센터 건물과 '펜타곤' 을 항공기 4대로 폭파시킨 주범이다. 미국해군 특스부대(Navy/Seal) 대원22명은 스텔스 기능을 갖춘 헬리콥터 2대로 파키스탄 '아보타바드' 지역에 있는 저택에서 빈 라덴을 사살했다. 빈 라덴은 사살된 후 바다에 수장되었다. 라덴의 저택에서 총격전 계속될 때, 라덴의 가족과 경호원등 4명도 사살되었다.미국해군도 헬기 한 대가 불시착 해 파괴되었다. 금번 미국의 '제로미모' 작전은 "테러자는 꼭 응징한다." 는 미국의 의지를 실천으로 보여준 사례였다.

• 주한미군 당국은 5.19 고엽제를 불법 매장했다는 의혹을 불러일으켰다. 주한미군병사 '스티브 하우스'는 미군이 1978년 경상북도 칠곡군 왜관읍 '캠프캐럿' 미군기지 지하에 고엽제를 매장했다고 폭로했다. 한 · 미양국은 현장 합동조사를 실시하는 등 발 빠르게 대처했다. 한미 양국은 합동조사를 통해 폭로내용은 쉽게 마무리 지었다.

한편 일본 자민당 '영토에 관한 특별위원회' 소속 요원 3명이, 독도 영유권 주장을 위해, 8.1 한국을 방문했다. 이들은 독도와 울릉도를 가겠다는 심산心算이었다. 울릉도 방문을 목적으로 방한한 '신도요시타카' 新勝義考는 11.20 김포공항에서 추방되었다. 독도를 가겠다는 '시모조 마시오' 교수와 '아니다 도모리' 교수, '사토마 사하사' 교수는 7.31 입국장에서 추방되었다. 이들은 모두 일본 '다크쇼쿠' 대학 교수들이었다. 일본에서는 8.30 신임총리에 '노리요히스코' 가 취임했다. 신임총리는 극우성향의 인물이다. 야당인 민주당 대표를 역임했고 54세의 젊은 정치인이다.

미국 국방부장관 '리언 파네타' 는 2011.12.15 '이라크' '바그다드 공항' 부근에 있는 미군기지에서 이라크 전쟁을 종료하는 미군기 하강식을 거행했다. 2003.3.20 시작된 이라크 전쟁은 미국에 1조 달러의 부채를 남겼다. 미군 4,487명도 희생되었다.

4. 지구온난화(地球溫暖化) 피해현황(被害現況)

올해 신묘년辛卯年에도 지구온난화는 지구를 붕괴시켰다. 인류가 만들어내는 문명의 발달은 지구온난화를 만들어 내고, 지구온난화는 지구와 인류를 붕괴시키는 데 여념이 없었다. 인류는 해마다 증가하는 지구온난화 피해에, 별다른 대책을 강구하지 못하고 희생만 당하고 있다. 서울에도 2011.7.26 시간당 113mm의 집중호우가 이틀간 내렸다. 피해도 막심했다. 작년에도 추석연휴 첫날인 9.21 서울지역에 집중호우가 내려 온 시가지가 물바다로 변했었다. 금년의 집중호우도 서울과 지방을 물바다로 만들었다. 수마水魔는 광화문 일대를 점령하고, 서초구 우면산에서 산사태를 야기했다. 뿐만 아니라 수마는 강원도 춘천시 소양강 부근에서 또 다른 산사태를 야기했다. 수해로 전국에서 39명이 사망하고 실종 8명, 이재민 401가구, 정전사태 66,093가구, 주택침수 720채 등 피해를 주었다.

가. 한국 피해현황

• 2.13 : 강원도 지방에 폭설이 내려 동해시, 강릉시가 교통두절되었다. 정부는 군장병들을 동원해 복구했다. 폭설로 주민 400여명이 고립되고 난민도 발생했다. 금번 폭설은 100년만에 내린 폭설이었다.

폭설은 2.24에도 내려 50Cm가 얼어붙었다. 정부는 2.26 강릉지역을 '긴급재난지역' 으로 선포했다. 폭설로 주민 14명이 매몰되어 사망했다.

• 7.10 : 충청도 지역과 전라북도 지역에 호우피해가 발생했다. 충청도 지방에는 250mm의 집중호우가 내려 40,000여명의 이재민이 발생했다. 전라북도 군산시가 물바다로 변해 단전, 단수, 가옥침수, 지하도붕괴 등 피해가 발생했다. 주민 사망 16명, 실종 4명의 피해도 발생했다. 이날 강원도 춘천시에도 산사태가 발생해 주민 13명이 대피했다.

• 7.27 : 서울지방에도 집중호우가 450mm나 내려 주민 사망 60명, 실종 15명, 이재민 620명(401가구)의 피해가 발생했다. 광화문 일대를 물바다로 만든 집중호우는 서초구 우면산에서 산사태를 야기했다. 이날 서울에선 주민 사망 6명, 주택파손 720채, 이재민 발생 620명, 정전가구 66,093가구 등 피해가 발생했다. 2011년 장맛비는 예년의 3배인 750mm가 내렸다. 짧고 굵은 장마였지만 태풍 '메아리' 와 '무이파' 가 옹진반도를 통과하며 4명의 인명을 삼켰다.

나. 국외 피해현황

• 일본 규슈九州지방 신모예다께봉(해발 4,421m)이 1.26 화산 폭발했다.

• 필리핀 '소르소곤' 지방의 불루산(Bluesan)이 2.20 화산 폭발했다. 화산재가 21Km 상공으로 퍼져 항공기 5,000여대가 취항중지 되었다.

• 중국 운남성雲南省 잉강 지방에 진도 5.8 규모의 지진이 3.10발생했다. 사망자 25명, 주민대피 15만 여명의 피해가 발생했다.

• '아이슬랜드' 에서 5월에 화산이 폭발해, 화산재로 항공기 5,000

여대가 취항 중지되었다.

• 남미 칠레 '푸에우에 화산'(높이 2,240m)이 6.4 폭발해 원자폭탄 70개의 위력인 일억톤의 화산재를 분출했다. 화산재는 모래와 함께 1,700Km까지 날아갔다. 화산재가 쌓인 높이가 10Cm나 되어 교통에도 지장을 초래했다.

• 뉴질랜드 '크라이스트' 지방에 진도 6.4 규모의 지진이 발생했다. 주민 사망 113명, 실종 200명, 부상 2,000명(외국인 70명포함) 의 피해가 발생했다.

• 미국 '애리조나' 우보로 지방에서 6.7 대형 산불이 발생해 486 마을이 불탔다. 산불은 '스프링어벌' 지방으로 확산되었다. 금번 산불은 미국 역사상 가장 큰 산불이었다.

• 중국 '쓰찬성'(四川省)에서 7.4 폭우피해가 발생했다. 원천(汶川) 교량붕괴와 산사태 등의 피해가 발생했다.

• 미국 '애리조나주' 에서 7.4 시속 112Km, 넓이 80Km의 모래폭풍이 발생했다. 공항이 폐쇄되고 항공기 취항이 금지되는 피해가 발생했다.

• 중국 원저우 지방에서 7.16 대형열차가 전복되는 사고가 발생했다. 승객사망 43명, 부상자 211명이 발생했다.

• 태국에서 대홍수 사태가 발생했다. 대홍수는 7.29 - 10.28 간 계속되었다. 태국의 국토 2/3가 물에 잠기고 사망자도 300명이 넘었다. 유례없는 대재앙이었다. 태국 홍수지휘센터는, 수도 방콕 북쪽 '파툼티니주' 에서 발생한 50년 만의 홍수가, 국토의 중앙부와 북부지방을 휩쓸고 남하해, 수도 방콕시로 향하고 있다고 경고했다. 홍수경보가 내려진 지방은 태국 동부 9개 지방이었다. 태국정부는 대홍수로 국내 총생산량(GDP) 성장률을 하향 조정했다. 피해복구사업은 5조원(한화)이 넘을 것이라고 추산했다. .

• 미국 동북부 지방에 10.29 폭설피해가 발생했다. 눈과 눈폭풍이

함께 불어 36Cm의 눈이 쌓였다. 정부는 뉴저지주, 코네티컷주, 매사추세츠주 등지에 비상사태를 선포했다. 주택침설 20만 가구, 정전가구 230만 가구, 항공기와 열차 통행금지 등 피해가 발생했다.

5. 국내 11대 사건내용

가. 북한소식(조선일보 보도내용 참고)

(1). 김정일 중국방문 (2011.5.20 - 5.28)

• 김정일 북한 국방위원장이 2011.5.20 - 5,28간 중국을 방문했다. 김정일은 5.23 장수성 양저우 영빈관 내 초고급 빌라인 서우팡위안 호텔에서 중국 후진타오 주석과 정상회담을 개최했다. 김정일은 스텔스 기능을 갖춘 전용열차 편으로 중국을 방문했다. ◆주요일정 : 5.20 투먼(圖們)도착 → 헤이룽(黑龍江) 장성 무단장(牧丹江) 도착 →20일 밤 하얼빈역 무정차 통과 → 5.21.09:00 장춘도착, 아시아자동차 견학 →5.20 오후 14:20 출발 → 5.21.19:00 중국 선양역 통과 → 5.22.06:00 중국 텐진역 통과 → 5.22.19:54 중국 장쑤성 양저우역(揚州) 도착 → 5.23 상하이(上海)도착.

김정일 위원장은 열차 여행을 하며, 산업시찰을 하고 중국 지도자들을 두루 만났다. 면담 한 지도자들은 사진핑 국가부주석(차기 주석), 중국공산당 정치국 상무위원 9명 중 8명을 방문하고 면담했다. 우방궈 상무위원장은 일정 상 면담을 하지 못했다. 김정일은 금번 중국방문 시 4째 부인 김옥을 대동했다. 김옥은 김정일이 5.25 후진타오 주석과 정상회담시 만찬장에도 참석했다. 후진타오 주석은 2011.5.25 베이징(北京) 인민대회장에서 김정일 환영만찬을 개최했었다.

• 김정일의 중국방문은 2010.5.8에 이어 일 년 사이에 3번째로 이

루어졌다. 김정일의 금번 중국방문은 후계자인 아들 김정은을 동행하지 않은 것으로 보도되었다. 중국 국무원 부총리로 북한 전문가인 장더장(張德江)이 투먼(圖文) 국경도시에서 김정일을 환영했다. 김정일 수행원은 70여명이었다. 김정일은 5.20 낮 아버지 김일성 주석의 항일 유적지가 있는 무단장(牧丹江)을 방문했다. 김정일은 중국 '양저우' 에서 태양전지와 LCD를공장을 방문했다. 장춘長春에선 자동차 공장을 방문했다. 김정일이 방문한 공장들은 모두 북한이 추진하고 있는 '나선경제특구' 에 유치할 공장들이었다. 김정일은 중국 후진타오 주석과 정상회담을 위해 5.26 북경으로 출발했다. 동행했던 매형 장성택 노동당 행정부장은 5.28 압록강에 있는 섬 황금평 개발 착공식에 참석했다.

(2). 김정일 소련 방문(2011.8.24 - 8.28)

• 김정일 북한 국방위원장이 2011.8.24 - 8.28 간 '러시아' 와 '블라트 공화국' 을 각각 방문했다. 김정일은 '메드베데프' 소련 대통령과 '블라디보스토크' 에서 정상회담을 했다. 두 정상은 소련에서 북한, 한국으로 이어지는 가스관설치공사를 협의했다. 김정일은 2011.8.28 '블라트 공화국' 수도 '타슈켄터' 에서 '울란우데' 대통령과 정상회담을 하고 귀국했다.

(3). 김정일 사망

• 북한은 2011.12.19 김정일 국방위원장이 12.17 오전 08:30 달리는 열차에서 급성심근경색증으로 사망했다고 발표했다. 김정일은 아버지 김일성이 사망 후 1974년 북한 후계자로 공식 내정되었다. 김정일은 국방위원장이라는 직책으로 군림해 왔다. 그는 지난 2008.8월

뇌졸중으로 쓰러졌었다. 그 후 3년 4개월 만에 사망했다. 김정일 사망은 37년 간 계속되었던 철권鐵權의 붕괴를 의미한다. 서기 2011년은 김정일 위원장(69세)이 "강성대국 진입의 해"라고 선언했던 해였다. 북한은 즉시 김정일의 3남 김정은(34세)을 후계자로 인정하고 영도자領導者로 호칭했다. 최근 전 세계에서 유례를 찾을 수 없는 3대 세습체제가 탄생한 것이다. 김정일의 장남 김정남(이복형)과 2남 김정철은 12.28.14:00 평양 금수산 기념궁전에서 개최된 김정일 장례식에 참석하지 않았다.

• 김정일이 사망한 사건은 전세계를 놀라게 했다. 한국은 물론, 중국, 일본, 미국 등은 즉시 비상경계테세를 유지했다. 특히 한국, 미국, 러시아 정상들은 긴급통화를 하고 상황을 논의하는 한편 대응책을 논의했다. 그러나 주한 미국군은 정보감시체제인 '워치콘'을 격상시키지 않았다. 현재의 3단계로 워치콘을 그대로 유지했다. 북한은 12.19 오전 KN-06 단거리 미사일을 동해로 발사했다. 중국은 북한주민들의 대거 탈북사태에 대비해 인민해방군 2,000여명을 지린(吉林), 투먼(圖門), 훈춘(勳春) 등 압록강과 두만강 유역에 배치했다.

• 북한의 절대권력이 사라진 자리에는 김정일의 여동생 김경희의 남편인 장택성이 나타났다. 장택성은 김정은을 수렴청정垂簾聽政하며 국방, 공안, 외자유치사업까지 장악했다. 김정은을 호위하는 7인방이, 장례식장에서 장례차를 호위하고 운구함으로서, 전세계는 새로운 권력자들을 볼 수 있었다.

- 김정은 정권 7인방 명단 : 당중앙군사위원 장성택(65세), 김기남 조국평화통일위원회 부위원장(82세), 최태복 최고인민회의 의장(81세), 리영호 정치국상무위원(차수, 69세), 김영춘 인민무력부장(75세), 김정각 인민국총정치국제1부부장(대장, 70세), 우동축 국가안전보위부 제1부부장(대장, 69세)

• 김정일 장례식은 2011.12.28.14:00 평양 금수산기념궁전 밖 광

장에서 거행되었다. 장례식 관경은 TV로 전세계에 실시간으로 공개되었다. 김일성 장례식과는 달랐다. 조선중앙 TV 아나운서 이춘희가 장례식 광경을 실황 중개했다. 제일 먼저 눈쌓인 금수산기년궁전 앞 광장으로 호위차량들이 먼저 들어섰다. 그 뒤에 영구차가 나타났다. 영구차는 미국제 '컨티넨털 리무진' 차량이었다. 김정일 시신은 영구차량 위에 안치되어 있었다. 시신이 안치된 관棺은 김일성 때처럼 붉은 노동당기勞動黨旗 로 쌓여 있었다. 영구차와 관棺 사이에 놓인 단壇도 17년 전처럼 하얀 국화꽃으로 장식되었다.

광장에는 인민군 의장대가 도열해 있었다. 운구행렬이 광장에 도착하자 기수들은 일제히 군기軍旗를 앞으로 숙였다. 운구행렬은 금성거리, 룡흥네거리, 비파거리, 통일거리를 지나 김일성 광장에 도착했다. 눈 내린 평양거리를 가득 메운 수십 만 명의 시민들은 영구차를 향해 오열했다. 영구차 뒤를 따라가며 오열하고 울부짖는 여성들도 있었다. 노제路祭도 아버지 김일성 노제가 있었던 광장에서 지냈다. 오후 16:45 금수산기념궁전에 도착한 시신屍身은 24발의 조포弔砲가 울려퍼지는 가운데 금수산기념궁전에 안치安置되었다. 김정일의 시신은 유리관 속에 있었다. 김정일은 인민복 차림에 붉은 천이 가슴까지 덮혀있었다. 유리관 주변은 붉은 김정일 꽃으로 장식되었다. 김정일 시신도 아버지 김일성처럼 방부 처리되어 보관될 것으로 보였다.

• 이제 북한의 역사는 (1) 1945년부터 1974년까지의 김일성 단독통치시대, (2) 1974년부터 1994년까지의 김일성, 김정일 부자夫子 공동통치시대, (3) 1994년부터 2009년까지의 김정일 단독통치시대, (4) 2009년부터 2011년까지의 김정일, 김정은 부자 공동통치시대 등으로 요약할 수 있다. 북한의 봉건적 통치이념은 2009년에 개정된 북한헌법 전문前文에 잘 나타있다. 그 내용은 "조선은 위대한 수령 김일성 동지의 사상과 영도를 구현한 주체의 나라이고, 위대한 수령 김일성 동지는 조선의 창건자 이며 사회주의 조선의 시조始祖이시다." 라

고 표현되었다.

이제 앞으로의 김정은 통치 시대도, 조상들처럼 공산주의 국가에서 권력의 근거인 총구銃口, 즉 군부軍部에 모든 것들이 집중될 것이다. 북한은 그간 핵무기를 개발했다. 1994년 - 1998년 까지 "고난의 행군" 이라는 미명 아래 수백만 여명의 인민들이 굶어 죽었다. 김정일은 아버지 김일성의 유훈통치遺訓痛治와 선군정치先軍政治라는 전략 속에, 한국의 군함 참수리호 격침, 천안함 피격사건, 연평도 포격사건 등 대남 테러행위를 무자비하게 자행했다.

• 이제 대한민국과 남북한 7,500만 동포들은, 한반도 평화통일을 이룩하고 민족통일의 길을 열어야 할 역사적인 시점에 서 있다. 이같은 민족적 숙원을 달성하기 위해 남과 북은 함께 뛰어야 한다. 민족의 소원을 성취하기 위해 우리동포들이 우선 달성해야 할 과제들이 있다. (1) 제일 시급한 일은 북한동포들이 대량숙청이나 학살로 희생되지 않도록 대책을 마련해야한다. (2)북한 핵무기와 미사일 유출저지에 철저한 대책을 강구해야한다. 이런 목적의 달성은 한국이 국제사회, 특히 미국, 중국, UN등과 협조를 강화하며 추진해야한다. (3) 한국인들은 북한동포들의 인간다운 삶이 복원될 수 있도록 모든 수단을 강구해야한다. (4) 최근과 같은 결정적인 시기에 남북대화나 소통통로가 끊어져서는 안된다. 우리들은 국가붕괴나 권역이양기勸力移讓期에 주민들의 다량 탈출사건을 빈번히 보아왔다. 우리들이 전례前例를 돌아보고 그때그때 적절한 대책을 실천해야한다.

(4). 김정일 가족동향

• **김한솔** : 북한 김정일 국방위원장 손자 김한솔(김정남의 아들)이 '보스니아' 에 유학중인 사실이 확인되었다. 김한솔은 2011.10.14 보스니아 국제학교 유나이티드 월드 칼리지 무스트르분교(UWCIM) 기숙사

식당에서 점심식사 후 확인되었다. 김한솔은 기숙사 3층 끝 방으로 들어가며 자신이 신분을 확인해 주지 않았다. 학교 측은 사설경호업체 직원 3명을 불러 방을 지키게 했다.

김한솔은 10.14 한국인에게 웃으며 "행복하다, 아름다운 이 곳이 마음에 든다." 고 대답했다. 한솔은 자신의 사진 여러장을 SNS(소셜네트워크서비스)에 올렸다. 학교측은 한솔의 연간 학비가 2만 5,000유로(약 3,200만원)라고 확인해 주었다.

• **김정남** : 김정일의 장남 김정남(41세)은 아버지 장례식에 참석하지 못했다. 김정남은 후계자 경선에서 이복 동생 김정은(30세)에 밀렸다. 김정남은 사실상 떠돌이생활을 계속하고 있다. 김정남은 1990년도 후반까지 가장 유력한 후계자였다. 고모 김경희 부부의 지지를 받고 있던 김정일의 장남 신분이었다. 그러나 김정남은 2001년 가짜여권으로 일본 여행을 하다 들통이 났다. 김정남은 이 사건으로 김정일의 눈 밖에 나 떠돌이 생활을 하고 있다. 중국, 홍콩, 마카오 등지를 전전하고 있다. 김정은은 후계자 내정 직후인 2009.4월 보위부 요원들을 동원, 김정남 측근들의 회합장소인 우암각을 급습했었다. 이 사건으로 김정남과 김정은 관계가 최악의 상태라고 보도되었다. 김정남은 2011.1월 일간지 기자 인터뷰에서 중국 주석 "마오쩌동毛澤東도 세습 왕완조를 만들지 않았다." 며 김정은 세습을 공개로 비판했다. 하지만 중국의 보호 아래 안전을 보장받고 있는 김정남을 북한이 건드리기는 쉽지 않아 보인다.

• **김평일** : 김정일의 이복동생 김평일(58세)은 폴란드 주재 북한 대사다. 김평일은 대사관 빈소로 조문 온 폴란드 인사들을 맞이하며 눈물을 흘린 모습이 보도되었다.

김일성 주석의 후처 김성애의 아들인 김평일은 후계자 경쟁에서 밀려난 후, 1988년 년부터 헝가리, 불가리아, 핀란드 대사등을 역임하며 24년째 이국생활을 하고 있다.

나. 안철수 교수 돌풍

• 2011.9월부터 안철수 교수 열풍이 한국 정치사회를 뒤흔들었다. 안철수 교수는 서울대학교 융합과학기술대학원 원장이다. 안철수 교수는 2011.5월부터 인터넷방송에서 "청춘콘서트2.0" 을 기획하고 참여했다. 안철수 교수는 인터넷 방송 나꼼수(나는 꼼수다)에서 평화재단 이사장, 방송인 등과 나꼼수 방송을 운영했다. 안철수 교수는 기성정치인들이 관심을 두지 않는 곳에서, 20대와 30대 청년들을 대상으로 자신의 이미지를 각인시켜 놓았다. 한국 사회의 음지인 실업자, 비정규직, 청소년등 현실 생활에 찌든 소외계층들은, 이미 인터넷방송을 즐기며 자신들의 안식처를 찾아 즐기고 있었다. 안철수 교수는 그들에게 태양 같은 인물로 부상되어 있는 형국이었다.

• 이런 안철수 교수의 위상이 노출된 건 2011.10.26 보궐선거를 앞둔 9월이었다. 안철수 교수의 지지율은 하늘을 찔렀다. 특히 젊은이들 층에서 독보적인 지지율을 보였다. 한국의 기성 정치인들은 놀랬다. 뿐만 아니라 국민들도 놀랬다. 그러나 안철수 교수는 조용했다. 여야 정당들이 차기 대통령선거를 의식하며 모셔오기 경쟁을 했었다. 그러나 안철수 교수는 "청치를 하겠다거나 하지 않겠다는 의사를 전혀 밝히지 않았다."

서울시장 보궐선거에는, 여당인 한나라당 나경원(여) 후보와 통합민주당 단일후보로 재야인사 박원순 후보가 출마했다. 박원순 변호사는 장기간 참여연대 사무국장 등 재야인사로 활동하던 인물이었다. 10.26 서울시장 선거가 코앞에 닥쳐오자 안철수 교수는 박원순 후보사무실을 방문했다. 안철수 교수는 자신의 불출마의사를 밝혔다. 야당 민주당이 공들이는 야권후보 단일화 작업이 박원순 후보로 결정된 순간이었다. 안철수 교수는 선거일 며칠 전에 다시 박원순 후보를 방문하고, 힘을 실어 주었다. 안철수 교수를 지지하는 젊은이들의 표는 박원순 후보로 이동했다. 서울시장선거는 박원순 53.4%, 나경원 46.2%로 끝났다.

• 이제 한국의 선거풍토는 20대와 30대, 40대가 뭉쳐 결과를 만들어 내는 젊은이들의 세상이 되었다. 이번 선거로 기존 정당들은 이합집산을 거듭하고, 안철수 교수 모시기 경쟁을 하는 처지로 변했다. 뿐만 아니라 이번 선거는, 재야인사가 한국 정치권에 공식적으로 입성하고, 낡은 정치인들은 철퇴를 맞는 정치혁명을 가져왔다. 이번 선거 여파로 집권여당인 한나라당은, 정당 명칭을 '한누리당' 으로 변경했다. 야당인 민주당도 "통합민주당" 으로 정당 명칭을 바꿨다.

• 안철수 교수 돌풍을 맞은 기존 정당과 정치인, 유권자들은 놀랬다. 안철수 교수 바람은 2012.12.19 실시될 차기 대통령선거 풍토도 확 바꿔놓았다. 우선 예비 후보자들의 국민 지지율에 커다란 변화를 가져왔다. 국민들은 (1)이제 젊은이들이 선거의 주인으로 등장했다는 평가 이외에도 (2)앞으로는 구시대 때 묻은 후보자는 당선이 불가능할 것이다. (3)핸드폰이나 SNS(소셜네트워크서비스)를 투표에 활용하지 못하게 하는 대책이 수립되지 않는 한, 공정한 투표는 기대할 수 없다고 긴장했다.

다. 한국 · 미국 FTA협상안 비준

• 한국과 미국 간의 자유무역협정(FTA)비준동의안이 2011.11.22 국회를 통과했다. 야당 의원은 한나라당 단독 통과에 항의하며 국회회의실에서 최류탄을 터뜨렸다. 비준동의안 국회통과는 1997.6월 한미 양국정부가 FTA를 체결한 후 4년 5개월 만에 국회를 통과한 것이다. 이에 앞서 미국 상원과 하원은 2011.10월 중순에 비준안을 통과시켰다. 한국은 유럽연합(EU) 및 미국과 FTA를 체결한 첫 번째 아시아 국가가 되었다. EU와 미국의 경제 규모는, 국내총생산액을 기준으로

전 세계 경제규모의 60%를 차지하고 있다. 한국은 이 넓은 시장에서 관세 없는 자유무역이 가능하게 되었다.

• 그러나 민주당 등 야당은 한미FTA비준 무효화를 주장하며, 재야 시민단체들과 합세해 무효투쟁과 재협상을 요구하고 있다. 야당은 다음 대통령선거에서 승리하면 협상안 폐기를 요구할 것이라는 서한을 미국정부에 통보할 예정이다(2012.2.8 발송했음). 민주당은 2012.12.19 대통령선거에서 승리하고, 2013.2.25 야당 대통령이 취임하면 한미FTA협상 폐기를 요구할 예정이다. 만일 오는 2013.2월 이후 한국 측의 협상폐기 요청이 미국정부에 도착하면, 미국은 6개월 후에 자동적으로 한미FTA를 폐기하게 된다. 한미양국의 혈맹관계가 6.25한국전쟁 이후 지속되는 가운데 협상이 폐기되면, 각종 부작용이 필연적으로 나타날 것이다.

• 현재 상태에서 예상되는 부작용은 (1)한국은 국제사회에서 국가신임도 하락이 자동적으로 뒤따르게 될 것이다. 세계에서 양국 정부의 오랜 협상을 통해 작성되고 국회에서 비준을 받은 협상안을 폐기요청한 국가가 아직 없는 실정이다. 한국이 협상안 폐기를 요청하면, 한국은 국제사회에서 비정상적인 국가로 인식되고, 더 이상의 외교관계를 맺을 수 없을 것이다. (2)미국도 한국과 혈맹관계를 허물 것이다. 현재 한미 양국 간에는 원자력협정, 군사협정, 미사일사거리협정 등 많은 외교관계가 두텁게 진행되고 있다. (3)한국은 한미FTA로 향후 15년 간 연평균 1억 5,000만 $의 흑자가 예상되고 있다. 그간 중국에 밀려 위축되었던 대미對美수출을 늘리는 데도 큰 도움이 되고, 35만 여명의 고용효과도 기대되고 있다. 한국경제가 한 단계 도약할 것이라는 게 전문가들의 평가다.

• (4)만일 한미FTA가 폐기된다면 앞으로 다른 국가들과도 FTA를 맺는 것이 사실상 불가능할 것이다. 금년 2011년 세모의 분위기도, 진행되고 있는 한국 · 중국자유무역역협정(FTA)협상에 부정적인 영향

을 끼치고 있는 상태에 있다. (5)한국의 FTA 중심국가 건설 희망은 자동적으로 사라질 것이다. 노무현 정부는 2003년 동시자발적 FTA 체결전략을 수립했다. 한국을 동아시아의 FTA 허부국가로 만들기로 했다. 한국정부는 현재 세계에서 경제 대국들인 미국, EU, 중국과 FTA를 체결해, 세계적인 정치, 경제, 질서 속에서 강대국으로 성장할 꿈을 키우고 있다. 따라서 한미 FTA 폐기는, 그런 한국의 희망찬 전략을 포기하는 것이라고 말할 수 있다. 외교통상부 통상교섭본부장도 "한미FTA협상 폐기는, 한국의 국익은 물론 국제사회의 신뢰와 한미 혈맹관계를 훼손시킬 수 있다." 고 밝힌바 있다.

라. 서울시장 보궐선거

• 서울시장 보궐선거가 2011.10.26 실시되었다. 집권여당인 한나라당은 2010.6.2 실시된 전국동시 지방선거에서 대패했다. 때문에 서울시의회는 야당출신 의원이 70%를 차지했다. 그러나 시장은 여당 한나라당 소속 오세훈이었다. 서울시와 의회는 사사건건 대립하기 시작했다. 학생들의 무상급식문제가 제일 큰 대립 의제였다. 지지표가 많이 걸린 사안이기 때문이었다. 오세훈 시장과 대립각을 세우던 서울시의회는 2011.1.6 드디어 단독으로 무상급식조례를 공포했다. 여당은 "서울시의회가 선진국들이 전면 실시하다 실패하여 폐기한, '전면복지정책' 을 뒤늦게 도입한 것이다. 다음 선거에서 표몰이를 할 수 있는 것들만 찾아다니는, 야당 정치인들의 자화상이 청천백일 하에 노출되었다." 고 비난했다. 오세훈 시장은 마지막 방편으로 전면무상급식제도 도입여부를 묻는 주민투표로 대응했다. 야당소속 서울시의회의원들은 강력한 투표거부운동을 했다. 여야가 각축하는 분위기 속에서 주민투표는 2010.8.24 실시되었다. 결과는 유효투표율 법정한계선인 33.3%에 미치지 못했다. 오세훈 시장이 패배한 것이다. 총 투

표율이 25.7%에 머물렀다. 주민투표는 개표도 하지 못하는 기록을 남겼다. 오세훈 시장도 결국 이임했다.

• 2011.10.26 실시된 서울시장 보궐선거에, 여당인 한나라당은 나경원(여, 변호사)후보를 내세웠다. 야당들은 연합해 후보단일화를 했다.

재야인사 박원순 변호사가 야당통합후보로 출마했다. 이번 보궐선거는 서울시장과 11명의 기초단체장을 선출하는 선거였다. 그러나 사회 분위기는 이미 안철수 교수 돌풍이 전국을 뒤흔들고 있었다. 20대, 30대, 40대 청년들이 때묻은 정치권에 대한 반감反感을 노골적으로 표출하며, 총체적인 변화를 요구하고 있었다. 한나라당은 박근혜 대통령 예비후보를 내세워 국민들에게 호소했다. 반면 민주당 박원순 후보는 , 민주당과 노무현 전대통령 지지자, 장외 재야세력 등이 지지했다. 개표결과는 뻔했다. 나경원 후보 46.2%, 박원순 후보 53.4%였다. 한국에서 1995년 광역지방자치단체장선거가 실시된 이후, 서울시장 자리가 처음으로 재야인사로 채워지는 순간이었다. 박원순 후보는 순수한 민주당 당원이 아니었다. 한편 잔여 11개 시군지역市郡地域 기초단체장선거는 한나라당이 8지역에서 승리했다. 부산 동구, 인제, 함양, 충주, 대구서구, 칠곡, 서산, 서울양천구 등이었다. 민주당은 남원, 순창 등 호남지방 2곳에서만 승리했다.

• 정치 전문가들의 이번 보궐선거에 대한 평가도 무서웠다. 박원순 시장의 등장은 개인의 승리가 아니고, 시민세력들의 정치 전면前面 등장을 의미하는 것이라고 평가했다. 안철수 교수 바람도 더욱 세차게 한국 정계를 휩쓸 것이라고 전망했다. 이번 선거 결과는 한국정치의 패러다임을 변화시킨 빅뱅이었다. 젊은 무당파 유권자들의 무서운 현실참여라는 평가도 나왔다. 이번 보궐선거는 2012.4.11 제19대 총선거와 12.19 대통령선거를 승리하기 위해 여야 정당들이 재편성, 재출발을 독려하게 만들었다. 한국 정치사에 커다란 족적을 남긴 선거였다. 이번 선거 결과로 차기 대권주자大權走者들은 충격을 받았다. 박

근혜, 손학규, 문재인, 등 많은 후보자들의 보폭이 좁아졌고, 반면 안철수 교수와 그를 지지하는 세력들은 사기가 충천했다. 이들은 젊은 이들이 많은 게 특징이었다.

• 인터넷방송들은 '토크시대' 젊은이들의 특성을 파고 들었다. 사회자들은 가벼운 흥미위주의 대화를 통해 각종현안을 설명하고 주입시켰다. 사회자들은 SNS 속의 대화처럼 젊은이 들과 대화했다. 20대, 30대 젊은이들의 분위기를 40대, 50대들에게 전파하는 데 노력했다. 간부 한 사람은 "현 상황은 단순한 세대차이가 아니다. 서로가 거의 이해할 수 없는 적과의 동침 같은 상황이다. 20대, 30대와 40대, 50대, 60대 간의 대화가 열리지 않는 한 '세대전쟁' 은 갈수록 격화될 수 밖에 없다." 고 지적했다.

마. 한국 무역규모 1조 달러 돌파

• 한국의 연간 무역규모가 2011.12.5 1조 달러$를 돌파했다. 일제강점기와 미국신탁통치 시대를 지내고, 대한민국정부가 수립되었던 1948년 연간 수출규모는 겨우 1900만 달러였다. 이 규모는 아프리카의 케냐, 카메룬 같은 국가의 절반 수준이었다. 당시 이들 국가들의 수출규모는 세계 100위였다. 그런데 한국이 60년 만에 연간 수출액 5,156억 달러, 수입 4,860억 달러 규모로 세계 7위라는 경제강국으로 성장한 것이다. 한국은 1960년대 박정휘 대통령 시대부터 끊임없이 경제개발5개년계획을 수립해 계속 추진했다. 한국의 경제는 계속 발전했다. 한국의 무역규모는 1974년에 수출 100억 달러를 돌파했고, 1988년에는 수출 1,000억 달러를 넘어섰다.

• 그러나 한국의 무역규모가 급증하고 경제가 발전하는 속도에 정비례하여, 대기업과 중소기업 간의 양극화도 심해졌다. 수출기업과 내수기업간의 양극화도 심해졌다. 게다가 자본주의 부작용으로 전 세

계가 있는 자와 없는 국민들 간의 양극화현상이 심화되었다. 이른바 '자본주의4.0시대' 가 도래했다. 2012.1.4 스위스에서 연례적으로 개최된 '다보스포럼' 에서, 각국 정상, CEO들은 '자본주위 위기' 라는 주제로 토의를 하기에 이르렀다.

바. 저축은행 부정사건 발생

• 2011.5월 한국 역사상 초유의 대형 저축은행 비리사건이 발생했다. 부산저축은행을 비롯 국내 16개 저축은행들이 정부로부터 영업정치처분을 받았다. 저축은행들이 문을 닫은 것이다. 청와대 홍보수석비서관을 비롯해 139명의 범법자들이 구속되었다. 금융감독원도 제대로 감독을 하지 못했다는 혐의로 비난을 받았다. 전직과 현직 금융감독원 직원들이 검은 돈을 받은 죄로 쇠고랑을 찼다. 영업정지처분으로 예금이 묶인 수십 만 명의 고객들은 발만 동동 굴렀다. 5,000만원 초과 예금자와 후순위채권에 투자한 고객들은 예금 손실을 감수해야 했다. 특히 부산저축은행은 9조 억 원을 부실 관리해, 역대 최대규모의 금융비리 사건으로 낙인찍혔다.

• 저축은행 부실상태는 김대중 정부, 노무현 정부, 이명박 정부의 합작품으로 확인되었다. 금융감독원은 2011.5.21 국내 98개 저축은행 PF대출(프로젝트파이낸싱) 대출 사업장 470여 곳에 대한 전수조사에 착수했다. 금감원은 대주주와 경영진이 조직적이고 계획적으로 회계장부를 분식(粉飾) 했기 때문에 BIS비율이 나빠진 것이라고 밝혔다. 검찰과 금감원의 조사결과 부산저축은행은 대출자금의 70%이상을 대주주 개인 사업체에 대출했는데, 그 업체들이 이자를 갚지 못할 경우, 추가 대출을통해 이자를 갚게 했다. 이런 편법 대출과 돌려막기 대출로 문제를 해결하려다 사건이 터진 것이다. 부산저축은행은 분식회계를 통해 충당금(떼일 것에 대비해 미리 손실로 처리하는 비용)을

쌓지 않았다. 때문에 BIS도 우량은행 수준인 8% 이상을 유지해 왔다. 부산저축은행은 계열사 대표 뿐 아니라 회계팀과 영업팀까지 분식회계에 총동원되었다. 때문에 재무제표만 보아서는 부실을 파악할 수없었다. 심지어 삼성그룹과 포스코그룹이 속아서 각각 500억 원씩 부산저축운행 유상증자에 참여해 돈을 날렸다.

- BIS비율 : 금융기관의 재무건전성을 측정하기 위해 1988년 BIS(국제결재은행)가 도입한 지표. 금융기관의 자기자본을 대출해 준 돈으로 나눠서 구한다. 보통은행은 BIS비율이 10%이상, 저축은행은 8%이상이면 우량하다고 평가한다.

• 김대중 정부는 당시 신용금고를 '저축은행'으로 명칭을 바꿨다. 그 후 많은 부실이 저축은행에 잉태되었다. 명칭을 변경하고 정부의 보상액수도 일반은행처럼 5,000만원으로 특혜를 주었다. 저축은행들은 날개를 달았다. 그 때부터 저축은행은 금융가 부조리의 온상으로 성장했다. 일부 전문가들은 정치권이 저축은행을 통해 정치자금을 마련했다는 견해도 밝혔다. 김대중 정부 시절인 2000년 초반에 상호신용금고 주가조작사건이 터졌다. 고객들은 그 후 상호신용금고를 외면했다. 정부는 2002.3월 법령을 개정해 상호신용금고를 저축은행으로 바꿨다. 법 개정 이전인 2001.1월 정부는 상호신용금고의 예금자 보호 한도를 시중은행과 동일하게 1인당 5,000만원으로 높혀 주었다.

• 이제 저축은행은 서민들의 은행이 아니었다. 서민 뿐 아니라 부자들도 금리가 높은 저축은행에 5,000만원 씩 쪼개 예금을 했다. 고객들은 이자놀이를 하기 시작했다. 한편 저축은행들은 급증하는 예금(자금)에 비명을 지르기 작했다. 그러나 늘어나는 자금을 굴릴 곳은 마땅치 않았다. 드디어 저축은행들의 PF대출이 시작되었다.

위험천만인 건설현장도 마다하지 않았다. 대주주들에 대한 재투자도 마지않았다. 저축은행 비리의 온상은 이렇게 시작되었다. 저축은행 부실 문제에는 노무현 정부도 자유롭지 못했다.

2006.8월부터 정부는 우량 저축은행에 대한 PF 대출규제를 해제했다. 저축은행의 대출 규모도 한 개 기업당 대출규모를 80억 원에서 무한대로 풀어주었다. 말도 않되는 이야기다. 정부가 특정기업에 혜택을 주려는 의도가 숨어있었는지도 모를 일이다.

족쇄가 풀린 저축은행들의 PF대출은 크게 늘었다. 2003년 신용카드사태 이후, 저축은행들은 신용대출 연체율이 60%까지 급등했다. 그러나 PF대출은 결국 저축은행들을 비리의 온상으로 만들었고 다시 못 올 강江을 건넜다.

• 이명박 정부는 2008.9월 그로벌금융위기 영향으로 흔들리는 저축은행들을 우량시중은행들이 합병하는 정책을 폈다. 그러나 대형저축은행마저 붕괴되는 부작용으로 이어졌다. 구조조정이 절실한 상태였다. 그러나 정부는 G20서울정상회의 라는 국제적인 행사 때문에 구조조정을 할 수 없었다. 정부가 적기에 저축은행 대수술을 하지 않았다는 비판을 받는 이유였다. 기획재정부장관, 금융위원장, 청와대 정책실장, 청와대 경제수석비서관 등 한국경제를 지휘통제하는 책임자들은 2011.11월 말경에서야 청와대 서별관에서 저축은행 대책을 논의했다. 늦어도 너무 늦었고, 참으로 웃기는 고관들의 무지와 무능을 엿볼수 있는 사례였다.

감사원원장은 2011.5월에 이명박 대통령에게 저축은행 비리사태와 문제점들을 이미 보고했었다.

바. 평창동계올림픽 유치

• 2011.7.7.00:18! 대한민국 밤하늘은 환희의 함성으로 가득했다. 아파트 단지마다 주민들의 노래와 박수가 계속되었다. "대-한민국!"을 외치는 함성과 "손에 손 잡고-"를 합창하는 노래도 그치지 않았다. 아파트 주차장은 이미 덩실덩실 춤을 추는 사람들로 가득했다. 잔

치집 같은 분위기 속에 날이 밝고 새벽이 왔다. 텔러비젼은 강원도 평창과 전국에서 벌어지고 있는 농악놀이, 환영대회 장면들을 방영했다. 평창동계올림픽 유치를 축하하는 국민들은 밤잠을 설치며 환호했다. 국민들은 아프리카에 있는 '남아프피카공화국 ' 수도 ' 더반 '에서 개최되는 국제올림픽(IOC)총회 광경을 밤새워 지켜보았다. IOC가 2018년 동계올림픽을 강원도 평창에서 개최하기로 확정했다

제123차 IOC총회를 자정에 끝낸 ' 자크로게 ' 위원장은 정중하게 "한국의 평창!"을 외쳤다. 평창은 오래전부터 동계올림픽 유치를위해 전력투구全力投球를 계속했다. 2010년에는 카나다 벤쿠버에게 빼앗겼다. 2014년 올림픽은 소련 ' 소치 '에 잇달아 패배했다. 그러나 평창은 포기하지 않았다. 온국민이 지난 8년간 평창 주민들을 응원했고, 올림픽 유지단원들을 지원했다. 길고 긴 세월이었다. 그러던 평창이 이번에는 95표 중 63표를 얻어 거뜬하게 독일 뮌헨과 프랑스 안시를 제쳤다.

• 평창은 3번 도전 끝에 온 국민들의 꿈을 이룩한 것이다. 이제 한국은 프랑스, 독일, 일본에 이어, 동계올림픽과 하계 올림픽, 월드컵 축구, 세계육상선수권대회, 포뮬러(F1)자동차 경주대회를 모두 개최한 다섯 번째 나라가 되었다. '자크로게' IOC위원장의 발표에 이어 한국의 평창동계올림픽유치위원회 대변인 나승연(여,38세)의 안내방송이 행사장에 퍼졌다. "그동안 2차례 실망스러운 결과를 얻었지만 우리는 다시 털고 일어났습니다. 여러분들의 말씀에 귀를 기우렸고, 실수를 통해 교훈을 얻었습니다." 나승연 대변인은 "자크로게 IOC 위원장이 평창! 이라고 발표하는 순간 심장이 터지는 줄 알았다. 그토록 간절하게 올림픽을 원하던 평창주민들이 떠올라 눈물을 참을 수 없었다." 고 말했다. 나승연 대변인은 외교관 아버지를 따라 캐나다, 영국, 덴마크, 말레이시아 등지에서 12년을 살았다. 고등학교 2학년 때 한국에 돌아왔다. 이화여자대학교 불문학과를 졸업하고, 한국인 사업

가와 결혼했다. 여섯 살 난 아들도 있다. 대학교 졸업 후 한국은행에서 1년간 근무하고, 1996년 아리랑 TV에 공채 1기로 입사해 4년간 방송기자와 앵커로 활동했다. 나승연은 2002년 한국 · 일본 월드컵대회, 여수엑스포유치위원회에서 외교활동도 했다. 인터넷 포털에서는 'PT의 여왕' '더반의 스타' 라는 수식어가 붙여졌다.

• 평창동계올림픽 유치 유공자는 많다. 이명박 대통령이나 이건희 삼성전자 회장과, 피겨여왕 김연아(여,21세)가 두두러진 유공자들이다. 2002년 카나다 밴쿠버 동계올림픽 챔피언인 김연아는, 이번에 국제올림픽위원회(IOC) 총회에서도 누구보다 빛나는 스타였다. 행사장에서 IOC위원들이 김연아 좌석으로 와 먼저 인사를 건네고 기념촬영을 하기도 했다. 김연아는 "지금으로부터 10년 전 평창이 동계올림픽유치를 꿈꾸기 시작할 때, 나는 서울의 '아이스 링크' 위에서 올림픽 드림을 꿈꾸는 작은 소녀였다." 는 이야기로 '프레젠테이션' 을 시작했다. 김연아는 유창한 영어와 능숙한 몸짓으로, IOC위원 95명의 마음을 흔들었다. 해외 언론들도 "환상적이다." 라는 극찬을 했다. 21세의 여성인 김연아가 국가적 대사를 짊어졌다는 부담은 무거웠다. 연아는 '프레젠테이션' 에 들어가기 전에 "부담을 느낀다. 떨리고 또 떨린다." 라는 말도 했다.

그러나 김연아는 정작 실전에 나서자, 밝고 여유 있는 얼굴로 자신감 있게 평창올림픽 유치의 필요성을 호소했다. 개최지가 평창으로 확정되자 김연아는 올림픽에서 금메달을 땄을 때 처럼 눈물을 펑펑 쏟았다. 연아는 "나 때문에 망쳤다는 소리를 들을 까봐 걱정했다." 는 말로 국민들의 가슴을 뭉쿨하게 했다. 김연아는 이번 더반에서 IOC위원 격의 높은 외교력을 발휘했다. 김연아는 "IOC위원들이 다 멋있다."는 어른다운 말도 했다. 평창동계올림픽이 한국에 주는 효과는 지대할 것으로 전망된다. 일자리가 23만개 증가하고, 39만 여명의 관광객 유치가 가능하다. 대한민국의 국가 브랜드가 상승하고, 연간 국민소득 3만$ 시대의 기폭제가 기대된다. 뿐만 아니라 올림픽을 계기로 한국의 정치와 경제발전에 청량제로 작용할 것이다. 전문가들은 평창동계올림픽이 경제적으로 총 64조 9,000억원의 효과를 가져올 것이라고 전망하고 있다.

아. 아덴만의 여명(인질구출작전)

• 세계적으로 악명 높은 '소말리아' 해적들은, 2011.1.15.12:40 오만과 인도 사이 인도양 북부 '아리비아해' 입구에서, 한국 솔벤트 운반선 삼호해운 소속 주얼리호(1,100톤)를 납치했다. 납치된 선원은 한국인 8명, 인도네시아 인 2명, 미안마 인 11명 등 총 21명이었다. 한국 국방부는 1.16.00:30 최영함을 현지로 출동시켰다. 최영함은 '아리비아해' 입구에서 1.18.19:20 해적선을 발견했다. 해적선은 몽골 선박을 추가로 납치하려 했다. 한국해군 특수전(UDT/SEAL)요원 13명은 고속단정으로 삼호주얼리호에 접근했다. '아덴만의 여명작전' 제1차 인질구축작전이 시작된 것이다. 최영함이 위협 함포사격을 했다. 20:03 링스헬기도 총탄세례를 퍼부었다. 해적 몇 명이 바다에 빠져 실종되었다. 최영함은 해적선 1척, AK소총 1정, 사다리 등을 획득했다. 눈치를 챈 해적선은 도주했다.

2011.1.21.05:00! 한국해군은 소말리아 해적들에게 납치된 삼호주얼리호 선원들을 구출하기 위해 특수여단(UDT/SEAL) 요원들을 투입했다. 제2차 인질구축작전이 시작된 것이다. 이른바 '아덴만의 여명작전' 은 총격 끝에 선원 21명 전원을 구출했다. 특수부대 장병들은 해적 8명을 사살하고 5명을 생포했다. 여명작전의 상황을 국방부 상황실에서 김관진 국방장관, 한민구 합참의장, 등 지휘관들이 실시간으로 시청하며 지휘했다. 인질구출작전 성공으로 2010년 발생했던 천안함 피폭사건, 연평도 포격사건 등으로 추락한 국군의 사기가 한층

높아졌다. 인질구출작전을 희생적으로 지원한, 석해균 삼호주얼리호 선장은 해적들에게 12발의 총상을 입었다. 그러나 천재일우千載一隅로 생존했다. 석 선장은 국민들에게 영웅으로 부각되었다. 귀국 후 완치되어 국제해사기구(INO)로부터 '용감한 선원상' 도 수상했다. 생포된 해적 5명은 한국으로 압송되어, 대법원에서 징역 12년과 무기징역이 확정되어 복역중이다.

- 인질구출작전 진행상황 : 4간 58분 간 진행된 '아덴만의 여명작전' 은 완벽한 성공이었다. 그러나 그 과정에서 특수전장병들은 숨이 멈추는 듯한 고비를 다섯 차례나 넘겼다.

(1) **숨죽였던 6분** : 2011.1.21.06:08(현지시간)에 해군특수여단(UDT/SEAL) 요원 20명은 고속단정 3척에 나눠 타고 삼호주얼리호 함미와 뒤쪽에 조용히 붙어 있었다. 이때 하늘에서는 '링스헬기' 가 좌현 갑판과 선교를 향해 K-16 기관총으로 사격을 했다. 갑판과 선교에 있던 해적 가운데 한명이 사살되자 해적들은 곧 배 안으로 숨었다. 오전 06:09 두 개의 공격팀로 나뉜 특수전 요원 15명에게 승선명령이 내려졌다. 현장 지휘관 김규환 대위가 앞서고 1차로 삼호주얼리호 함미에 있던 공격 2팀이 사다리를 걸고 6m 높이의 삼호주얼리호에 오르기 시작했다. 구출작전 과정에서 가장 위험한 순간이었다. 오전 06:15분! 승선작전 개시 6분만에 ,삼호주얼리호 후미 우현에 있던 요원들까지 모두 승선했다. 요원 15명이 모두 승선에 성공한 것이다. 승선완료 보고를 받은 해군작전사령부와 합동참모본부에서 일제히 환호성이 터져나왔다. 절반 이상의 작전 성공이었다.

(2) **항복하면 살려준다** : 갑판에 오른 특수전 요원들은, 선교가 있는 4층까지 올라가 며, 갑자기 나타나는 해적 1명을 사살 했다. 선교에는 한국인 선원 5명을 포함 인질 13명이 모두 모포를 뒤집어 쓴 채 숨을 죽이고 있었다. 작전요원들이 선교를 장악한 후 "오케이! 오케이!" 소리와 함께 "적격수 이외에 사격하지 말 것.!" 이라는 다급한 작

전지시가 내려졌다. 인질피해 방지를 위해 국방부가 내린 조치였다. 작전요원들은 격실에 숨어 있던 해적 4명과 교전을 벌여 모두 사살했다. 이 중엔 해적 두목도 포함되어 있었다. 오전 08:16분에 해적 2명이 투항했다. 그 때 선원 5명은 선상으로 나왔다. 이로서 한국선원 8명을 포함한 18명의 인질이 모두 구출되었다. 남은 것은 해적 5명 뿐이었다. 특수전 요원들은 소말리아 말로 방송했다. "무기를 버리고 항복하라! 그러면 살려 줄 것이다!" 그 후 해적 1명은 생포되었지만, 해적 4명은 비상 대기실에서 완강히 버텼다. 총격전이 10여분 계속되었다. 마지막 교전은 치열했다. 다행히 해군 작전요원들은 해적 2명을 사살하고, 2명은 생포했다.

(3) 백기투항으로 오인 : 2011.1.18 제1차 구출작전에서 특수전 요원 3명이 해적들의 총격을 받고 부상을 당했다. 작전요원들이 삼호주얼리호에서 보낸 신호를 잘못 읽었기 때문이었다. 당시 소말리아 해적들은 주변을 지나가던 몽골 선적의 상선을 납치하기 위해 소형 해적선(자선,子船)을 타고 나갔다. 해군 최영함은 링스헬기를 띄워 해적들을 공격했다. 특수전 요원들이 탄 고속단정 2척도 출동했다. 고속단정이 이동하던 중 삼호주얼리호에서 하얀색 헝겊이 펄럭이고 있었다. 특수전 요원들은 "우리가 공격을 하니 해적들이 백기투항 하는구나." 하고 오판을 했다. 하지만 특수전 요원들이 삼호주얼리호로 접근하자 해적들은 사격을 해왔다. 뒤 늦게 확인한 결과 펄럭이던 하얀 헝겊은 해적들의 "절대로 오지 말라."는 신호였다. 최영함 공격을 받은 해적들이, 삼호주얼리 선원들에게 하얀 속옷을 벋도록 해, 절대로 접근하지 말라고 보낸 신호를, 특수전 요원들이 해적들의 백기투항으로 오인했던 실수였다.

(4) 7만 톤급 해적 지원선박 접근 : 2011.1.21.19:54 해군이 인질구출작전을 개시한 이유는, 소말리아로부터 70,000만 톤 급 해적 모선(母船)이 빠르게 다가왔기 때문이었다. 이 모선은 해적이 납치한 파나

마 국적 선박으로, 인질이 24명이나 타고 있었다. 모선은 해적 15명이 AK소총과 RPG-7 포켓포 등으로 중무장하고 있었다. 최영함 공격을 받은 해적들이 소말리아 해적본부에 지원을 요청하자, 해적본부가 지원 목적으로 보낸 선박이었다. 해적들은 선원 인질 후 1.24 모선에서 삼호주얼리호와 상봉할 예정이었다.

(5) 해적들은 한 건 했다고 본부에 보고 : 2011.1.15 낮, 삼호주얼리호 선원들이 해적들에게 납치되었다는 소식을 접한 최영함 승조원들은 바쁘게 움직였다. 승조원들은 숨가쁘게 출동준비를 끝내고 즉시 출동했다. 아덴만 해역에서 작전을 수행하고 '지브티' 항구로 향하던 최영함은, 평소 3일 걸렸던 군수물자 보급절차를 불과 6시간만에 마치고, 삼호주얼리호를 향해 출발했다. 한편 선원들을 납치한 해적들은 소말리아 본거지에 무선으로 " 우리가 한 건 했다."는 사실을 보고했다. 이런 내용은 한국 군함에 감청된 것으로 보도되었다. 소말리아 해적들은 "한국인 선원들을 납치해야, 많은 몸값을 받아낼 수 있다." 고 생각한다는 사실도 이번 사건으로 확인되었다.

'아덴만 여명작전' 의 작전상황이 실시간으로 한국 국방부, 최영함, 해국작전사령부, 합동참모본부 등에 중개된 사실은, 특수전 요원들이 착용한 첨단장비 때문이었다. 요원들은 몸에 카메라, 외부마이크, 적외선투시경, GPS, 등을 착용했다. 그 이외에도 특수전 요원들은 '무선영상전송시스템(카이샷, Kaishot),과 섬광탄(스마트탄), 방탄쪼끼 등도 착용하고 있었다. 특수전 요원들이 ' 카이샷 '으로 무선영상전송을 하면, 최영함이 수신해 인공위성으로 보내고, 인공위성은 해군본부, 해군작전사령부, 합동참모본부 지휘통제실, 6항공전단(포항), 특수전 여단(경남진해)등지로 송신했다.

• **석해균 선장의 공훈** : 석해균 선장은 1979년부터 와항선을 탄 32년 경력의 베테랑 바다 사나이 였다. 삼호주얼리호는 아랍에미리트를 출발해 스리랑카로 향하던 중 납치되었다. 안개 자욱한 망망 대해였

다. 석 선장은 납치된 직 후 청해부대에 보고하고 온갖 수단을 동원해 시간을 벌기위한 요령을 동원했다. 인위적인 엔진고장, 나침반 조작, 냉각수 고갈등 노련한 기술을 활용했다. 석 선장은 납치되어 출발에서 최영호(청해부대)가 도착할 때 까지 5일 17시간을 오르지 인내와 지혜로 극복했다. 석 선장은 배에서 인질생활을 하며, 해적들의 보상(돈) 요구를 단호히 거절했다. 여명작전 중에도 쏟아지는 총탄을 몸으로 막으며 부하들의 총알받이 역할도 했다.

석해균 선장은 귀국 후 아주대학교병원에 입원해 철인적인 인내로 원기를 회복했다. 원래 많은 총상을 입어 의료진들도 힘들었다. 그러나 석해균 선장은 다행히 완치된 얼굴을 국민들에게 선보였다. 기적이 아니라 석 선장이 평시 살아온 희생적인 인생살이가 석 선장을 재생시켜 준 것이다. 석 선장은 퇴원 후 아주대학교 경영대학원 특강에서 수강자들에게 자신의 5가지 생활철학을 공개했다. (1)위기상황이 와도 희망의 끈을 끝까지 놓지 말아라. (2)최악의 상황에서도 끝까지 방법을 찾아라. (3)긴급 상황은 외부의 힘을 빌려라. (4)지휘관은 부하들을 위해 몸을 던져야한다. (5)사나이는 적에게 굴하지 말아야 한다.

자. K-팝 한류 확산

• 전 세계로 확산된 한류韓流가 K-팝으로 바뀌었다. K-팝은 한국의 10대 가수들이 구릅을 만들어 노래와 춤을 창작적으로 연기하는 새로운 모델의 흥행물이다.아직까지의 한류는 겨울연가, 대장금 같은 드라마가 VTR 필름으로 외국에 확산되는 형태였다. 한국 가수, 체육인, 배우 등이 외국에서 활동하는 분야도 한류를 전 세계에 확산시키는 데 크게 기여했다. 한류는 한국의 경제발전과 선진국으로의 발돋움에 힘입어 파급 속도가 빠르고 넓어졌다. 아련 여건에서 등장한 10

대 청소년들의 K-팝은 무서운 속도로 전 세계로 퍼져 나갔다. K-팝은 10대 청소년들이 구룹을 형성해 노래하고 춤추는 '엔터테인먼트' 상품이다.

• K-팝은 기기묘묘한 행동과 각종 묘기를 노래와 함께 청중들에게 보여주는 창작물이다. K-팝은 기존의 한류 범위를 넘어 전 세계로 확산되었다. 5대양, 6대주는 물론 선진국이나 후진국을 마다 않고 퍼져나갔다. 아시아는 물론 아프리카, 영국, 미국, 유럽 청소년들도 모두 K-팝을 배우고 흉내내는 시대가 돼었다. K-팝의 대표적인 멤버들은 소녀시대, 카라, 2PM, 샤이니, 2NE1, 빅뱅, 슈퍼주니어, 동방신기, JYJ 등이다. 이들은 세계 무대에서 콘서트 행진을 이어갔다. 이들은 세계 각국의 앨범판매 차트 상위권을 휩쓸었다. '유투브' 에는 500만 건 이상의 K-팝 동영상이 올랐다. 미국, 유럽, 중남미 팬들은 자국에서 K-팝 콘서트를 열어달라며 시위를 벌였다.

차. 서울 100년만의 폭우피해

• 지구온난화 현상으로 한반도도 예기치 못한 재앙들이 계속되고 있다. 특히 하절기의 집중호우로 전국이 피해를 입고 있다. 농작물 피해와 인명피해가 매년 증가하고 있다. 호우피해는 특히 제주도, 강원도 강릉지방이 매년 많은 피해를 당하고 있다. 2011년 여름에 서울지역에도 100년 만에 많은 호우가 집중적으로 쏟아졌다. 광화문 광장도 물바다로 변했다. 교통이 두절되고 정전사태도 확산되었다. 대표적인 피해는 서초구 우면산 산사태였다. 2011.7.27 시간당 100mm - 200mm의 쏟아졌다. 폭우는 우면산 여기저기를 휩쓸어내리는 산사태를 야기했다. 우면산 산사태 중 가장 심각한 산사태는 서북쪽의 대성사大聖寺와 예술의전당이 있는 지역의 산사태였다.

• 대성사 부근의 산사태는 대낮에 발생했다. 대성사 스님과 신도들

이 바라보는 가운데 발생했다. 토사土砂와 부유물들이 엄청난 물줄기에 떠내려오면서, 대성사 좌우 계곡으로 넘쳐흘러 내려갔다. 물줄기는 대성사의 '컨테이너박스' 건물을 5채나 밀고 내려갔다. 다행히 예술의전당 부근에서 '컨테이너'는 멈추고 흙탕물과 부유물浮遊物만 계속 무서운 속도로 남부순환도로를 건너 아파트를 공격했다. 신통하게도 '컨테이너' 속에서 입시공부를 하던 고등학생은 무사했다. 주민은 16명이 사망했다. 이런 엄청난 물난리 속에서도 대성사는 건물이나 인명피해를 당하지 않았다. 대성사가 1,626년 전에 창건된 고찰古刹이라는 면모를 찾아볼 수 있는 사건이었다. 호우가 지나가자 우면산 산사태에 대한 여론이 비등했다. 특히 인재人災라는 여론이 퍼져나갔다. 산림청이 사전에 산사태 경고메시지를 보내왔는데, 서초구청 작원들이 간과看過했다는 내용이었다. 정부는 5조원을 투입해 서울시민들의 허파역할을 하는 우면산 복구작업에 착수했다. 재난관리 개선책도 마련했다. 그러나 우면산이 언제 본래의 얼굴을 되찾고 신선한 공기를 시민들에게 제공할지 아무도 자신할 수 없다 .

카. 철강왕 박태준 타계

• 포항제철소를 건립하고 '철의 신화'를 창조한 박태준 회장이 2011.12.13 폐질환으로 타계했다(향년 84세). 박태준은 박정희 대통령의 지시로 1970.4월 포항제철 설립공사에 착수했다. 그리고 3년 2개월 만인 1973.6월에 첫 쇳물을 뽑아냈다. 포항 바닷가 허허벌판에서 창조한 기적이었다. 그 후 박태준은 25년간 포항제철 회장으로 재직하며, 1977년에 포스코를 철강 생산 2,100만톤급의 세계적 기업으로 성장시켰다. 박태준은 1977년 포스코에 기술연구소를 설립하고, 1986년엔 포항공대(포스텍), 1987년에 포항산업과학연구원(RIST)를 설립해, 국내 최초로 '산학연구개발체계'를 구축했다. 가난한 한국에서

철의 신화를 창조한 박태준은 세계적인 철인鐵人으로 불리웠다. 영국 '더 타임지' 는 세계대학 평가에서 '포스텍' 을 28위로 평가 했다.

• 박태준은 1927년 경상남도 동래구 장안면(현재 부산시 기장군 장안읍)에서 태어났다. 1933년 아버지가 일하고 있는 일본으로 건너가 어린시절을 보냈다. 1945년에 일본 와세다대학 기계공학과에 입학했다. 그러나 일본 패망으로 조국으로 귀국했다. 1948년 육군사관학교의 전신인 남조선경비사관학교 6기생으로 입학했다. 1950년 6.25한국전쟁 시 박태준은 경기도 포천에 주둔중인 1연대 중대장으로 복무했다. 그 때 박태준은 생사기로의 순간을 맞았었다. 서울 미아리 서라벌중학교 부근에서 인민군과 전투가 벌어졌다. 국군 중대장 10명 중 2명이 겨우 살아남았다. 교전이 끝 나자 상부에서 부대 철수명령이 하달되었다. 한강 이남으로 철수명령을 받은 박태준 중대장은, 적의 소련제 탱크 소리를 들으며 철수했다. 1953.7월 정전停戰 후에 박태준은 육군대학에 입학해 수석으로 졸업했다. 육군사관학교 교무처장으로 명령을 받았다. 이때 박태준은 친척 어른 소개로 부인 장옥자를 만나 결혼했다. 이화여자대학교를 졸업한 장 여사는, 신혼 휴가 후 귀대하는 남편에게 은사 최호준 교수의 교과서 경제학원론을 손에 쥐어주었다.

• 박태준 인생에서 빼놓을 수 없는 사람은 박정희 대통령이었다. 1948.7.28 박태준은 육군사관학교에서 박정희를 처음 만났다. 두 사람은 스승과 제자 사이었다. 박정희는 대위로 사관학교 교관이었다. 탄도학을 가르치던 박정희가 수학을 잘하던 박태준을 눈여겨 보았다. 박태준은 박정희를 보는 순간 "싸늘한 새벽공기가 앞문으로 불어닥치는 느낌." 이라고 회상했다. 1961.5.16 박정희가 군사혁명을 거행할 때 박태준은 혁명 가담자 명단에 없었다. 박정희가 실패할 때 살아 남아 군을 이끌 지도자가 필요했고, 혁명실패로 본인이 사형을 받게 되면 가족들을 돌 볼 사람이 필요했기 때문이었다.

1964년 박태준은 대한중석을 정상화 해야한다는 박정희 대통령의 요청을 받았다. 박정희는 이미 박태준의 경영능력을 확인한 후 종합제철소를 맡겨야겠다는 생각을 하고 있었다. 1965.6월, 청와대에서 박정희 대통령이 박태준을 불렀다. 박정희는 박태준으로 부터 일본 철강업계에 대한 보고를 받았다. 그리고 박정희는 "나는 고속도로를 직접 감독할 거야. 자네는 제철소를 맡아. 고속도로가 되면 공업국가의 꿈은 실현되는 거야. 자네 능력과 뚝심을 믿네."라고 말했다.

• 박태준은 포항재철소 건립에 착수했다. 문제는 1억 달러에 이르는 자금이었다. 박태준은 1969,1월 국제부흥개발은행(IBRD)으로부터 자금요청을 거절당했다. 그는 미국 '하와이' 에서 "대일청구권 자금에서 활용해 건립해야겠다,"는 이른바 하와이 구상을 했다. 박태준은 박정희 대통령의 포항제철국유화 요청을 거절했다. 순수한 민간기업으로 하기로 했다. 박태준은 정부간섭으로 국영기업을 망치는 병폐를 미리 차단했다. 박 대통령은 줄담배를 피며 "내가 임자한테 졌어, 좋은 방법 강구해봐," 하고 물러섰다.

1971년 4월에 사작한 포항제철건립공사가 예상보다 부진했다. 박태준은 근로자들을 모아놓고 연설했다. "이 제철소는 식민지 시대에 대한 보상금으로 받은 조상님들의 피값으로 짓는 것입니다. 실패하면 조상님들께 죄를 짓는 것이니 목숨을 걸고 일해야 합니다. 실패하면 "우향 우 해서 영일만 바다에 빠져 죽어야 합니다. 하루 무조건 700m3 이상의 콘크리트를 타설해야합니다." 라고 지시했다. 그후 박태준은 군복차림으로 하루 3시간 씩 눈을 붙이고 쉴사이 없이 현장을 독려했다. 박태준의 철강 신화는 이렇게 막이 올랐다.

• 1971년 가을 박태준 회장은 보험회사로부터 6,000만원의 '리베이' 트를 받았다. 박태준은 대통령에게 정치자금으로 내 밀었다. 그러나 대통령은 박 회장이 알아서 쓰라며 거절했다. 박태준은 이 돈으로 장학재단을 세웠다. 1971년 대통령선거 당시 박태준은 공화당 재정위

원장 김성곤의 “공화당에 정치자금을 대는 일본업체 물건을 써달라.”는 요구를 5차레나 거절했다. 이후 공화당 의원들은 박태준을 “소통령”이라고 불렀다. 그래도 박태준은 그런 비아냥을 훈장이라고 여겼다. 정치권으로부터 견제를 받았던 박태준은 1974가을 가택수색을 받았다. 정보기관이 집안을 샅샅이 뒤졌다. 장롱 속에서는 집문서와 이불, 옷, 패물 몇 개만 나왔다. 박태준은 포스텍(포항공대)을 세운 후 교수 인사청탁에 시달렸다. 박태준은 접수되는 이력서를 총장 김호길에게 돌렸다. 그러나 김호길은 박태준의 내심을 잘 알고 있었다.

• 1961,5.16 군사혁명이 성공하자 박태준은 국가재건최고회의 재정경제위원회 상공담당최고위원으로 임명되었다. 박정희 대통령이 박태준을 경제방면으로 활용하려는 의도였다. 박태준은 박정희 대통령의 3선개헌 지지성명 동참요구도 거절했다. 당시 중앙정보부장 김형욱이 사람을 보내 성명동참을 권고하자, 박태준은 “제철소 하나만으로도 바쁘다. 정치에는 가지 않을것.” 이라며 거절했다. 이 소식을 들은 박정희 대통령도 “그 친구 원래 그런 친구야.” 라며 박태준을 보호했다. 1992.10.3 개천절, 박태준은 국립묘지 박정희 묘역을 찾았다. 박태준은 “25년 대업완수 보고”를 했다. 한지에 붓글씨로 쓴 보고문을 낭독했다.

“불초 박태준, 각하의 명령을 받은 지 25년만에 포항제철 건물의 대역사를 성공적으로 완수하고, 삼가 각하의 영전에 보고 드립니다. 혼령이라도 계신다면 불초 박태준이 결코, 나태하거나 흔들리지 않고 25년 전의 그 마음으로 돌아가, 잘사는 나라 건설을 위해 매진할 수 있도록 굳게 붙들어 주시오소서.”

• 박태준 포스코 회장은 1981년 민정당 전국구 국회의원이 되면서 정계에 입문했다. 육사 후배인 전두환 대통령 요청으로 입문했다. 박태준은 “포항제철을 외풍外風에서 지킬 방패막이가 필요해 정치권에 뛰어들었다.” 고 말했다. 박태준은 국회 재무위원직을 맡았고 1991월

민정당 대표에 추대되었다. 그러나 3당합당, 즉 통일민주당(김영삼), 신민주공화당(김종필), 민자당(박태준)이 합당해서 보름만에 최고위원으로 강등되었다. 김영삼이 대통령선거를 위해 대표직을 맡은 것이다. 박태준은 1992년 대통령선거대책위원장 직책을 맡아달라는 김영삼의 제의를 거절했다. 그리고 그해 10월에 민자당을 탈당했다.

• 이듬해 1992년 2월에 김영삼 정부가 출범했다. 포항제철에 국세청 세무조사단이 들이닥쳤다. 박태준은 협력사로부터 39억원을 뇌물로 받았다는 협의로 검찰에 기소되었다. 그후 박태준은 미국과 일본 등지를 떠돌았다. 박태준은 1997년 사년간의 유랑생활을 끝내고 귀국했다. 그해 가을 박태준은 포항시 북구 국회의원보궐선거에 출마해 4선選 의원으로 정계에 복귀했다. 1997.11월, 박태준은 자민련에 입당해 김대중과 김종필 연합에 참여했다. 선거 결과는 김대중이 대통령으로 당선되었다. 박태준은 1998년 반도체와 자동차 등에서 대기업간 사업중단을 없앤다는 취지로 5대구룹 빅딜(사업교환) 아이디어를 내기도 했다. 박태준은 김대중 대통령시절인 2000.1월 "새천년 첫총리"로 발탁됐다. 그러나 박태준은 "조세회피목적의 부동산 명의신탁" 의혹으로 취임 4개월 만에 낙마했다. 이후 박태준은 "정계에 환멸을 느꼈다." 며 정계를 떠났다.

• 고 박태준 포스코 명예회장의 재철보국(製鐵報國)과 교육보철(教育報鐵)이라는 이상理想은 거대한 나무로 자랐다. 글로벌 철강분석기관인 WSD는, 2011년 전세계 34개 철강사를 대상으로 기술력, 수익성, 원가절감 등 23개 항목을 평가한 결과로 포스코를 세계1위 철강사로 선정했다. 포스코는 시가총액도 최근 "아르셀로마탈"을 제치고, 세계1위 철강기업으로 올라섰다. 박태준 명예회장의 또 다른 역작은 1977년 포스코에 기술연구소를 세우고, 1987년 포항산업과학연구원(RIST)를 설립한 것이다. 박태준은 포스코+포스택+RIST로 이어지는 '산학연구개발체제' 를 한국에서 최초로 구축한 거인이었다. 포스텍은

2011.12.2 교내 노벨동산에 박태준 명예회장의 조각상을 세웠다. 포스코는 2012.5월 현재 정부지분이 없는 순수 민간기업이다. 외국인 지분이 50.4%나 되고, 철강생산량은 세계 3위 기업이다. 세계적인 철강왕 박태준은 가난한 농업국가를 공업국가로 바꾸고, 조국 근대화와 경제발전에 철근鐵筋 역할을 한 선구자先驅者였다.

6. 국외 10대 사건내용

가. 월(wall)가街 점령시위 확산

• 자본주위 경제가 위기에 봉착했다는 위기론(자본주의4.0)이 대두되었다. 자본주의 경제는 국가마다 20% - 30%의 빈곤자를 만들었고, 그 책임은 금융당국에 있다는 저항이 시작되었다. 2011년 9월! 드디어 빈곤퇴치를 요구하는 젊은이들의 시위가 미국 금융자본주위 심장부인 월가(Wall, 街) 주코티 공원에서 발생했다. 시위대들은 부富의 독점을 비난하며, "월가를 점령하라."는 플래카드를 내걸었고, 상주 시위에 들어갔다. 이들 젊은이들은 캐나다의 소비운동단체인 "애드버스"의 불로그 글에서 구호를 따왔다. 미국인들은 직장 없는 일부 젊은이들의 불만표출이라고 과소평가했다. 그러나 젊은이들의 시위와 구호는 세계 각국으로 확산되었다. 영국 젊은이들은 2011.10.09 런던 중심부인 '웨스트민스터브리지'에서, 정부의 '건강보험혜택축소안'을 상원에서 거부하라고 연좌 시위했다. 젊은이들은 "분배정의 실현"과 "월가를 점령하라."는 구호를 외쳤다. 선진국의 자본주위 빈부격차에 대한 반발과 반성이 연대를 형성하기 시작했다.

• 2011.10.15! 미국의 시위대들은 "월가를 점령하라."는 플래카드를 들고 '맨해튼'의 '타임스스퀘어'까지 진출 했다. 시위 군중들은 6,000여명이었다. 이날 경찰은 시위대 70여명을 연행했다. 자본주의

를 비판하는 시위는 전 세계로 퍼져나갔다. "지도자 없는 집회"를 표방했던 시위대들은 점점 확산되어, 전 세계 80여개 국가 9,000여개 도시로 퍼졌다. 결국 시민단체와 노조들도 이들과 합세했다. 폭로 전문 웹사이트 '위키리크스' 설립자 '줄리언 어산지' 도 2011.10.15 영국 런던 '세인트폴' 대성당 인근에서 열린 '반 금융자본 시위' 에 참가했다. 시위대들은 "99%는 위기, 1%는 강도," "반자본주의 혁명이 필요하다." 는 구호를 외치며 시위했다.

벨기에 브뤼셀에는 2011.10.15 유럽연합(EU) 본부 소재지 전역에서 10,000여명이 집결해 시위했다. 시위대는 유럽 금융위기를 상징하는 증권거래소 건물을 향해 행진했다. 시위대들은 신발 수백켤레를 증권거래소에 던졌다. 시위대는 2011.5월 스페인에서 긴축정책에 반발하며 시위하고, 75일 간 1,700Km를 걸어 온 분노한 사람(Los Indignaclos)들의 행진을 상징하는 의미로, 신발을 선두 행열에 내걸었다. 시위대들은 행진도중에도 은행건물이 보이면 어김없이 야유를 퍼붓거나 경적을 불었다. 일부 시위자들은 은행창문과 현금지급기에 " 멈춰라!"는 구호를 페인트로 칠하거나 '스티커' 를 만들어 붙였다.

• 경찰의 통제로 EU집행부 본부 진입에 실패한 시위대는 건너편 공원에서 "99%는 위기, 1%는 강도", "반反 자본주의와 혁명이 필요하다," 는 구호를 영어, 불어, 스페인어, 독일어로 외치며 집회를 벌였다. 이날 시위에는 스페인 포르투칼, 프랑스, 그리스 등 유럽경제 위기를 격고 있는 나라 국민들이 많았다.

"월가를 점령하라"(Ocupay Wall Street)" 는 슬로건을 내걸었던 미국 뉴욕의 반反 월가 시위에 대한 동조시위는, 2011.10.15 전세계 82개 국가 1,500여개 도시에서 동시다발적으로 벌어졌다. 일본 도쿄와 호주 시드니, 대만 타이페이 등 먼저 일어난 시위들은 이날 하루 내내 전 세계로 확산되었다.

세계 각국 시위자들은 트위터와 페이스북 등 소셜네트워크서비스

(SNS)를 통해 현장으로 실시간에 집합하고 중개하며, 정보와 의견을 주고 받았다.

• 유럽에서는 재정위기로 신용등급 하락을 겪은 이탈리아의 시위가 가장 격렬했다. 이탈리아 80개 도시에서 수도 '로마' 로 집결한 10만 여명의 시위대들은 잇따른 성추문 속에서도 신임투표를 통과한 "실비오 베룰루스코니" 총리의 이름이 적힌 관棺을 들고 행진했다. 시위대들은 국방부 별관에 불을 지르거나 은행, 점포, 상점을 파손시키는 등 과격하게 시위했다. 경찰은 최루탄을 쏘며 진압에 나섰다. 이 과정에서 충돌이 일어나, 시위대 10여명과 경찰 26명이 부상하고, 시위대 12명이 체포되었다.

• 독일 '프랑크푸르트' 에서도 8,000여명의 시위대들이 유럽중앙은행(ECB) 청사 앞에서 세계금융 시스템에 항의하는 집회를 벌였다.

'베를린' 에서는 40,000여명이 '앙겔라 메르겔' 총리의 집무실 앞을 행진했다. 영국 '런던' 에서는 5,000여명이 "런던 증권거래소를 점령하라." 는 구호를 외쳤다. 폭로 전문사이트 창립자 '줄이언 어산지' 가 참석해 지지연설도 했다. '어산지' 는 월가 점령 시위의 상징이 되고 있는 "가이포크스" 가면을 쓰고 런던 시위에 나타났다. 그는 경찰의 요구에 따라 가면을 벗은 뒤 런던 세인트폴 대성당 앞에 모였던 시위대에게 "런던의 은행이 부패한 돈의 수혜자라고 생각하기 때문에 시위를 지지한다." 고 연설했다.

스페인 '마드리드' 와 '포르투칼' '리스본', '오스트리아' '빈' 과 '그리스' '아테네' 등 유럽 각국의 소도시에서도 시위가 벌어져다. "반 월가 시위" 의 진원지인 미국 뉴욕 '맨해튼' 에서는, 시위대 6,000여명이 '주코리공원' 을 떠나 '타임스스퀘어' 광장 주변에 집결했다. 뉴욕경찰은 광장 접근을 차단하고, 시위대 88명을 체포했다. 브라질과 캐나다, 남아프리카공화국에서도 월가 시위가 이어졌다.

나. 노르웨이 초대형 총기 난사사건

• 지상 낙원 노르웨이에서 초대형 총기 난사사건이 발생했다. 160명의 사상자가 발생했다. 비극은 2011.7.22.15:26 수도 오슬로의 정부종합청사 앞에서 시작되었다. 범인은 채소농장 운영자 "안데레스 베링브레이빅"(32세, 남) 이었다. 범인은 먼저 폭약이 실린 화물차를 정부청사 앞에서 폭파시켰다. 시민 7명이 사망하고 수십 명이부상 당했다. 그리고 범인은 노동당이 주관하는 청소년캠푸장으로 이동해 소총으로 무자비하게 청소년들을 살해했다.

• 범인은 15;00경 나타났다. 정부종합창사 앞에 소형 화물차를 타고 왔다. 화물차엔 화학비료(총6톤)으로 만든 폭약이 가득 살려 있었다. 범인은 주위를 살핀 후 도로변에 화물차를 주차했다. 바로 안전지대로 숨어 원격조정장치로 폭파시켰다. 순간 엄청난 폭발음과 함께 정부청사와 주변건물들의 유리창이 산산이 조각났다. 폭발음은 오슬로 전체가 흔들릴 정도로 엄청났다. 사방으로 흩어지는 파편과 유리로 7명이 즉사하고 수십 명이 부상당했다.

• 범인 '브레이빅' 은 미리 준비해 두었던 차량으로 오슬로 북서쪽으로 38Km 떨어진 수양지 '티리피요르드호수' 로 떠났다. 다음 공격 예정지인 '우토야섬' 으로 간 것이다. 섬에서는 매년 여름 노동당이 주관하는 청소년캠프가 열리고 있었다. 행사는 14세부터 25세까지의 청소년들을 대상으로, 스포츠, 정치토론 등으로 진행되었다. 금년 캠프에는 약 6,000여 명이 참석했다. 노르웨이 총리 "연스 스톨텐베르크"도 참석했다. 범인은 보오트를 타고 섬으로 들어갔다. 그리고 정부청사 테러 소식을 듣고 웅성거리는 청소년들에게 다가갔다. 경찰복을 착용한 범인에게 테러 소식을 묻는 청소년도 있었다. 범인은 청소년들에게 "할 이야기가 있으니 이쪽으로 모이라." 고 소리쳤다. 청소년들이 잔디밭 구석으로 모이자, 범인은 말없이 소총을 난사했다.

• 수백명의 청소년들이 공포에 질려 혼비백산했다. 범인은 조금도 자비심을 보이지 않았다. 범인은 소총과 엽총을 번갈아 난사하며 청소년들을 조준사격했다. 50여명은 선착장 쪽으로 달려가 호수에 뛰어든 후 육지 쪽으로 헤엄쳐 탈출했다. 그러나 범인도 선착장까지 달려가 헤엄치는 청소년들을 사격했다. 몇 명이 물 속에서 사망했다. 경찰 특공대는 오후 17:40 헬기로 섬 상공에 도착했다. 특공대는 다시 보오트로 섬에 들어가 범인을 제압했다. 노르웨이 정부는 호수 주변 '순블랜호텔' 에 사고대책 본부를 설치했다. 미국 CNN, 영국 BBC, 독일 ZDF 등 세계 언론인들이 속속 모여들었다.

• 생존자와 주민들이 전하는 참상은 생지옥 그 자체였다. 사람들은 놀라 호수로 뛰어들고, 바위틈에 숨고, 죽은 듯이 엎드려 있었다. 범인은 총알을 맞고 쓰러진 사람들을 엽총으로 머리에 확인 사살했다. 오후 17:40 경찰 헬기가 도착하고 특공대가 현장에 도착했을 때는, 섬에 10대 청소년들의 시신이 가득해 이미 생지옥으로 변해 있었다.

다. 미국, 이라크전쟁 종료선언

• 2003.3.20 시작된 미국의 이라크전쟁이 8년 9개월 만에 종료되었다. '리언 파비타' 미국 국방부 장관이 '바그다드' 에서 종전선언을 했다. 이날 이라크 바그다드공항 인근 미군기지에서는 미군기 하강식이 거행되었다. 미국은 전쟁초기 독재자 '사담 후세인' 을 체포하는 등 성과를 걷우고 전쟁을 승리로 이끌었다. 그러나 '알카에다' 의 비정규전이 계속되고 테러행위도 계속되었다. 미국의 이라크 침공은, '빈 라덴이' 이끄는 알카에다 요원들이 미국의 상징인 세계무역센터 건물과 국방부 '펜타곤 ' 을 항공기 4대로 공격해 9.11사태를 야기했고, 3,000여명의 미국인들이 희생되었기 때문이었다. 이라크가 보관하고 있는 대량살상무기(WMI)를 찾아낸다는 것도 미국이 제시한 전쟁

명분의 하나였다.

• 그러나 알카에다와 이들을 배후에서 지원하는 이라크 회교원리주의자들의 비정규전은 예상외로 심각했다. 비정규전은 약탈, 폭탄테러 등 방법으로 장기적이고 대대적으로 계속되었다. 전쟁은 장기화되면서 미국과 이라크 양국에 많은 상처를 남겼다. 미군장병 4,487명이 희생되었다. 이라크 국민들은 12만 여명이 희생된 것으로 추산된다. 이라크전쟁은 9.11테러사건의 배후 조종자로 지목되는 알카에다 지도자 '오사마 빈 라덴데'(Bin LADEN, 54세).이 사살됨으서 종점을 향해 출발했다. '빈 라덴' 은 오버마 미국대통령의 작전지시를 받은, 미국 특수전요원 '네이비 씰 팀6(Navy SEAL TEAM-6) 요원 25명에게 사살되었다. 파키스탄 외곽도시 아보타바드 소재 저택(안가)에서 2011.05.02.01:50 사살되었다. ' 빈 라덴 '의 시신은 아프카니스탄 미군기지로 옮겨져 유전인자 표본채취 후 바다에 수장水葬되었다. 이라크 전쟁은 미국에게 1조달라(한화 1,570원)의 부채를 남기고 끝났다.

• 그러나 '이라크' 인들 중에서 전쟁이 끝났다고 생각하는 사람들은 한 명도 없다. "아랍의 봄" 이후 중동정세가 요동치는 상황이라 더욱 그렇다. '이라크' 에서도 "바샤르 알 아사드" 대통령이 퇴진해야 한다는 여론이 제기되고 있다. 이라크의 미래는 (1) 미국의 도움으로 국가수장에 오른 '누라알 마칼리" 총리는 미국으로부터 경제원조는 계속 받으며 정치적으로는 이란과 미국 사이에서 줄다리기를 할 가능성이 농후하다. (2)미국 및 이스라엘 양국과 대립하고 있는 이란 지지세력이, 이라크에 들어설 가능성도 있다. (3)향후 이라크가 석유를 노리는 외국기업의 각축장이 될 가능성도 있다. 이라크는 2007년에 30여 년 만에 처음으로 다른 나라에 석유개발을 개방했다. 미국 기업들은 전쟁 후 이라크 특수를 기대하고 2011년 상반기에 이미 300억 달러를 투자했다. 지난해 보다 3배나 늘어난 금액이다. (4)이라크가 통제불능의 내전으로 치달을 가능성도 배제할 수 없다. 이라크 국민들

은 이슬람 시아파 65%, 수니파 35%로 양분되어 있다. 쿠루드족, 튀그루족 등 소수민족들도 섞여있다. 미국군부에 의하면 현재 이라크에선 폭탄테러와 암살이 매달 약 700건이나 발생하고 있다. 여기에더해 알카에다 등 10여개의 반군세력도 활동하고 있다. 미국 뉴욕타임지는 2011.12.17 현재 사담 후세인 전 대통령이 이끌던 수니파 바트당의 잔존세력도 건재하고 있다고 보도했다. 이라크는 내부 갈등과 혼란이 당분간 계속될 것으로 전망된다

라. 신神의 입자 힉스(higgs)

• 스위스 제네바 인근에 있는 유럽입자물리연구소(CERN)는, 2011.12.13 우주 대폭발(빅뱅) 직후를 재현한 '가속기충돌실험' 에서 우주 만물을 탄생시킨 신神의 입자粒子 힉스(Higgs)를 발견했다고 발표했다. 현재 인류는 물리학의 '표준모형' 을 이루는 12개 '기본입자' 를 모두 발견한 상태다. 그러나 이들 입자들에게 질량을 부여하는 존재는 아직 정체가 밝혀지지 않은 상태였다. 금번 발견된 '힉스' 는 우주 대폭발 직후 나타난 기본입자들에게 질량을 부여한 존재로 생각되는 새로운 입자다. 인류가 새로운 입자를 발견한 것은 1995년 이후 처음이다.

• '힉스' 의 발견으로 인류는 우주의 기원을 설명하는 '표준모형' 을 완성할 수 있고, 우주 만물의 탄생을 설명할 수 있을 것으로 기대하고 있다. 신의 입자粒子로 불리우는 힉스(Higgs)는 영국 에든버러 대학교 명예교수 '피터 힉스(83세)' 가 1964년 질량을 부여해 우주만물을 탄생시킨 가상의 입자라고 제안했다. 그 제안을 한국의 물리학자 고故 이휘소 박사가 1972년 "힉스 입자" 라고 명명했다. 즉 힉스물질을 이루는 기본입자 중 가장 핵심적인 입자다. 힉스는 우주 탄생을 설명하는 입자물리학 표준모형의 모순을 해결하기 위해 추가된 입자다. 표

준모형(Standard Model)은 1968년 '스티브 와인버거' 와 '압두스 살림' 이 제시한 입자물리학의 기본원리다. 표준모형에 따르면 우주에는 12개 기본입자와 이들 사이에 힘을 전달하는 4개 '매개입자' 가 있다.

• 137억 년 전 우주 대폭발 직후 탄생한 기본입자에는 질량이 없다. 하지만 기본입자들로 구성된 물질에는 질량이 존재한다. 입자에 질량이 없으면 빛의 속도로 움직이면서 다른 입자와 전혀 반응을 하지 않고, 우주만물도 만들어 질 수 없다. 자유롭게 움직이던 기본입자를 붙잡은 것이 바로 힉스(Higgs)다. 힉스의 발견으로 인류는 앞으로 새로운 문명을 가져올 수 있을 것으로 기대하게 되었다. 전자電子입자가 발견됨으로서 오늘날의 정보통신(IT) 문명이 탄생한 것처럼, 새로운 입자 발견은 늘 새로운 문명을 가져왔었다. 입자물리학이 없었다면 반도체, 암 진단 용 양전자단층촬영기(PET), 월드와이드 웹(WWW)도 있을 수 없었다.

• 유럽입자물리연구소(CERN)에는 한국 과학자들도 70여명이 참여하고 있다. 박사 20여명과 대학원생 50여명이 공동연구에 참여하고 있다. CERN 연구소는 40개 국가 과학자들과 공동으로 연구를 하고 있다. 한국은 2007년부터 정부지원을 받는 연구팀을 구성해 참가하고 있다. 한국은 2010년부터 CERN 연구소에 연간 15억 원을 지원하고 있다. 과학자들은 영국 힉스 교수의 노벨상 수상이 확실시 된다고 기대하고 있다.

마. 남중국 바다 영유권 각축

• 미국과 중국이 남중국 바다 영유권을 놓고 각축전을 계속하고 있다. 미국 · 중국 양대 국가 이외에도 베트남, 말레이시아, 필리핀, 대만, 브르나이, 일본 등 국가들도 남중국해 영유권을 주장하고 있다. 남중국 바다에는 '시사군도', '난사군도', '하이난디오' 등 크고 작

은 섬들이 있고, 석유와 해산물의 보고寶庫다. 난사군도南沙群島는 42만 5,000km² 면적에, 총면적 4km²의 섬이 있고, 750여 개의 섬, 암초, 산호초 등이 있다. 지정학적으로도 인도양과 태평양을 잇는 전략적戰略的 요충지要衝地이다. 중국은 제2차세계대전 후 영유권을 주장하고 있다. 일본이나 여타 국가들도 자기 국가들이 점유했던 지역이라며 영토권을 주장하고 있다.

• 중국은 이 지역을 지배하기 위해 2011.8.10 항공모함을 진수시켰다. 중국은 미국 항공모함에 대응해 남중국 바다는 물론, 서해바다와 태평양 등 해양국가로 주도권을 장악하기 위한 전략을 강화하고 있다. 중국의 제1호 항공모함의 제원은 무게 50,000톤, 길이 350m, 높이 73m, 선실 3,000개, 승조원 2,000여명, 최고속도 32노트, 연속항해 가능거리 7,130Km(약 45일) 등이다. 무장武裝 제원은 수직발사기 2기, 대공미사일, 근접방어무기, 수호이전투기(SU) 3대, 헬기 17대 등이다.

• 미국이 남중국해 지배권을 강화하는 이유는, 아시아 지역이 향후 미국경제 회복의 중심지역이기 때문이다. 미국의 이런 경제정책은, 중국과의 경쟁과 마찰이 불가피하고, 해군력 강화와 외교전 강화도 불가피해 졌다. 2011년 연말까지 표출된 미국의 남중국해 지배권을 위한 전략은, 이미 종합적으로 진행되고 있다. 미국은 지난 8년 9개월간 계속된 이라크전쟁이 2011.12.15 종료되어, 남중국해에 더욱 자유롭고 다양한 전략 전개가 가능해졌다. 정치적으로는 '오바마' 미국 대통령의 재선을 위한 방편으로도, 미국은 남중국해와 아시아에 자연스럽게 영향력을 확대하고 있다. 이미 미국은 남중국해가 가까운 필리핀에, 환태평양경제동반자협정(TPP)에서 보다 중요한 역할의 필요성을 강조했다. 또한 미국은 매년 1조 2,000억 달러의 수출품이 통과하는 남중국해의 자유항해권을 지키기 위해, 호주 '다윈'에 해병대 2,500명을 배치키로 했다. 미국은 필리핀과 기존의 군사동맹도 이미 격상(UP GRADE)시켰다.

• 미국은 과거 적국이었던 베트남도 끌어 안았다. 미국은 2011.8월 해군함정 "리처드 E 버드호"를 베트남 '캄란만' 해군기지에 보냈다. 베트남과 전쟁 후 30여 년만에 생긴 일이었다. 미국의 이런 활동은 베트남에 대한 군사적 영향력 확대의지를 보여주는 것이다. 중국을 군사력으로 포위해, 갈등 해소에 우위를 선점하기 위한 전략이다. 미국은 1961년 – 1973년 간 베트남과 전쟁을 했다. 미국이 패전했다. 그러나 이제는 베트남을 아시아 진출의 교두보로 활용한다는 전략을 펴고 있다. 미국 '월스트리트저널(WSJ)' 도 "수 많은 미군장병이 전사한 베트남이, 앞으로는 미국의 아시아 진출의 전초기지가 될 것." 이라고 보도했다. 힐러리 클린턴 미국 국무장관이 2011.12.01 미안마를 방문했다. 50년만의 일이었다. 미국 오바마 대통령은 힐러리 장관의 마안마 방문이, "아시아 지역에 대한 미국의 역할증대와, 인권문제 개선 이라는 두 가지 의미가 있는 것."이라고 밝혔다. 미국은 지난 1988년, 미안마 군부가 아웅산 수지 여사를 가택 연금하는 등 인권을 유린하자, 경제제재를 했었다. 미국 오바마 대통령은 이날 "미안마가 역사적인 기회를 잡기 비란다." 고 말했다.

• 미국은 아시아 태평양 재개입정책(Asia Pacific Reengement Policy)에 박차를 가하며, 중국에 압박강도를 높이고 있다. 안보安保 면에서는, 호주 및 필리핀과 군사적 압박을 강화하고, 경제적 측면에선 태평양 경제동반자협정(TPP)으로 중국을 견제하고 있다. 이런 측면에서 오바마 미국 대통령이 2011.11.18 – 11.19(2일) 간 '인도네시아' 발리에서 개최된 동아시아정상회의(EAS)에 참석했다. 미국 대통령의 EAS 참석은 이번이 처음이었다. 이는 미국이 진정한 태평양국가의 일원으로 중국의 패권주의를 저지하겠다는 의지를 보여준 것으로 평가되고 있다. '오바마' 대통령은 11.17 호주 국회 연설에서 "미국은 태평양지역의 강대국이며, 계속 그렇게 남을 것."이라고 연설했다. 미국은 2001.9.11 테러사건 이후 '이라크' 와 '아프가니스탄' 에서 전쟁을 치

루면서 아시아에 대한 관심이 줄었다. 중국은 이 기간 중 군사적 경제적으로 비약해 미국과 겨누는 G2국가로 성장했다. 그 힘으로 아시아 '헤게모니' 싸움에서 주도권을 장악해 가고 있다.

• 미국은 중국이 2014년 쯤 국내총생산(GDP)이 미국과 비슷할 것이라고 예측하고 있다. 미국은 앞으로 세계의 성장엔진이 될 아시아 지역을 등한시 해서는, 미래를 장담할 수 없다고 예측하고 있다. 미국은 앞으로 10년간 국방예산을 1조 달러 삭감할 예정이다. 그러나 '오바마' 대통령은 11.17 호주 국회 연설에서 "아시아 · 태평양지역의 핵심전력은 계속 유지하겠다." 고 말했다. 그리고 "국방예산 삭감이 아시아 · 태평양지역에 대한 미국의 군사적 영향력 감소로 이어지는 일은 없을 것." 이라고도 연설했다. 미국의 군사적 전략은, 현재 한국과 일본에 주둔하고 있는 8만 5,000명 규모의 병력을 그대로 유지하며, 새로운 국가들과도 군사교류를 확대해, 중국에 대한 전방위 포위망을 구축한다는 것이다. 미국의 TPP전략에 대해 중국은, 일본과 동아시아국가연합(ASEAN)이 포함된 동아시아자유무역지대(EAFTA)를 창설해 미국에 맞불을 놓는다는 전략이다.

• 위에서 본 바와 같이 미국과 중국(G2)이라는 양 강대국 중간에 서 있는 한국의 미래는 항상 불안하다. 한국은 앞으로 필연적으로 발생할 중국과의 관계를 헤쳐나갈 전략이 분명해야 한다. 중국은 이미 2011.12월 타결된 한국과 미국 간의 자유무역협정(FTA)를 주시하고 있다. 한국은 미국과의 관계를 더욱 강화해야 한다. 한국 외교안보연구원에서는 2011.11월 "한국은 중국과 군사교류와 외교관계를 더욱 강화해애 한다. 한국은 중국과 현안문제들에 대한 공감대를 형성해 해결하려는 노력을 기우려야한다." 는 보고서를 냈다. 학자들의 이런 견해는, 수천 년간 열강들의 틈에 끼어 5,000년의 역사를 보존해 온 우리민족이, 앞으로도 폭넓은 '유연외교전략' 을 활발하게 전개 해, 현재의 난국을 극복하고 평화통일을 이룩해야 한다는 채찍질이다.

바. 대지진으로 흔들린 일본열도

• 2011.3.11.14:46! 일본열도에 강도 9.0의 초대형 대지진大地震과 '쓰나미' 가 닥쳐왔다. 후쿠시마福島지역 피해가 가장 심각했다. 인명 피해는 사망 15,854명이었고, 연말인 현재 까지도 시신을 찾지 못한 사람이 3469명이나 된다. 일본의 자랑이었던 건물 내진설계, 해변의 방파제, 후쿠시마 지역의 '원자력발전소' 들도, 대자연 앞에서는 무력하기만 했다. 연말 현재까지 고장난 원자력발전소들은 '세슘' 과 방사선물질을 일본 전역에 뿌리고 있다.

4개의 고장난 원자력발전소들은 아직도 붕괴가 진행중이다. 이번 피해로 독일은 원자력발전소 가동을 전면 중지하기로 했다. 대지진으로 초대형 자연재앙自然災殃 앞에서, '매뉴얼' 에만 집착하는 일본 정부의 허술한 재난구호 시스템이 비난의 대상이 되었다. 그러나 재난災難 현장에서도 어김없이 발휘된 일본 국민들의 공중질서 준수정신은 많은 세계인들의 찬사를 받았다.

• 2011.3.11.대낮! 일본에서 지상 낙원이라고 불리던 '센다이' 지방에 진도 9.0규모의 지진과 초대형 '쓰나미' 가 한꺼번에 해안과 도시를 덮쳤다. '쎈다이' 시내 곳곳에서 불길이 치솟고, 건물들도 무너졌다. 공항도 폐쇄되고 교통도 두절되었으며, 일본열도가 순식간에 아비규환阿鼻叫喚의 땅으로 변했다. '쓰나미' 는 시속 700Km 속도로 동진해, 남미대륙 '칠레' 에 도착했다. '쓰나미' 는 러시아 쿠릴열도(16:05), 필리핀 해역(20:46), 하와이(22:30), 등 지역에 도착했다. 이번 '쓰나미' 는 일본 뿐 아니라 태평양 전체 국가들에게 불안을 주었다. 필리핀에서는 1,500여명이 긴급대피 했다.

초대형 강진은 도쿄東京 동북쪽 273Km², '센다이' 동쪽 130㎢ 해상의 지하 24.41 ㎢에서 발생해, 1시간 만에 '센다이' 해상에 도착했다. 피해지역은 '후쿠시마' 에 있는 인구 7만 여명 규모의 '거센누마시'

와 인구 7만 명 규모의 '미나미소마시' 南相馬, '미나미산쿠리시' 를 바롯, 미야기현宮省縣 지방의 인구 73,000여명 규모의 나토리시名取市 등이다. 일본열도는 순식간에 집도, 가족도, 삶도 다 빼앗겼다. 참혹한 피해현상이 계속 공개되며 드디어 "일본열도 최후의 날" 이라는 보도가 나왔다.

• 전 일본 국민들응 긴장 속에 지루한 시간을 보내고 있었다. '후쿠시마' 원자력발전소가 피해를 입었다는 방송이 나왔다. 방사선 유출여부, 원전 제1호기 외벽 폭발사건, 원전 제2호기와 3호기의 방사선 누출 가능성 등에, 전 국민들의 눈과 귀가 집중되었다. '거센누마시' 해변 뻘 밑에는 수많은 주민들이 묻혀 있다는 보도도 나왔다. '마나미소마' 시에선 인구 7만 여 명 중 1,800가구가 괴멸되었다. '미나미산리쿠' 지역은 10,000여명이 행방불명 되어, 유령의 도시로 변했다.

'미야기현' 의 '나토리시' 는 인구 73,000여명 중 사망 100여명, 실종 500여명이라는 뉴스도 방영되었다. 일본국민들은 지구가 온난화로 인류를 말살시킬 작정이라고 걱정했다. 그런데 지구온난화는 인간들이 만들어 내는 것이었다. 너무 이해할 수 없는 모순이 아닐 수 없었다. 만물의 영장이라는 인간들이 만든 덫에 인간들이 걸려 멸망할 처지에 놓인 것이다. 정말 믿을 수 없는 대재앙이었다.

• 우방국들의 고마운 지원활동이 계속되었다. 미국은 '워싱턴호' 등 항공모함 2척을 투입해 여러가지 지원활동을 했다. 러시아도 항공기병원 6대와 구조대원 200명을 급파했다. 한국도 160억 원을 원조하고, 구조대원 102명을 급파했다. 대재앙 속에서도 일본인들은 침착한 공중도덕 정신을 완벽히 발휘했다. 정부의 지시에 순응하며 줄서기, 인내하기, 협동하기, 단결하는 모습을 유감없이 보여주었다. 일본인들은 쑥대밭이 된 일본을 쳐다보고 있는 전 세계인들을 감동시켰다.

• 대지진 피해자들의 하루살이는 불안하고 힘들었다. 지진과 '쓰나미' 에 방사선 피폭이라는 예기치 못했던 재앙災殃으로 모든 게 정지되

었다. '일본열도 최후의 날' 이 왔다는 여론 속에, 이재민들은 나락奈落에 떨어진 사람들처럼 힘이 쭉 빠져 있었다. 모두 하늘만 쳐다보거나, 오르지 생존을 위한 발걸음만 힘없이 옮기고 있었다. 헤아릴 수 없는 많은 피해자들이 식량도, 식수도, 아기들의 분유까지도 구하기가 힘들었다. 일본인들은 이런 생활환경 속에서 허기를 삼키며 하루하루를 보냈다. 모두가 파괴되고 인적조차 찾아볼 수 없는 유령幽靈의 도시에서, 무었을 먹고, 무었을 하며, 어떻게 살아야 할지를 알 수 없는 상태였다.

지구온난화 피해자들은 오르지 정부의 구호 손길만 기다렸다. 지구地球의 피해자들은, 유령의 도시에서, 나락의 현장에서, 희망도 없이 그날그날을 엮어야 했다. 모두가 떠나고 부서진 주택, 잘려 나간 차도, '쓰나미' 가 가져온 산더미 같은 부유물 위에도 햇볕이 내려앉고 세월도 흘렀다. 이제 장마도 그쳤고 울긋불긋 가을이 왔다. 이런 모두가 지구地球의 자전과 공전이 빗어내는 장난질이었다.

• 전 세계 인류들이 온정을 베풀어 주셨던, 7개월 전의 일본 '대지진과 쓰나미 사태' 도 빠르게 복구되고 있었다. 피해자들의 상처도 많이 치유되었다. 그러나 아직도 방치된 시설들이 너무 많았다. '후쿠시마' 원자력발전소 피해로 방사선이 유출되고 국민들이 피폭을 받는 초유의 사건이 발생했다. 지금도 피해가 진행되고 있지만 해결 방안이 마땅치 않다는 보도가 나왔다.

원자력발전소가 있는 '후쿠시마' 일대는 유령의 도시로 변했다. 사람이 살지 못하고 모든 게 파괴되어 도깨비들만 사는 삭막한 지옥이었다. 젖소들은 물 한 모금 먹겠다고 메마른 수로水路에 빠져 허우적거리고 있다. 방사선에 피폭被曝된 애완동물들은 인적이 그친 지옥의 거리를 방황하고 있다. 소, 돼지 같은 가축들의 시체가 여기저기서 썩어가고 있다. 논과 밭에는 농작물 대신 잡초들이, 사람의 키만큼 자라 흉물스럽게 우거져 있다.

• 일본정부는, 후쿠시마 원자력발전소가 있는 바닷가 지점을 중심으로, 반경 20Km의 반원형 지역 628Km² 일대를 출입금지 지역으로 선포했다. 한국의 서울시 지역보다도 넓은 면적이다. 더욱 놀라운 사실은, 고장 난 원자력발전소에서 '핵연료' 를 회수하고 관련시설들을 해체하는 데, 30년-40년도 더 걸린다는 사실이다. 정말 걱정스럽고 기 막히는 일이다. 후쿠시마 원자력발전소가 있는 지역 628Km² 의 넓은 지역이 사람이 살 수 없는 유령들의 도시로 이미 변해버렸다. 도쿄東京 사람들도 방사선이 무서워 규슈지방 쌀을 사 먹고 있다. 수돗물도 먹기가 겁나 생수를 사 먹는다. 많은 어머니들은 원자력발전소 사고 이전에 제조된 통조림을 구해 아기들에게 먹이고 있다.

• 일본정부는 이번 피해복구가 앞으로 10년 더 걸리고, 복구비용은 23조엔(314조원)이 필요하다고 추산하고 있다. 이번 '후쿠시마' 원자력발전소 피해 사건은 전 세계 각국에 경고를 주었다. 이미 독일, 스위스 등 많은 나라들이 원자력발전소를 폐쇄하기로 선언했다. 그리고 새로운 '에너지' 개발에 박차를 가하고 있다. 일본도 54개의 원자력발전소를 모두 모두 가동하지 않기로 확정했다. 이미 54기의 원자력발전소들이 가동을 중지했다. 작동 중이던 2개의 원전도 한 달 후에 가동을 중지했다. 일본정부는 이번 사건을 계기로, 원자력발전소의 안전성을 자신할 방법이 현재로는 없다는 판정을 했다. 원자력발전소(방사능, 세슘) 때문에 유령의 도시가 되어, 정든 고향을 버리고 타향을 떠도는 국민들이 너무 많고 불쌍했다. 일본인들은 인류가 만든 지구地球 온난화溫暖化라는 흉기가, 일본열도를 저주의 땅으로 만들어 일본인들을 희생시키고 있다고 평가하고 있다.

- 3 · 11일본 대지진 피해현황 : 인명피해 : 사망 15,854명. 부상 26,992명. 행방불명 3,155명. 피난민 발생 468,653명. 고아발생 1,600명. 재산피해 17조 4,000억엔(약238조원). 건물피해 1,168,453채. 침수지역 561만Km². 방사선물질방출량 77만 테라

베크렐. 지진규모 9.0 여진(진도4이상) 232회. 쓰나미 최고 높이 40m.

사. 아랍(중동)의 봄과 독재정권

◆ 개요(槪要)

• 아랍(중동)의 봄은 '튀니지' 공화국에서 시작됐다. 봄바람은 요원의 불길처럼 퍼져, 13개 국가 독재정권들을 붕괴시켰다. 이들 13개 국가들 중 시민혁명에 거칠게 대항했던 독재자들은, 이집트 '무바라크', 리비아 '카다피', 시리아 '아사드' 대통령, '예멘' '살레' 대통령 등 4명이었다. 서기 2011.1.4(화) 북아프리카 대륙에 있는 튀니지 공화국에서 분신자살사건이 발생했다. 주인공은 청년 노점상 '모하데드 부아지지' 였다. 그의 분신자살은 시민혁명으로 승화되었다. 장기 독재와 부패로 점철된 대통령 '벤 알리' 는 23년 만에 하야했다. 튀니지 시민혁명은 인근 이집트로 번졌다. 이집트 '호스니 무바라크' 대통령도 2011. 2월에 30년 장기집권의 종지부를 찍었다.

• 리비아 대통령 '무아마루 카다피' 는 42년 째 철권통치를 하고 있었다. 그는 시민혁명에 완강히 저행했다. 그러나 미국을 중심으로한 북대서양동맹기구(NATO)의 지원을 받는 시민군에게 2011.10.23 사살되었다. 예멘 대통령 '알리 압둘라 살레' 대통령도 시민혁명으로 2011.11.23 권력을 이양하고 권좌를 떠났다.

• 시리아 시민혁명도 2011.1.28 발생한 노점상 '알리 아클레' 의 분신자살로 시작되었다. '시리아' 대통령 '바사르 알 아사드' 는 아버지 '하메즈 알 아사드' 로부터 정권을 물려받은 세습왕조의 독재자였다. 그는 군대를 동원해 무력으로 무자비하게 시민시위대를 학살했다. 국제연합(UN)은 2011.10.12 시리아 학살사건에 본격적인 개입을

의결 발표했다. UN 안전보장이사회도 '알 아사드' 대통령에게 무력 진압 중단을 권고했다.

• 아랍(중동)의 봄은 일 년 만에 시민들이 독재정권들을 축출시키고, 새로운 정권을 출현시킨 쾌거였다. 이슬람권 총 인구 2억 8,533여명을 해방시켜 자유로운 사회를 만들었다. 그러나 미국과 아랍권 국가들의 우호관계는 허물어졌다. 그 대신 전 세계를 대상으로 테러를 일삼는 알카에다(AQAP)가 세력을 확장하고 있다. 미국은 중동지역에서 매년 400억$을 투입하며, 알카에다 세력의 테러행위를 예방했었다. 아랍의 봄은 아직도 불안하게 계속되고 있다. 시민들이 내세운 새로운 정권들이 쉽게 뿌리를 내리지 못하기 때문이다. '아랍의 봄' 이 여름으로 발전하려면, 앞으로도 많은 시간이 필요할 것이다. 무엇보다도 진정한 아랍의 봄은, 검은 차도르 '로 온몸을 가리고 수천 년간 짓눌려 있는 이슬람 여성들의 권리가 회복될 때 환하게 끝날 것이다.

- **중동의 봄이 찾아온 국가**(13개국) : 투니지, 이집트, 리비아, 바레인, 예멘, 알제리, 지부티, 요르단, 모리타니, 모로코, 사우디아라비아, 수단, 시리아
- **알카에다**(AQAP) : '오사마 빈 라덴 ' 이 1980년 아프카니스탄에서 소련에 맞서기 위해 결성한 이슬람주의 무장투쟁단체다. 1990년에 이 조직은 반미反美 테러단체로 발전했다. 2001.9.11 미국 국제무역센터 건물과 국방부건물을 4대의 항공기로 공격한 테러단체다. '알 아사드' 는 알카에다에 동조하는 사우디아라비아와 예멘의 극단주의자들이 만든 자생적인 테러집단이다. 그들은 알카에다 산하 조직임을 자처하고 있다.

• **이집트** : 이집트 대통령 '호스니 무바라크' 는 쉽게 '튀니지 공화국' 의 시민혁명 불길에 휘말렸다. '무바라크' 는 미국과 친밀한 정부였지만, 33년 째 장기집권을 하고 있었다. 첫 번째 반정부 시위는 2011.1.28 수도인 '카이로' 의 '타흐리드광장' 에서 4명이 했다. 그러

나 2.5에는 대규모 시위로 발전했고, 무바라크 대통령 하야를 외쳤다. 그날 시위대 3명이 분신자살했다. 1.25에 4명이 분신자살한 사건이 2.5 대규모 집회로 발전한 것이다. 결국 대정부시위는 2..8 전국적으로 확산되었다. 정부도 탱크와 군병력을 동원해 대항했다. '무바라크' 대통령은 2.9 사임을 거부하며, 부통령 '오마르 술래이만' 에게 권좌를 넘겼다. 미국도 '술래이만' 을 지지했다. 야당은 25인위원회 명단을 발표했다. 무바라크 대통령도 2.8 개헌위원회 구성을 제의했다. 그러나 무바라크는 2.11 국방장관 '탄단위' 에게 대통령직을 이양하고 하야했다. 탄단위 국방장관은 2.13 군사최고위원회 발족을 발표했다.

• **예멘** : 예멘공화국의 아랍의 봄은 2011.1.27부터 왔다. 시위대들은 반정부 구호를 외치고 '살레' 대통령 하야를 요구했다. 수도 '사다' 의 대통령궁 부근에는 2.13 20,000명이 운집해 살레 대통령 하야를 요구했다. 대통령 '알리 압둘라 사례' 는 2011.11.23 '사우디아라비아' 수도 '리라드' 에서 사우디 국왕 '압둘라 빈 암들아자드 사우드' 가 참가한 가운데 자신의 퇴진을 규정한 권력이양 문서에 서명했다. 살레 대통령은 33년간의 집권을 끝내며 모든 권한을 부통령인 '압둘 라부 만수루 일하디' 에게 넘겼다. '살레' 대통령 하야를 요구하는 시미들의 시위는, '아랍의 봄' 영향으로 시작되었다. '살레' 대통령의 강경 진압으로 3.18 – 5.26간 시위대 97명이 사망했다. '살레' 는 6.3 반정부군의 포격으로 부상을 당해 6.4 신병치료차 '사우디아라비아' 로 출국했었다.

• **리비아** : 아랍의 봄이 리비아에 상육한 건 2011.2.15 '벵가지' 에서 발생한 반정부시위였다. 반정부시위는 2.21, 반정부 군인들이 '벵가지' 등 9개 도시를 장악하며 힘을 얻었다. '무아마루 카다피' 대통령은 2.2 TV에 나와 하야하지 않을 것이라는 결의를 밝혔다. UN 안전보장이사회는 2.26 카다피 대통령의 자산을 동결하는 결의서를 채

택했다. 반정부군들은 3.2 국제사회에 비행금지구역 설정을 요구했다. 그들은 3.5 임시정부격인 국가위원회 설립도 선포했다. '카다피'는 3.9 반정부시위대 배후가 '알카에다' 라고 비난했다. 한편 프랑스는 3.10 반정부군의 국가위원회를 유일한 정부로 인정했다. 카다피군은 3.16 반정부군 거점인 벵가지를 반격했다. UN안전보장이사회도 리비아의 비행금지구역을 설정하는 결의를 했다.

- 카다피군이 3.19 새벽에 벵가지를 공습하자, 연합군(NATO)은 작전명령 "오디세이 새벽" 내용에 의거 군사개입(공습)을 시작했다. 연합군에는 프랑스 항공모함 '사를드골' 호와 미국 폭격기 B2 두 대, 미국과 영국 함정 25척, 프랑스 전투기(라팔, 미리주) 20여대 등이 배치되었다. 연합군은 독일 '슈트가르트' 에 미국유럽사령부 지휘소를 설치했다. 아탈리아 '아비아노' 에 위치한 미군 공군기지엔 전투기 F-16 42대, F-18 5대가 대기했다. 프랑스 '솔랑지라' 공군기지와 '시고넬리' 공군기지엔 덴마크 전투기 F-16 여섯대, 캐나다 전투기 CF-8 여섯대, 스페인 전투기 F-18 네 대가 대기하고 있었다.
- 한편 카다피군 병력은 군장병 18,000여명, 전투기 150여대, 방공무기 미사일 216기를 31개 장소에 은익하고 있었다. 연합군은 3.19 대공권을 카다피군으로부터 빼앗았다. 2.25 이후 '트리폴리' 공항엔 15,000여명이 몰려 대탈출을 시작했다. 국경도 탈출하는 국민들의 트럭 행열이 계속 이어졌다. 3.26 오바마 미국 대통령은 비행금지구역 설정 이후, 대공권을 확보하고 아프카니스탄 전쟁, 이락크 전쟁에 이어 세 번째 전쟁을 시작했다. 프랑스 대통령 '니콜라 사르코치' 도 정치생명을 걸고 리비아 전쟁에 앞장섰다. 그러나 1969년 쿠데타로 정권을 장악한 '카다피' 대통령의 독재정치 42년의 철옹성은 그리 쉽게 무너지지 않았다.
- '카다피' 의 퇴진 가능성은, 가족들의 분열과 법무장관, 내무장관

등의 동향에서 나타났다. 카다피의 5째 아들, 딸, 사위 등이 망명을 시작했다. 셋째 아들은 카다피의 2선 후퇴를 언급했다. 혁명동지인 내무장관 '유네스' 도 2.25 퇴진의사를 밝혔다. 연합군의 공습과 해상 봉쇄로 리비아 카다피군은 3.23 부터 공격력과 전투력이 절반이상이 상실되었다. 카다피 여단 지휘관 '후세인 엘와르피리' 장군이 3,23 연합군 공습으로 사망했다. 반정부군은 3.26 카다피의 고향 '시르테' 를 진격하고 있었다. 카다피의 운명이 눈앞에 닥아오고 있었다. 카다피의 42년 독재정권이 무너지기 시작했다. 반군들은 수도 '트리폴리' 를 공격해 3.22에 도시 95%를 점령하고 카다피의 아들 3명을 생포했다. 장남 '무하마드', 차남 '사이프 알 이슬남', 3남 '사디' 였다. 2011.2.25 반정부 시위가 발발한지 6개월 4일 만이었다.

• 한국정부는 3.22 리비아 과도국가위원회(NTC)에 100만$ 이상을 지원키로 했다. 그간 한국정부는 세계식량기구(EFP)를 통해 이미 100만$을 지원했다. 리비아 NTC는 한국에 의약품 지원을 요구하고 있었다. 수도 '트리폴리' 를 빼앗긴 '카다피' 는 밤중에 고향 '시르테' 로 도망했다. 운전수 '후네이시 나사르' 및 경호원 몇 명과 '시르테' 23구역에 머물렀다. 카다피는 이리저리 집을 전전하기도 했다. 카다피는 수비대사령관 '만수로다오 이브라함' 및 경호원 4명과 있었다. '카다피' 가 죽을 때까지 그의 곁을 지킨 부하는 운전수와 '이브라함' 두명 뿐이었다. '카다피' 는 10.23 고향 '시르테' 시내 배수관에서 시민군에 발견되어 둘러쌓였다. 그게 운전수가 '카다피' 를 본 마지막 모습이었다. 카다피는 마지막에 많은 부하들에게 외면당했다. 카다피는 자신의 죽음을 알고 있었는지, 총살되기 며칠 전부터 우왕좌왕 하고, 우두커니 서서 서쪽 하늘을 자주 응시했다. 운전수 '나사르' 의 증언이다.

• 시리아 : 시리아 대통령 '바사르 알 아사드' 는 아버지 '하페즈 알

아사드' 대통령으로부터 권좌를 물려 받았다. 부자세습 독재왕조였다. 아버지 '하페즈'는 1970 무혈 구데타로 권력을 인수했다. '하페즈' 대통령은 영국에 유학중인 둘째아들 바사르(의사)를 1994년 후계자로 내정하고 후계자 수업을 시켰다. 그 후 2000년 하페즈는 특발성 폐섬유증으로 사망했다(64세). '바사르' 는 34세에 아버지의 뒤를 이어 정권을 인수했다. '바사르' 대통령은 영국 유학생 답지 않게 아버지와 동일한 독재정치를 했다.

시리아 국민들은 실망했다. '바사르'는 2007년 대통령선거 때 단독 후보로 출마해 97.6%의 득표로 재선되었다. 바사르는 시리아 국민 중 소수파인 '알라위파' 출신이다. 알라위파는 시리아 국민의 6% 정도였고, 135만 여명이었다. 바사르는 2,000년에 대통려이 된 후 시리아 국민의 74%인 '수니파' 출신 '아스마'와 결혼했다. 바사르는 2003년 미국이 '이라크'를 공격하자 "시리아는 미국에게 쉽게 당하지 않는다." 는 말을 하며 국내 정치범들을 더 많이 투옥시켰다. 아버지 '하페즈' 대통령도 생전에 북한 김일성과 친분이 두터웠다. 두 사람은 사회주의 국가의 독재자라는 공통점이 있었다.

• 시리아 '바사르' 대통령은 2011.4.25 '시리아' 남부도시 '다리'에서, 3,000명 - 5,000명의 군병력과 탱크를 동원해 반정부 시위대들을 진압했다. 군대 저격병들은 시민들을 조준사격해 무차별 총살시켰다. 이날 시리아 국민들은 수도 '다마스쿠수' 외곽마을 '알마라미에' 에서도 반정부시위를 했다 '바사르' 대통령은 이란과 전략적 동맹관계를 맺었다. 이란은 시리아 사태에 직접 개입하는 우방국이다. 금년 연초에 시작된 '아랍의 봄' 은 신미년辛未年 세모歲暮에도 계속되었다. 미국과 UN 안정보장이사회가, 시리아 세습왕조 독재자 '바사르' 대통령에게 무력진압 중지를 독려했다. 그러나 '바사르'는 무자비한 무력 진압을 계속하며 시위대들을 괴멸시겼다. 그러나 리비아 카다피 대통령의 42년 독재아성도, 연합군의 공격으로 10.23 사살된

형국이다. 과연 세습왕조 독재자인 시리아 '바사르' 대통령의 운명은 어떻게 끝날 것일까?

• 작가 혜월은 신묘년 연초에 불어온 '아랍의 봄'을 지켜보며 많은 교훈을 얻었다. "장기 집권은 독재자를 만들고, 독재자들은 국민들에게 쫓겨 나간다."는 진리도 배웠다. 그러나 무엇보다도 진정한 아랍의 봄은, 검은 '차도르'를 온몸에 걸치고 수천 년간 하인下人처럼 짓눌려 살고 있는 이슬람 여성들의 인권향상과 평등한 지위가 보장될 때 완전히 끝날 수 있을 것이다. UN의 2009년 보고에 의하면 아직도 아랍지역에서 매년 5,000여건의 명예살인이 발생되고 있다. 아랍국가들은 여성들을 이슬람 율법에 따라 돌로 때려 죽이고, 선거권은 물론 승용차 운전도 불허하는 나라가 많은 상태다.

• 시리아 내전 주요 충돌일지(2011년중) : '하산 알리' 분신자살(1.28). 바사르 대통령 하야요구 시위(2.8). 48년 간 지속되는 비상계엄령 철회요구 시위(3.20). 대규모 반정부 시위대에 군병력 발포 72명 사망(3.25). 내각 총 사퇴(3.26). 시리아 군부 국경폐쇄(4.25). 오바마 미국 대통령, 유혈진압 중지 촉구(4.26). NATO, 개입 없다고 발표(5.20). 반정부세력 국가위원회 설립(6.19). 정부군이 미국대사관, 프랑스 대사관을 공격(7.11). 시리아 군부 유혈진압(8.2). 아사드 대통령 개인용병 3,000명 투입(8.12). UN, 시리아 사태 본격개입 발표(10.2). 시리아 전역에 대규모 반정부 시위발생(12.9). UN안정보장이사회 시리아사태 개입 표결 부결(2012.1월, 중국과 러시아 반대). 미국, 시리아 내전 본격 제재 발표, 다국적군 구성도 제의(2012.2.11)

아. 유럽(EU) 재정위기

• 2010년 유럽의 '그리스'와 '아일랜드'가 유럽연합(EU) 및 국제통화기금(IMF)에 구제금융 지원을 요청했다. 두 나라의 재정위기는

2011년 한 해 동안 유럽 전역으로 번져나갔다. 결국 그리스 '파판드레우' 총리가 2011.11.4 사임했다. 아탈리아 '베를루스코니' 총리도 11.12 사임했다. 유럽의 재정위기는 2011.11.20 실시된 스페인 총선에서 집권 사회당이 참패하는 결과를 초래했다. 결국 금융위기는 남유럽 국가들의 정권교체라는 도미노 사태를 야기했다. 재정위기 극복방법을 놓고, EU국가들이 신경전을 벌이는 와중에서, 동유럽의 헝가리에도 재정위기 불똥이 튀었다. 금융위기는 포루투칼, 아일랜드, 그리스, 스페인 등으로 번져 나갔다. 영국과 프랑스는 재정위기에 허덕이는 이들 국가들을 돼지(Pig)라고 비아냥했다. 그러나 영국과 프랑스도 결국 금융위기 돌풍에 안심할 수 없는 형편으로 변했다.

• 영국 런던 북쪽에 있는 '토르놈' 에서 2011.8.6 폭동이 시작됐다. 폭동은 확산돼어 8.8에는 런던 중심가 20여 장소에서 계속되었다. 폭동은 영국 제2도시 '버밍엄', 항구도시 '리버풀', '브리스톤' 등지로 확대되고, 비상사태로 발전했다. 시위대들은 10대-20대 청년들이고, 쇠파이프로 무장했다. 이들은 수십 명씩 몰려다니며 방화, 식량, 의류 등 생필품들을 약탈했다. 영국 총리 '데이비드 캐머런' 과 런던 시장 '보리스 존슨' 은 해외 휴양지에서 급거 귀국했다. 이번 청년폭등은 빈부격차와 청소년실업문제가 기폭제였다. 정부의 재정적자와 4년에 걸쳐 계속되는 초 긴축정책도 폭동의 원인으로 작용했다. 청년들은 '아랍의 봄' 분위기에 영향을 받아 폭발한 것이다. 정부의 긴축정책은 50만 개의 일자리를 줄였고, 서민층의 교육지원, 복지지원이 크게 줄어들었다. 지난 연말부터 청소년 교육프로그램이 75% 삭감되었다. 청년 폭동은 서민층 쥐어짜기 정책에 대한 반동이었다. 사립대학교 등록금 상한선을 3,290파운드(584만원)에서 9,000파운드(1,600만원)으로 3배나 인상한 조치도 기폭제로 작용했다.

• 그리스 재정 전문가들은 재정위기가 30년 전부터 싹트고 있었다고 평가했다. 이 말은 1981년 사회당(PASOK) 정권 출범을 지칭하는 것

이다. 군부독재 정치가 끝나고 7년만에 탄생한 좌파 사회당 정권 총리는, 1919년부터 1996년까지 집권한 '안드레이스 파판드레우' 였다. 그는 지금 총리 '파판드레우' 의 아버지다. 그는 취임식에서 유명한 연설을 했다. "국민이 원하는 것은 다 주어라. (Give Them All) " 였다. '파판드레우' 는 약속대로 국정의 최 우선을 분배와 복지에 두었다. 국가 재정을 이 두 가지에 쏟아 부었다. 그는 국민들의 삶의 질을 고민했던 지도자였다. 유럽 평균보다 뒤떨어진 그리스의 복지 수준을 끌어 올리는 문제는, 당시로선 당연한 시대적 과제였다. 그러나 '파판드레우' 는 끊임없이 자기 증폭하는 "복지의 확대본능"을 간과했다.

한번 복지의 세례를 맛보는 순간 국민의 기대감은 급속히 높아졌다. 이익집단들은 점점 더 많은 혜택을 요구했다. 정치권은 복지의 댓가로 득표得票를 받는 포필리즘(Populisme) 경쟁으로 분주했다. 그리스 사회는 순식간에 복지 의존 체질로 변했다.

• 문제는 그만한 재정 수요를 충당할 산업기반이 그리스에 없다는 점이다. '파판드레우' 정권은 그 틈을 정부지출로 메우는 길을 선택했다. 정부가 돈을 꾸어 일자리를 만들고 재정을 충당하는 "책임형 복지" 에 나선 것이다. '파판드레' 우 총리가 1981년 - 1989년 간 집권하던 8년간, 국가부채 비율은 GDP(국민총생산액)의 28%에서 80%로 증가했다. 지금 2011.11월 현재는 143%에 달하고 있다. 어느 날 아데네 상공회의소 회장이 한국인에게 말했다. "우리 직원 30%는 일과시간인 지금 밖에 나가 커피를 마시거나 쇼핑을 즐길 것입니다." 그리스는 상공회의소 직원의 숫자도 문제였다. 공무원도 40명 정도가 필요한 곳에 140명이 근무했다. 그리스는 정치적 필요에 따라 일자리를 주었다. 이런 정책이 그리스의 괴물같은 관료사회를 만들었다. 그리스 총인구 1,100만여명에 공무원이 85만 여명이다. 한국의 공무원은 5,000만여명의 인구에 98만여명이다. 이렇게 불필요한 인력이 넘치면, 쓸데 없는 규제가 나오고, 부패도 나오는 것이다.

• 그리스 문제의 상당 부분은 공무원에 대한 과잉복지에서 비롯되었다. 그리스 공무원들은 오후 14:30 까지 근무하고 퇴근한다. 그래도 온갖 수당과 연금혜택을 받는다. 35년 근무한 공무원이 58세에 퇴직할 경우, 월급의 96%를 매달 월급으로 받는다. 그리스는 이렇게 비대한 공무원을 먹여 살린다. 그러나 그리스의 조세부담율은 20.4%이고 한국은 20.8%이다. 거의 비슷한 조세율이다. 지난 10년간 집권했던 신민주당 우파정권도 마찬가지였다. 복지정책으로 유권자들에게 득표得票를 한 사회당 좌파정권의 성공을 보고, 민주당 우파도 좌파식 '포퓔리즘' 에 가담했다. '하칫' 교수는 "1981년 이후 모든 정당이 사회주의화 되었고, 그리스는 펑펑 쓸줄만 아는 중동 산유국처럼 변질했다." 라고 꼬집었다. 그리스 사태는 재정위기 형태를 띄고 있지만, 본질은 정치 리더쉽의 위기인 것이다. 30년 전에 아버지가 시작한 "차입형 복지모델" 의 계산서가 아들에게 날아온 것이다. 아버지가 총리였던 시절에 30대 청년이었던 '게오르기오스 파판드레우(59세)' 총리는 지금 아버지가 남긴 유산을 뒤치다꺼리하느라 고전중이다. 이제 세계 인류들은 "복지에 공짜는 없다." 는 사실을 빨리 깨달아야한다.

• 유럽의 재정위기는 순전히 무상복지, 전면복지, 책임복지, 차입복지정책 때문에 온 것이었다. 이런 얼굴을 한 복지정책들이, 짧은 기간 지상낙원이라는 평가를 받은 후, 나라가 망할 괴물로 변한 것이다. 영국 '파판드레우' 총리처럼 아버지가 뗀 계산서를 이들이 갚게 하는 흉물이다. 국가 재정위기의 모든 책임은 정당과 정치인들에게 있다. 선거에서 유권자들의 표票를 많이 얻으려고 '포퓔리즘' 에 정신이 팔린 정치인들 책임이다. 복지의 혜택을 받은 국민들이 더 많은 복지를 요구하는 것은 죄가 아니다. 이제 한국의 정치인과 국민들도 유럽의 그리스, 아일랜드 같은 나라의 복지정책 진상을 깨달아야한다. 선진국들이 폐기처분하는 복지정책을 뒤늦게 한국사회에 이식移植하려는

정당과 정치인들의 득표작전(포퓰리즘)을 국민들이 나서 막아야한다. 국가와 후손들을 위해 지금부터 서둘러야 할 과제다.

자. 미국, 테러 수장 '빈 라덴' 응징

• 미국은 2011.5.2 새벽 '파키스탄' '아보타바드' 에서 '알카에다' 최고지도자 '오사바 빈 라덴(Bin Laden, 54세)' 을 사살했다. 미국 해군 특수부대(Navy/Seal) 대원들이 '빈 라덴'의 저택을 습격해 사살했다. '빈 라덴' 은 파키스탄 '아보타바드' 저택(안가)에 장장 긴 세월을 은신하고 있었다. '빈 라덴' 부하들은 2001.9.11 미국 뉴욕에 있는 국제무역센터건물과 워싱턴에 있는 국방부 청사를 4대의 항공기로 동시다발적 자살특공대로 파괴시켰다. 이른바 9.11사태의 희생자는 3,044명을 넘었고, 전 세계 인류들은 정신을 잃었다. 미국은 '빈 라덴'을 찾기 위해 국제사회에 5,200만 달러의 현상금까지 내걸었다. 그런 범인이 10년 만에 미국해군 특공대에 사살된 것이다. 해군 특수부대 대원들은 '스텔스' 기능을 갖춘 헬리콥터 두 대로 저택을 공격했다. 대원들은 40분에 걸친 총격전 끝에 조직원 4명을 사살했다. '버락 오바마' 미국 대통령은 2011.4월 빈 라덴을 잡기 위한 "제로니모작전"을 지시했다. 미국 해군 특수부대원들은 작전 중 헬리콥터 한 대를 잃었다. 불시착으로 잃었다. 오바마 대통령과 국방부장관 등 미국정부 관계자들은 백악관 상황실에서 특수작전 상황을 실시간으로 시청했다.

• '빈 라덴'은 '사우디아라비아' 갑부 출신으로, 2001.9.11 미국 국제무역센터 테러사건, 1998.8월 탄자니아 주재 미국대사관 폭탄테러사건(233명 사망), 2002.10월 '인도네시아' 발리 나이트클럽에 차량 폭탄 테러사건(202명사망), 2004.3월 스페인 마드리드 열차 선로에 폭탄테러 사건(191명 사망) 등을 배후 조종한 지도자였다. 파키스탄정보국

(ISI)은 2011.5.4 비공개 브리핑을 했다. 주요내용은 "빈 라덴이 자신의 저택 일층에서 미국 특수부대원들에게 생포되었다. 그 후 '빈 라덴' 은 가족들이 지켜보는 가운데 사살되었다. 미국 특수부대원들은 '빈 라덴' 의 시신을 자신들의 헬리콥터로 옮겼다." 등 내용이었다. 파키스탄 언론들은 이 같은 발표내용을 보도했다. UPI통신 등 외신들도 파키스탄 언론을 인용해 타전했다. 파키스탄 정보국(ISI)은 빈 라덴 사살 당시 현장에 있었던 딸 사피아(12세)가 이같이 증언했다고 밝혔다.

• 미국과 '파키스탄' 은 '빈 라덴' 제거작전을 둘러싸고 갈등이 고조되고 있다. 한국의 일간지들도 '오바마' 미국 대통령이 백악관 상황실에서 참모 12명과 '빈 라덴' 제거작전이 진행되는 상황을 지켜보는 천연색 사진 기사를 보도했다. ◆참모명단(12명) : (1)로버트 게이트 국방장관. (2)미셜 웹 연합특수작전사령부 부사령관. (3)데니스 맥도너 국가안보부 보좌관. (4)힐러리 클린턴 국무부 장관. (5) 조 바이든 부통령. (6)마이크 멀런 합참의장. (7)톰도 니런 국가안보보좌관. (8)빌 데일리 백악관 비서실장. (9) 토니 방큰 부통령 안보보좌관. (10) 오드리 토마슨 대테러 디랙터. (11)존 브래넌 백악관 테러담당 보좌관. (12) 제임스 클래퍼 국가정보국장

• 미국은 '빈 라덴' 사살 작전으로 테러정보의 광맥을 찾았다. 미국정부는 해군특수부대원들이 '빈 라덴' 의 저택에서 컴퓨터 장비를 비롯 대對테러전 정보수집에 큰 성과를 걷은 사실을 인정했다. 작전요원들이 확보한 물품들은 개인용 컴퓨터 5대, 하드드라이브 10개, USB · CD 등 저장장치 100개, 서류 수천 장, 이라고 NBC 방송이 보도했다. '빈 라덴' 이 옷에 꿰매 숨겨놓은 현금 500유로와 전화번호 2개도 발견했다. 워싱턴포스트는 금번 획득한 정보를 통해 '알 카에다' 의 조직이나 향후 테러계획등을 밝혀낼 가능성이 있다고 보도했다. '알 카에다' 의 궤멸이 앞당겨지는 효과를 가져 올 것이라고 전망하는 견해도 있다. 미국 정보국(CIA) 국장 '리언 파네타' 는 2011.5.4

인터뷰에서 "매우 많은 양의 물품들을 확보했다. 이를 통해 신속하게 최신정보를 입수하고 분석하기 위해 '테스크포스'를 구성해 운영중이다." 라고 밝혔다. '빈 라덴' 으로부터 확보된 물품들은 '아프카니스탄' 미군기지로 옮겨졌고, 수백명의 전문가들이 정밀분석에 들어갔다. 미국은 '알 카에다' 제2인자 '아이만 알 자와히리' 등 잔존 세력들에 대한 정보존재 여부도 확인중이다

• '빈 라덴' 사망이후, 혜월의 미국에 대한 인식은 '업 그레리드(Up Grade)' 되었다. 미국은 국회의원이라도 법을 어기면 현장에서 체포하는 전형적인 법치국가다. 미국은 전 세계 사람들로 구성된 국민들을, 법으로 다스리며 공동체를 꾸며가는 나라다. 이번에도 미국은, 알 카에다 에 희생된 4,000여명의 영혼을 위로할 수 있는 명분을 분명히 보여주었다. "터러행위는 반드시 응징한다." 는 미국의 의지를 만천하에 증명해 보였다. 혜월은 다짐했다. "노력하자! 편한 자세로 목적을 달성할 수 있는 일은 이 세상에 없다. 끊임없는 낙숫물이 바위를 뚫는 것이다."

차. '스티브 잡스' 사망

• 애플 창업자 겸 최고경영자(CEO)였던 '스티브 잡스'가 2011.10.5 사망했다. 그는 지난 7년간 췌장암 투병 끝에 타계했다. '스티브 잡스(Steve Jobs)' 는 1955년 미혼모 아들로 출생했다. 입양아 생활로 유년기를 보냈으며, 대학교는 중퇴했다. 암투쟁까지 합치면 큰 별의 인생 역정은 매우 극적이었다.

잡스(Jobs)는 끊임없는 혁신으로 새로운 것들을 창조했다. 창작물마다 성공행진이 함께 따랐다. 그는 개인용컴퓨터(PC) 대중화시대를 열었다. 지구 상 인류들에게 새로운 세상을 열어준 것이다. 또 '아이폰' 과 '아이패드' 출시는 21세기 디지털시대의 새로운 생활스타일을

창조하게 만들었다. 전 세계에 잡스의 사망 소식에 애도의 물결이 일었다. '오바마' 미국 대통령은 "가장 위대한 혁신가를 잃었다." 고 평가했다.

7. 세모歲暮에서 본 한해살이

• 박혜월은 신묘년辛卯年 새아침을 기쁨과 의무감 속에 맞이했다. 일주일 전에 쌍둥이 손녀를 본 것은 경사스러운 일이었다. 그러나 매서운 추위 속에 영아嬰兒 양육은 그리 쉬운 일이 아니었다. 신묘년은 혜월이 문인생활 3년차가 된 해였다. 작년에 문집文集 '죽을 고비' 를 발간했던 혜월은, 금년에도 또 다른 문집을 두 번 발간하겠다는 의무감에 쌓여 있었다.

혜월은 문집을 3회 이상 발간해야 문인다운 문인으로 인식된다는, 문인사회의 분위기를 잘 알고 있었다. 문인에게 문집은 군인들의 훈장과도 비슷한 평가를 받는 상징물이었다. 때문에 혜월은 쌍둥이 손녀들 양육과 문집 발간이라는 과제를 완전히 정복하겠다는 각오로 새해를 맞았다. 이런 두 가지 과제가 성공적으로 마무리 된 후, 칠순 맞이에 관심을 두겠다는 작심作心을 했다.

• 혜월은 세상에 태어나 지금까지 69년을 무사히 살아온 세상살이 평가도, 기존의 식사나 잔치 같은 소모성 행사는 하지 않고, 더욱 의미 있는 방법으로 칠순(古稀)를 맞을 예정이었다. 그러나 세상살이는 혜월의 뜻대로만 돌아가지 않았다.

지구촌地球村엔 항상 예기치 못한 일들이, 꼬리를 물고 발생해 인류들을 놀라게 했다. 특히 요즈음엔 인류가 만든 지구온난화가 인류들을 괴롭히고 많은 피해를 주고 있다. 하늘이 인간에게 내리는 재앙災殃은 날이 갈수록 심각해지고, 여기저기서 희생되는 소리가 들려왔다.

혜월은 지구온난화에 더 많은 관심을 갖기로 했다. 인류가 만든 지구온나화를 인류가 예방할 수도 있을 것 같았다.

가. 문집발간(펜팔, 결혼일기)

(1). 문집 펜팔(Pen Pal) 발간

• 혜월은 바쁜 일과 속에서도 틈틈이 문학작품을 창작했다. 혜월은 2월에 문집 내용을 설계했다. 제목은 '펜팔(Pen Pal)'로 했고, 중편소설, 수필, 생활수기 등을 게재揭載하기로 했다. 그리고 창작활동에 매진했다. 대지가 꽃대궐로 꾸며진 5월 말에 혜월은 원고 창작활동을 끝낼 수 있었다. 서재에 쌓여있는 원고들을 바라보며 지난 4개월을 생각하니, 혜월은 어떻게 세월이 흘렀갔는지 잘 생각나지 않았다. 문집 펜팔 내용의 제1부는 중편소설 '펜팔'이었다. 혜월이 대학생 시절과 군복무 시절에 일본 여대생 미찌꼬(美智子)와 편지를 주고받았던 경험을 소재로 했다. 제2부는 수필이었다. 쌍둥이 손녀 탄생, 일본 여행, 필립핀 여행, 이승복 기념관, 큰누님 타계 등 생활주변의 경험들을 소재로 했다.

• 제3부는 생활수기였다. 서기 2005년부터 2010년까지 6년간 세모歲暮에서 뒤돌아본 한해를 종합해 기록한 수기手記였다. 아들 결혼식도 수필로 포함시켰다. 제4부는 첨부자료로 사건별 연대표를 실었다. 혜월이 작년에 2개월에 걸쳐 특이하게 설계한 연대표였다. 1866년(고종3년) 신미양요 사건 이후, 1961.5.16 박정희 장군의 군사혁명까지 중요사건들이 일목요연(一目瞭然)하게 기록되어 있다. 특히 6.25한국전쟁 3년간 '백마고지전투' 같은 중요한 전투내용들과, 한일합방, 미국군정통치, 4.19혁명, 제1차 세계대전, 제2차 세계대전 같은 꼭 알아야 할 내용들이 잘 정리되어 있다.

• 혜월은 6.3 출판사를 찾았다. 문집 발간을 계약했다. 여름 날씨는 더웠고 장맛비는 계속 내리고 있었다. 6.13 제1차 원고 교정 작업, 6.18 제2차 원고 교정 작업이 끝났다. 펜팔 편집 내용이 인쇄소에 도착한 건 6.21이었다. 혜월은 6.28 문집 펜팔을 출판사로부터 수령했다. 혜월은 무척 기뻤다. 자신이 천신만고千辛萬苦해 창작한 작품들이 예쁜 문집으로 만들어져 돌아온 것이다. 겉표지에는 일본 여대생 '미찌꼬'가, 시원한 여름 옷차림을 하고 미소를 지으며, 육군장교 정복 차림을 한 박혜월 중위를 바라보고 있었다.

• 두 사람 위에는 박혜월 육군 중위가, 한국 전선 전방에서 장병들에게 포사격 훈련을 지휘하는 멋진 사진이 있었다. 혜월은 그날부터 문집 무료배포 활동에 나섰다. 재향군인회, ROTC중앙회, 친목회, 동창생, 고향 친구, 종친회, 동창생, 일가친척, 직장친구, 사업 거래처 등 배포처는 한도 끝도 보이지 않았다. 승용차는 하루에도 몇 번씩 우체국과 집을 왕래했고, 혜월은 우체국에 낸 우송료가 얼마인지 관심도 둘 수 없는 정황이었다. 혜월은 문집을 모두 등기우편으로 우송했다.

• 혜월은 7월 한 달을 친목회 '홈페이지'에서 '펜팔 사이트(Site)'를 관리했다. 혜월이 며칠 전에 제공한 문집 펜팔을 친목회에서 '사이트'를 만들어 놓았다. 혜월은 한 달 간 '사이트'를 관리하며 많은 것들을 경험했다. '사이트'에 댓글을 올려주는 회원들도 고마웠고, 혜월도 성의껏 답글을 올렸다. 5일 후 부터 혜월이 개별적으로 우송한 문집을 독파讀破한 회원들이, 댓글을 올려 혜월의 노고를 칭찬했다. 혜월의 답글은 고맙다는 인사와, 문학에 관한 상식, 창작활동의 희로애락, 문집발간 애로사항과 숨은 이야기, 작가생활의 보람과 애로, 문단 등단의 어려움과 주위사항 등 많았다. 답글은 특히 댓글 내용에 충실하게 대답하고 자세히 설명하는데 관심을 집주했다. '사이트' 관리활동이 계속되자 회원들의 반응도 뜨거워졌다.

• '사이트' 개설 20일이 지나자 '사이트'를 방문한 회원이 500명

이 넘었다. 혜월은 처음으로 문학작품의 위력을 실감했다. 이제 댓글이나 문집을 수령한 친구, 독자들의 반응도 달아올랐다. 혜월을 칭찬하는 수준을 넘어 부러워하는 전화, 축하전보, '문자메시지' 도 많았다. 고향에 계신 친척들의 전화도 이어졌다. 혜월은 이번에 중학생 시절부터 착실하게 일기를 쓰고, 창작활동을 계속했던 보람을 가슴으로 느낄 수 있었다. 혜월은 용기도 얻고 새 희망도 설계했다. 자신이 걸어 온 발자국이 그리 못난 모양은 아니었다는 확신도 얻었다. 혜월은 시간을 만들어 한국문인협회를 방문했다. 문집 펜팔 5권을 이사장님 등 간부들에게 증정했다. 대한민국 문예계文藝界의 거장들에게, 부끄러움도 무릅쓰고, 작품내용의 치졸함도 무릅쓰고 증정했다. 그 때 혜월이 이런 용기를 낼 수 있었던 동기는 '사이트' 관리에서 얻은 용기 때문 같았다.

(2). 문집 '결혼일기' 발간

• 용기를 얻은 혜월은 9월부터 두 번째 문집 발간활동을 시작했다. 지난 8월은 휴가철이고 더위와 장맛비가 얼룩져 창작활동이 되지 않았다. 한 달을 편하게 보낸 혜월의 발길은 저절로 창작활등 쪽으로 옮겨 갔다. 한 번 더 문집을 발간하면 4번째 문집을 발간하는 것이라는 생각만 머릿속에 있었다. 혜월의 몸과 마음은 저절로 문집을 향해 뛰고 있었다. 혜월은 밤을 하얗게 새우기도 하고, 몰입沒入의 경지에서 원고를 쓰기도 했다. 혜월은 지난 8월 한 달을 쉬며, 문집 발간을 위한 설계를 완성했다. 오래 전부터 창작한 시, 시조, 여행기, 기행문, 등을 찾아서 모두 '메모리칩' 에 입력해 놓았다. 뿐만 아니라 1974년 2월부터 1975년 2월 간 일 년에 걸쳐 작성한 '결혼일기' 도 모두 저장시켰다. 방대한 여행기 8건도 저장시켰다. 혜월이 편집초안을 완성한 날은 2011.10.21이었다. 시작 55일 만에 문집 발간 준비가 끝난

것이다. 문집의 크기(쪽수)는 472쪽이었다. 대형 문집이었다.

• 혜월은 자신도 모르게 단시일에 문집 발간이 가능했다. 과거 수십 년 전부터 창작한 작품들을 버리지 않고 축적蓄積해 두었기 때문이었다. 메모나 일기로부터 시작해 여행기까지 모두 메모리칩에 저장시켰던 작품들이 자신도 모르게 위력을 발휘했다. 혜월은 10.21 아내와 함께 출판사를 방문했다. 문집 '결혼일기' 발간을 위한 메모리칩 한 개와, 문집발간 계약서를 휴대하고 출발했다. 출판사는 혜월이 준비한 계약서를 수정 없이 동의하고 날인했다. 그 후 10.22 - 11.8간 3차에 걸친 교정 작업이 작가와 출판서 합동으로 진행되었다. 이때가 혜월이 가장 바쁘고 잠을 설쳤던 기간이었다. 결혼일기 편집내용이 인쇄소에 전달된 건 11.8이었다. 혜월은 완성된 문집 결혼일기를 11.15 출판사로부터 수령했다. 혜월이 손에 쥔 문집 결혼일기는 걸작품이었다. 겉표지에선 천년 묵은 향나무가 파란 색갈을 빛내며 웅장한 자태를 뽐내고 있었다. 제목 '결혼일기' 밑에 부제副題로 쓴 "37년만에 공개하는 사랑의 일기" 라는 문구도 독자들의 눈길을 집중시키는데 충분했다. 문집 결혼일기는 묵직한 체중을 달고 독자들을 만나게 됐다.

• 문집 결혼일기의 내용은 제1부가 '일기문학 감상' 이었다. 일기문학 소개, 결혼일기, 등산일기, 조상님 관련일기(납골묘등 8건), 위탁영농일기 등이 게재되었다.

제2부는 기행문학 감상이었다. 여행기 8편이 장엄하게 기술되어 있다. 상해, 그랜드캐년, 간도, 장가계, 앙코르사원, 대양주, 유럽, 홍도등지에 관한 여행기다. 타계하신 3째 누님도 풍수지리설을 전개하며 수필형태로 게재했다. 혜월은 문집 무료배포 활동에 서둘렀다. 지난 7월에 했던 배포경험과 관련자료를 참고로하며 배포했다. 이번에는 고향 친지, 학교 동창생, 친인척, 친구 등에 더 많은 관심을 기울였다. 그래도 우송비가 아깝게 생각되지 않았다. 혜월은 11.17 국립중앙도

서관을 방문했다. 결혼일기 3부를 납본納本했다. 이제 혜월의 문집 결혼일기도 국가에서 영구보존하고, 모든 독자들에게 자유열람 되는 서적으로 공식 등록된 것이다. 이미 문집 '두무실'과 펜팔(Pen Pal)도 국립중앙도서관에 납본되어, 이제 혜월의 문집 4종이 모든 국민들에게 열람되고 있는 것이다. 혜월은 즐거웠다. 지난 젊은 시절부터 그토록 부러워 했던 문인들의 족적을 자신도 걷고 있다는 사실이 몹시도 즐거웠고 자랑스러웠다. 자신의 문집을 국가에서 영구히 보존한다는 사실도 고마웠다.

• 혜월은 12.2 아내와 함께 고향을 방문했다. 3년 만에 고향을 방문하는 행보였다. 경부고속도로를 달리며 생각하니, 혜월의 바쁜 문인생활이 고향방문 발길도 막아놓고 있었다. 혜월은 승용차에 문집 결혼일기와 펜팔 45부를 실었다. 그 날은 혜월이 칠순(古稀)을 맞이하는 생일이었다. 혜월은 우선 처갓집 선영부터 찾았다. 아내도 모처럼 조상님들께 술잔을 올리는 감회感懷가 죄송한 것 같았다. 혜월이 부부는 정오 직전에 고향마을에 도착했다. 혜월의 승용차는 종중 형님 박별농 집 마당에 주차했다. 형님 부부는 이미 마당가에서 혜월 부부를 기다리고 있었다. 별농 형은 혜월에게 마을 72가구 중 문집을 읽을 수 있는 가구는 45세대라고 알려주었다. 어제 혜월과 통화했던 내용이었다. 혜월은 농촌 고향마을 주민들의 문학에 대한 현 주소를 읽을 수 있었다. 혜월은 오늘 칠순七旬맞이 행사를 고향 주민들에게 문집을 무료제공하는 것으로 대신했다. 혜월은 쌍둥이 손녀 부부가, 연초부터 계속하는 칠순맞이 잔치제공 안달도 뿌리치고, 고향마을 주민들을 방문한 것이다.

• 혜월 부부는 오후에 읍내에 계신 둘째누님 부부도 방문했다. 무정하게도 3년 만에 인사를 드렸다. 그런 분위기에서는 문인생활도 죄송스럽게 생각되었다. 혜월이 부부는 처갓집 마을도 방문했다. 처남들은 게딱지 같은 농가를 헐고, 최신식 저택을 신축해 멋진 농민생활

을 하고 있었다. 처남댁 뿐 아니라 마을 대부분의 주택이 최신식 저택으로 변해 있었다. 지난 3년 간 농촌이 변한 진면목을 쉽게 파악할 수 있었다. 한국의 세계적인 발전은 서울이나 도시 뿐 아니고, 농촌도 변화 시켰다. 혜월은 한국 농촌의 이 같은 발전이, 단군 이래 처음이라는 생각을 했다.

• 혜월 부부의 귀갓길은 순조로웠다. 경부고속도로의 유명한 교통체증이 오늘은 없었다. 집에 도착한 혜월은 우선 컴퓨터를 열었다. 예상대로 친목회가 홈페이지(Home Page)에 혜월의 문집 결혼일기 사이트(Site)를 마련해 놓고 있었다. 혜월이 이미 예측했던 일이었다. 지난 7월 '펜팔 사이트' 관리활동 후 4개월 만에 또 사이트 관리활동을 하게 되었다. 혜월은 연말연시를 계기로 친목회 홈페이지를 명랑한 분위기로 만들어야겠다는 생각을 하며 답글을 오리기 시작했다. 혜월은 '펜팔 사이트' 관리 경험을 바탕으로 능숙하고 멋지게 활동했다. 며칠 후에 맞이할 용龍의해를 앞두고, 용에 관한 상세한 이야기를 답글로 올렸다. 용띠들의 사주四柱도 권위 있고 상세하게 기술해 회원들의 관심을 자아냈다.

• 결혼일기에 대한 회원들의 반응은 무척 뜨거웠다. 회원들과 독자들은 지난 7월을 '펜팔 사이트' 를 생각하며, 몇 개월 후에 거창한 문집을 발간 한데 관심이 많았다. 혜월은 결혼일기에 제재된 작품들의 창작일도 작품 끝에 함께 게재했다. 독자들도 시詩, 시조, 수필, 일기 등 많은 작품들이 몇 년 전에 창작되었다는 사실을 쉽게 알 수 있었다. 특히 회원들은 젊은 시절에 창작했던 작품들이 일기日記들 뿐 만 아니라는 데도 많은 관심을 표명했다. 37년 전에 창작한 결혼일기가 사실이냐는 질문도 많았다. 혜월과 회원들은 평소 꾸준하게 창작활동을 하고 작품을 축적蓄積하는 자세가 얼마나 큰 성과를 가져오는지를 다시 한 번 확인했다. 혜월이 두 차례에 걸쳐 사이트 관리를 하자, 많은 회원들이 혜월을 다른 각도에서 평가했다. 직접 전화를 해 칭찬을

아끼지 않은 친구와 독자들이 많았다. 혜월은 행복했다. 문학이 칠순을 맞은 혜월을 행복하게 만들었다. 혜월은 칠순 맞이를 위해 오래 전부터 계획했던 일들을 모두 끝내고, 멋진 칠순을 맞이한 게 즐거웠다. 이제 혜월은 못다한 문학 창작활동을 계속해, 또 한 번 멋진 목적을 달성하기 위한 여행을 출발할 것이다.

나. 쌍둥이 코너

(1). 개요概要

• 혜월이 아들은 본가本家에 올 때마다 엄마한테 꼭 말 한마디씩 들었다. “너희들은 아기를 갖지 않기로 한 거냐?” 하는 말이었다. 아내의 이런 질문은 아들이 결혼한 지 일 년이 넘으면서 시작됐다. 그러나 아내의 기우杞憂는 세달 후에 끝났다. 겨울 하늘에 구름 걷히듯 깨끗이 없어졌다. 어느 날 갑자기 아들이 엄마에게, 며늘아기가 임신했다는 전화를 했기 때문이었다. 혜월이 가족들은 갑자기 명량해 졌다. 혜월이 부부가 아들 집을 방문하는 횟수도 많아졌다. 경사慶事는 가족들에게 희망과 활기를 제공했다. 그렇게 행복한 생활이 계속되던 어느 날, 며늘아기가 아내에게 전화를 했다. 전화를 끝낸 아내는 제정신이 아니었다. 독약을 마신 사 람처럼 입술만 움직이고, 말을 제대로 못하며 혜월에게 손짓만 했다. 아내는 마취가 풀리자 혜월에게 긴장된 표정으로 말했다. “여보! 며늘아기가 쌍둥이를 갖았대!” 이 말을 들은 혜월은 즉시 며늘아기에게 전화를 했다. “쌍둥이 손녀들이라며! 경사에 경사가 겹쳤구나. 건강에 조심해라.”

• 혜월이 부부가 아들네 집을 방문하는 횟수도 늘었다. 남편을 직장에 보내고, 무거운 몸으로 혼자 가정을 꾸려가는 임산부를 도울 일이 한두 가지가 아니었다. 특히 아내가 거들어 줄 일이 많았다. 혜월

이 부부는 어느 날 뱃속에 있는 쌍둥이 손녀들의 ‘초음파사진’ 도 구경했다. 혜월은 신기했다. 뱃속의 아기사진들도 처음 보았지만, 남녀 성별까지 구분이 가능하다는 사실에 더 놀랬다. 며늘아기의 예쁜 선물 은 혜월이 가족과 사돈댁 가족들에게 커다란 활력소를 제공했다. 혜월도 그런 행복감을 처음 느꼈다. 그러나 행복과 경사에는 항상 날개가 달려 있었다. 호사다마好事多魔! 혜월 가족들의 행복은 하루아침에 근심과 걱정으로 변했다. 며늘아기가 대학병원에 입원한 것이다.

• 그날부터 모든 가족들은 긴장했다. 아들 부부는 가시밭을 헤매는 하루하루를 살았다. 며늘아기는 두 번에 걸쳐 두 달을 입원하고 두 공주들을 순산했다. 혜월이 가족들에게 지난 두 달은 2년 같이 길었다. 며늘아기는 20년처럼 생각되었을 것이다. 당시 모든 가족들은 두 공주들의 체중이 신생아 기본체중을 넘기고 출생해, ‘인규베이터’ 나 ‘신생아 중환자실’ 엔 들어가지 않기만을 기대했었다. 대학병원 입원실에서 산을 넘고 물을 건너 종착역에 도착한 며늘아기는, 호랑이해庚寅年에 두 공주들을 출산했다. 다행히 공주님들의 체중이 2.18Kg과 2.33Kg으로 확인되어, 그토록 기대하던 ‘신생아실’ 로 들어갔다. 뱃속의 아기 두 명의 체중을 늘리기 위해, 임산부가 두 달 동안 기울였던 생존투쟁은, 며늘아기에만 말할 자격이 있는 정황情況이었다.

• 며늘아기는 쌍둥이 손녀들과 산후조리원에서 2주일 간 조리調理했다. 대학병원에서 퇴원 때 산후조리원으로 간 것이다. 혜월이 부부는 그때 산후조리원을 처음 알았다. 산후조리원은 산모와 영아들이 함께 생활하며, 육아 전문가들에게 경험과 지식을 배우고, 실천하는 개인 사업장이었다. 그 곳은 육아 경험이 없는 젊은 산모들이, 모든 것을 배우고 문제를 해결할 수 있는 고마운 곳이었다. 그러나 산모들의 산후조리원 생활은 2주일 만 가능했다. 조리원 숫자는 적고 젊은 산모들은 많기 때문이었다. 산모들은 사전에 예약을 하고 퇴원 후 2주일간 생활하다 귀가했다. 쌍둥이 손녀들도 엄마와 함께 조리원 생

활을 끝내고 아파트로 왔다. 그간 손녀들은 부족한 당糖, 인燐등을 보충하고 예방접종도 했다.

• 쌍둥이 손녀들과 산모는 집에서 보모保姆의 도움을 2주일간 받았다. 보모는 산후조리원 직원들처럼 육아 전문가 였다. 육아 지식과 경험이 완벽한 여성이었다. 보모는 일주일에 5일간 09:00부터 18:00까지 하루 9시간을 근무하고 퇴근했다. 며늘아기는 산후조리원 및 보모와 한 달간 생활한 후, 쌍둥이 육아능력이 완벽한 엄마로 변했다. 혜월이 부부는 지구온난화로 전례 없이 몰아치는 겨울 한파를 헤치며 뒷바라지를 했다. 대학병원 입원생활과, 산후조리원 생활, 보모 보살핌 기간에 자주 방문해 부모들이 할 수 있는 모든 것을 했다. 이들 부부에게 희망과 용기를 북돋우는 일도 혜월 부부의 몫이었다.

• 혜월은 지금도 그때가 생각나면, 아들 가족이 전세로 살고 있는 아파트 주인 부부의 얼굴이 떠오른다. 주인 부부는 산모가 입원해 있는 어느 날 전화를 하고 "아파트 임대기간 2년이 끝나가는데, 재계약을 하려면 많은 돈을 더 인상해야 가능하다." 고 통보했다. 월권행위였다. 당시 혜월 부부는 아들과 산모를 안심시키고 직접 전면에서 아파트 재계약 문제를 해결했다. 춥고 힘들었던 서기 2011년! 신묘년辛卯年도 어느덧 X-MAS를 넘어 세모歲暮가 나타났다. 쌍둥이 손녀들은 잘 자라고 온 가족의 희망이며 자랑거리가 되었다. 손녀들은 성탄절 전야에 첫돌을 맞았다. 혜월이 가족들은 모두 쌍둥이네 집으로 모였다. 돌쟁이들의 돌잡이 행사를 했다. 첫돌을 맞은 손녀들은 많이 성장했다. 가족들을 알아보는 상태로 성장했다. 쌍둥이 손녀들이 성장해 갈수록, 혜월이 부부도 의젓한 할아버지와 할머니로 변해가고 있다.

⑵. 수필(3편)

(가). 쌍둥이 손녀(수필)

유월 초순이었다. 하얀 호랑이 띠 해 경인년庚寅年의 세월은 비호飛虎같이 흘렀다. 아카시아꽃에 장미꽃도 향기롭고 황홀한 세상이 왔다. 계절의 여왕 오월에 뽐내던 신록도, 어느새 녹음으로 성장했다. 농부들은 그 어느 해 보다도 철이 이르다며 농사를 앞당겼다. 더위도 빠르게 달려왔고, 장마도 빨리 왔다. 특히 게릴라성 집중호우로 국민들은 어리둥절했다. 시커먼 구름장과 우박을 동반하고, 시도 때도 없이 이 동내 저 동네를 돌아다니며 피해를 주었다. '베트남' 관광 때 경험했던, 열대지방의 소나기 '스콜' 을 꼭 닮았다. 그런 궂은 날 오전이었다. 시커먼 먹구름을 헤집고 아들 내외가 들이닥쳤다.

"아버님, 어머님, 안녕하세요!"

며늘아기의 맑은 목소리가 은쟁반에 옥구슬 굴러가듯 온 집안에 퍼졌다. 아들 내외는 일 년 삼 개월 전에 결혼했다. 결혼 전에 서둘러 구입한 중고 승용차로 빗속을 누비며 온 것이다. 혜월은 아들이 타고 다니는 십년 넘은 고물 자동차가 항상 머리에 걸렸다. 특히 오늘같이 폭우가 쏟아지는 날 이면 그런 생각이 들었다. 그래도 아들 내외가 오는 날이면, 항상 절같이 조용한 집안이 갑자기 떠들썩해진다. 며늘아기의 명랑한 목소리와 구김살 없는 생활자세 때문이다. 며늘아기는 보기 드문 순발력과 재치로 집안의 분위기를 활기차게 만들곤 한다.

아들이 현관에 구두를 벗어 던지고, 자기가 살던 방으로 들어가 컴퓨터와 싸우는 자세와는 완전히 딴 판이다. 며늘아기는 항상 시어머니는 물론, 시누이와도 죽을 맞추며, 끝이 보이지 않는 이야기꽃을 피운다. 그래도 어디 한 곳 미운 데가 없다. 시집부모들도 잘 섬겨야한다며, 종종 찾아오는 것도, 며늘아기가 주도하는 것처럼 보였다. 며늘아기의 그런 모습을 볼 때마다 대농이 머릿속을 떠나지 않는 아쉬움들이 있다.

"저렇게 티 없는 어린것들에게 제대로 된 보금자리 하나 마련해 주지 못했다."

는 가정 형편이었다.

"전세방에 꾸민 신혼생활이 오죽하랴."

하는 생각이 항상 머릿속을 맴돌았다.

아들 부부에게 미안한 것은 주택 문제 뿐 아니다. 아들부부가 이따금 혜월이네 집을 찾아와도, 편히 자고 편히 먹는 계기를 마련해 주지 못하고 있었다. 혜월 부부가 모두 고령이고 성인병까지 앓고 있기 때문이었다. 며늘아기가 혜월이 가족이 되려면, 무엇보다도 한집에서 먹고 자는 계가가 많아야 되는 건데, 그걸 못하고 있다. 때문에, 혜월 부부는 아들부부가 오면 음식점으로 나가 함께 먹으며 담소하는 계기를 만들곤 한다. 그래도 며늘아기는 이런 시댁의 분위기를 싫어하는 표정이 없다. 아들과 같은 일류대학교를 졸업하고, 남편만 뒷바라지하는 전업주부 역할을 하면서도, 불만스런 기색이란 찾아볼 수 가 없다. 항상 명랑한 얼굴이다.

혜월 부부가 며늘아기에게 궁금한 게 있었다면 임신에 관한 것뿐이었다. 어느 날 집사람이 일 년 간 참았던 궁금증을 풀려고 아들에게 말문을 열었다.

"아기를 가질 생각은 하지 않고 살아가기로 했느냐."

는 질문이었다. 벼르고 별렀던 어머니의 질문에 아들은

"그게 그렇게도 급한 일이냐."

고 시큰둥하게 대답했었다. 이런 상태에서 무심코 흐르던 세월이 멈춘 건 지난 유월 십일이었다. 그 날 저녁 무렵, 집사람은 대농이 에

게 호들갑을 떨며

"며늘아기가 임신을 했는데, 벌써 삼 개월이 지났어."

라는 충격적인 말을 했다. 며늘아기의 임신소식은 혜월 가정은 물론 사돈 가정까지 경사스러운 분위기를 만들었다.

며칠 후 며늘아기가 집사람에게 전화를 했다. 많은 이야기를 주고받았다. 전화를 받던 집사람이 핸드폰을 혜월에게 건네주었다. 혜월은 손사래를 저의며 사양했다. 집사람은

"아이 참, 당신에게 직접 할 이야기가 있다는 데."

하며 강제적으로 핸드폰을 주었다.

"아버님 안녕하세요! 어제 산부인과에 다녀왔는데요. 저 · · · · 다름이 아니라 뱃속에 아기가 두 명이래요. 그래서 직접 말씀드리는……."

며늘아기의 말은 명랑한 어조가 아니었다. 무엇인가를 경계하는 어조 같았다. 혜월은 순발력을 발휘했다.

"아, 그러면 쌍둥이를 임신했다는 말인데, 참 잘됐다. 흔하지 않은 경사다. 정부에서도 출산장려시책을 독려하고 있는데. 앞으로는 더욱 몸조심해야겠다."

"정말이세요! 아버님. 감사합니다."

"그래, 내가 며칠 후 너희들 집에 들를 게."

며칠 후 일요일, 혜월은 집사람, 딸과 함께 아들네 집을 방문했다. 혜월이 가족 다섯 명이 모두 모인 것이다. 또다시 웃음바다가 펼쳐졌다. 아들 부부는 산부인과 진료 때 찍은 '초음파검사' 사진을 가족들에게 보여주었다. 놀랍게도 요즈음 의술은, 임신 삼 개월 상태에서 뱃속 쌍둥이 사진 뿐 아니라, 성별 구분까지 하고 있었다. 의사는 쌍둥이 임신부가 지켜야할 주의사항들도 일러주었단다. 혜월이 세대들이

겪었던 것과는 완전히 달라진 세상을 알 수 있었다. 그날 혜월 가족들은 점심식사 뿐 아니라 저녁식사도 함께했다. 가족들의 기분에 맞춰 호텔식사도 하고, 유명음식점도 들렀다. 승용차로 귀가하는 집사람과 딸의 기분도 즐거워 보였다.

금년 유월도 지구온난화현상으로 장마 비가 지루하게 내렸다. 국지적이고 기습적으로 비가 내려 일상이 더욱 힘들었다. 그래도 세월은 중단 없이 흘렀다. 단풍이 들더니 어느새 달력이 시월 초순에 와 있었다. 가을이 무르익은 것이다. 아들놈이 휴가를 얻어 또 혜월 부부를 찾아왔다. 혜월이 가족들은 여느 때처럼 며늘아기 뱃속의 쌍둥이로 이야기꽃을 피우며 즐거운 하루를 보냈다.

그런데 이틀 후, 아들이 휴가 중에 전화를 했다.

"아빠, 임신부妊娠婦가 대학병원 산부인과에 입원했다."

며 황급한 분위기를 말했다. 전화를 받은 혜월 부부는 신속히 대응하지 못했다. 아들은 며늘아기가 통증이 찾아와 입원한 것이고, 관찰실에서 치료받고 있다고 했다. 관찰실은, 임신부들의 응급실인데 분만실 바로 옆에 있고, 외부인 출입이 불가능하다고 말했다. 혜월 부부는 어찌할 바를 모르고, 전화로 정황파악만 했다. 며칠 간 집에 앉아 걱정만 한 것이다. 시월 보름 날 아들이 또 전화를 했다. 입원실로 옮겼다는 것이다. 혜월은 대학병원으로 부리나케 달려갔다. 며늘아기는 병실에 있었다. 손에는 주사를 맞는 고무줄이 주렁주렁 매달려 있었다. 아기들의 심장박동 측정기도 달려 있었다.

며늘아기의 증세는 매우 심각한 것 같았다. 아기들이 밖으로 나오려는 수축작용流産症勢이 있는 것이었다. 병도 가벼운 병이 아니라는 생각이 들었다. 병원에서는 '마그네슘 주사' 를 주입하며, 증세를 차단하는 치료를 하고 있었다.

혜월은 걱정스러웠다. 쌍둥이 손녀들의 유산증세가 있다니! 생각할 수도 없는 일이었다. 혜월은 한동안 앞이 캄캄했다. 병실 창밖으로 내려다보이는 한강의 청둥오리들까지 쓸쓸하게 보였다. 이런 상황에서도, 밝은 표정을 짓고 있는 며늘아기가 대견스러웠다. 혜월은 병실을 나와 간호사들에게 며늘아기 병세를 물었다. 간호사들은 모두들 원론적인 대답만 했다. 가슴이 또 답답해왔다. 면회실 의자에 앉았다. 서울에서 보기 힘들게 넓고, 깨끗하고, 화려한 면회실이었다. 가족들과 산모와 신생아들이 즐겁게 면회하는 장소였다. 초겨울 햇볕이 두터운 유리창에서 작열했다. 혜월은 불안한 심경을 달래며 결심했다.

"쌍둥이 손녀들의 분만은 내가 성공시키겠다. 이 문제는 꼭 해결시켜야 한다. 손녀들의 분만은 아들 부부만의 문제가 아니다. 혜월이 가족 모두와 사돈가족 모두에게도 영향이 있는 문제다. 때문에 여러 생명을 구하는 문제다. 혜월은 무슨 수를 써서라도, 며늘아기의 출산을 성공시키겠다."

며 다짐하고 또 다짐했다.

금년도 가을이 짧고 겨울이 빨리 왔다. 단풍놀이는 잠시였고, 계절은 숨 가쁘게 초겨울로 이어졌다. 그 후 혜월은 일주일에 한 번씩 대학병원을 찾았다. 임신부 병세도 파악하고 용기도 북돋워 주었다. 아들이 직장생활 때문에 혼자 투병하는 며늘아기를 보호할 필요가 있었다. 간호사나 주변 사람들이, 보호자도 없는 환자라고 깔보지 않도록 보호자가 필요했다. 며늘아기의 처절한 노력 때문이었는지, 저 멀리서 깜박이는 별 빛 같은 희망이 보이기 시작했다. 며늘아기의 얼굴에 혈색이 돌고, 행동거지도 정상적이었다. 며늘아기의 투병생활이 효험을 보기 시작한 것이다. 아무 희망도 안보이고 걱정만 쌓이는 상태에서도, 세월은 한 발짝씩 앞으로 전진 했다.

드디어 연말연시 분위기가 보이는 시월 하순이었다. 아직도 혜월이 마음 속 한 구석에, 모질고 굳은 결심만 자리 잡고 있었던 그 날 밤, 아들이 전화를 했다.

"오늘 임신환자가 퇴원을 했다."

는 전갈이었다. 혜월이 가슴은 쉽게 녹아내렸다. 얼어붙은 눈덩이가 봄볕에 녹아내리는 것처럼 가슴이 편해왔다. 컴퓨터 문자판에서 눈을 뗀 대농이 마음은, 늦가을 파아란 창공蒼空으로 날아갔다.

"지성至誠이면 감천感天이다."

라는 문구를 늘 강조하시던 아버지 얼굴이 떠올랐다.

혜월은 시월 말일 날, 식구들과 함께 아들 집을 방문했다. 며늘아기는 거실 '매트리스'에 편히 누어있었다. 배가 무척 불러 보였다. 그날 혜월이 가족들은 아들의 안내로 동태찜 식당에서 점심을 먹었다. 혜월이 동내에선 볼 수없는 풍성한 식단이었다. 아들은 병원에서 직접 체험한 경험과 지식, 그리고 치료방법, 기술, 향후 문제점 등을 상세히 설명했다. 아들은 병실에서 환자와 함께 자며 보호자 역할을 계속했었다. 산부인과 쪽에 별다른 지식과 경험이 없는 혜월에게 커다란 도움이 되었다. 혜월이 가족들은 편한 마음으로 귀가할 수 있었다.

그리고 나흘 후인 십일 월 초순, 며늘아기로 부터 또 다른 비상상황이 접수됐다. "지난번과 동일한 증세가 있어, 오늘 대학병원에 재입원했다."

는 전갈이었다. 무거운 몸으로 혼자 걸어 나와, 택시를 타고 병원에 왔다고 했다. 저녁 때 아들의 전화는,

"이번에도 산부인과 관찰실에서 치료를 받고 있는데, 지난번 보다 증세가 험하다."

는 것이다. 안도의 숨을 쉬고 있던 혜월이 가족은 또 다시 놀랬다. 이번은 정말 힘든 고비 같았다. 혜월 부부는 일요일에 며늘아기 병문

안을 갔다. 며늘아기는 낯익은 관찰실에서, 보다 완전한 출산을 위해 싸우고 있었다. 이번에는 '마그네슘' 주사와 '아토시반' 주사를 동시에 맞고 있었다. 아토시반 주사는 수축작용 방지효과가 탁월하고 값도 고가高價였다. 대신 한 달 이상 투입이 금지된 주사였다. 부작용 때문이다. 며늘아기는 모든 고통을 감내하며, 쌍둥이들이 출산 후 '인큐베이터' 나 신생아중환자실을 거치지 않기 위한 노력을 기우리고 있었다. 이런 목적을 달성하려면, 우선 아기들의 체중이 2.1Kg을 넘어야 가능했다.

예상보다 일찍 한반도를 찾아온 동장군은 혹한과 폭설을 몰고 왔다. 모두가 불편했다. 며늘아기가 전쟁을 하고 있는 대학병원 산부인과 관찰실에도 '마魔의 얼굴' 이 찾아왔다. 호사다마好事多魔! 즐거운 일에 꼭 따라다니는 악마惡魔말이다. 악마는 한번이 아니고 너무 자주 나타났다. 어쩌면 병실생활이라는 자체가, 잊을 만하면 찾아오는 악마와 싸워 이겨야하는 곳인지도 모른다. 첫 번째 악마는 며늘아기 옆 침대에 있었다. 옆 침대에 있는 임산부가 불면증이라는 마의 얼굴을 하고 있었다. 밤이면 부부가 커다란 소음을 만들어, 함께 있는 네 명의 환자들이 밤잠을 설치곤 했다. 묘하게도 이 임신부 남편은 아들과 고등학교 동창생이었다. 그러나 '불면증 악마' 는 일주일 후 저절로 사라졌다. 대신 며늘아기 뱃속의 쌍둥이들은 일주일 동안 체중을 늘리지 못하는 피해를 입었다.

'마의 얼굴' 이 찾아오는 고비마다, 악마를 극복하려는 며늘아기의 노력은 눈물겨웠다. 며늘아기는 혼신을 다해 잘 싸웠고, 사돈댁과 우리 가족들도 뛰어다녔다. 폭설과 빙판 진 도로를 운전하며 목숨도 걸었다. 산부인과를 찾는 환자가 너무 많아, 며늘아기가 퇴원해야 할 것 같다는 소식을 접했을 때도 그랬고, '아토시반' 주사를 더 이상 맞을 수 없어, 며칠간 집에서 조리하다 다시 오라고, 담당의사가 권유할 때도 그랬다. 어쩌면 처음 입원했던 날부터 퇴원한 날까지, 육십칠 일간 '마의 얼굴' 은 혜월이 가족들 뒤에 숨어 있었는지도 모른다. 실제로 쌍둥이 손녀들은, 신생아실과 산후조리원 시절에, 부족한 인燐과 당糖을 보충하기 위한 주사를 맞곤 했다. 그때그때 마다 부모와 가족들의 가슴은 출렁거렸다.

드디어 십이월 초하루, 며늘아기가 임신 32주가 되는 날이 왔다. 지난 시월부터 기다리고 기다리던 날이었다. 며늘아기가 희미하고, 멀고, 아득하고, 부럽게만 보였던 그 출산고개를 결국 넘은 것이다. 아기들 체중은 1.74Kg, 1.44Kg 이었다. 기쁨은 계속되었다. 이틀 후 병원 측은 며늘아기에게 병실로 옮기라고 명령했다. 당시 아기들의 체중은 언니아기 1.70Kg, 동생아기 1.89Kg 상태였다. 병실생활은 산모나 가족들에게 편했다. 관찰실과는 비교할 수도 없게 넓고 편한 환경이었다. 이제 세월이 빨리 흐르는 것 같았다. '크리스마스' 가 눈앞에 보였다. 며칠 지나면 임신 34주가 되는 날이었다. 마음이 많이 편해졌다. 그 단계에서 또 한 번 '마의 얼굴' 이 나타났다. 주치의사와 담당의사가 며늘아기에게

"삼일 후에 '아토시반' 주사를 중단할 계획이다. 이제 '마그네슘' 주사만 맞다 수축운동이 오면 인공분만을 할 계획."

이라고 말한 것이다. 아들부부와 양가 가족들은 놀랐다. 아기들의 체중이 아직 2Kg에도 모자라는 데, 인공분만은 말이 되지 않았다. 일주일만 지나면 임신 35주, 즉 쌍둥이들의 공식적인 정상분만 날짜가 되는 시점이었다.

임신부와 혜월이 가족들은 이번에도 '마의 마지막 얼굴' 을 어렵게 극복했다. 하루하루가 길고 지루했다. 가족들은 모두 며늘아기 눈치

만 보고 있었다. 십이월 십육일 아침이 밝았다. 며늘아기는 이른 아침에 전화를 했다.

"아기들의 체중이 2.3Kg, 2.0Kg으로 성장했다. 이제 임신한지 34주도 지났고, 아기들 체중도 좋은 상태니 언제 분만해도 좋다."

고 말하며 혜월 부부를 안심시켰다. 너무 오래 기다렸던 말이었다. 며늘아기는 병실로 옮겼다. 이제 병원도 모레부터 '마그네슘' 주사를 중지하기로 했다. 나흘 후 퇴원하고, 집에서 진통이오면 병원으로 와 분만하기로 일정이 결정되었다. 그렇게 하루가 끝나고, '쌍둥이를 출산하는 밤' 은 깊어갔다. 며늘아기도 가족들도, 모처럼 편한 마음으로 잠자리에 들었다. 긴 투병생활에서 어려운 고비들을 모두 넘기고, 정상頂上에 우뚝 선 가족들의 가슴은 조용했다. 전쟁에서 승리하고 돌아온 개선장군처럼 편안했다.

그런데 한밤중인 밤 열한시에 혜월이 핸드폰이 울렸다. 아들이었다. 급한 말투였다.

"조금 전, 임신부가 진통을 시작했다. 의사들은 24:00부터 인공분만(복강경수술)을 하기로 했다."

는 내용이었다. 혜월은 즉시 기상했다. 며늘아기가 퇴원했다 다시 입원해 분만하는 것 보다 더 잘된 것이었다. 혜월은 급히 옷갓을 차리고 택시를 탔다. 한 밤 중의 택시는 총알 같이 달렸다. 자정 십분 전에 대학병원 분만실에 도착했다. 이미 사돈 내외도 도착해 있었다. 혜월이 가족들은 분만실 대합실에서 기다렸다. 며늘아기는 수술 중이었다.

양가 가족들의 지루한 기다림이 계속되는 가운데, 간호사들이 보호자를 찾는 소리가 산부인과 병동의 고요한 밤공기를 갈랐다. 자정이 지나 이미 날짜가 바뀐 다음날 새벽이었다.

"산모 환자 보호자 계셔요?"

양가 가족들은 함께 '엘리베이터' 앞으로 달려갔다. 간호사들은 큰 손녀를 태운 '신생아침대'를 밀고 '엘리베이터' 에서 나왔다. 간호사들은 가족들에게 큰 손녀의 얼굴을 공개하고, 팔찌도 보여준 후 신생아실로 들어갔다. 순간적인 상면이었다. 열 달, 아니 평생을 기다렸던 손녀들과의 상면은 이렇게 30초 만에 끝났다. 번개같이 짧은 상면이라, 가족들 중 누구도 입을 여는 사람이 없었다. 강보襁褓에 싸여 형광등빛을 받고 있는 큰손녀는, 목 위 부분만 노출된 상태였다. 눈을 감은 조용한 얼굴이었고, 검붉은 색깔의 얼굴이었다. 신비롭게 새 생명이 태어난 현장은 계속 조용했다. 약 십분 후 또 다른 간호사들이, 신생아침대에 작은손녀를 태우고 엘리베이터에서 나왔다. 가족들은 엄마 뱃속 위쪽에서 성장한 작은손녀의 얼굴과 상면했다. 조금 전 만났던 큰 손녀와 똑 같았다. 구분을 할 수 없는 상태였다. 간호사들은 손녀들의 체중을 가족들에게 알려주었다. 큰손녀가 2.18Kg, 작은손녀는 2.33Kg이었다. 간호사들의 이런 전달은, 아기들이 기초체중을 넘겼으니 부모들은 걱정하지 말라는 신호였다. 손녀들이 수술실에서 태어난 시각은 각각 2010.12.22.00:14과 2010.12.22.00:15 이었다. 출생 시각이 일분 차이었다.

잠시 후 간호사 두 팀은 신생아침대를 각각 밀며 당직교수실로 이동했다. 아기들은 십분 후 신생아실로 돌아왔다. 그 후 가족들의 지루한 기다림 속에 입원실의 밤이 깊어갔다. 며늘아기가 수술을 마치고 산부인과 병실에 도착한 것은 새벽 두시 경이었다. 산모産母 며늘아기는 아직 마취에서 완전히 자유롭지 못한 상태였다. 겨우 사람들을 식별 하는 상태였다. 몸에는 링거, 무통주사, 소변 줄 등이 주렁주렁 매달려 있었다. 며늘아기의 입원실 복귀는, 아들 부부가 쌍둥이 분만이라는 커다란 고개를 무사히 넘었다는 승리의 발자국이었다. 정든 침대에 다시 누운 며늘아기는 마취기운 속에서도 밝게 웃고 있었다. 얼굴에서 명량한 표정이 가시지 않았다. 그러나 이 때 신생아실에서 급한 연락이 왔다.

"작은손녀가 밤 02:20부터 호흡곤란 증세로 산소를 공급받고 있다."

는 전갈이 왔다. 혜월 가족들은 주눅 들기 시작했다. 간호사들은 쉽게 극복할 수 있는 소소한 증세라고 일갈一喝했다. 가족들은 그 말에 희망을 걸지 않을 수 없었다.

혜월은 바깥사돈과 함께 병실을 나와 옆에 있는 면회실에 머물렀다. 아들 부부에게 조용하고 쉴 수 있는 시간을 주기 위함이었다. 간호사들이 자주 출입하는 병실에 많은 보호자까지 머무를 필요가 없었다. 산부인과 병동의 밤이 점점 깊어갔다. 혜월과 바깥사돈 및 손자는 면회실 의자에서 졸기 시작했다. 조용하고 따듯한 면회실 분위기에 가족들은 자신도 모르게 잠속으로 빨려 들어갔다. 몇 시간 후 어깨를 두드리는 사람이 있었다. 아들이었다. 혜월은 아들 말대로 동東이 트고 교통체증이 오기 전에 택시 편으로 귀가했다. 이십 여분 후에 집에 도착했다. 아직도 어두운 새벽이었다.

지난밤을 하얗게 새운 혜월이 부부는 아침 일찍 대학병원으로 향했다. 집사람은 과일, 고기, 김 등 먹거리를 챙겼다. 다행히 날씨가 포근했다. 어제 밤잠을 설치 혜월의 몸은 절반은 살아있고, 절반은 감각이 없는 것 같았다. 아들이 또 문자메시지를 보내왔다.

"작은손녀의 산소부족현상(호흡곤란)이 완치되었다."

는 내용이었다. 혜월이 가족들은 환호했다. 혜월 부부는 열한 시 병원에 도착했다. 사돈들은 이미 귀가했다.

그러나 점심식사 후 두 시경 또 비보가 날아 들어왔다.

"작은손녀가 또 당糖 부족증세를 보여 주사를 맞고 있다."

는 것이었다. 아들은

"아기가 힘없이 늘어져 있는 상태"

라고 표현하며 걱정했다. 아직 며늘아기도 모르고 있는 상태였다. 혜월은 귓속말로 집사람에게 알렸다. 예기치도 못하였던 암초에 멀린 혜월이 가족들! 혜월은 마음을 크게 먹고 한마디 했다.

"대학병원에서 못 고치는 병은, 다른 곳에서도 못 고친다. 모두가 하늘이 주는 운명이다. 크게 생각하고 최선을 다하는 것만이 인간이 할 수 있는 일이다."

혜월은 아들에게 용기를 갖으라고 독려했다.

"남편이 정정당당하게 언행하고, 산모를 보살펴야 한다."

고 깨우쳤다. 혜월은

"가정의 운명은 남자의 어깨에 달려있다. 모든 일에 최선을 다하면 후회가 없다." 는 말도 했다.

그 날 오후 네 시에 아들 부부와 혜월 부부 네 명은, 신생아실 근무 간호사들이 '신생아상담실' 에서 주관한 이벤트event, '아기들과 부모들의 만남' 행사에 참석했다. 이벤트는 "손녀들과 가족들의 공식적 첫 번째 상면" 이었다. 쌍둥이 손녀 두 명은 침대에 나란히 누워 고요히 눈을 감고 있었다. 밝은 형광등 빛이 아름답게 손녀들을 비추고 있었다. 숨소리도 들리지 않는 분위기 속에, 잠에 빠진 손녀들은 황홀감을 불러일으켰다. 그 모습은 선녀로도 보였고, 곤히 잠든 아기부처 같기도 했다. 손녀들은 침묵으로 가족들에게 인사하고, 내일을 약속하는 것 같았다. 혜월의 감정도 조용했다.

"그래, 먼 길을 오느라 피곤했겠다. 실컷 자고 일어나 함께 세상을 걸어가자! 어서 자라서 너희들이 우리집 대들보가 되어다오."

라고 혜월은 무언의 대화를 했다. 간호사들은

"두 아기들에게 우유 10mg를 각각 먹였다."

고 혜월이 가족들에게 강조했다. 이제 쌍둥이 손녀들이 모두 정상적이라는 의미였다. 출산 후 혜월 가족들이 열 시간이나 불안했던 요소들이 모두 해소되는 순간이었다.

다음날 오전, 며늘아기가 집사람에게 소식을 전해줬다.

"작은 손녀가 오늘도 당분 주사를 맞았다."

는 것이다. 혜월은 크게 놀랐다. 어제 오후 신생아상담실에서 '이벤트' 할 때, 간호사들이

"완치되었다. 우유도 10mg씩 모두 먹였다. 아기들은 정상이다."

라는 말들을 했었다. 혜월은 그 때 그것으로 모든 상황이 끝난 것으로 생각하고 있었다. 그런데 또다시 떨어지는 청천벼락! 놀란 마음들은 방황했고 끝이 보이지 않을 것 같았다.

이런 분위기 속에서, 혜월은 어제 전화로 최도사에게 작명作名을 부탁했던 서류를 갖으러 갔다. 종로에 위치한 작명소였다. 오랜만에 찾은 발길! 오후 네 시에 도착했다. 최도사는 미리 준비했던 작명장作名狀, 선명장選名狀, 좌우명座右銘,을 혜월에게 건네주었다. 혜월은 고마웠다. 이십여 년 전부터 친분이 쌓였던 최도사가, 옛정을 되살리며 친절하게 해결해 주었다. 두 사람은 추억을 더듬으며 많은 이야기를 나눴다. 최도사는 끊어졌던 우정을 되살려 살아가자고 제의도 했다. 혜월은 조계사로 이동해, 대웅전에서 부처님께 삼배三拜를 올리고, 영구위패 단壇에 계신 조상님들께도 인사를 드렸다.

"손자 내외가 어제 쌍둥이를 얻었습니다." 라는 소식도 전해드렸고, "무사히 잘 자라도록 도와주십시오." 라고 축원했다.

대농이 조계사 경내로 나와 전화를 하니, 집사람은 며늘아기의 퇴원 날짜를 전해주었다. 병원 측은 며늘아기에게

"내일 오후 한시에 퇴원하고, 수술부위 '실밥 제거 날' 다시 오라."

고 했다. 쌍둥이 산모는 이제 길고 지루했던 입원생활을 마무리하고 퇴원하라는 명령이었다. 두 손녀들은 당분간 신생아실에서 보살펴

준다는 게 병원 측의 의견이었다. 내일은 X-Mas Eve 날! 부처님과 하느님이 아들 부부에게 크고 행복한 은혜를 베푸셨다. 혜월은 갑자기, 보이지 않는 손들이 우리가족들을 보살피고 계시다는 생각을 했다. 머릿속으로 목화송이처럼 하얗고 부드러운 구름 떼가 지나가는 것 같은 느낌을 받았다. 오늘 저녁에는 사돈 내외가 대학병원에 올라와, 며늘아기와 밤을 지내고 퇴원도 도와 줄 것이라는 소식이 들렸다.

오늘은 '크리스마스' 전야의 날이었다. 금년 경인庚寅 년도 며칠 남지 않았다. 아침에 들리는 소식은

"어제 오후 큰손녀도 당糖 주사를 맞고 회복했다."

는 것이다. 또 예기치도 못했던 상황이 벌어졌던 것이다. 이제 이런 모든 상황들이 쌍둥이들이 겪어야 하는 시련같이 생각되었다. 남들보다 작은 체중을 하고 세상에 나왔기 때문에 겪는 시련이 분명했다. 그렇다면 앞으로도 계속 시련은 이어질 것이라는 예측도 가능했다. 혜월이 머릿속엔, 엊그제 고등학교 동창이자 산부인과 의사인 친구가 했던 명언이 스쳐갔다.

"쌍둥이는 낳기도 힘들지만, 키우기도 힘들다." 는 내용이었다.

초저녁에 아들이 전화를 했다.

"산모産母 며늘아기는 부모들의 도움을 받아 무사히 밤을 넘기고, 퇴원하여 편히 쉬고 있다."

는 전갈이었다. 한편 아들은 출산휴가 이틀이 끝나고, 오늘은 직장에 출근했었다. 아들은 또 밤중에 내게 전화를 했다. 귀가 즉시 병원 신생아실에 전화로 아기들의 안부를 물었단다. 간호사는

"아기들은 모두 건강하다. 주사를 맞거나 치료를 받는 아기는 없다." 고 대답했다. 아들은 기분이 좋아 전화하는 것이라고 말 했다. 혜월이 가족들은 모레, 일요일에 아들네 집을 방문키로 했다. 그날 혜

월 부부는 손녀들의 옷과 작명서류(이름) 등을 전달하는 한편, 아들과 함께 신생아실에서 쌍둥이 손녀들과 재 상면을 했다. 멀리서 온 두 손녀들은 세상에 출생 후 벌써 세 번째 부모들을 일희일비一喜一悲 하게 만들었다. 이제 혜월이 손녀들도, 이 세상에 온지 사흘이 되었으니 매일매일 건강하게 자랐으면 좋겠다.

이틀 후, 딸과 혜월 부부는 승용차 편으로 아들네 집으로 출발했다. 아침기온이 영하 12도였다. 어제는 영하 16도였다. 눈이 내릴 것이라는 예보도 있었다. 아내는 쌍둥이 손녀들 내복, 이불, 먹거리 등을 준비했다. 혜월은 명장作名狀과 선명장選名狀, 좌우명座右銘 등을 준비했다. 모두 아들 내외에게 줄 것 들었다. 남부순환도로가 한산했다. 날씨도 추워 모두들 어제 실컷 놀은 것 같았다. 혜월 가족들도 금번 '크리스마스'에는 부처님께서 커다란 선물을 주셨다. 며늘아기가 험한 고개와 구비를 넘어 두 명의 손녀를 순산했으니 말이다. 혜월은 모처럼 즐거운 마음으로 운전을 했다. 이틀 전만해도 운전대를 잡은 혜월이 손은 긴장되고 불안한 상태였다. 금년은 혜월 가족들이 모르는 사이에, 꽃다운 단풍도 떨어지고 된서리가 내렸다. 혜월 가족들은 어느새 겨울 한 중심에 서 있었다. 이제 며늘아기도 건강을 회복했으며, 손녀들도 정상적인 상태가 되었다.

혜월이 가족은 아들네 집에 열한시 경 도착했다. 아들 내외는 집에 있었다. 가족 다섯 명이 모두 모였다. 가족들은 우선 아기들의 이름을 선정했다. 혜월이 작명소에서 미리 준비한 작명장과 선명장을 보며, 상의 끝에 최종결정은 부모가 결정했다. 모두 맑고, 밝고, 하얗다는 의미를 갖은 이름이었다. 선명장엔 각자의 출생일시(四柱), 성씨, 본관, 행렬, 수명, 건강, 부모형제, 부부관계, 결혼예상시기, 궁합宮合, 좌우명 등이 있었다. 혜월은 가족들이 잘 이해하도록 모든 내용을 상세히 설명해 주었다. 손녀들의 이름이 결정되자 모든 가족들이 좋아했다. 혜월도 옛정을 잊지 않고 상세하게 협조해 준 최도사가 고마웠다. 혜월은 며칠 전 발간한 문집, '죽을 고비' 한 권을 최도사에게 선물했다.

회복중인 며늘아기를 제외한 가족 네 명은, 정오에 대학병원으로 이동했다. 두 명의 손녀를 상면하려는 행보였다. 상면은 신생아실에서 했다. 놀랍게도 언니는 눈을 뜨고 가족들을 쳐다봤다. 동생은 아직도 눈을 감고 잠만 잤다. 간호원이 손녀들의 상태를 설명해 주었다.

"아기들은 질소계열 원소의 일종인 인燐 성분이 적은 분유를 먹고 있다. 체중이 출생 때 보다 50g 정도 줄었는데, 일주일 후엔 다시 회복해 집에 갈 수 있을 것이다. 오늘 신생아들의 마지막 테스트인 청력과 성대 '테스트'를 받을 예정이다."

라는 내용이었다. 집사람과 딸은 신비롭게 손녀들을 살폈다. 손녀들의 침대 뒤에는 호흡과 맥박 횟수가 자동적으로 집계되는 계기가 설치되어 있었다. 아버지가 된 아들도 손녀들이 정상적인 상태라는 말을 듣고 기분이 좋아보였다. 면회는 오후 한시에 끝났다. 혜월이 가족들은 그동안 단골집이 된 동태찜으로 이동했다.

가족들은 모처럼 즐거운 이야기만 하며 맛있는 점심을 먹었다. 아들은 며늘아기가 주문한 '돈까스' 를 옆 가게에서 사 왔다. 그 모습을 보니, 이제 아들도 많이 컸다는 생각이 들었다.

매섭도록 추운 겨울날씨가 계속되었다. 쌍둥이 손녀들이 태어난 지도 벌써 일주일이 지났다. 두 손녀의 이름은 동사무소 주민등록부에 기재되었다. 대한민국 국민자격을 획득한 것이다. 아들 부부는 아버지와 어머니가 되었고, 대농이 부부는 할아버지와 할머니가 된 것이다. 지금 생각하니, 손녀들이 엄마 뱃속에서 병원생활을 했던 지난날들이 오랜 세월같이 생각되었다. 긴장된 순간도 많았고, 절망적인 순간도 많았다. 그러나 그 무엇보다도 대견스러웠던 것은, 며늘아기의 인내와 꼭 성취하겠다는 의지였다. 밝고 명랑한 성격을 소유한 한 젊은 여성이, 젖 먹던 힘을 다해 일궈낸 성과라 더욱 값지게 생각되었다. 혜월은 모든 여성들의 모성애는 무한無限한 것이라는 사실도 이번에 다시 한 번 확인했다.

뿐만 아니다. 혜월은 인간이라는 한 생명이 태어나는 게, 얼마나 고귀한 것인지도 깨달았다. 엄마 뱃속에 있는 아기들 체중體重이, 출산 후 아기들의 생명과 직결된다는 사실도 이번에 알게 되었다. 새 생명의 탄생은, 어머니의 목숨을 건 희생 없이는 불가능한 것이었다. 혜월은 인간생명 뿐 아니고, 동물, 식물, 곤충 등 모든 생명이 고귀한 것이라는 사실도 깨달았다. 혜월은 지난날, 젊고 경험 없는 상태에서 직장생활을 하고, 자식들을 낳고 양육했다는 사실이, 얼마나 값진 결실인지도 알게 되었다. 그러나 자식들이 태어나고 성장하는 과정에서, 혜월은 무엇을 얼마나 기여했는지 생각나지 않는다. 지금도 많은 사람들이 아기 분만이나 양육이, 모두 여성들의 몫이라고 생각하고 있다. 아직도 인간의 탄생이 얼마나 어렵고, 신성한 것인지를 모르는 사람들이 많다. 이제 인류는 우주개발에 도전하고, 지구온난화에 대응하고 있다. 인류에게 주어진 이런 엄청난 과제들은, 우선 남녀평등사회 구현을 요구하고 있다.

(나). 쌍둥이 양육(수필)

박혜월이 살고 있는 아파트엔 산수유가 많다. 특히 길고 높은 담장을 따라 만들어진 산책로에 많다. 혜월은 요즈음 하루에 한 두 번씩 산책을 한다. 맑은 공기도 마시고, 봄이 오는 골목을 지켜보기 위함이다. 경칩驚蟄이 며칠 전에 지났다. 그 후 봄볕이 한결 부드러워졌다. 아침저녁으론 한기가 느껴져도, 한 낮에는 봄이 오는 소리가 들린다. 봄의 발자국 소리는 산수유 꽃망울에서 제일 크게 들린다. 산수유는 봄의 전령傳令 중 첨병尖兵이다. 산수유 꽃망울을 자세히 살펴보면, 속에 노오란 꽃잎들이 동그랗게 뭉쳐있다. 이미 성급한 꽃망울들은, 입을 조금 벌리고 꽃잎 끄트머리를 밖으로 내밀었다. 봄은 정말 통통하게 물오른 산수유 꽃망울을 타고 온다.

하기야 오늘 아침 라디오 뉴스엔, 섬진강 변 매화마을에서 연례적으로 베푸는 '매화축제' 내용도 있었다. 며칠만 참으면 혜월이네 아파트도, 산수유와 매화꽃, 목련, 개나리, 진달래, 복숭아, 살구꽃이 어우러져 꽃대궐로 변할 것이다. 그래서 혜월은 부지런히 산책로를 오간다. 금년辛卯年 겨울, 소련 '모스크바' 보다도 더 추었다는 서울의 기온이, 계절의 순서에 따라 봄을 타고 상춘가절賞春佳節을 만들고 있는 것이다. 혜월은 지난 2년 간 봄이 오는 소리를 못 들었다. 뒤늦게 문단에 등단해 보려고 골방에서 컴퓨터와 싸웠다. 신인상 수상 후엔, 문집文集 발간을 위한 작품창작활동만 했었다.

이제 모처럼 봄이 오는 모습을 보고, 발자국 소리도 들어 보니, 살맛이 나는 것 같다. 혜월의 기분이 들떠 있는 이유는 또 하나 있다. 두 달 반전에 쌍둥이 손녀를 본 게 또 하나의 이유였다. 고희古稀를 몇 개월 앞두고 손녀 두 명을 한꺼번에 얻었다. 그러나 손녀 두 명을 거저 얻은 건 아니다. 며늘아기가 대학병원에 두 달 반이나 입원했었다. 뿐만 아니다. 쌍둥이 손녀들은 출산 후에도, 여러 번 당糖이나 인燐 성분이 부족해 부모들을 놀라게 했다. 당은 단맛이 나는 탄수화물이고, 인은 질소원소의 한가지다. 특히 백린白燐은 습한 공기에서 빛을 내기도 한다. 이런 현상은 쌍둥이들의 체중이 3Kg에도 못미처 나타나는 현상이었다. 대부분의 쌍둥이들은 임신 35주 때, 인공분만으로 출산出産해, 체중이 가벼운 상태로 태어난다. 지금 생각하면, 쌍둥이 손녀들과 혜월이 가족들에겐 금번 겨울이 너무 추웠다. 그러나 이젠 이런저런 고통들이 봄눈처럼 녹았고, 손녀들도 정상적으로 성장하고 있다. 봄이 찾아온 덕분이다.

오늘 아침에는 봄바람을 타고 며늘아기의 명랑한 목소리가 '핸드폰' 속에서 흘러나왔다. 혜월이 아내에게 온 전화였다.

"안녕하세요, 어머님! 별일 없으시죠. 아기들은 잘 있어요. 잘 먹고 잘 자요. 아무 걱정 마세오. 많이 건강해 졌고, 체중도 많이 늘었어요. 오늘 병원에 가서 아기들은 DPT 예방접종도 했어요. 체중은 언니아기가 4.1Kg, 동생아기는 4.9Kg입니다. 많이 컸지요! 공기가 맑은 곳이라 그런가 봐요."

며늘아기의 전화는 쌍둥이 손녀들이 친정에서 잘 지내고 많이 컸다는 내용이었다. 며늘아기는 보름 전에 쌍둥이들을 데리고 친정으로 갔다. 그 후 며늘아기는 정기적으로 전화를 해 혜월 가족들의 궁금증을 풀어주었다. 혜월은 손녀들이 외가外家에서 잘 있다고 하니 다행이라고 생각했다. 며늘아기의 오늘 전화는, 쌍둥이 손녀들이 이 세상에 태어난 후 처음 들어보는 반가운 소식이었다.

돌이켜보면, 쌍둥이 아빠와 엄마는 지난겨울에 고생이 많았다. 쌍둥이 손녀 분만과 양육養育 때문이었다. 쌍둥이 부모는 몇 백 년 만에 찾아온 강추위와 싸우며 입원생활을 했다. 엄마는 병상생활을 하고, 아빠는 보호자 활동을 했다. 특히 아빠는 병실에서 새우잠을 자고 새벽에 직장으로 출근했다. 쌍둥이 부모들의 얼굴은 말이 아니었다. 엄마는 병색이 여전했고, 아빠는 항상 피곤하고 지친모습이었다. 혜월부부는 아들과 며느리가 걱정스러웠다. 그런 분위기 속에서 피 말리는 하루하루가 흘렀다. 다행스럽게도 아들부부는 병마와 싸움에서 승리했다. 아들부부는 임신환자 입원생활이라는 우환憂患을 경사慶事로 바꿔놓은 주인공이 되었다.

쌍둥이 손녀들이 태어난 건 호랑이해庚寅年 '크리스마스 이브' 전날 자정 후였다. 혜월이 손녀들은 '고고呱呱의 성聲' 을 울리며 대학병원 산부인과 병동을 진동시켰다. 쌍둥이 손녀들의 체중은 각각 2.180kg과 2.325kg이었다. 간호사들은 가족들에게 말했다. "두 아기들 모두 최소한의 기본 체중인 2.1kg을 넘겼고, 신체 각부 기능테스트' 에서도 합격해 신생아실로 들어가는 것입니다. '인큐베이터' 나 '신생아중환자실' 로 배치되지 않은 게 다행입니다."

라고 귀 뜸해주었다. 혜월 아들 부부도 입원생활 중 온갖 시련을 이겨내며, 아기들이 출산 후 신생아실로 배치되기를 학수고대鶴首苦待 했었다. 쌍둥이가 아닌 신생아들의 체중은 대부분 3kg-4kg 수준이었다. 혜월이 손녀들이 작은 체중으로 신생아실에 배치된 건 쾌거 중 쾌거였다.

대학병원은 혜월이 손녀들을 며칠 더 신생아실에서 양육했다. 간호사들은 체중이 적은 쌍둥이 신생아들에게 각별한 관심을 갖고 분유를 먹이는가하면, 신체 각종 기관의 기능도 수시로 점검했다. 체중도 측정하며 건강상태를 점검했다. 그러나 혜월이 손녀들의 건강에 문제가 생기기 시작했다. 출산 두 시간 후 간호사가 보호자에게 말했다.

"동생 아기가 호흡곤란 증세를 보이고 있어, 인공으로 산소공급을 하고 있다."

는 내용이었다. 가족들은 모두 놀랬다. 청천벼락 같은 충격이었다. 쌍둥이 부모, 혜월 부부, 사돈 내외가 모두 정상적 분만에 만족하고 있었다. 쌍둥이 손녀들이 '인큐베이터' 나 '신생아중환자실' 을 거치지 않아 좋아하고 있었다. 가족들은 주눅이 들은 상태에서 새벽을 맞았다. 오전 열시 경 쌍둥이 아버지가 혜월이에게 전화를 했다.

"동생아기의 호흡장애현상이 완치되었다."

는 전갈이었다. 밤새도록 우울했던 양가 가족들의 표정이 맑아졌다. 양쪽 가족들이 두런두런 이야기하는 모습도 보였다.

그러나 양가 가족들의 행복한 순간은 오래가지 못했다. 병원 구내식당에서 점심 식사를 끝낸 가족들에게 쌍둥이 아빠가 또 비보悲報를 보냈다.

"작은 아기가 당糖 부족 증세를 보여 주사를 맞고 있다. 체력도 기진해 아기가 축 늘어져있다."

며 비통해했다. 쌍둥이 아빠는 신생아실 출입이 가능해 수시로 병실에 있는 가족들에게 아기들의 상태를 알려주었다. 혜월은 면회실에서 병실로 이동했다. 주사 를 맞고 있는 손녀도 걱정이지만, 보호자인 아빠도 문제였다. 며칠 째 밤잠을 설친 쌍둥이 아빠에게, 손녀들의 건강악화 증세가 계속 전달되어, 아빠도 심신이 불안해 보였다. 쌍둥이 아빠는

"아기를 만져도 아무 반응도 못하며 누워만 있다."

며 비통해 했다. 혜월은 마음을 크게 먹었다. 과로로 지쳐 있는 아들을 꾸중했다.

"이 대학병원에서 고치지 못하는 병은, 다른 병원에서도 고칠 수 없다. 환자가 병원에 있는 한 발전된 현대의술을 믿어야한다. 아버지는 가장이다. 가장은 무슨 일이 있어도 의젓해야 한다. 우선적으로 산모를 보살펴야한다."

고 충고했다.

그 때, 산모인 며늘아기는 마취 여파로 잠을 자고 있었다. 동생아기의 계속되는 기능장애를 모르고 있었다. 그 후 작은 아기는, 세 시간 후 정상상태로 돌아왔다. 쌍둥이 출산 후 혜월이 가족과 사돈 가족들은 벌써 두 번째 비상상황을 만났다. 이제 양가 가족들은 모두 침착해졌다. 정상분만正常分娩의 기쁨에만 빠져있을 때가 아니라는 사실을 깨달았다. 혜월은 대응조치를 강구 했다. 가족들에게

"쌍둥이 손녀 분만사실을 친인척들에게 알리지 말아라."

는 강력한 지시를 했다. 가족들에게 입단속을 시킨 것이었다. 혜월은

"쌍둥이 손녀들의 체중이 더 좋아지고 건강해지면 외부에 알리는 게 도리."

라고 강조했다. 동생 손녀의 당 부족현상은 다음날에도 재발되었다. 간호사들의 주사로 쉽게 회복할 수 있었지만, 동일한 증세가 여러 날 재발되었다.

대학병원도 쌍둥이 손녀들의 체중 늘이기 노력에 적극적이었다. 병원 측은 산모 며늘아기의 퇴원을 '크리스마스 이브' 날로 확정했다. 며늘아기는 쌍둥이 출산 후 삼일 만에 퇴원하게 되었다. 그러나 쌍둥이 손녀들은 며칠 더 신생아실에서 간호사와 의사들이 돌보기로 했다. 혜월은 대학병원이 고마웠다. 아기들이 퇴원해도 걱정 없을 때까지 양육하고, 체중을 늘려주려는 성의가 고마웠다. 쌍둥이 손녀들은 엄마가 퇴원한지 오일 후에 퇴원했다. 손녀들이 퇴원하던 날은 매우 추웠다. 영하 십이도였다. 손녀들은 혹한을 헤치고 산후조리원으로 이동했다. 그 때 쌍둥이들의 체중은 각각 2.03kg과 2.30kg이었다. 엄마 뱃속에 있을 당시 보다, 체중이 줄었다 다시 회복한 것이었다.

산후조리원은 개인사업장이었다. 병원처럼 신생아실 시설을 마련하고, 육아, 간호 경력이 있는 직원들을 보모로 채용해, 아기들을 돌봐주는 사업장이었다. 산후조리원에는 산모 부부가 숙식할 수 있는 방과 식당도 있었다. 신생아들이 산후조리원에서 조리를 받는 기간은 이 주일 이었다. 조리원시설이 부족하여 생기는 현상이었다. 그래도 젊은 산모들이, 부모들의 도움 없이 신생아 양육능력을 터득할 수 있는 좋은 제도였다. 산후조리원은 병원과도 횡적 협력관계를 유지하고 있었으며, 인터넷을 통해 계약이 가능했다. 손녀들의 산후조리원 생활은, 대학병원을 떠나 보모와 부모들의 보살핌을 받는 다는 데 의미가 있었다.

혜월 손녀들이 태어난 지 열흘 째 되던 날이었다. 혜월은 승용차를 산후조리원으로 몰았다. 오늘아침 최저기온은 영하 14도였다. 서울의 모든 것이 얼어붙었다. 혜월이 가족들의 몸과 마음도 얼어붙었다. 혜월은 승용차에 아내를 비롯, 아들, 쌍둥이 손녀들을 태우고, 대학병원으로 갔다. 손녀들의 첫 번째 외래진료 날이었다. 손녀들은 소아과에서 우선 채혈採血을 하고, 키와 체중을 측정했다. 언니손녀가 2.1kg이고, 동생손녀는 2.7kg이었다. 의사의 진료소감과 처방이 떨어졌다.

"아기들이 모두 인燐 과잉상태에 있습니다. 오늘부터 저인분유를 먹이세요. 혈액형은 언니아기가 A형이고 동생아기는 O형입니다." 라는 내용이었다.

산후조리원으로 돌아온 쌍둥이 손녀들은 보모保姆들로부터 저인분유를 먹기 시작했다. 그래도 체중이 부족한 쌍둥이 손녀들의 건강 이상증세는 그칠 줄 몰랐다. 이런저런 증상들이 계속 나타났다. 앞으로 20여일은 계속될 것 같았다. 임신 후 열 달이 되는 날까지는 고생을 할 것 같았다. 가족들도 편한 마음을 가질 수 없었다. 이런 여건에서 산후조리원 생활도, 14일 이상은 할 수 없는 상태였다. 다행이 며늘아기는 인터넷을 이용해, 집에서 쌍둥이들을 돌볼 보모를 선정해 놨다. 며늘아기는 산후조리원 생활이 끝나면 보모와 함께 집에서 쌍둥이들을 돌볼 계획이었다.

드디어 새해辛卯年가 밝았다. 쌍둥이 손녀들은 생후 15일 되던 날, 두 번째로 대학병원 소아과에서 외래진료를 받았다. 오늘도 혜월은 손녀들의 진료에 승용차를 운전하는 서비스를 제공하기로 했었다. 아침 기온이 영하 16도였다. 그러나 아내의 감기몸살로 혜월 부부는 함께 참여할 수 없었다. 손녀들은 사돈 승용차로 대학병원으로 이동했다. 혜월 부부는 예쁜 얼굴과 영롱한 눈망울이 빛나는 손녀들과 헤어졌다. 아쉬운 이별, 핏줄에서 혈육의 정情이 뜨겁게 흘러 퍼졌다. 혜월은 하루 종일 손녀들의 진료결과가 궁금했다. 마침 저녁 때 며늘아기가 전화를 했다.

“어머님, 아버님! 아기들 진료 잘 받고 왔어요. BCG 접종도 했고, 체중은 언니가 2.4kg, 동생이 3.0kg이래요. 의사 선생님이 이제 큰 병원만 오지 말고, 동네병원에 가도 된다고 말씀하셨어요.” 라는 희소식이었다.

혜월은 저녁식사를 하던 수저를 놓고, 핸드폰으로 아들 부부에게 문자메시지를 보냈다. “오늘은 손녀들이 대학병원을 졸업한 날이다!”

는 내용이었다. 이제 손녀들 체중도 좋고 예방접종도 하여 정상적인 아기로 성장했다는 의미였다. 아들도 혜월에게 답신문자를 보내왔다.

“아 그렇네, 이제 잘 키우는 것만 남았네.”

아들의 답신을 받은 혜월의 마음은 울적해졌다. 지난해 초가을부터 계속되었던 쌍둥이 손녀 출산문제가 주마등 같이 머릿속을 달렸다. 혜월은 따듯한 정종 한 컵을 마셨다. 오늘은 감기몸살로 고생하는 혜월 가정에 낭보朗報만 날아든 승리勝利의 하루였다.

혜월의 머릿속에는 그동안 나타나고 없어졌던 수많은 희로애락喜怒哀樂들이 필름 되어 스쳐갔다.

"오늘이 있기까지 고생한 주인공들은 쌍둥이 부모들이다. 아버지가 된 아들은 지난 삼 개월 너무 많은 고생을 했다. 직장과 병원을 오가는 날도 너무 길었고, 풍찬노숙風餐露宿도 다반사茶飯事였다. 잠이 부족해 얼굴이 핼쑥해 지고, 끼니를 때우지 못해 축 늘어진 날도 많았다. 산모와 아기들이 병원에서 산후조리원으로 이어지는 와중에서도, 아들은 집주인에게 전세보증금을 올려달라는 횡포도 당했었다. 혜월이 옆에서 보아도 아들은 너무 힘들고, 바쁘고, 괴로운 날들을 힘겹게 보냈다. 오늘 지나간 발자국들을 뒤 돌아 보니, 아들놈이 너무 대견스러웠다. 오늘은 며늘아기도 남편에게 "집에 가 푹 자고, 내일 직장에 출근하라" 는 배려를 했단다.

한편 임산환자 며늘아기의 투병생활도 눈물겨운 행로行路였다. 며늘아기는 결혼한지가 일 년이 넘어도, 임신소식이 없다는 말을 들어왔었다. 어느 날 갑자기 출혈이 있어 병원엘 간 게 임신한 사실을 알게 된 동기였다. 임신은 시집과 친정의 분위기를 즐겁게 만들었다. 축하분위기는 거기서 끝나지 않았다. 기쁜일 위에 또 즐거운 일이 겹쳤다. 뱃속의 아기가 두 명이라는 사실이었다. 며늘아기는 양가兩家의 복덩이로 부각되었고, 아기들을 기다리는 가족들의 세월은 빨리 흘렀다. 어느 듯 초가을, 그날 며늘아기는 심한 통증을 느꼈다. 미리 예약해 두었던 대학병원 산부인과에 입원했다. 심각한 자궁수축작용, 즉 유산증세流産症勢였다. 뱃속 아래쪽에 있는 아기가 외부로부터 15mm 지점까지 내려와 있었다. 의사들은 2mm만 더 내려오면 치료가 불가능하다는 소견을 밝혔다. 며늘아기와 유산증세와의 전투가 숙명적으로 시작되었다. 전투는 3개월 간 계속되었다. 며늘아기는 분만실 옆에 있는 산부인과 관찰실觀察室에서 치료를 받았으며, 상태가 양호할 땐 입원실 생활도 했다. 며늘아기는 입원에서 퇴원까지 74일 간 병마와 싸웠다. 장기간 전투가 계속되는 굽이굽이마다, 며늘아기가 얼마나 힘들고, 괴롭고, 위험했었는지는 아무도 말할 수 없다. 오직 임산환자 며늘아기만 말할 자격이 있는 것이다. 혜월이 보기에도, 금번 쌍둥이 손녀의 정상적인 출산은, 영특英特한 며늘아기의 기지機智와 불굴不屈의 의지, 그리고 희생적인 모성애母性愛의 발로가 한데 어우러진 승리였다. 힘든 전투 때 마다, 꼭 승리해야 한다는 며늘아기의 대응이 눈물겨웠다. 아슬아슬한 고비가 한두 번이 아니었다."

오늘 쌍둥이 손녀들이 산후조리원을 졸업했다. 혜월이 손녀들이 출생한 지 이십일일이 되는 날이었다. 손녀들은 산후조리원에서 지난 두 주간 엄마와 함께 자유롭게 먹고 놀며 성장했다. 특히 쌍둥이 부모들은 보모保姆들로부터 신생아 양육에 대한 지식과 요령을 많이 배웠다. 자신감도 생겼다. 보모도 신생아 양육에 관한 풍부한 경험과 지식을 아낌없이 가르쳐주었다. 손녀들은 오늘도 외할아버지 승용차로 조리원에서 집으로 이동했다. 혜월은 아내의 감기몸살로 오늘도 입주入住 편의를 제공하지 못했다. 혜월은 손녀들이 외할아버지의 도움을 받을 때마다 미안한 마음을 금할 수 없었다. 나이와 세월이 원망스러웠다. 오늘도 아침기온은 영하 12도였다. 오후에는 함박눈이 탐스럽게 내렸다. 겨울의 정취를 만끽할 수 있었다. 눈 덮인 관악산의 겨울풍경도 가관이었다.

오늘은 손녀들이 5일 째 집에서 생활하는 날이었다. 출생 26일이 되는 날이기도 했다. 혜월 부부는 모처럼 손녀들과 만나는 날을 만들었다. 겨울날씨가 너무 추웠다. 최저기온이 영하 16도였다. 혜월 부부는 전철을 이용해 손녀들을 만났다. 손녀들은 거실에 나란히 누워 있었다. 보모도 부모들과 함께 있었다. 쌍둥이 엄마가 인터넷으로 소개받은 보모였다. 혜월은 이름도 성도 알 수 없는 보모가 불안했다. 이 험난한 세상에, 신원, 보안, 폭력 등 사회 이면에 관한 내용들이 전혀 확인되지 않은 사람이었다. 그래도 혜월은 별다른 대책을 제시할 수 없는 실정이라 내색을 않고 참았다. 그날 이후 보모는 삼주일 간 손녀들을 돌봤다. 쌍둥이 손녀들이 출생 한지 35일이 되는 날 보모는 떠났다. 이제 쌍둥이 손녀들의 양육활동은 쌍둥이 부모들에게 맡겨졌다. 혜월 부부는 걱정스러웠다. 그간 쌍둥이 부모들이 병원과 산후조리원에서 신생아 양육방법과 지식을 배웠다지만, 그래도 걱정이 앞섰다.

며칠 후 며늘아기가 전화를 했다.

"어머님, 오늘 아기들이 동네병원에 다녀왔어요. 아기들에게 별다른 이상이 없답니다. 아기들은 간염 예방접종도 받았어요. 체중은 언니가 3.3kg, 동생이 3.9kg입니다."

이 소식을 들은 혜월은 즉시 핸드폰으로 문자메시지를 보냈다.

"그간 수고들 많았다. 이제 우리 아기들도, 십 개월 만에 출생한 아기들처럼, 정상적인 아기로 거듭 태어난 것이다."

그날 쌍둥이 아버지는, 혜월 부부에게 딸들의 사진을 핸드폰으로 전송해 입력시켰다. 이제 혜월 부부는, 손녀들이 그리울 때마다 핸드폰으로 쌍둥이 손녀들의 얼굴을 볼 수 있게 되었다. 대농이는 "참, 편한 세상" 이라며 독백했다.

오늘도 혜월 부부는 손녀들을 찾아갔다. 며늘아기 혼자 쌍둥이를 돌보기가 너무 힘들기 때문이었다. 쌍둥이 양육養育을 엄마 혼자 하기엔 사실상 불가능했다. 때문에 혜월 부부도 양육활동에 동참한 것이다. 하기야 쌍둥이가 아니라도, 조부모가 손녀 양육에 동참하는 건 자연스러운 임무다. 문제점이 있다면, 연로한 조부모들을 젊은 며늘아기들이 편하게 생각하느냐 하는 점이다. 쌍둥이 손녀들은 거실에 나란히 누워있었다. 아직 신생아 상태인 손녀들은, 네 시간 간격으로 분유를 먹고 잠을 자는 게 주요 일과였다. 소변과 대변은 울음으로 처리하고, 혼자 놀 땐 손짓과 발짓을 하며 몸을 움직였다. 이제 손녀들도 자기 힘과 요령으로, 얼굴과 머리 방향을 좌우로 바꾸는 능력이 생겼다. 신생아들의 선천적인 응급신호는 울음이었다. 느닷없이 울음을 터뜨려 가보면, 소변이나 대변, 베개이탈 같은 손을 볼 일들이 꼭 생겨있었다.

혜월 부부도 쌍둥이 손녀를 돌보며 많은 것을 보고 배웠다. 쌍둥이들은 어머니 뱃속에서부터 함께 자라, 자기 짝을 식별하는 기능이 예민했다. 잠을 자다가도 옆의 짝이 움직이거나 신음을 하면, 쉽게 잠에서 깨어나 함께 울거나 신음한다. 아직 출생 백일이라는 고지가 멀고 먼 시점인데도, 눈과 귀, 코의 기능이 발달되지 못한 상태인데도, 쌍둥이들의 상호 인지감각은 선천적으로 예민했다. 쌍둥이들을 돌보는 활동은 생각보다 어려웠다. 한사람이 하기는 너무 힘든 일이었다. 언니 손녀가 울면, 동생 손녀도 함께 울어버리는 상황이, 하루에도 수없이 발생했다. 쌍둥이는 항상 두 사람이 함께 돌봐야 집안이 조용했다. 그렇다고 두 사람이 함께 밤을 새울 수도 없는 노릇이었다. 쌍둥이들을 낮에 돌본 두 사람은 밤에 자고, 밤에 잠을 잔 '돌봄이' 들은 낮에 활동하는, 네 명의 손길이 필요했다. 이렇게 어려운 쌍둥이 돌보기 활동을 터득한 혜월은, 산부인과 의사인 친구가 자신에게 했던 말이 생각났다.

"쌍둥이는 낳기도 힘들지만, 키우기도 어렵다."

는 짧은 한마디였다.

이제 혜월 부부는 쌍둥이 양육을 떠맡은 아들내외의 심경을 훤히 알 수 있었다. 혜월은 이런 상황이 밀어닥칠 것을 예상하고, 오래전부터 보모保姆를 구해 보았다. 지난 가을부터 고향 친지들이나 여성단체, 자선단체, 병원 등지를 대상으로 광범위한 구인활동을 했다. 그러나 실패했다. 한국의 사회풍조가 이제 완전히 선진국가로 발전해 있었다. 혜월이 젊었을 때인 40년 전의 한국사회가 아니었다. 젊은 여성이나, 나이가 든 여성이나, 남의 집에 들어가서 하는 일은 하지 않겠다는 답변이었다. '아르바이트' 는 해도 남의 집 노예 같은 일은 하지 않겠다는 자세였다. 이제 한국은 '인터넷' 강국으로, '스마트폰' 과 우주항공 기술이 모든 것을 선도하는 선진국으로 부상해 있었다.

쌍둥이 손녀들이 부모들의 보살핌 속에 성장하는 날도 벌서 28일이나 지났다. 그동안 쌍둥이 부모들은 혼신을 다해 두 딸의 성장을 뒷바라지 했다. 이제 쌍둥이들도 많이 컸고 부모들의 양육활동도 손끝에 뱄다. 그렇다고 문제점들이 모두 해결된 건 아니었다. 쌍둥이 부모들이 수면부족으로 건강에 이상증세를 느끼기 시작했다. 혜월이 봐도 쌍둥이 부모들의 몰골이 정상이 아니었다. 쌍둥이 아버지는 수면부족으로 직장생활을 원만히 수행할 수가 없었다. 며늘아기도 낮이면 체력부족과 피곤증세로 쌍둥이들을 보살필 수 없었다. 엄마가 낮잠을 자면, 용케도 알아차리고 합창하며 울어대는 쌍둥이들! 엄마는 기진氣盡해 사물이 두 개로 보일 때가 한 두 번이 아니었다. 그럴 때 마다 쌍둥이 엄마의 마음은 새카맣게 타들어갔다.

참고 또 참았던 쌍둥이 엄마가 움직였다. 쌍둥이 손녀들이 탄생한 지 63일 째 되는 날이었다. 며늘아기는 쌍둥이들을 외할아버지 승용차에 태웠다. 쌍둥이 가족들은 외갓집으로 떠났다. 외갓집은 서해바다가 지척에 있는 대도시 외곽이었다. 공해가 없는 청정지역이었다. 쌍둥이 손녀들과 엄마가 편안한 외갓집 생활을 계속할 때, 새봄이 산수유 꽃망울을 타고 왔다. 쌍둥이 손녀들이 집을 떠난 지 20일 째 되던 날, 눈부신 봄볕이 어린이놀이터에 가득했다. 일요일 저녁이었다. 쌍둥이 아버지가 혜월에게 전화를 했다.

"쌍둥이들은 잘 먹고 잘 자란다. 서울에 있을 때와는 다르게 울지를 않는다. 항상 짜증이 많고 보채던 언니 아기도, 이제 어른처럼 울지도 않고 잠도 잘 잔다."

는 내용이었다. 혜월은 아들에게

"손녀들이 외갓집으로 간 게 다행스럽다. 사돈댁에 안부 전하고, 너도 장인어른 내외를 잘 모셔야한다." 고 당부했다.

사람들은 길가에서 쌍둥이를 만나면 그냥 지나치지 않는다. 얼굴이 빼어나게 닮았고, 둘이 똑같은 옷을 입고, 함께 발맞춰 걸어가는 쌍둥이를, 눈여겨보지 않는 사람은 거의 없다. 여자 쌍둥이인 경우 더욱 그렇다. 사람들이 쌍둥이들에게 호기심을 갖는 건 인지상정人之常情이다. 그러나 쌍둥이 양육은 생각보다 어렵다. 고희古稀를 몇 달 앞두고 있는 혜월 부부는, 앞으로 삼년을 '쌍둥이 돌보기' 기간으로 정했다. 쌍둥이 손녀들이 초등학교에 입학할 때까지, 마지막 봉사활동을 하기로 작정했다. 앙증스러운 자태로, 모든 사람들의 눈길을 사로잡는 쌍둥이들의 그림자 속엔, 계량計量할 수 없는 가족들의 희생犧牲과 끝없는 모정母情, 그리고 눈물이 숨어있다.

(다). 쌍둥이의 슬픔 (수필)

쌍둥이손녀들이 설날을 앞두고 할아버지 아파트를 찾아왔다. 임진壬辰 년 대한大寒 날에 세배를 하러 온 것이다. 쌍둥이손녀들은 아빠 승용차를 타고 이십 리를 달려왔다. 쌍둥이들은 재작년 성탄절 전야에 대학병원에서 출생했다.

쌍둥이들의 할아버지 방문은 출생 후 처음이었다. 박혜월 부부는 어제 부터 손녀들을 맞이할 준비를 했다. 우선 쌍둥이 손녀들에게 안방을 양보했다. 그리고 방과 거실을 정리하고 깨끗이 청소했다. 특히 아기들이 만지거나 다칠 수 있는 살림살이 들을 모두 피난시켰다. 아기들이 미끄러지거나 넘어져도 다치지 않도록 살림도구를 많이 옮겼다. 그러나 나흘 간 계속되는 명절연휴로 장난감을 살 수 없었다. 겨우 초등학교 앞 단골 문방구에서 비닐로 만든 이동전화기와 자동차를 살 수 있었다.

손녀들은 한 달 전에 첫돌을 맞이했다. 지난 일 년 간 체중이 9Kg 수준으로 성장했다. 쌍둥이들이 출생할 때는 언니손녀가 2.18Kg, 동생손녀는 2.33Kg이었다. 쌍둥이들은 두 달 간 병원에 입원하고 인공분만으로 출산했다. 그 때를 생각하면 쌍둥이손녀들은 열세 달 동안 많이 성장했다.

언니손녀는 걷기를 시작했고 쉬운 말귀도 알아듣는다. 제법 눈치도 있고 자신의 의사를 손짓으로 자연스럽게 표현한다. 손녀들은 보면 볼수록 귀엽고, 부모들까지 대견스러워 보인다. 그러나 쉬어가라는 하늘의 뜻이었는지, 언니손녀는 한 달 전에 심한 변비로 응급실에 입원해, 관장처치와 수액 투척 후 퇴원했었다.

쌍둥이들이 대농이 집에 도착하자, 빈 절간 같던 넓은 가정이 온통 난전亂廛으로 변했다. 십여 명의 가족들이 만들어 내는 생활소음은, 사십여 평의 아파트를 한순간에 보육원으로 만들었다. 아기를 어르는 소리, 세배를 해보라는 소리, 아기들의 자지러지는 웃음소리, 장난감에서 나오는 소리, 텔레비전 소리, 씽크대에서 음식 만드는 소리…… 집안이 온통 잔칫집 같았다. 혜월은 주로 심부름이나 손녀들을 안아주는 활동을 했다. 손녀들이 혜월을 향해 손을 들고 소리치거나 우는 시늉을 하면, 지체 없이 안고 거실을 오가거나 방을 돌아다니며 놀아주었다. 계속 방치하면 손녀들은 울음을 터뜨린다. 유아들이 타고 난 생존기술의 하나였다. 혜월이 부부는 일주일에 두 서너 번 쌍둥이를 방문하고 손녀들을 보살핀다. 때문에 손녀들도 할아버지와 할머니를 한 가족으로 생각한다.

시간이 갈수록 쌍둥이들은 할아버지네 집에서 잘 놀았다. 건강도 좋고 기분도 좋은 상태에서 호기심을 부리며 놀았다. 언니손녀는 걷는 모습을 자랑하고 장난감 놀이를 많이 했다.

반면 동생손녀는 혜월에게 자주 손을 들어 안아달라는 신호를 했다. 때문에 동생손녀는 이방 저방을 다니며 가구들을 만져보고 열어보기도 했다. 저녁식사 후 쌍둥이들은 밤 열시 경 안방 잠자리에 들었다. 쌍둥이 부모들도 함께 취침했다. 동생손녀는 쉽게 잠이들었다. 그러나 언니손녀는 쉽게 꿈나라에 도착하지 못했다. 혜월은 건넌방에서 휴식을 취하며 독서를 했다. 조금 후 언니손녀의 울음소리가 들렸다. 혜월은 별스럽지 않게 생각하고 지나쳐버렸다. 감각이 민감한 언니손녀가 가끔 보여주는 행동으로 생각했다. 그러나 언니손녀의 울음소리는 점 점 심각해졌다. 소리도 우렁차고 리듬도 보통 수준이 아니었다. 언니손녀의 울음소리는, 마치 성인 여성들이 억울하고 원통할 때 울어대는, 그런 울음소리였다.

혜월은 처음 듣는 손녀의 울음소리에 긴장했다. 드디어 혜월이 가정에 비상이 걸렸다. 손녀들과 함께 있던 아들 부부가 번갈아 거실로 나와 가족들에게 안방 형편을 설명해 주었다.

며늘아기에 의하면, 언니손녀가 가끔 나타내는 불만의 울음소리고 곧 잠에 빠질 것이라고 했다. 혜월은 건넌방으로 와 취침 준비를 했다. 어느새 자정이 가까워지고 있었다. 혜월이 처음 격어 본 손녀들과의 즐거운 순간도 회살 처럼 날아가버렸다. 이제 언니손녀의 서러운 울음소리도 한 고비를 넘겼다. 목소리와 리듬이 많이 무디어졌다.

혜월도 잠을 청했다. 그러나 잠은 오지 않았다. 혜월의 머릿속엔 손녀들이 도착해 취침할 때까지의 모습이 생생히 떠올랐다. 그 중 혜월이 심장을 찌르는 한 가지 실수가 전신을 휘감았다. 혜월이 동생손녀를 안고 거실과 방을 돌아다닐 때, 언니손녀는 벌레 씹은 것 같은 표정을 짓고 있었다. 그러나 혜월은 아무런 조치도 취하지 않았다. 대농이는 쌍둥이네 집을 방문했을 때마다 언니손녀를 더 많이 안아주곤 했었다. 언니손녀가 할아버지를 잘 따르고, 동생손녀는 할머니를 좋아했기 때문이었다. 그런데 오늘은 혜월이 동생손녀를 많이 안아줘, 반대 분위기가 형성된 것이다.

그렇게 생각하니 혜월이도 잠을 이룰 수 없었다. 혜월은 할아버지 집에 와서 할아버지에게 천대를 받고 슬픔에 빠진 언니손녀에게 미안했다. 언니손녀가 시샘하는 표정을 지을 때, 혜월이 재빨리 시정했어야 옳았었다. 쌍둥이손녀들도 시샘하는 능력이 있다는 사실은 미처 헤아리지 못했다. 혜월은 후회스런 마음으로 밤잠을 설쳤다.

"어떻게 이런 실수를 저지를 수 있단 말인가? 오늘의 실수도 칠순七旬이라는 나이 탓으로 돌려야 하나!"

혜월의 자학은 수렁으로 빠져들었다. 그러나 혜월의 불면과 자학은 커다란 경험과 교훈을 낳고 끝났다. 혜월은 이번 사건을 언니손녀가 자신에게 인생살이 한 수 가르쳐 준 것이라고 소화했다. 혜월은 내일 쌍둥이 부모들에게 "말 못하는 유아들도 감정과 눈치가 있으니 인격적인 대우하며 보살펴야 한다."고 당부하기로 결심했다. 그렇게 긍정적인 생각을 하니 꿈나라도 가까이 다가왔다. 건넌방 창밖에 걸린 반달이 하얗게 웃으며 혜월을 위로하고 있었다.

(3). 쌍둥이 손녀 출생일기

• **2010.10.9(토)** : 아들은 하계휴가 중이었다. 10.9 - 10.17까지 9일간 휴가였다. 아들 내외는 10.11(월) 오후, 봉천동 부모들을 방문했다. 아들 부부는 인천 처갓집에서 놀고 귀갓길에 들렀다. 박혜월(朴慧月) 가족들은 함께 저녁식사를 했다. 아들 내외는 초저녁에 승용차로 귀가했다.

• **2010.10.12(화)** : 아들이 엄마에게 뜻밖의 전화를 했다. "임신 중인 며늘아기가 대학병원에 입원했다." 는 것이다. 통증을 호소해 대학병원 산부인과 관찰실에 입원했다는 내용이었다. 혜월 부부는 어찌할 바를 몰랐다. 혜월은 급히 병원으로 달려가려 했지만, 아들은 관찰실에 일반인 입장이 불가능하다며 말렸다. 혜월은 아들 내외의 의견을 무시하고 일방적으로 방문할 수도 없었다. 갈팡질팡하는 지루한 몇 시간이 흘렀다. 아들이 "임신부姙娠婦의 증세가 조금 좋아지고 있다." 며 희망적인 전갈傳喝을 해왔다. 혜월은 아들이 휴가 중에 며늘아기가 발병해 그나마 다행이라고 생각했다. 억지로 긍정적인 생각을 한 것이다. 혜월 부부는 그 날부터 불안한 나날을 보냈다. 수시로 아들과 전화를 주고받았지만, 별다른 도움은 주지 못했다. 혜월은 며늘아기의 입원이 쌍둥이 유산증세 때문이라는 사실을 10.14 에서야 알았다. 혜월이 병원 입원실을 자유롭게 방문할 수 없어 생긴 일이었다. 그날 혜월은 "산부인과 관찰실은 응급실이나 마찬가지며, 유산증세가 있기 때문이었다." 는 전화를 아들이 해 주어서 알았다. 혜월은 소스라치게 놀랐다. 혜월은 관찰실이라는 의미를 몰라, 입원 3일이 지나서야 며늘아기의 심각한 병세病勢를 파악한 것이다.

혜월 부부가 며늘아기의 임신 사실을 알게 된 건, 약 4개월 전인

2010.6.10 이었다. 당시 며늘아기는 혜월에게도 전화하고, 수줍은 목소리로 사실을 밝혔었다. 혜월은 기쁜 심경을 밝히고, 축하와 격려도 했었다. 며늘아기의 임신은 결혼 후 일 년이 지나, 양가 부모들이 궁금해 하던 시점에서 알려져 더욱 빛을 발했다. 며늘아기가 대학교 졸업 후 직장생활을 하려던 시점이었기 때문에, 출근 여부가 회자膾炙 되던 시점이기도 했다. 그 후 9.10에 혜월은 며늘아기의 쌍둥이 임신이, 이란성 쌍둥이고 딸이라는 사실을 알게 되었다. 어느 날 아들 부부는 혜월이 부부에게, 병원에서 촬영한 아기들의 '초음파사진' 도 보여주었다. 그렇게 즐겁게 살아가는 아들 가정에, 며늘아기의 입원은 모든 가족들에게 충격을 주었다. 이런 정황情況에서 며늘아기의 대학병원 입원 사실을 대낮에 통보받은 아내와 딸은, 그날 18:00경 혜월에게 알려주었다. 혜월은 가족들도 너무 놀랐기 때문에 나타난 현상일 것이라고 생각했다.

- **2010.10.15(금)** : 혜월 가족들은 오늘도 애를 태우며 아들 연락만 기다렸다. 아들은 오후 15:00경 전화를 했다. "임신환자姙娠患者가 관찰실에서 입원실로 옮겼으니 문병와도 좋다."는 내용이었다. '임신환자' 라는 단어는 산부인과 근부 병원직원들이 많이 사용하는 말이다. 임신환자들은 일반 환자들과 다르고, 일정기간이 지나면 옥동자 같은 아기를 출산해 가정에 경사를 만드는 주인공이라는 의미에서 사용되고 있다.
  혜월은 승용차를 운전하며 대학병원으로 달렸다. 혜월은 그간 무릎관절염 때문에 운전을 하지 않았었다. 며늘아기는 신관 66병동 10호실(2인용)에 누워있었다. 며늘아기는 주사를 맞으며 통증증세를 치료받고 있었다. 혜월은 30분 정도 머물다, 아들과 지하실 매점에서 먹거리를 사왔다. 임신환자는 그 사이 증세가 악화

되어 다시 분만실로 옮겨져 치료를 받고 있었다. 환자, 의사, 보호자 모두 긴장된 순간이었다. 분만실도 가족이나 보호자 출입이 불가능한 지역이었다. 혜월은 우울한 마음으로 아들과 헤어져 15:00 귀갓길에 올랐다. 올림픽고속도로 교통체증이 대단했다. 우울한 기분에서 만난 교통체증은 정말 극복하기 어려웠다. 그래도 혜월은 18:30 집에 도착했다. 아들은 21:00경 혜월에게 문자 메시지를 보냈다. "임신환자의 증세가 호전되어 다시 입원실로 올라왔다." 는 희망적인 소식이었다.

- **2010.10.16(토)** : 휴일이었다. 혜월 가족 3명은 11:10 며늘아기가 입원해 있는 대학병원으로 달렸다. 혜월은 허리통증과 무릎관절염 통증 때문에, 파스를 부착하고 허리대도 착용한 후 운전석에 앉았다. 혜월네 가족들이 대학병원에 도착한 건 12:30이었다. 며늘아기는 유산방지를 위해 '마그내시움' 주사를 맞고 있었다. 며늘아기는 어제 밤에 혼자 2인용 병실을 지켜야 했다. 아들도 집에서 자야할 형편이었고, 옆의 환자도 퇴원했기 때문이었다. 그 말을 들으니 혜월의 가슴이 더욱 메어지는 것 같았다.
그래도 혜월은 발전된 현대의학으로 완치될 수 있다는 용기를 아들 내외에게 말해 주었다. 가족들은 "절대안정을 취해야한다." 는 의사의 지시가 떨어진 며늘아기와 더 오래 이야기 할 수도 없었다. 혜월이 가족들은 아들과 지하 식당에서 함께 점심식사를 했다. 그 후 가족들은 쌍둥이 출산을 위해 고생하는 며늘아기를 뒤로하고 귀가했다. 오늘도 올림픽고속도로의 교통체증은 심각했다.

- **2010.10.17(일)** 날씨가 맑았다. 혜월은 10:00경 아들에게 문자메시지를 보냈다. "임신환자 증세는?" 아들의 답신은 "잘 잤데. 그

런데 아침부터 또 나빠진다고 해서 또 검사 중이야." 라는 내용이었다. 혜월은 즉시 병원으로 가지 않고 13:00 아들에게 전화만 했다. 아들은 "조금 있다 전화할게." 하고 끊었다. 혜월은 며늘아기의 상태가 또 악화되고 있다는 사실을 미루어 짐작할 수 있었다. 세 번째 유산증세가 나타난 게 분명했다. 그 후 아들은 전화를 하지 않았다. 혜월도 답답했지만 아들이 "얼마나 긴박하면 전화도 못할까." 라고 생각하며 참았다.

시간이 어떻게 흘러갔는지 어느덧 해가 서산西山에 걸렸다. 16:50 아들과 통화가 되었다. "정상으로 회복되었다." 는 답변이었다. 혜월은 휴~하는 안도의 한숨이 나왔다. 오늘은 정말 지루하고 불안스러웠던 하루였다. 혜월은 19:50 저녁운동을 하며 아들과 또 통화했다. 아들은 "오늘은 모처럼 -괜찮은데." 라는 답변을 했다.

• **2010.10.18(월)** : 아들이 휴가를 끝내고 직장에 출근했다. 이제 며늘아기 혼자 환자생활을 해야하는 입장이 되었다. 며늘아기는 불면증이 겹쳐 가족들의 면회를 거절했다. 아들은 12:00 임신환자의 상태가 정상이라고 전해주었다. 점심식사 후 혜월은 며늘아기에게 문자메시지를 보냈다. "기쁨은 고생 속에서 나온다." 혜월은 환자가 용기를 찾는 데 도움이 되기를 기대하며 메시지를 보낸 것이었다. 16:00 경 며늘아기가 혜월에게 전화를 했다.

"별일 없고 마음도 편하게 잘 있으니 걱정하지 말시라." 는 내용이었다. 초저녁에 아들이 퇴근하여 병원에서 혜월에게 전화를 했다. 아들은 병원에서 자고 출근 할 것이라고 말했다. 아들의 전화를 받은 혜월은, 모처럼 편한 마음을 가질 수 있었다.

• **2010.10.19(화)** : 혜월은 며늘아기의 지난 밤 중 병세를 알 수 없

었다. 아들이 출근했기 때문이었다. 혜월은 인쇄소에 다녀왔다. 한국문인협회 회원 명함을 제작했다.
혜월은 귀로에 봉천5동 사무실에서 '신종프루' 예방주사를 맞았다. 12:00에는 병상에 있는 며늘아기에게 문자메시지로 시조時調 한 수를 보냈다. 문병을 못가는 입장에서 혜월이 할 수 있는 유일한 방법이었다.

쌍둥이 손녀

동트며 퍼진 햇살 삼라만상 잠 깨우고
오늘도 밝은 세상 삶의 노래 가득한데
우주 속 두별이 들아 지구 찾아 뛰거라

혜월은 쌍둥이 손녀들의 세상 찾는 발길이, 멀고 힘들게 느껴졌다. 혜월은 쌍둥이출산을 별들이 지구를 방문하는 것에 비유比喩하며, 밝은 시조를 창작해 보려고 애썼었다. 아들이 17:00 경 전화를 했다. "임신환자가 어제 밤부터 또 배가 뭉쳐, 다시 약을 투약하고 있다." 는 내용이었다. 혜월은 대학병원 산부인과 간호사실에 전화를 해 환자의 상태를 물었다.
간호사는 "환자의 상태가 호전되면 투약을 중지 할 것." 이라는 원론적인 답변만 했다. 오늘 혜월 부부의 불안한 심경은 하루 종일 계속되었다. 혜월은 18:00경 아들에게 전화하고 문자도 보냈다. 그러나 아들의 응답은 없었다. 아들은 밤늦게 혜월에게 "이제 가족들은 임신환자에 관심두지 말아라." 는 문자메시지를 보냈다. 잠도 제대로 못자며 직장과 병원을 오가는 아들의 입장이 너무 힘들었다. 혜월도 밤잠이 오지 않았다. 오늘은 정말 온종일 불안했던 하루였다.

• 2010.10.20(수) : 아침부터 혜월 부부는 또다시 불안감에 휩싸였다. 아내가 08:30에 아들에게 전화했다. 아들은 "임신환자는 잘 먹고 잘 자고 있으니 걱정하지 말라."는 답변을 했다. 혜월 부부는 문병계획을 포기했다. 아들 전화로 온몸을 휘감았던 불안증세가 한방에 날아갔다. 12:00에는 예기치도 못했던 전화가 며늘아기로부터 아내에게 왔다. "링거액에 약을 타 주사를 맞으며 치료받고 있다. 몸도 마음도 편하고, 식사 잘 하고있다, 이불도 두터워 춥지 않게 편히 있니 걱정하시지 마시라." 등 내용이었다. 혜월 부부는 가슴 속에 숨어 있던 안개를 일거에 날려 보내려고 애썼다. 그러나 며늘아기의 가련한 병상 모습이 다시 머릿속에 자리 잡기 시작했다.

• 2010.10.21(목) : 아침기분이 모처럼 상쾌했다. 혜월이 가족들의 지난 9일은 정말 긴박하고 불안한 나날들이었다. 아름다운 단풍이나, 문학작품집 발간 등을 즐길 여유도차 없었다. 혜월은 대학병원 원무과 입퇴원계에 전화해, 그 동안의 진료비 규모를 알아보았다. 여직원은 개략적인 액수만 답변했다. 입원환자는 일주일마다 진료비가 통보된다는 제도만 알려주었다. 혜월은 22:00경 아들에게 문자메시지를 보냈다. 그러나 아들의 답신은 없었다. 혜월은 아들에게 20.30에 직접 전화를 했다. 아들은 "임신환자가 아직도 약 먹고 주사 맞는다." 는 묘한 답변만 했다. 혜월은 즉시 "아들이 피곤하고 지친 상태라 빈번한 통화를 싫어하는 것." 이라고 판단했다. 혜월은 어쩌다 가정이 이 지경까지 이르렀는지 기氣가 막혔다. 혜월도 덩달아 불면증이 도졌다.

• 2010.10.22(금) : 혜월 부부는 아침부터 시내 볼일들을 모두 끝냈다. 아들 가정에 비상이 걸려 불편한 심정이 이만저만이 아니

었다. 제일 중요한 문제가 돈 문제였다. 아들 부부는 아파트 재계약 문제와, 쌍둥이 출산이라는 커다란 암초에 걸려있었다. 혜월 부부는 큰일 처리와 비상상태에 대비할 현금 준비가 가장 중요하다고 생각했다. 금년에 아들 부부의 일만 잘 처리된다면, 혜월이 가정도 정상화가 가능할 것이라고 판단되었다. 병상의 며늘아기에게 다행럽게도 내일은 주말이다. 혜월은 아들이 내일과 모래는 편한 마음으로, 병원에서 며늘아기 보호자 활동을 할 수 있을 것이라고 예상했다. 그러나 아들은 회사에서 주관하는 전 직원 가을단합대회 때문에, 며늘아기를 돌볼 수 없는 입장으로 변했다.

- **2010.10.24(일)** : 며늘아기가 병원에서 두 번째 일요일을 보내는 날이었다. 혜월은 아들이 회사행사(등산)를 마치고 귀경했는지 궁금했다. 이심전심일까! 조금 후 10:00경 아들이 전화를 했다. 회사행사에 불참하고 병원에 있다는 것이다. 혜월은 무척 반가웠다. 혜월 부자는 12:30 대학병원에서 만나 점심을 함께하기로 했다. 혜월이 가족 3명은 승용차 편으로 출발했다. 오랜만에 남부순환도로를 이용해 대학병원에 도착했다. 혜월 가족들은 함께 병실로 올라가 병상의 며늘아기를 면회했다. 혜월은 두 번 째 면회, 아내와 딸은 첫 번 재 면회였다. 임신환자는 오늘도 침대에 누워 주사를 맞고 각종 검사를 하는 등, 중환자 수준의 치료를 받고 있었다. 아들은 "일전 보다 많이 좋아진 상태." 라며 희망적인 생각을 하고 있었다. 혜월 가족들은 아들 부부를 격려하고 병실을 나왔다. 아들이 병상을 지키는 모습을 보니, 혜월의 가슴도 편해졌다. 아들과 혜월 가족 일행은 원무과로 이동해 진료비를 중간 납부했다. 병실 부족으로 2인용 병실을 사용해 정상보다 조금 비쌌다. 그러나 아들은 "임신환자의 병세나 뱃속 아기들의 발육이 좋아진 것을 생각하면, 돈 따질 경황이 아니다. 임신환자의 말에 의하면

뱃속 두 아기들의 체중이 각각 달라 200g 이나 차이가 있었다. 그런데 지금은 100g 으로 줄어들었다." 고 말했다. 아들과 혜월 가족 등 4명은 아들이 사는 아파트 주변으로 왔다. 그리고 동태찜 전문식당에서 점심을 먹었다. 가족들이 대학병원으로 돌아오는 길에, 아들은 임신환자가 먹을 과일을 샀다. 그 모습을 본 혜월은 "아들이 쌍둥이 딸들을 무사히 출산하려고, 임신환자 못지않은 고생을 하고 있다."는 생각을 했다. 혜월은 아들을 대학병원에 남기고 16:00 귀가했다. 일요일의 남부순환도로는 교통체증이 없었다. 오늘은 며늘아기 입원 후 모처럼 전 가족이 함께 모였던 날이다. 혜월 가족들은 모든 것을 눈으로 보고 확인해 머리가 개운했다. 그러나 며늘아기의 순조로운 출산出産은 앞으로 8주 후인 12.25 크리스마스(X-mas) 전후라 했다. 혜월 가족들은 "쌍둥이는 임신 35주가 지나야 출산이 가능하고, 아기들의 건강에도 이상이 없는 것." 이라는 사실을 그날 알았다. 혜월 가족들이 앞으로 두 달을 잘 넘겨야 행복을 느낄 수 있는 여건이었다. 혜월은 귀가 후 금번 제기된 과제들을 잘 넘겨야, 자신의 인생살이가 화려한 결실을 볼 수 있다는 다짐을 했다.

- **2010.10.27(수)** : 10.25(월)일과 10.26(화) 양일은 조용했다. 오늘은 모처럼 며늘아기가 궁금했는데 아침에 낭보가 날아들었다. 아들이 며늘아기의 대학병원 퇴원계획을 알려주었다. 아들은 오늘 13:00경 퇴원한다고 말했다. 산부인과 관찰실 입원 16일 만의 퇴원이었다. 며늘아기는 그 간 상태가 호전되었다 한다. '마그네슘 주사' 는 이틀 전에 중단했단다. 혜월이 직접 며늘아기와 통화를 해보니 정말 며늘아기는 정상적인 목소리였다. 본인도 좋아했다. 장기 작전을 각오했던 혜월은 어리등절 했고, 기쁘기도 했다. 아들은 인천에 거주하시는 사돈 부부가 상경해, 병원 퇴원비를 지

급하고 승용차로 퇴원시킬 것이라고 알려주었다. 혜월이 예기치 못했던 고마운 일이었다. 며늘아기 퇴원 후 아들은 직장에 나가야 했다. 때문에 당분간 부엌일을 할 사람이 필요한 상태였다.

• **2010.10.28(목)** : 아내가 오전에 며늘아기와 통화했다. 며늘아기는 "별일 없고 친정어머니가 국을 끓여 놓고 귀가해 애로사항이 없다." 고 대답했단다.

• **2010.10.30(토)** : 며늘아기가 퇴원 한 후 이틀이 지났다. 혜월은 너무 조용하고 궁금했다. 아내가 12:00 며늘아기에게 안부전화를 했다. 며늘아기는 "별일 없고, 반찬은 사 먹는다. 남편은 지난 16일 간 잠을 설쳤다. 직장에서 퇴원하면 집에서 푹 자고 휴식을 취해게 할 것이다." 고 말했단다. 혜월 아내는 내일 아들네 집을 방문하겠다고 미리 알려주었다.

• **2010.10.31(일)** : 혜월 가족 3명이 승용차 편으로 11:30 - 16:00간 아들네 집을 방문하고 며늘아기를 병문안했다. 며늘아기의 병세는 좋아보였지만, 종일 거실에 누어 있어야하는 형편이었다. 유산증세 재발을 예방하려는 유일한 자세였다. 혜월 부부는 온갖 고생을 인내하고 있는 며늘아기를 위로 했다. 그리고 길 건너편에 있는 동태찜 전문 음식점에서 점심식사를 했다.

• **2010.11.4(목)** : 저녁 18:00경 아내가 혜월에게 전해주었다. "며늘아기가 복통 증세 재발로 14:00경 대학병원에 다시 입원하였다." 고 말했다. 14:00 있었던 비상 상황을 혜월은 4시간 후에 알았다. 혜월은 저녁운동 후 21:00경 아들과 통화했다. 아들은 "임신환자의 병세는 첫 번째 입원 때보다 좀 심하다. 뱃속 아기들이

커 갈수록 통증도 심한 것이란다. 임신환자는 지금 관찰실에 누워있다." 고 전해주었다. 혜월은 아들에게 "임신환자가 병원에 있는 한 걱정하지 마라. 우선 보호자부터 침착하고 자신을 갖아야한다" 고 안정시켰다.

- **2010.11.5(금)** : 휴가 중인 딸이 11:00경 아들과 통화했다. 딸은 혜월에게 며늘아기의 병세가 "통증은 조금 멈췄으나 밤잠을 설쳐 기진한 상태" 라고 전해주었다. 문제는 아들이 오늘 일과 후 회사에서 주최하는 야유회에 참석하고, 내일 오후에나 귀경해야 하는 입장이었다. 위급한 환자에 보호자가 없는 실정이었다. 혜월은 12:30경 아들과 문자메시지를 교환했다. 아들은 "회사 야유회엔 안가고 병원으로 갈 것." 이라고 답변했다. 혜월은 마음의 안정을 되찾을 수 있었다. 혜월은 20:25 경 또 아들에게 문자메시지를 했다. "임신환자의 상태는 어떻냐." 고 물었다. 아들 답변이 바로 왔다. "어 많이 좋아졌어. 어제보다 주사도 좀 줄이고." 라는 내용이었다. 혜월은 또 답신을 보냈다. "알았다. 급한 사항은 밤이라도 그때그때 바로 전화해라." 고 통보했다. 혜월은 편한 마음으로 아파트 내 운동마당으로 내려가 저녁운동을 했다.
  오늘은 아침부터 혜월네 아파트에 전기공사를 한 날이었다. 며칠 전부터 전자렌지가 속을 썩이며 정전사태를 야기 했었다. 아파트 관리실 전기반 직원이 공사를 했다. 전기공사는 15:00 - 16:30 간 작업했다. 접지(接地)가 달린 소켓Socket 교환, 누전 발견을 위한 전기 기기器機 점검, 스위치 교환 등을 했다.

- **2010.11.6(토)** : 혜월이 09:40 아들에게 전화했다. 아들은 집에 있었다. 12:00 대학병원에서 만나기로 했다. 혜월 부부는 승용차 편으로 11:00 - 15:00간 병원을 방문했다. 며늘아기는 산부인과

관찰실에 있었다. 임신환자 병세는 조금 좋아진 것 같았다. 혜월 부부는 처음으로 큰 병원 산부인과 관찰실을 구경했다. 관찰실은 분만실 과 나란히 있었다. 분만실 자동 현관문을 통과하니, 넓은 산부인과 시설들이 모여있었다. 휴게실, 출산안내판, 관찰실, 분만실, 진통실, 탈의실 등 많은 시설들이 깨끗하고 현대식으로 모여 있었다. 신기하기도 하고, 믿음직한 시설들이었다. 아들은 관찰실에 환자와 함께 있었다. 회사에서 주관하는 야유회에 불참하고, 직접 보호자 역할을 했다. 혜월은 아들이 대견스럽게 보였다. 그러나 아들의 얼굴은 피곤해 보였다. 혜월 가족들은 며늘아기 병문안 후, 지하실 식당에서 점심식사를 했다. 가족들은 15:00경 대학병원을 출발했다. 혜월 가족들은 남부순환도로 주변으로 절정이 이른 단풍들을 감상할 수 있었다. 혜월도 가을이 한가운데 와 있다는 생각을 했다. 아들의 보호자활동 모습을 관심 있게 본 혜월은 집에 도착해서도 마음이 편했다.

• **2020.11.7(일)** : 혜월은 모처럼 편한 마음으로 집에 머물렀다. 오전에는 전기 소켓 교환 등 밀렸던 일들을 정리하고, 오후에는 관악산 철쭉동산에서 단풍구경을 했다. 아내도 머리가 시원한 것 같이 보였다. 혜월 부부는 지하철 서울대입구역 '로데오거리' 에서 순대국으로 저녁식사를 했다. 집에는 18:00 귀가했다. 딸이 얼마 전에 아들과 전화를 했는데, "며늘아기는 잘 있고, 인천 사돈댁 가족들이 병원으로 문병왔었다." 고 전했다. 내일부터 아들이 직장에 출근을 하기 때문에, 임신환자의 고독한 투병생활이 또 시작되는 것이다.

• **2010.11.9(화)** : 혜월 아내가 13:00경 며늘아기에게 전화를 했다. 임신환자는 아직도 산부인과 관찰실에 있고, 낮잠을 자고 있

어 전화를 못 받았다. 얼마 후 며늘아기가 아내에게 전화해 “관찰실이 병실 보다 더 좋다. 일요일인 11.14 에 친정 부모가 또 온신다 했다” 고 새 소식을 전해주었다.

• **2010.11.10(수)** : 혜월은 하루 종일 며늘아기 상태가 궁금했다. 오늘은 혜월이 아파트에 제2차 전기공사를 해 집을 떠날 수 없었다. 혜월은 오전에 전기공사를 하고, 오후엔 2010년도 상반기 종합소득세를 중간예납 했다. 혜월은 21:00 아들에게 전화했다. 아들은 “임신환자는 아직도 관찰실에서 주사를 맞는다. 임신환자들로 병원 입원실과 관찰실이 모자라는 형편이다. 병실이 모자랄 경우, 병원 측은 입원 날자가 빠른 환자에게 양보(퇴원)를 권한다. 그럴 경우 쌍둥이 임신환자는 강제퇴원 대상 환자 일 순위다. 그래도 걱정은 안한다. 집에 돌아가 휴식을 취하고 급하면 또 응급실로 오면 된다. 집과 병원이 가까워 편하다” 는 불편한 말을 했다. 불안해진 혜월은 21:30 아들에게 또 전화를 했다. 혜월은 “친구에게 퇴원 못하도록 부탁해 볼까” 하고 물었다. 아들은 조금 전과 다르게 “아냐, 그 게 아냐. 퇴원하려면 아직 멀었어, 하지 마.” 라고 대답했다. 그 후 혜월은 어느 길이 신작로인지를 구별 할 수 없었다. 그래도 혜월은 안정을 되찾으려고 노력했다.

• **2020.11.11(목)** : 아침에 혜월은 아파트 근방에 있는 대학병원에서 진찰을 받았다. 본태성 척추분리증 관련 진찰이었다. 담당의사는 그날 혜월에게 멋진 소견을 말했다. “사람은 몸속에 갖고 있는 항체도 없애야하기 때문에, 한 가지 약 정도는 복용하는 게 좋다. 건강이 완벽한 사람은 있을 수 없다고 보아야 한다.” 는 내용이었다. 오전에 아내가 며늘아기에게 안부전화를 했다. 임신妊娠환자는 “상태가 많이 좋아졌다. 출산예정인 임신환자 20여명이

예약되어 있다. 이들이 함께 몰려오면 병실이 부족할 수도 있을 것 같다" 고 걱정하고 있었다. 혜월은 11.13(토)에 병원으로 병문안을 하기로 했다. 어제부터 전 세계인들의 눈과 귀가, 서울에서 개최되는 제5차 G20정상회담에 쏠려있었다. 20개 강대국가들의 정상들은 물론, 재무장관, 경제인, 보도진이 참가할 예정이다. 한국인들의 역사적인 경사다. 행사에 6,500여명의 자원봉사자들도 참가하고, 자율적 승용차 홀짝 운행운동도 하기로 했다.

• **2010.11.12(금)** : 오늘은 G20정상회의 날이었다. 혜월은 19:00 아들에게 전화를 해 내일 12:00 며늘아기 병문안을 가겠다고 말했다. 아들은 쌍둥이 임신환자 상태가 오늘 좀 나쁜 것 같은데, 내일 오전 통화하자며 일정을 보류시켰다. 아내도 20:00경 임신환자에게 전화를 해 안부를 물었다. 며늘아기는 "그냥 병원에 있는 거다. 복숭아와 배가 먹고 싶다." 고 대답했단다. 혜월은 오늘 불안과 걱정 속에 잠자리에 들어야 했다. 아들이 며늘아기의 상태가 나쁘다고 말했기 때문이었다. 인생이라는 게 항상 편하고 즐거운 것만은 아니었다.

• **22010.11.13(토)** : 혜월 부부는 아침에 과일을 사러 돌아다녔다. 주말이라 승용차편으로 10:45 - 15:00 간 며늘아기 병문안을 갔다. 딸은 회사에서 주관하는 등산대회가 있어 남한산성으로 출발했다. 승용차는 12:00 대학병원에 도착했다. 혜월 부부는 관찰실에서 병문안 후 아들과 함께 아들집으로 이동했다. 전문 동태찜 식당에서 점심을 함께했다. 그 자리에서 아들은 부모에게 며늘아기의 병세를 소상하게 밝혔다. 아들을 부모에게 할 말을 미리 가슴속에 간직하고 있었다.

- 임신환자는 11.11 2인용 병실로 옮겼지만, 다음날(11.12) 오후에

상태가 악화되어 다시 관찰실로 내려온 것이다.

- 유산방지 용 '마그네슘' 주사와 동일한 효과를 내는, '아토시반' 주사를 보험적용으로 맞고 있다.
- 아기들 체중은 각각 1.3Kg이며, 뱃속 아래 있는 아기는 외부에서 1.5Cm 거리에 있다. 뱃속 위에 있는 아기는 수평으로 누어있다. 위에 있는 아기는 활발하게 움직인다. 그러나 밑에 있는 아기는 좁아서 잘 움직이지 못하고 밖으로 나오려고 하는 것이다. 아기가 뱃속에 머물 수 있는 한계限界는 외부로부터 1.2Cm이다. 즉 한계거리가 3mm 남아있는 것이다. 아기가 3mm만 더 내려오면 복강경수술로 분만하는 게 원칙이다. 이런 상태에서 분만하면 아기는 즉시 '인큐베이터' 로 옮겨지고 11.13현재 생존율은 92%정도다. 앞으로 일주일 후이면 생존율이 95% 로 올라간다. 아기들의 면역免疫이 높아지기 때문이다. 그러나 아기가 밖으로 나오지 못하게 하는 약과 방법이 있다고 한다.
- 이번에 임신환자가, 30년간 할 고생을 30일로 때운다는 각오로 참아 주었으면 좋겠다. 그러나 임신환자는 지금 너무 지루하게 생각하고 병원생활에 싫증을 느끼고 있다. 우울증 증세라고 보아야한다. 어제는 다섯 번이나 전화를 해 빨리 오라고 재촉했다. 혜월 가족 3명은 점심식사 후 대학병원으로 돌아왔다. 이들은 진료비를 중간예납 했다. 혜월은 귀갓길을 올림픽고속도로를 선택했다. 남부순환도로 보다 고생을 덜했다. 오늘은 무릎관절염도 혜월을 괴롭혔다.

• **2010.11.15(월)** : 혜월 아내가 오전에 임신환자에게 전화해 안부를 물었다. 며늘아기는 "증세가 조금 좋아져 약을 줄이고 주사를 맞고 있다." 고 답변했다.

• **2010.11.17(수)** : 며늘아기가 병원에서 시어머니에게 전화를 했다. 임신환자는 "오늘은 초음파검사를 했으며, 변비증세가 왔고, 항상 눕어 있어야 할 상태." 라고 전해 주었다. 혜월은 며늘아기의 고생이 너무 많아 애처롭다는 생각을 했다.

• **2010.11.18(목)** : 혜월이 아내가 09:30경 아들에게 안부전화를 했다. 아들은 "어제 슈퍼에서 임신환자가 먹고 싶다는 자두즙을 사다주었다." 고 말했다. 임신환자의 상태는 아기 한명이 배 밑으로 내려와 있는 그 상태라고 대답했다.

• **2010.11.19(금)** : 혜월이 부부는 하루 종일 집에서 지냈다. 며늘아기 생각도 났다. 딸도 휴가를 내고 집에서 쉬었다. 아내가 20.50경 아들에게 안부전화를 했다. 아들의 목소리는 명랑했고, "임신환자가 거봉포도를 먹고 싶어 한다." 고 전했다. 아내는 혜월 부부가 내일 문병 갈 것이라는 계획을 알려주었다.

• **2010.11.20(토)** : 기다리던 토요일이었다. 혜월 부부가 임신환자를 병문안 가려는 순간 아들이 전화를 했다. "승용차 계기판에 경고등이 들어왔다. 집 부근에 있는 자동차수리 공업사에 가보니, 뒷바퀴 양쪽 브레이크 오일펌프가 파괴되어 오일이 흘러나오고 있다. 수리비가 30-40만 원 정도 필요하다. 아빠가 동네 자동차수리 공업사에서 두 달 전에 교환했다는 그 오일펌프다." 라며 급한 소식을 전했다. 혜월은 동네에 있는 단골 자동차수리 공업사 사장에게 전화를 했다. 공업사 사장은 "해당 보험회사와 협조해 재 수리 해 주겠다." 고 답변했다. 혜월은 사장 의견을 아들에게 전달했다. 그러나 아들 단골 자동차수리 공업사는 이미 6만원에 아들 자동차 수리를 끝낸 상태였다. 혜월이 부부는 서둘러 10:40

대학병원으로 출발했다. 12:00 병원에 도착하고 16:00 귀가했다. 며늘아기는 일주일 간 많이 변해있었다. 병원 지하실 식당에서 점심식사 후 아들은 그간의 임신환자 상태를 전해 주었다.

- 임신환자는 11.17부터 '아토시반' 주사를 맞고 있다. 고성능 약이며, 한 병으로 2일-3일을 맞는다. 이 주사는 보험적용도 되는 주사다.
- 아기는 뱃속에서 더 많이 내려와 밖에서도 머리가 만져지는 상태다. 두 명 아기들의 체중은 각각 1.5Kg으로 늘었다. 다행이다. 앞으로 13일 후인 2010.12.2 엔 아기들의 나이가 8개월(32주)이 되는 것이다. 그 때는 인공출산(복강경수술)을 해도 양육에 지장이 없다. 임신환자도 금년 12월 초까지 버텨 보려고 온갖 노력을 다하고 있다.
- 만일 임신환자가 이 고비를 넘기지 못하고 조기출산을 할 경우, 아기들의 면역이 완전치 못해 감기, 폐렴 등 질병이 우려된다. 오늘 며늘아기의 외모는 별스러워 보이지는 않았다. 그러나 목소리에는 피곤기가 묻어 있었다. 대부분의 환자들이 내는 힘없는 그런 목소리였다. 며늘아기가 장기간 병원생활을 하며 성공적인 쌍둥이 출산을 위해 애쓰는 모습이 눈물겨웠다. 혜월 부부는 17:30 아들과 헤어졌다.

• **2010.11.21(일)** : 일요일이었다. 20:00경 어린이놀이터에서 저녁운동을 했다. 그 때 아들 전화가 왔다. 인천 장인(사돈)내외가 며늘아기 문병을 하고 귀가했다는 이야기였다. 사돈이 아들에게 아파트 재계약문제에 관한 상식도 알려주었단다. 주택임대차보호법에 의거, 재계약 여부를 전세들어 있는 아들 측이 먼저 이야기할 필요는 없다는 내용이었다. 집주인이 6개월 전에 이사통보를 서류로 하지 않는 한, 전세기간이 자동으로 2년 연장된 것이라는

내용도 있었다. 혜월은 아들의 건의를 수용했다. 아들 측이 먼저 재계약 여부를 알아보지 않기로 했다.

• **2010.11.25(목)** : 며늘아기는 어제 아내와 통화 시 별다른 증세가 없다고 대답했다. 오늘도 임신환자가 16:00 경 아내에게 또 전화를 했다. "오늘로 임신 32주일 즉 8개월이 된 것이다." 라고 좋아했다. 혜월도 며늘아기에게 문자메시지를 보냈다. "아! 32주, 임신 8개월 축하한다." 혜월도 즐거웠다. 얼마나 어렵게 달려 온 며늘아기의 투쟁과 성공인가! 혜월은 하루 종일 기분이 좋았다. 그러나 임신횐자의 이런 판단은, 계산착오에서 나온 것이라는 사실이 후에 밝혀졌다. 임신 32주는 오는 12.2일이었다. 혜월은 며늘아기의 환자다운 집념의 단면이라고 생각했다.

• **2010.11.27(토)** : 오늘 혜월 가족은 일주일 만에 며늘아기 문병을 갔다. 딸도 함께 3식구가 승용차로 병원에 갔다. 하늘은 새벽부터 진눈깨비를 뿌렸다. 문병은 10:50-16:30간 했다. 임신환자 위로, 점심식사, 간식제공 등 활동이 진행되었다. 오늘 기준으로 쌍둥이 손녀들의 체중은, 언니 1.44Kg 동생 1.74Kg이었다. 그러나 아들 이야기를 들어보니 큰일이 생겼다. 며늘아기 옆 침대에 새로 온 환자가, 아들과 고등학교 동창생의 아내인데, 부부의 코골이가 너무 시끄럽고, 한밤중까지 TV를 시청하는 등 예의 없이 소음을 야기한다는 것이다. 때문에 며늘아기는 밤잠을 설칠기 일수고, 잠을 못자면 뱃속 아기들의 체중을 좋게하는데 직접 영향이 있다는 것이다. 혜월은 다음 월요일(11.29) 병원을 방문하고 해결해 보겠다고 며늘아기에게 희망을 심어 주었다.

• **2010.11.28(일)** : 혜월은 오늘 하루를 집에서 문학작품 창작활동

으로 보냈다. 저녁에 며늘아기가 "불면증 문제가 해결되었다." 는 희소식을 전해주었다. 아들도 문자메시지를 보내왔다. "진경이가 어제 잠을 잘 잤다. 더 이상 옆 침대의 환자에게 신경을 쓰지 않아도 된다." 는 내용이었다. 혜월은 고진감래苦盡甘來라는 고사성어故事成語를 생각했다. 그렇다! 인생살이는 고생 끝에 행복이 오고, 노력 없이는 좋은 결과가 만들어지지 않는다. 혜월은 모처럼 편한 마음으로 잠자리에 들 수 있었다.

• **2010.11.29(월)** : 혜월은 아침 11:00 며늘아기가 있는 병원 산부인과 관찰실(17호)에 도착했다. 임신환자의 상태는 좋아보였다. 환자는 '아토시반' 주사를 계속 맞고 있었다. 코골이, 잡담, TV시청 등으로 밤잠을 설치게 하는 옆자리 임신환자가, 일주일 후에 수술(출산)을 하기로 결정했단다. 며늘아기는 걱정을 덜었고, 몸과 마음이 편안다고 밝은 표정을 지었다. 혜월은 내심內心, 진인사대천명盡人事待天命이라는 자신의 좌우명이자 가훈家訓을 생각했다. 혜월은 오후에 며늘아기가 있는 병원 심장내과에서 진료를 받았다. 혜월은 지난 11.23 부정맥으로 응급실 진료를 받았었는데, 오늘은 정식으로 담당의사가 배정되어 진료를 받았다. 혜월의 병명은 심방세동(心房細動, 부정맥) 이었다. 심실(心室) 위쪽에 있는 심방心房의 운동이 가끔 약하고 불규칙하다는 것이다. 진료후 담당의사는 심전도검사, 피검사, 혈압 등으로 보아 별스럽지 않다는 소견을 개진했다. 혜월은 18:00 귀가해 아내에게 명랑한 소식들을 전해주었다.

• **2010.12.2(목)** : 혜월 부부는 오늘도 며늘아기 문병을 갔다. 병문안은 10:30 – 16:30 간 했다. 오늘 병문안은 며늘아기가 지난번에 "주말이 아닌 평일에 와 달라." 는 요청이 있었기에 온 것이

다. "어제는 인천 사돈댁에서 병문안을 왔었다"고 임신환자가 전해주었다. 아내는 환자가 먹을 불고기, 사과, 배, 육개장, 떡, 밥 등 음식을 많이 준비했왔다. 임신환자는 불고기와 육개장을 맛있게 먹었다. 어제는 며늘아기가 학수고대鶴首苦待 했던 임신 32주(8개월)을 맞은 날이었다. 전 가족들도 기다리고 고대하던 목표目標였다. 본인도 가족들도 모두 즐거웠다. 그래도 며늘아기의 외모는 두 달이나 병원생활을 한 티가 묻어났다. 그렇게 생각을 하니 가엽게도 생각되었다. 점심식사를 끝낸 며늘아기의 표정은 즐거워 보였다. 혜월 부부는 며늘아기 식사를 가끔 준비해 와야겠다는 생각을 했다. 이제 쌍둥이 손녀 출산일도 멀지 않은 지점에 환자도 가족도 도착했다. 최종 목표 지점이 있는 향후 3주는 서두르지 말고 천천히 걸어가면 안전할 것이다 .

- **2010.12.3(금)** : 혜월은 아침에 서둘러 대학병원으로 갔다. 날씨가 무척 추웠다. 승용차는 11:00에 병원에 도착했다. 조금 후 초음파검사를 받은 며늘아기가 관찰실에 도착했다. 임신환자는 시아버지에게 기쁜 이야기를 했다. "아기들 체중이 좋게 나왔다. 언니아기 1.70Kg 동생아기 1.89Kg이다." 라며 기뻐했다. 며늘아기의 즐거움은 아기들이 체중 일 단계 목표인 2Kg에 접근하고 있다는 이야기였다. 점심식사 후 병원 측이 며늘아기에게 "입원실로 이동하라."는 지시를 했다. 임신환자는 기뻐했다. 아기들의 상태가 좋아져 관찰실에서 입원실로 옮기는 것이었다. 입원실(66동 33호)은 4인용이었다. 넓고 깨끗했으며, 보호자용 소파도 고급스러웠다. 창밖의 경치도 아름답게 즐길 수 있었다. 며늘아기는 아들도 함께 잠을 잘 수 있겠다며 좋아했다. 며늘아기는 감옥소에서 해방된 사람처럼 좋아했다. 혜월은 환자가 희망하는 간식을 지하실 매점에서 구매해 주었다. 혜월은 시내버스와 전철을 이용

해 귀가해 16:00에 도착했다.

• **2010.12.4(토)** : 오늘은 혜월이 조카 결혼식 날이었다. 아침에 아내가 전화하니, 며늘아기는 "코고는 환자들이 없어 모처럼 잘 잤다." 고 대답했단다. 혜월은 며늘아기가 불면증에 얼마나 시달렸었는지를 미루어 생각할 수 있었다. 어제 옮긴 4인용 병실이 넓고 좋다고 하더니. 모처럼 후련하게 밤잠을 잔 것 같았다.

• **2010.12.6(월)** : 혜월 부부가 아침 일찍 며늘아기 문병을 떠났다. 흐린 날씨였지만 기온은 따듯했다. 전철과 도보로 이동했다. 아내도 모처럼 외출느낌을 맛보는 눈치였다. 아내는 어제부터 며늘아기 식사를 준비했다. 불고기와 꽃게찌개였다. 두 사람은 11:00 대학병원에 도착했다. 병원 측의 점심은 12:30-13:30에 제공되었다. 아내는 병실에서 며늘아기와 함께 있었고, 혜월은 면회실에서 신문을 보며 지냈다. 며늘아기는 모처럼 집에서 만든 식사를 맛있게 했다. 꽃게찌개의 구수한 냄새가 병실을 진동시켰단다. 아내의 며늘아기 보살핌이 다양했다. 아내는 병실 냉장고 정리 등 여러가지 활동을 하루 종일 했다. 오후에는 혜월 전 가족이 코골이 환자 부부를 또 병실에서 만나지나 않나 걱정했다. 며늘아기 병실의 침대가 한 개 비어있고, 코골이 환자가 오늘 해산했기 때문이었다. 며늘아기도 예민하게 반응했다. 자신이 또 밤잠을 설치는 환경이 만들어 질까봐 걱정했다. 이런 분위기 속에서 땅거미가 내려앉고 환자 한 명이 병실에 입원했다. 다행히 코골이 그 환자는 아니었다. 온가족이 서로 얼굴을 쳐다보며 안도의 한숨을 내쉬었다. 귀갓길은 춥고 어두웠다. 대학병원 구내에서 시내버스를 타고, 전철역으로 이동했다. 오늘은 혜월이 부부에게 며늘아기의 날이었다.

• **2010.12.7(화)** : 아침기온이 영하 5도였다. 혜월은 혼자 두터운 코트를 입고 대학병원으로 출발했다. 어제와 같이 승용차를 이용하지 않고 전철을 이용했다. 오전에는 몸과 마음이 편했는데 너무 추웠다. 11:30 대학병원 병실에 도착했다. 혜월은 점심식사 심부름을 하고, 지하매점에서 쥬스juce를 10병 사왔다. 유기농법 고급음료였다. 며늘아기는 오늘도 건강하게 보였다. 담당의사는 며늘아기의 출산일(복강경수술)을, 12.22로 예정하고 있는 눈치였다. 그렇다면 오늘은 D-15일이다. 출산이 며칠남지 않았다. 혜월의 마음이 갑자기 긴장되었다. 혜월은 "모든 준비를 서둘러야지. 남은 기간에 온갖 정성을 다 해야지." 하는 다짐을 거듭했다. 혜월이 파악한 출산관련 내용은 아래와 같다.

〈 참고사항 〉

- 병원에서는 쌍둥이의 경우 임신 35주가 되면 복강경수술로 출산을 시킨다. 날짜가 되면 주사를 중단하여 인공출산을 유도한다.
- 출산한 아기의 체중이 2.1Kg 이하일 경우, 아기는 '인큐베이터' 에 들어가는 것을 원칙으로 한다. 그러나 아기의 기능과 상태에 부족한 데가 있으면, 체중에 관계없이 '인큐베이터' 생활을 해야 한다.
- 담당의사는 며늘아기의 상태를 "자연분만도 가능할 것 같은데, 뱃속 위에 있는 아기가 어떠할지 모르겠다." 는 소견을 밝혔다.
- 며늘아기는 내일 12.8 자로 임신 33주가 된다. 35주가 되는 날자는 오는 12.22이다. 그날이 해산 예정일이다.
- 2011년에 태어나는 아기들에게는, 정부에서 많은 혜택이 주어진다. 모든 예방주사도 무료로 제공될 예정이다.
- 며늘아기는 11.7부터 변비로 고생하고 있다.

• **2010.12.8(수)** : 아내가 17:00 며늘아기와 통화했다. 오늘 병문안 올 예정이었던 인천 사돈 내외가 눈보라 때문에 일정을 취소했단다. 대신 내일 방문 예정이라 했다. 담당의사는 며늘아기에게 "화장실 같은 데는 걸어 다녀도 된다." 고 말했단다. 출산을 위한 간단한 운동이 가능하다는 말이었다.

• **2010.12.10(금)** : 오늘도 혜월은 아침 일찍 대학병원으로 출발했다. 전철 편으로 이동해 10:30경 병실에 도착했다. 며늘아기는 잠에 취해 있었다. 어제 친정엄마와 이야기를 많이 했나보다. 혜월은 면회실로 이동해 신문을 읽었다. 12:00에 병실로 와보니 며늘아기는 잠에서 깨어있었다. 혜월은 지하실 식당에서 점심식사를 했다. 13:00에 병실에 올라와 보니 며늘아기도 점심식사를 끝냈다. 임신환자는 어제 초음파 검사에서 나온 아기들 체중을 알려주었다. 언니 1.78Kg 동생 1.934Kg 이었다. 며늘아기는 생각보다 체중이 늘지 않았다고 말했다. 혜월은 앞으로도 십여 일 더 남았다고 위로했다. 귀갓길은 흐린 하늘이었다. 진눈깨비와 황사가 예고대로 내렸다.

• **2010.12.11(토)** : 주말 휴일이었다. 오늘도 혜월 가족 3명은 승용차 편으로 병원으로 병문안을 떠났다. 아침기온이 영하 5도였다. 그래도 남부순환도로의 교통체증은 여전했다. 승용차는 11:30에 대학병원에 도착했다. 병실에는 아들이 와 있었다. 혜월은 어제 밤늦도록 작성한 '아파트임대차계약서' 를 건네주었다. 침대 누어있는 며늘아기가 "이번에는 아빠이가 나서 집주인과 재계약을 해보도록 하라." 는 주문을 했다. 경험 삼아 젊은 사람도 직접 경험을 해 보아야한다는 며늘아기의 매서운 지적이었다. 혜월은 그 제의를 즉시 수용했다.

그런데 오늘 아파트 말고도 또 다른 문제가 생겼다. 어제 저녁 주치의主治醫가 지금 임신환자가 맞고 있는 주사를 2일 후 중단시킨다는 결정을 내렸단다. 임신 34주가 되는 "12.14 아침부터 '아토시반' 주사를 중단 한다" 는 것이다. 마그네슘 주사만 계속 맞는다는 것이다. 이유는 출산出産을 유도하기 위함이었다. 주치의는 아토시반 주사를 4주 이상 맞으면 출산기능을 영원히 잃을 위험도 있다는 이유를 들었다.

주사를 중지하고 통증이 오면 즉시 인공출산(복강경수술)을 시킨다는 계획이었다. 결국 며늘아기는 임신 35주를 넘지 못하고 34주 만에 인공출산을 할 가능성이 높아지고 있었다. 아기들의 체중도 아직 출산가능 기본체중 2Kg을 넘지 못하고 있는 상태다. 혜월은 이런 이야기를 듣고 크게 놀랐다. 별 생각이 다 들었다. 그러나 정작 환자 본인은 덤덤해 보였다. 임신환자는 "몰려드는 임신환자들 때문에 병실이 부족해 동네병원으로 옮겨갈 수 있다."는 걱정만 하고 있었다.

하기야 며늘아기는 지난 10월에 16일에 입원했었고, 11.4부터 오늘까지 두 번째 환자생활을 하고 있다. 많은 고비를 넘기고 여기까지 온 것도 대견스러웠다. 그런 생각을 하니 혜월도 부질없는 걱정을 접을 수 있었다. 임신환자는 아들, 딸, 아내와 함께 병실에서 햄버거로 점심을 때웠다. 혜월 가족 3명은 해조음이 얇은 겨울 햇볕을 넓은 대학병원에 흩뿌릴 때 귀가했다. 혜월은 아들에게 "아파트 재계약은 무조건 해야 한다." 고 재차 강조했다. 귀갓길 올림픽고속도로 교통체증은 살인적이었다. 16:30에 집에 도착했다. 오늘은 며늘아기 해산 D-day가 9일이나 앞당겨진 날이었다. 혜월은 가족들에게 상기시켰다. "지금부터 우리 가족들에게는 비상이 걸린 것." 이라고. "지성至誠이면 감천感天"이라는 생각도 머리를 스쳐갔다.

• **2010.12.12(일)** : 아침 09:00경, 며늘아기가 아내에게 전화를 했다. 회진 때 의사와 면담문제가 제기되었단다. 혜월이 어제 간호사에게 제기한 문제였다. 혜월은 임신 34주에 인공출산을 한다는 게 불안해 의사면담을 요청했었다. 주치의는 전화통화를 하는 게 좋겠다며 핸드폰 번호를 적어갔었다. 혜월도 주치의 전화라도 받았으면 속이 편할 것 같았다.
14:30경 아들이 전화를 했다. "아파트 주인하고 전화통화를 했는데, 재계약 체결은 날짜도 잡지 못했다. 집주인은 계약서 작성은 급하지 않고, 돈은 빨리될수록 좋다." 는 말만 했단다. 주인은 다음해 2월에 다시 통화하자고만 했단다. 혜월이 보기엔 아파트 재계약은 실패했고, 어렵게 꼬일 것 같았다. 아들 부부가 나서 해결해 보겠다는 게 그 지경이 되었다.
쌍둥이 인공출산이라는 난리 속에 신혼생활 보금자리까지 속을 썩였다. 혜월은 바깥바람을 쏘이며 답답한 마음을 다스렸다. 매서운 영하의 겨울날씨였다. 아들은 17:00에 또 다른 소식을 전해왔다. "내일 12.13부터 임신환자 병실 보호활동은 인천 친정식구들이 맡기로 했다. 쌍둥이 아기들을 분만할 때까지 보호할 예정이다." 는 내용이었다. 혜월은 처음 겪는 경험이었다. 혜월은 "일단 며늘아기 마음도 편하고, 아들과 혜월 가족도 편하게 되었다." 고 답변했다.

• **2010.12.13(월)** : 아침 날씨가 흐렸다. 아내와 은행에 가는 데 전화벨이 울렸다. 며늘아기 주치의였다. 며칠 전 혜월의 면담요청이 수용된 것이다. 주치의는 "궁금한 사항이 뭐냐고" 물었다. 혜월은 "임신환자나 뱃속 아기들에게 문제가 있어 임신 34주에 '아토시반' 주사를 중지하려는 것이냐." 고 물었다. 의사는 원론적으로 대답했다.

- 아토시반 주사는 4주밖에 못 맞는다. 더 맞으면 산모에게 해롭다.
- 아기는 34주가 지나면 인공호흡기를 쓰지 않아도 된다. '인큐베이터' 에는 들어가야 한다.
- 아기가 35주 지나면 '인큐베이터' 에 들어가지 않아도 된다. 그러나 각종 신체기능에 문제가 있으면 들어가야 한다.
- 며늘아기는 오늘 오후 18:00 아토시반 주사를 중지할 예정이다. 그 후 진통이 오면 즉시 인공출산을 하게 된다. 언제 진통이 올지는 아무도 예측할 수 없다.

주치의의 이런 설명들은 이미 임신환자에게 들었다. 그래도 보호자의 요청을 의사들이 수용하고 행동했다는 데 큰 의미가 있었다. 혜월의 답답증도 많이 해소되었다. 오후 19:30 경 며늘아기가 또 전화를 했다. "의사들이 아토시반 주사를 이틀(12.14, 12.15) 연장했다." 는 내용이었다. 며늘아기의 상태는 좋았다. 아들도 아파트 임대차계약 문제로 전화를 했다. "집주인이 전화를 해 재계약일을 2011.01.10로 확정했다." 는 것이다. 오늘은 흐린 소식과 맑은 소식이 함께 들렸던 날이었다.

• **2010.12.16(목)** : 며늘아기가 11:00 전화로 희소식을 전했다. "초음파검사 결과 아기들의 체중이 각각 2.3Kg과 2.02Kg으로 성장했다." 는 것이다.

담당의사는 "뱃속 아기들의 상태도 모두 정상이기 때문에 언제 출산해도 괜찮다고 평가했단다." 고 전해주었다. 며늘아기는 매우 감격한 어조로 심경을 피력했다. 며늘아기는 두 달도 넘는 지난 10.12 대학병원에 입원했었다. 그 간 본인은 물론 양쪽 가족들도 애태우며 많은 걱정을 했었다. 이제 괴로움도 걱정도 물리치고 편한 마음으로 출산을 위한 진통을 기다리게 되었다. 그토록 기다리던 두 공주들이 이제 우리 곁으로 다가오고 있었다.

• **2010.12.17(금)** : 어제 밤부터 싸락눈이 흩날렸다. 마치 소련 '모스크바' 의 겨울날씨 같았다. 새벽에 창밖을 보니 진눈깨비가 험하게 내리고 있었다. 딸 출근길이 걱정되었다. 혜월은 대학병원으로 출발했다. 승용차는 엄두도 못 내고 전철과 버스, 도보로 이동했다. 다행히도 영하 12도의 엊그제 날씨 같지는 않았다. 병원에 도착하니 이미 11:00 였다. 병실로 올라가 임신환자를 보았다. 임신환자는 잠자리에서 일어난 얼굴이었다. 임신환자는 "아토시반 주사를 중지한 이후 별다른 증세는 아직 없다, 의사의 특이한 말씀도 없었다. 앞으로 일주일간 통증이 없으면, 인공출산(복강경수술)을 하게 된다." 고 알려주었다. 혜월은 병원 지하실로 내려가 식당에서 점심을 때우고 귀가했다. 흐렸던 겨울 날씨가 험상궂은 표정으로 진눈깨비를 뿌려댔다. 올해는 겨울날씨도 여름날씨 처럼 변덕을 부렸다.

• **2010.12.18(토)** : 오늘 아내와 딸이 며늘아기 보호자활동을 했다. 두 사람은 새벽부터 며늘아기가 주문한 삼계탕을 만들어 10:00 집을 출발했다. 아내는 "며늘아기가 점심으로 삼계탕을 맛있게 먹었다." 고 혜월에게 전화를 했다. 희소식은 그 뿐 아니었다. 며늘아기가 엊그제 변비증세를 시원스레 떨어버렸다는 것이다. 임신환자가 지난 11.7부터 고민하던 사항이었다. 무서운 변비는 그간 뱃속의 아기들 성장도 방해했었다.
임신환자는 통변 이후 쌍둥이 아기들이 뱃속에서 자유롭게 움직이기 시작했다고 전해왔다. 며늘아기는 어제 밤에 병실이 시끄러워 잠을 설쳤고, 2인용 병실로 옮겼다. 이제 며늘아기도 쌍둥이 인공출산일인 임신 35주를 눈앞에 두고 있다. 4일 후인 12.22일이 그날이다. 그러나 며늘아기는 진통이 와야 출산을 할 수 있다. 주사를 많이 맞았기 때문이다. 오늘 밤에는 며늘아기 친정엄마가 상경해 보호자활동을 했다. 혜월 가족들은 사돈 가족들이 한 없이 고마웠다.

• **2010.12.20(월)** : 오늘은 혜월 부부가 며늘아기 보호자활동을 했다. 혜월 부부는 우선 지하철 '서울대입구역' 부근에 있는 순대국집으로 갔다. 어제 며늘아기가 "순대국이 먹고 싶다." 는 주문을 했기 때문이다. 병천순대 가격은 1인분에 15,000원이었다. 생각 보다 고급음식이었다.

혜월 부부는 전철과 도보로 12:00 대학병원에 도착했다. 며늘아기는 병실에 혼자 있었다. 건강해 보였으며, 한눈에 배가 만삭滿朔임을 알 수 있었다. 며늘아기는 숨도 가쁘게 쉬고 있었다. 며늘아기는 "맛이 좋다." 며 병천순대로 점심식사를 했다.

혜월 부부는 병원 지하 식당에서 비빔밥으로 점심을 먹었다. 오늘 의사들은 며늘아기가 맞는 마그네슘 주사를 12.22 부터 끊기로 했다. 12.24일 까지 기다리고, 그래도 출산 진통이 오지 않으면, 퇴원하여 집에서 머물다 진통이 오면 다시 입원하기로 결정했다. 산모의 건강도 회복하고 아기들도 보호하려는 좋은 방법이었다. 오늘 날씨는 봄날씨 같았다. 혜월 부부는 병원을 나와 한강둑을 감상하며 전철역 까지 걸었다. 강둑은 봄이면 잔디와 개나리가 후두러지게 피는 주민들의 휴식터였다. 혜월은 지난 10월 초부터 며늘아기가 괴로워하고, 온 가족들이 애를 태우던 날들을 회상했다. "지성이면 감천" 이라는 조상님들의 말씀도 되새겼다.

• **2010.12.21(화)** : 며늘아기가 아침 10:00에 전화를 했다. "조금 전 초음파검사로 아기들의 제중을 잿는데, 언니 2.16Kg, 동생 2.408Kg, 이다.". 이제 두 아기들 체중이 모두 출산 안전권에 들어선 것이다. 지난 몇 달 동안 그토록 희망했던 "출산체중 안전

권" 돌파였다. 초음파사진은 아기들의 머리 부분이 겹쳐 촬영되었기 때문에 실제로는 더 좋은 체중일 수도 있다는 의견도 나왔다. 혜월은 "수고했다."는 말로 며늘아기를 격려했다. 내일은 혜월 부부가 며늘아기 출산을 보고 보호자 활동도 할 예정이다. 혜월은 취침을 하려고 아파트 운동마당에서 저녁운동도 끝냈다. 목욕 후 취침을 하려는데 10:30 경 핸드폰 소리가 울렸다. 아들 전화라는 직감이 온몸에 퍼졌다. 정말이었다. 아들은 조용한 목소리로 "임신환자가 갑자기 출산 통증이 와 자정12:00부터 수술을 하기로 했다." 고 알렸다. 혜월은 "잘된 것이다. 며칠 퇴원했다 진통이 올 때 다시 입원하는 것보다 더 잘된 것이다." 라고 우선 아들을 안정시켰다. 혜월도 잠자리를 물리치고 출발을 준비했다. 병원에서 밤을 새울 준비로 두터운 겨울옷도 입었다. 상비약들도 챙겼다. 아파트 현관을 나오니 택시 한대가 있었다. 혜월은 운 좋게 20분 만에 대학병원 산부인과 분만실에 에 도착할 수 있었다. 23:50분이었다. 인천 사돈 내외와 손자가 먼저와 있었다. 아들도 함께 있었다. 며늘아기는 3층 수술실에서 인공분만(복강경수술) 하고 있었다. 밤중이라 6층 분만실이 아닌 3층 수술실에서 하는 것 같았다. 혜월 가족들은 분만실 앞 의자에서 기다리며, 사돈 부부와 오랜만에 못했던 이야기들을 나누었다.

- **2010.12.22(화)** : 양가 가족들의 지루한 기다림이 계속되는 가운데, 간호사들이 보호자를 찾는 소리가 고요한 밤공기를 갈랐다. 자정이 지나 이미 날짜가 바뀐 2010.12.22 00:30이었다. "임신환자 보호자 계셔요?" 양가 가족들은 함께 엘리베이터 앞으로 달려갔다. 간호사들은 '언니아기'가 누워있는 아기침대를 밀고 엘리베이터에서 나왔다. 간호사들은 가족들에게 아기의 얼굴을 공개하고, 팔찌도 보여준 후 신생아실로 들어갔다. 순간적인 상면

이었다. 열 달도 넘게 기다렸던 공주와의 상면이 30초 만에 끝났다. 번개같이 짧은 순간의 상면이었다. 양가 가족들 중 누구도 입을 여는 사람이 없었다. 강보襁褓에 쌓여 형광등빛을 받고 있는 언니아기는, 목 위 부분만 노출된 상태였다. 눈을 감은 조용한 얼굴이었고, 검붉은 색깔의 얼굴이었다. 신비롭게 새 생명이 태어난 현장은 계속 조용했다.

약 10분 후 또 다른 간호사 팀이, '동생아기' 침대를 밀고 엘리베이터에서 나왔다. 양가 가족들은 엄마 뱃속 위쪽에서 성장한 동생아기의 얼굴과 상면했다. 조금 전 만났던 언니아기와 똑 같았다. 구분을 할 수 없는 상태였다. 간호사들은 아기의 체중을 가족들에게 알려주었다. 언니가 2.180Kg, 동생이 2.325Kg이었다. 간호사들의 이런 전달은, 아기들이 출산 기초체중을 넘겼으니, 부모들은 걱정하지 말라는 신호였다. 아기들이 수술실에서 태어난 시각은 각각 2010.12.22.00:14과 2010.12.22.00:15 이었다. 출생 시각이 1분 차이었다. 잠시 후 간호사 두 팀은 아기침대를 각각 밀고 당직교수실로 이동했다. 아기들은 10분 후 신생아실로 돌아왔다. 그 후 가족들의 지루한 기다림 속에 입원실의 밤이 깊어갔다. 며늘아기가 수술을 마치고 회복되어 산부인과 병실(66병동 6호실)에 도착한 것은 02:20경이었다. 산모産母는 아직 마취에서 완전히 자유롭지 못한 상태였다. 겨우 사람들을 식별 하는 상태였다. 몸에는 링거, 무통주사, 소변 줄 등이 주렁주렁 매달려 있었다. 며늘아기의 입원실 복귀는, 아들 부부가 "쌍둥이 분만"이라는 커다란 고개를 무사히 넘었다는 승리의 발자국이었다. 정든 병실 침대에 다시 누운 며늘아기는 마취약 냄새 속에서도 해밝게 웃고 있었다. 얼굴에서 명량한 표정이 가시지 않았다. 성공의 미소는 아름답고 대견했다. 그런데 02:20부터 동생아기가 호흡곤란 증세로 산소를 공급받고 있다는 전갈이 신생아실에서 왔다. 혜월 가족들은 주눅 들기 시작했다. 간호사들은 쉽게 극복할 수 있는 소소한 증세라고 일갈했다.
혜월은 그 말에 희망을 걸지 않을 수 없었다. 혜월은 바깥사돈과 함께 병실을 나와 가까운 면회실에 머물렀다. 아들 부부에게 조용하고 휴식할 수 있는 시간이 필요했다. 간호사들이 자주 출입하는 병실에 많은 보호자까지 머무를 필요도 없었다. 산부인과 병동의 밤이 깊어갔다. 혜월과 바깥사돈 및 손자는 면회실 의자에서 졸기 시작했다. 면회실의 조용하고 따듯한 분위기에 가족들은 자신도 모르게 잠속으로 빨려 들었다. 몇 시간 후 혜월의 어깨를 두드리는 사람이 있었다. 아들이었다. 혜월은 아들 건의 대로 새벽이 밝고 교통체증이 오기 전에 택시 편으로 귀가했다. 그리고 20여분 후에 집에 도착했다. 아직도 어두운 새벽 06:00였다.
혜월 부부는 집에서 휴식 후 09:30 대학병원으로 출발했다. 아내는 과일, 고기, 김 등 먹거리를 챙겼다. 다행히 날씨가 포근했다. 어제 밤잠을 설친 혜월의 몸은 "절반은 살아있고, 절반은 감각이 없는 것." 같았다. 아들이 문자메시지를 보내왔다. "동생아기의 산소부족현상(호흡곤란)이 완치되었다." 는 내용이었다. 혜월 가족들은 환호했다. 혜월 부부는 10:40 병원에 도착했다. 인천 사돈들은 이미 귀가했다. 혜월은 피곤을 무릅쓰고 산모 보호자활동을 계속했다. 그런데 점심식사 후 14:00경 또 비보가 날아 들어왔다. "동생아기가 또 당(糖) 부족증세를 보여 주사를 맞고 있다." 는 내용이었다. 신생아실에 다녀 온 아들은 "아기가 힘없이 늘어져 있는 상태" 라고 표현하며 걱정했다. 이런 정황을 산모는 아직 모르고 있었다. 혜월은 귓속말로 아내에게 동생아기 증세를 알렸다. 예기치도 못했던 암초에 멀린 혜월 가족들! 혜월은 마음을 크게 먹고 가족들에게 한마디 했다. "대학병원에서 못 고치는 병은, 다른 곳에서도 못 고친다. 모두가 하늘이 주는 운명이다. 크게 생각하고 최선을 다하는 것만이 인간이 할 수 있는 일이다.” 혜월은 또 아들에게 용기를 갖으라고 독려했다. “남편이 정정당당하게 언행하고, 산모를 보살펴야 한다.”고 깨우쳤다. 혜월은 “가정의 운명은 남자의 어깨에 달려있다. 모든 일에 최선을 다하면 후회가 없다.” 는 좌우명도 말했다.

그날 16:00에 아들 부부와 혜월 부부 4명은 신생아실 근무 간호사들이 신생아상담실에서 주관한 이벤트Event에 참석했다. ‘아기들과 부모님들의 만남’ 행사에 참석했다. 쌍둥이 손녀 두 명은 침대에 나란히 누워 눈을 감고 있었다. 밝은 형광등 빛이 아름답게 아기들을 비추고 있었다. 숨소리도 들리지 않는 조용한 분위기 속에서, 잠에 빠진 아기들의 모습은 황홀감을 불러일으켰다. 그 모습은 선녀로도 보였고, 곤히 잠든 아기부처 같기도 했다. 아기들은 침묵으로 가족들에게 인사하고, 내일을 약속하는 것 같았다. 혜월의 감정도 조용했다. “그래, 먼 길을 오느라 피곤했겠다. 실컷 자고 일어나 함께 걸어가자! 어서 자라 너희들이 우리집 대들보가 되어다오.” 라고 무언의 대화를 했다. 간호사들은 “두 아기들에게 우유 10mg를 각각 먹였다.” 고 혜월 가족들에게 강조했다. 이제 아기들이 모두 정상적이라는 의미였다. 출산 후 혜월 가족들이 10여 시간을 불안했던 요소들이 이제 모두 해소되었다.

◆ 쌍둥이 손녀 출생일기 작성을 마치며 ◆

• 혜월은 오늘(2010.12.28) 두 공주 출생일기 작성을 끝냈다. 쌍둥이 손녀가 태어난 지도 벌써 7일이 되었다. 쌍둥이 손녀는 12.26 각각 이름을 얻었다. 혜월이 지면 있는 역술가와 협조해, 한명 당 두 개 이름을 작명해 부모들이 최종선택을 하게 했다. 지금 생각하니, 쌍둥이 손녀들이 엄마 뱃속에서 병원생활을 했던

지난 77일이 7년 같이 생각되었다. 긴장된 순간도 많았고, 절망적인 순간도 많았다. 그러나 무엇보다도 대견스런 것은, 며늘아기의 인내와 꼭 성취하겠다는 의지였다. 밝고 명랑한 성격을 소유한 한 젊은 여성이, 온갖 정성을 다해 일궈낸 승리여서 더욱 값지게 생각되었다. 혜월은 모든 여성의 모성애는 무한정 것이라는 사실도 이번에 경험적으로 확인할 수 있었다.

• 금번 혜월이 처음 경험한 인간의 출산은, 생명生命의 탄생이라는 천부적天賦的인 것이었다. 인류가 생존하는 한 계속될 기초적이고 기본적인 현상이었다. 그러나 출산에 대한 인간들의 판단과 시각은 제각각이었다. 불가사의不可思議도 많았다. 생각하지 못했던 기적 같은 현상도 많았다. 엄마 뱃속에선 동생 같아 보였던 아기가, 세상에 나와서는 언니가 되어 언니답게 성장하고 있다. 체중도 좋고, 뱃속 상부를 점령하여 넓고 활동적이었던 손녀가, 세상에 태어나서는 동생이 되었다. 혜월은 새 생명의 탄생은 하늘의 뜻이라는 말도 이번에 절실하게 체험했다. 혜월은 영적세상靈的世上과 종교에 대한 편견도 이제 버리고 재정립해야겠다는 결심도 했다. 혜월은 지난 69년간의 인생살이가 허구虛構 만 스쳤던 부질없는 여정이었다고 생각되었다. 혜월은 그래도 용기를 냈다. 남은 평생을 다시 정리해 보람 있는 나날을 보내며, 자신을 찾아온 두 공주孫女들의 성장과정을 지켜보기로 했다.

(4). 쌍둥이 손녀 양육일기日記

• **2010.12.23(목)** : 사목회 날이었다. 연말이라 많은 회원들이 참석했다. 술을 많이 먹는 회원도 없고 특별한의제도 없었다. 박혜월은 14:20 경 귀가했다. 아내가 며늘아기 소식을 전해주었다. '동생손녀' 가 오늘도 당분糖分 주사를 맞았다는 것이다. 혜월은

크게 놀랐다. 어제 오후 신생아상담실에서 이벤트 할 때, 간호사들은 “이기들은 완치되었다. 우유도 10mg씩 모두 먹었다. 아기들은 정상이다.” 라는 말들을 했었다. 그 때 혜월은 그것으로 모든 상황이 끝난 것으로 생각했다. 그런데 또다시 떨어지는 청천벼락! 혜월의 놀란 마음들은 방황했고 끝이 보이지 않을 것 같았다.
이런 분위기 속에 혜월은 어제 전화로 작명가作名家에게 부탁했던 서류를 찾으러 출발했다. 종로6가에 위치한 작명소였다. 오랜만에 가는 혜월의 발길! 16:00에 도착했다. 작명가는 미리 준비했던 작명장(作名狀), 선명장(選名狀, 2장), 좌우명(座右銘, 2장)등을 혜월에 건네주었다. 혜월은 고마웠다. 20여 년 전부터 구면인 작명가는 옛정을 되살리며 친절하게 해결해 주었다. 두 사람은 지난 추억을 더듬으며 많은 이야기를 했다. 작명가는 끊어졌던 우정을 되살려 함께 살아가자고 제의 했다.
혜월은 조계사로 이동해 대웅전에서 부처님께 삼배三拜를 올리고, 영구위패 단壇에 계신 조상님들께도 인사를 드렸다. 혜월은 아들 내외가 어제 쌍둥이를 얻었다는 소식도 전해드렸다. 혜월은 무사히 잘 자라도록 도와주시라고도 빌었다. 혜월이 사찰 경내로 나와 전화를 하니, 아내는 며늘아기의 퇴원 날짜를 전해주었다. 병원 측이 산모는 내일 13:00 퇴원하고, 수술부위 ‘실밥 제거날’ 다시 오라고 했단다. 며늘아기가 이제 길고 지루했던 입원생활을 마무리하고 퇴원하라는 명령을 받았다. 두 아기들은 당분간 신생아실에서 보살펴준다는 게 병원 측의 의견이었다. 내일은 X-Mas Eve 날! 부처님과 하느님이 아들 부부에게 크고 행복한 은혜를 베푸셨다. 혜월은 갑자기 보이지 않는 손들이 우리가족들을 보살피고 계시다는 생각을 했다. 혜월은 목화송이처럼 하얗고 부드러운 구름 떼가 머릿속으로 지나가는 느낌을 받았다. 오늘 저녁엔 인천 사돈 내외가 대학병원에 올라와 며늘아기와 밤을 지내고, 내일 퇴원도 도와 줄 것이라는 소식도 도착했다.

• **2010.12.24(금)** : 오늘은 크리스마스 전야의 날이다. 금년 경인庚寅 년도 며칠 남지 않았다. 아침에 들리는 소식은 "어제 오후 언니 손녀도 당(糖) 주사를 맞고 회복했다." 는 것이다. 또 예기치도 못했던 상황이 벌어졌던 것이다. 이제 이런 모든 상황들이 쌍둥이들이 겪어야 하는 시련같이 생각되었다. 남들보다 작은 체중을 하고 세상에 나왔기 때문에 겪는 시련이 분명했다. 그렇다면 앞으로도 계속 시련은 이어질 것이라는 예측도 가능했다. 혜월이 머릿속엔, 엊그제 고등학교 동창이자 산부인과 의사인 친구가 했던 말이 스쳐갔다. "쌍둥이는 낳기도 힘들지만, 키우기도 힘들다." 는 내용의 말이다.
17:00 산모産母는 친정 부모들의 도움을 받아 무사히 밤을 넘기고, 퇴원해 편히 쉬고 있다는 전갈이 왔다. 한편 아들은 출산휴가 2일을 넘기고 오늘 직장에 출근했다. 아들이 20:40 혜월에게 전화를 했다. 귀가 즉시 병원 신생아실에 전화로 아기들의 안부를 물었단다. 간호사는 "아기들은 모두 건강하다. 주사를 맞거나 치료를 받는 아기는 없다." 고 대답했단다. 혜월은 자신도 기분이 좋아 전화하는 것이라고 했다. 혜월 가족들은 모레 12.26 일요일에 아들 집을 방문키로 했다. 그날 혜월 부부는 아기들의 옷과 작명서류(이름) 등을 전달할 예정이다. 그리고 아들과 신생아실로 가 아기들과 재상면 할 계획이었다. 멀리서 온 두 공주님들은, 세상에 출생 후 벌써 세 번째 로 부모들을 일희일비(一喜一悲) 하게 만들었다. 이제 우리 아기들도 이 세상에 온지 3일이 되었으니 매일매일 건강하게 자랐으면 좋겠다.

• **2010.12.26(일)** : 어제가 X-mas였다. 딸과 혜월 부부는 승용차

편으로 10:10 아들네 집으로 출발했다. 아침기온이 영하 12도였다. 어제는 영하 16도였다. 눈이 내릴 것이라는 예보도 있었다. 아내는 손녀들의 내복, 이불, 먹거리들을 준비했다. 혜월은 작명가가 손녀들의 이름을 지은 작명장作名狀, 선명장選名狀, 좌우명座右銘 등을 준비했다. 모두 아들 내외에게 줄 것 들었다. 오늘은 남부순환도로가 한산했다. 날씨도 춥고 모두들 어제밤 실컷 놀았나보다. 혜월 가족들도 금번 '크리스마스'에는 부처님께서 커다란 선물을 주셨다. 며늘아기가 험한 고개와 구비를 넘어 두 공주(쌍둥이)를 순산했으니 말이다. 혜월은 모처럼 즐거운 마음으로 운전을 했다. 이틀 전만해도 운전대를 잡은 혜월의 손은 긴장되고 불안한 상태였다. 금년은 혜월 가족들이 모르는 사이에, 꽃다운 단풍도 떨어지고 된서리가 내렸다. 혜월 가족들은 어느새 겨울 한 중심에 서 있다. 이제 며늘아기 건강을 회복했고, 손녀들도 정상적인 상태가 되었다.

혜월 부부는 아들집에 11시경 도착했다. 아들 내외는 집에 있었다. 혜월 가족 5명이 모인 것이다. 가족들은 우선 아기들의 이름을 선정했다. 혜월이 작명가와 준비한 작명장과 선명장을 보며 상의 끝에 손녀들의 이름을 결정했다. 모두 맑고, 밝고, 하얗다는 의미를 갖은 이름이었다. 선명장엔 각자의 출생일시四柱, 성씨, 본관, 행열, 수명, 건강, 부모형제, 부부관계, 결혼 예상시기, 궁합(宮合), 좌우명(符籍) 등이 있었다. 혜월은 우선 가족들이 잘 이해하도록 모든 내용을 상세히 설명해 주었다. 손녀들의 이름이 결정되자 모든 가족들이 좋아했다. 혜월도 옛정을 잊지 않고 상세하게 협조해 준 작명가가 고마웠다. 혜월은 문집 '죽을 고비' 한 권을 작명가에게 우송해 주었다.

아직 회복중인 며늘아기를 제외한 가족 4명은 12:00 대학병원으로 이동했다. 두 번째 두 손녀들과 가족들과의 상면相面을 위한 행보였다. 상면은 대학병원 신생아실에서 있었다. 놀랍게도 언니 손녀는 눈을 뜨고 가족들을 쳐다봤다. 동생 손녀는 아직도 눈을 감고 잠만 잤다. 간호사가 아기들의 상태를 설명해 주었다. "아기들은 현재 질소 원소의 한가지인 인(燐) 성분이 적은 분유를 먹고 있다. 체중이 출생 때 보다 50g 정도 줄었는데, 일주일 후엔 다시 회복하여 집에 갈 수 있을 것이다. 오늘 신생아들의 마지막 '테스트' 인 청력과 성대 테스트를 받을 예정이다." 라는 내용이었다. 가족들은 신비롭게 손녀들을 살폈다. 손녀들의 침대 뒤에는 호흡과 맥박 횟수가 자동적으로 집계되는 계기가 작동하고 있었다. 아버지가 된 아들도 아기들이 정성적인 상태라는 말을 듣고 기분이 좋아보였다. 면회는 13:00 끝났다. 가족들은 단골집이 되어버린 동태찜집으로 이동했다. 혜월이 가족들은 모처럼 즐거운 이야기만 하며 맛있는 점심을 먹었다. 아들은 쌍둥이 엄마가 주문한 '돈까스' 를 옆집에서 사 왔다. 그 모습을 본 혜월은 아들도 이제 많이 컸다는 생각을 했다.

• **2010.12.28(화)** : 어제 밤에 눈이 많이 내렸다. 온 세상이 하얗다. 혹한 속에 내린 눈이라 하루 종일 교통이 불편했다. 혜월은 집에서 두 공주 탄생일지를 작성하며 일과를 보냈다. 그리고 저녁때는 대학교 ROTC 동기생들과 망년회를 했다. 혜월은 20:30에 귀가했는데 며늘아기가 집사람에게 전화를 했다. 대학병원에서 내일 아기들을 퇴원시키라는 지시를 받았다는 것이다. 혜월은 크게 충격 받았다. 쌍둥이 손녀들의 체중이 겨우 2Kg 밖에 안 되는 상태였다. 퇴원이라는 것은 상상도 하지 못했었다. 적어도 정상적인 혜월 가족들은 아기들의 체중인 3Kg-4Kg정도에 퇴원할 것으로 생각하고 있었다. 그러나 막상 산모産母는 산후조리원으로 갈 것이라며 태연했다.

혜월은 인천 친정에 머물고 있는 며늘아기와 직접 통화했다. 대학병원과 산후조리원의 차이점을 상세히 설명했다. 의술의 차이, 의료기기, 진료자세, 비용, 시설 등 모든 것이 열약하다는 점을 설명했다. 혜월은 쌍둥이들에게는 적당치 않은 곳임을 지적했다. 산모는 조리원은 오래전에 예약을 했고, 걱정하지 않아도 될 것이라고 자신감을 나타냈다. 혜월은 대학병벼원이, 신생아실이 부족해 정상적인 신생아들은 퇴원시키는 것이라는 생각을 했다. 산모는 내일 친정 부모들과 아기들을 퇴원시키고 산후조리원으로 가겠다고 말했다. 혜월은 또 한 번 의견을 접고 동의했다. 이제 혜월의 쌍둥이 손녀들은 출생과정을 벋어나 양육단계로 접어들었다. 일기예보는 내일 아침 기온이 영하 10도라고 방송했다. 혜월은 잠자리에서 두 손녀들이 감기에 걸리지 않기만을 축원했다.

- **2010.12.29(수)** : 겨울 하늘이 맑고 깨끝했다. 그러나 내일 아침 기온이 영하 6도라는 예보가 나왔다. 문밖에 나가 보니 싸늘한 겨울바람이 전신을 휘감았다. 며늘아기는 눈과 바람 속에 손녀들을 '산후조리원' 으로 옮겼다. 인천 친정 아버지가 눈雪길을 운전하며 산모를 도와주었다. 며늘아기는 이사移徙를 마치고 16:40 전화 했다. "아기들이 이제 일반분유를 먹을 수 있다. 아기들의 체중은 각각 언니 2.03Kg, 동생 2.30Kg이다." 라고 일러주었다. 병원에서 말해 준 대로 출생시 몸무게로 되돌아 온 것이었다. 산후조리원 규모는 16명의 아기들을 수용할 수 있는 규모였다.

- **2010.12.31(금)** : 신묘년 마지막 날이었다. 전국적인 폭설로 서울시내 도로사정이 엉망이었다. 아침 최저기온도 영하 12도였다. 모든 게 얼어붙은 혹한酷寒이었다. 혜월 부부는 11:40 손녀들이 있는 산후조리원으로 출발했다. 승용차로 갔다. 딸은 직장 보직

이 변경되어 서울 본사로 출근했다. 혜월 부부는 13:00 산후조리원에 도착했다. 최근 유행한다는 산후조리원은 서울시 강남구 삼성역 부근에 있었다. 조그만 4층 건물 중 3층을 전세하여 꾸민 신생아 양육시설이었다. 혜월 부부는 우선 음식점에서 점심식사를 했다.

혜월은 승용차에 손녀孫女 2명과 아들 부부 등 5명을 태우고 대학병원으로 갔다. 손녀들의 외래진료를 위해서였다. 혜월은 신생아 2명을 태우고 운전하기는 이번이 처음이었다. 몹시 조심스러웠지만, 생각보다 쉽게 병원에 도착했다. 산부인과에 접수를 하고, 아기들은 피검사를 위한 채혈을 했다. 그리고 소아병동으로 이동해 소아과에 진료신청을 했다. 손녀들은 키와 체중을 검사했다. 언니는 2.1Kg, 동생은 2.7Kg이었다. 출생 시 체중 그대로였다. 진료실이 확정되었고, 순서를 기다렸다. 혜월 손녀들이 진료를 받을 제4진료실은, 신생아들을 집중적으로 진료하는 곳이었다. 혜월 가족들은 상상 이외로 환자들이 많은 데 놀랐다. 신관건물에 '소아과병원' 이라는 간판을 붙인 이유를 이해할 수 있었다.

대합실은 진료순서를 기다리는 아기, 소년, 부모들로 들끓었다. 공기도 탁했다. 게다가 여기저기서 울어대는 아기들의 울음소리는 너무 혼잡했다. 혜월 손녀들은 15:30 진료를 받았다. 예상 외로 결과가 좋지 못했다. 다시 체내에 인燐이 많아 졌다는 소견이었다. 오늘부터 저인분유나 모유를 먹이라는 지시를 받았다. 의사는 언니 혈액이 A형이고, 동생 혈액은 O형이라는 사실도 가르쳐 주었다. 혜월 가족들은 조심조심 눈길을 더듬으며 산후조리원으로 돌아왔다. 그날 혜월은 생전 처음 산후조리원이라는 시설을 구경했다. 조리원은 병원처럼 유리로 투명하게 신생아실을 만들었다. 16명의 신생아들이 나란히 누워 있고, 3명의 여성 조리원들이 아기들을 돌보고 있었다. 부모들이 숙식할 수 있는 방도 제공하고 있어, 아기와 부모들이 함께 잘 수도 있는 시설이었다. 그러나 너무 좁은 공간이었고 화재나 방범대책이 전무한 상태였다. 그래도 아들 부부처럼 젊은 부부들에게는, 산후 초기 신생아 돌보는 방법을 터득할 수 있어 큰 도움이 될 것 같았다. 조리원들은 아기들의 진료결과를 파악하고 즉시 저인분유를 먹였다. 혜월은 동생손녀가 태어날 때부터 엉덩이 밑 부분에 발진이 있다는 사실도 귀갓길에 들었다. 혜월은 동생손녀가 대학병원에서도 생기가 없었던 이유를 짐작할 수 있었다. 산후조리원 사용 비용은 일주일에 220만 원 정도였다. 그래도 예약 없이는 들어올 수 없고, 입원 희망자들이 줄을 서 있었다. 오늘 혜월은 쌍둥이 손녀들의 외래진료를 뒷바라지를 했다. 혜월은 손녀들의 정상적인 출산일자인 40개월이 될 때까지, 수시로 외래진료를 받게 될 것이라는 예측도 했다. 혜월 가족들은 앞으로 한 달 은 더 긴장 속에 아기들을 돌봐야 할 것 같았다.

• **2011.01.02(일)** : 신묘(辛卯)년 새해가 밝았다. 혜월이 가족들은 연일 무서운 한파寒波에 시달리고 있다. 오늘도 혹한酷寒이었다. 아들이 혜월에게 19:15에 전화를 했다. 손녀들을 돌볼 보모保姆를 구했다는 내용이었다. 인터넷을 통해 산후조리원에서 소개받은 인물이라 했다. 조리원은 채용 면접 때 아기 부모들이 참석해도 좋다는 전갈을 했었다. 보모는 금천구에서 출퇴근하며, 09:00 - 18:00 까지 일주일에 5일간 근무할 예정이었다. 봉급은 한 달에 150만원 이었다. 혜월은 아들에게 보모의 신분확인과 보안조치를 확실하게 해야 한다고 주문했다. 다른 일도 아니고 한 집안에서 가족같이 살아야하는 것이기 때문이라고 말했다.

혜월은 쌍둥이 손녀들이 태어났는데도 보모를 채용해야하는 집안 형편이 한심스러웠다. 혜월 가정이나 사돈査頓 가정 공히 손녀들 육아에 동참할 수 없는 실정이기 때문이었다. 혜월 부부는 고령에 모두 환자나 다름없는 상태고, 사돈 가정은 맞벌이 하고 있었다. 뿐만 아니다. 아들은 회사에서 '인도네시아' 사업현장에 파견근무를 나가야하는 입장이었다. 이런 분위기 속에서 쌍둥이 손녀들이 태어났다. 혜월은 몇 달 전부터 보모 두는 생각도 했었다. 그러나 막상 아들의 통보를 받고 보니 만감이 교차했다. 부모로서 면목도 없고, 아들이 내외가 가엾기도 했다. 아들 부부는 2주간 산후조리를 하고, 1.11일부터 집에서 보모와 함께 쌍둥이 손녀들을 돌보는 생활을 할 예정이다. 아~ 옛날이여! 혜월은 옛날이 그리워졌었다.

- 2011.1.5(수) : 오늘은 혜월의 손녀들이 대학병원을 졸업한 날이었다. 혜월은 아들 부부에게 문자메시지를 발송했다. 혜월은 서울 관악구 낙성대落星臺 입구 소재 음식점에서 핸드폰으로 '문자메시지'를 보냈다. "오늘은 쌍둥이 손녀들과 산모가 대학병원을 졸업하는 날." 이라고 보냈다. 혜월 부부는 함께 돼지불고기와 쌈밥을 먹고 있었다. 혜월이 갓 태어난 손녀孫女들의 졸업식을 알게 된 건, 며늘아기가 산후조리원에서 전화를 해 주었기 때문이었다. 혜월 부부도 하루 종일 쌍둥이 손녀들의 대학병원 외래진료 결과가 궁금했던 터였다. 손녀들의 외래진료에는 혜월 부부와 며늘아기가 함께 참여할 예정이었다. 혜월은 항상 승용차 운전수 자격이었다.

그러나 뜻밖에도 혜월 아내가 감기몸살을 앓기 시작했다. 어제부터 동네의원에서 약을 복용하고 있는 중이었다. 아내가 불가피하게 신생아들이 많은 산후조리원에는 출입을 할 수 없게 된 것이다. 아내는 세상에 태어난지 15일 째인 손녀들의 외래진료에도 동참할 수가 없었다. 혜월은 무거운 손으로 수화기를 들었다. 산모에게 사정을 말했다. 재치가 좋은 며늘아기는 재빨리 인천 친정 부모가 지원하도록 조치하고 혜월에게 알렸다. 오늘 날씨도 영하 13도였다.

그래도 혜월 부부는 예정대로 산후조리원으로 출발했다. 혜월 부부는 조리원 건물 1층에 있는 식당 생태찜으로 점심식사를 했다. 혜월 부부는 가벼운 마음으로 며늘아기에 전화하고 3층으로 올라갔다. 산후조리원 현관에서 귤, 아기이불 등을 전달했다. 며늘아기와 혜월 부부는 아쉽게 작별하고 헤어졌다. 혜월은 “외래진료 잘 다녀오라.” 는 인사도 잊지 않았다. 4일전에 있었던 외래진료는 혜월 부부도 참여했었다.

혜월 부부는 이제 막 눈망울을 돌리기 시작하는 손녀들을 5m거리에 두고 뒤돌아서야했다. 겨울 감기가 가져 온 슬픔이었다. 겨울의 한 가운데 서있는 도심都深은 모두 흰 눈과 얼음뿐이었다. 그 설경雪景 속으로 쌍둥이 손녀들의 얼굴이 눈 속에서 어른거렸다. 의사가 채혈採血을 위해 주사바늘을 찌를 때 손녀들이 큰 소리로 울어대던 모습. 가족들을 쳐다보다 지그시 눈을 감던 앙징스런 그 얼굴. 우유병을 입에 대면 온 힘을 다해 빨아들이던 그 입술! 혜월은 한강 쪽에서 매섭게 불어오던 돌풍 때문에 그나마 정신을 차릴 수 있었다.

귀갓길 교통은 순조로웠다. 아직 퇴근시간이 남아 있기 때문일 것이다. 몸살중인 집사람이 오늘 따라 쌈밥집이서 저녁식사를 하자고 주문했다. 혜월은 재빨리 “집사람이 어수선한 마음을 간추리려한다” 고 생각하고 운전대를 잡았다. 혜월 부부가 저녁식사 중 산모가 전화를 했다. 며늘아기의 전화는 모두 반가운 내용뿐이었다. 반가운 소식들은 지난 10월 대학병원에 입원하여 “쌍둥이 해산전쟁”을 시작한 후 처음 같았다.

“의사 선생님이 이제 동내병원에 다녀도 된다고 말씀하셨다. 오늘 아기들이 BCG접종도 했다. 체중은 언니 2.4Kg, 동생 3.0Kg 이었다. 동생의 엉덩이 부분 '발진현상' 도 거의 마무리 단계다." 등 내용들이었다. 혜월이 문자메시지를 보낸 지 오 분도 되지 않아 아들이 답신을 보내 왔다. "아~그렇네. 이제는 잘 키우는 것만 남았네!" 아들도 회한悔恨의 한숨을 쉬고 있었다. 하기야 손녀들의 대학병원 졸업이 있기까지, 제일 고생한 주인공은 산모와 아들이었다. 아들은 직장근무 때문에 3개월에 걸친 보호자 역할이 너무 힘들었다. 병원과 직장 및 가정을 오가는 고된 일과가 너무 길었다.

풍찬노숙風餐露宿이 다반사茶飯事였고, 보모保姆 노릇도 해야 했다. 잠이 부족해 얼굴이 핼쑥하고, 제때 끼니를 때우지 못해 축 늘어진 날도 많았었다. 산모와 아기들이 해산解産 후에도 산후조리원 생활로까지 이어졌으니, 아들이 더 이상 고생할 게 없어 보였다. 결혼 후 전세로 보금자리를 꾸민 아파트도 만기滿期가 다가왔다. 집주인으로부터 보증금을 더 올려야 재계약이 가능하다는 통보도 받았었다. 혜월이 옆에서 보기도 아들은 너무도 힘들고, 바쁘고, 괴로운 나날을 보냈다. 혜월이 오늘 지난 발자국을 되돌아보니, 아들이 너무 대견스럽다. 산모도 아들에게 "오늘은 집에가 푹 자고 내일 직장에 출근하라." 고 배려했다. 오늘은 감기몸살로 고생하는 혜월 가정에 낭보朗報만 날아 든 승리勝利의 하루였다.

- **2011.01.11(화)** : 오늘은 혜월 손녀들이 산후조리원을 졸업하고 집으로 이동한 날이었다. 손녀들은 지난해 12.29 대학병원에서 이곳으로 왔었다. 2주 만에 퇴원하는 것이었다. 혜월 가족들은 지난해 6.10 며늘아기의 임신사실을 알았고, 9.12 이란성 쌍둥이 딸이라는 사실도 알았다. 쌍둥이 손녀들도 뱃속에서 너무 많은 고생을 했다. 쌍둥이라는 여건 때문에 체중도 정상이 아니고, 대

학병원에 두 번이나 입원해, 뱃속에서 67일이나 어려운 생존투쟁을 했었다.

오늘도 아침 최저기온이 영하 12도였다. 지구온난화로 매서운 추위가 계속되고 있었다. 찌푸린 하늘은 가끔 게릴라성 눈을 뿌렸다. 함박눈이 하늘을 덮고 휘날리곤 했다. 오후 14:20 며늘아기가 혜월 아내에게 전화를 했다. 인천 친정 가족들의 도움을 받아 아기들과 함께 집으로 잘 왔다는 내용이었다. 혜월은 집안 온도와 습기에 신경 쓰라고 주문했다. 원래 혜월 부부도 아들네 집을 방문하고 부모로서의 역할을 하려고 했었다. 그러나 혜월 아내의 감기몸살이 끝을 보이지 않았다. 추운날씨로 '신종프루와 계절독감이 기승을 부리고 있었다. 희생된 환자들도 많다는 보도도 계속되었다. 혜월은 아내에게 감기가 완치된 후 손녀들을 방문하자고 제의했다. 아내도 동의했다. 혜월 부부는 이래저래 부모역할을 못해, 인천 사돈에게 미안하게 생각되었다.

아들 부부는 이제 4명의 가족이 집에서 정상적인 일과를 꾸려갈 수 있을 것이다. 그러나 쌍둥이들을 양육시키기 위한 또 다른 과제들이 계속 부각될 것이다. 그런데도 오늘따라 혜월의 마음이 편해졌다. 혜월은 며늘아기가 지난해 10.12 대학병원 산부인과에 입원했을 당시부터, 아들 부부를 뒷바라지 하는데 최선을 다했다. 혜월은 그 당시도 자식들에게 자신의 좌우명座右銘인 진인사盡人事를 강조했었다. 때문에 혜월은 현시점에서 후회는 없었다. 그러나 혜월은 지난 3개월 간 수필 한편 못썼다. "문학창작활동은 건강에 이상이 없고, 마음이 편하고, 욕심이 없어졌을 때만 가능하다." 고 강조하던 선배문인이 생각났다. 그래도 혜월은 이번에 돈 주고도 살 수 없는 귀중한 체험을 한 게 자랑스러웠다.

- **2011.1.15(토)** : 손녀들이 집으로 온지 5일째된 날이었다. 손녀들

은 집에서 엄마 와 보모保姆의 보살핌을 받고 있다. 오늘도 추운 날씨는 계속되었다. 새벽 최저기온이 영하 16.6도였다. 전국이 맹추위로 온 나라가 얼어붙었다. 손녀들이 산후조리원 생활을 할 때부터 기록적인 폭설이 내리고, 한파주위보도 함께 내렸었다. 순발력도 탁원한 며늘아기는 인터넷에서 보모를 구했다. 계약기간은 2주였다. 보모는 서울시 금천구에서 출퇴근 한다고 했다. 일주일에 5일 출근해 09:00-18:00(9)시간을 손녀들을 돌보기로 계약되었다. 혜월은 며늘아기에게 인력회사들의 절도, 인신매매, 폭력 등 비인간적인 만행을 소개하며 주의를 당부했다. 인터넷 화사들은 더욱 조심해야 한다고 강조했다. 혜월은 인간사회의 이런 취약점은 양보할 수 없는 사례들이라고 생각하며 굳은 마음으로 당부했다.

혜월 부부는 손녀들이 산후조리원을 떠나 집으로 이동할 때 며늘아기를 도와주지 못했다. 출생한 지 한 달도 안 된 손녀들 옆에, 감기환자가 갈 수는 없는 노릇이 었다. 상황이 그럴 때는 아픈 것도 죄스러웠다. 당시 아내는 혜월의 냉정한 언행에 서운한 표정이었다. 그러나 혜월은 가족들에게 강조했다. “우리 가족들은 앞으로 많고 많은 날들을 아기들과 함께 생활할 것이다. 서두를 필요가 없다. 손녀들이 건강하게 잘 자라도록 울타리를 쌓아주는 게, 부모와 가족들의 첫 번째 임무다.” 라고 강조했다.

계속되는 살인적인 추위로 집안에 갇혀있던 아내가 어느 날 며늘아기에게 전화를 했다. 아들은 주말을 맞아 모처럼 부족했던 잠을 충전하고 있었다. 하기야 지난 100일 간 산모産母만 피곤한 게 아니었다. 직장, 병원, 가정을 돌봐야 했던 아들도 너무 고생이 많았다. 병실에서 밤을 새우고 직장으로 출근하는 피곤을 이겨냈다. 아들은 산모와 함께 난관을 극복한 주인공이었다. 오늘 저녁에는 인천 사돈 부부가 손녀들을 방문하고 내일 귀가할 예정이다. 쌍둥이네 밀린 집안일들을 도와주려는 행차였다. 사돈 부부는 혜월 부부가 미안한 마음을 갖지 않도록, 항상 열성적이 지원을 아끼지 않았다. 양쪽 가족들이 많은 애를 썼어도, 모두가 승리감을 만끽하며 일상日常을 가질 수 있어 다행이었다.

손녀들이 퇴원 후 혜월은 종종 손녀들의 양육養育문제에 관심을 두었다. 쌍둥이 손녀들이라서 자연히 각별한 관심을 갖게 된다. 최선의 노력은 앞으로도 5년 정도 계속되어야 할 것 같았다. 성공과 실패를 비롯해, 승리와 패배 여부는, 그 때 가서 계산이 가능할 것 같다. 의사들도 쌍둥이 신생아 양육이 생각보다 힘들다는 이야기를 종종 한다.

• **2011.1.17(월)** : 오늘도 하루 종일 폭설이 내렸다. 3일째 계속되는 폭설과 한파였다. 서울과 부산의 최저기온이 모두 영하 12.5도였다. 국내 TV들은 연일 얼어붙은 산하와 피해현황들을 방송했다. 강도 얼고 바다도 얼고, 산야가 모두 얼어붙었다. 동파사고로 전 국민들이 몸부림쳤다. 이제 서울은 소련 '모스크바' 보다도 더 추은 지역이 되었다니, 믿어지지가 않았다. 혜월은 서재에서 손녀들을 생각했다. "쌍둥이 손녀들이 정상 분만으로 2011.1.21 태어났다면, 얼마나 고생했을까!" 하는 생각을 했다. 가끔은 고생과 비정상이 더욱 값진 결과를 불러온다는 사실도 잘 알아두어야 할 것 같았다.

• **2011.1.25(화)** : 며늘아기가 전화를 했다. 손녀들이 동내 병원에서 간염예방접종을 했단다. 손녀들의 체중은 많이 늘었다. 언니 3.3Kg, 동생 3.9Kg이었다. 혜월은 핸드폰으로 아들 부부에게 문자메시지를 발송했다. "그동안 수고들 많았다. 이제 아기들은 10개월 된 정상적인 체중으로 성장한 것이다." 오늘 혜월이 부부

는 병원진료를 다녔다. 아들은 저녁 때 혜월 부부 핸드폰으로 손녀들 사진을 송신해 주었다. 옥 구술 같은 손녀들의 얼굴을 핸드폰 화면을 통해 접하니 매우 앙증스러웠다. 대견스럽기도 했고, 소중하게도 느껴졌다. 아내도 핸드폰 속의 손녀들 얼굴을 보고 또 보고 했다.

- **2011.2.22(화)** : 오늘 손녀들이 인천 외할아버지 댁에 갔다. 아침 일찍 며늘아기가 전화 해 며칠간 머리를 식혔으면 좋겠다는 의견을 제시했다. 며늘아기는 3일간 잠을 못 자 너무 피곤하다는 애로를 토로했다. 혜월은 흔쾌히 허락했다. 혜월 부부가 지난 며칠간 아기들을 직접 돌본 결과, 쌍둥이 엄마의 고생이 어느 정도 인지를 실감할 수 있었다. 손녀들은 오늘 동네 병원에서 DPT예방접종을 한 후, 외할아버지 승용차로 인천 엄마친정으로 갔다. 며늘아기는 손녀들의 체중을 알려주었다. 언니 4.1Kg, 동생 4.9Kg이었다. 손녀들은 어려운 환경 속에서 생각보다 많이 컸다.

- **2011.2.24(목)** : 며늘아기가 저녁 때 전화를 했다. 손녀들과 엄마는 "인천으로 간 후 아기들이 잘 먹고, 잘 자고, 잘 논다." 고 전해 왔다. 그리고 가능하면 3월 한 달은 인천 친정에서 지냈으면 좋겠다는 심경도 피력했다. 혜월은 인천은 서울보다 공기가 맑아 손녀들에게 많은 도움이 되는 것 같다고 말했다. 혜월은 "아기들도 잘 놀고, 친정 부모님들도 동의하시면, 아들과 상의 해 좋도록 하라."고 대답했다.

- **2011.2.26(토)** : 저년 때 며늘아가가 전화를 했다. 오늘 언니가 다니는 인천 소재 소아과의원에서 손녀들이 진찰을 받았다고 전해왔다. 손녀들은 간염예방접종을 했고, 동생은 계속되는 소화불

량증세로 진찰 받았다고 전했다. 의사는 신경 쓰지 않아도 되는 것이라고 소견을 밝혔다는 것이다. 혜월 가족들이 오래 전부터 신경 쓰던 고민사항이 해결된 것이다. 그 소식은 무척 다행스러웠다.

• 2012.06.01(금) : 쌍둥이 손녀 엄마 할아버지께서 타계하셨다. 오늘 금요일 11:00였다. 혜월 부부는 쌍둥 엄마 전화를 받고 알았다. 쌍둥이 부모와 외할아버는 이번 장례식에 상주喪主다. 쌍둥이 손녀와 부모 등 4명은 12:00 혜월 할아버지 댁에 왔다. 인천 상가에 가는 길에 할아버지 댁에 들렀다. 절 같이 적막했던 혜월네 집은 갑자기 7명의 가족들로 떠들썩했다. 쌍둥이 손녀들 소리가 제일 컸다. 아들 부부는 혜월에게 두 명의 손녀 중 한명은 할아버지 댁에 머물기를 희망했다. 상주들이 상가喪家에 가서 할 일이 많을 것을 알고 있는 손녀 부모들의 지혜였다. 가족들은 언니손녀가 혜월 할아버지 댁에 머물기로 했다. 언니손녀는 2박 3일 할아버지 댁에 머물며 함께 생활하는 계기가 마련되었다.
혜월은 언니손녀와 13:00부터 밖에 나가 놀았다. 집 옆에 있는 '어린이놀이터' 와 '운동마당' 에서 재미있게 놀았다. 걷기, 뛰기, 시소 타기, 미끄럼틀 타기, 미끄럼통 통과, 스노우보드 연습장 걷기 등 언니손녀는 즐거웠다. 초여름의 날씨와 기온도 야외놀이 하기에 안성맞춤이었다. 즐거운 시간들은 쉽게 저녁노을을 만들었다. 혜월과 언니손녀는 땅거미가 넓고넓은 아파트 단지에 내려올 때 귀가했다. 할머니는 손녀 저녁식사를 준비했다.
언니손녀가 거실에서 소꿉놀이를 할 때 기침을 몇 번 했다. 혜월의 예민한 관찰이 시작됐다. 언니손녀는 저녁식사도 잘했다. 기분도 상쾌하고 건강하게 밝은 전등 밑에서 가족들과 놀았다. 혜월이 관심을 두고 있는 손녀의 기침은 가족들이 취침就寢 전까지

간헐적으로 몇 번 했다. 언니손녀는 21:00부터 잠을 잤다. 안방 할아버지와 할머니 중간에서, 귀여운 얼굴을 하고 꿈나라 여행을 시작했다. 그러데 예기치 못한 일이 생겼다. 언니손녀가 한밤중(24:00)에 울며 기상했다. 혜월은 손녀를 가슴에 안고 거실과 집안을 서성거렸다. 그러나 손녀는 다시 잠들지 못하고 계속 울기만 했다. 손녀의 울음소리는 점점 큰 목소리로 변했다. 아파트 윗집과 아랫집에 방해를 주기에 충분했다. 혜월은 온갖 노력을 다했다. 손녀는 지친 목소리로 울다 02:00 다시 취침을 했다.

• **2012.06.02(토)** : 언니손녀의 두 번째 취침은 겨우 두 시간 이었다. 손녀는 새벽 04:00에 울며 기상했다. 혜월과 가족들도 덩달아 기상했다. 혜월은 손녀를 안고 잠을 권했지만 손녀의 눈빛은 점점 초롱초롱해 졌다. 혜월은 손녀의 정서가 낯선 집이라 흩어지지 않도록 정성을 다 했다. 가족들의 아침식사가 시작되었다. 다행히 언니손녀는 아침식사를 맛있게 했다. 피곤하거나 졸린 표정은 찾아 볼 수 없었다. 그 후 손녀는 가족들과 거실에서 놀았다. 가족들은 손녀가 심심하지 않도록 병원놀이 등 여러 가지를 준비해 함께 어울렸다. 시원한 아침공기가 물러가고 여름 햇볕이 뽐내는 11:00경, 언니손녀는 오늘도 할아버지와 아파트 현관 인근에 있는 어린이놀이터에서 놀았다. 어제처럼 놀았다. 놀이기구에 익숙해진 손녀는 재미있고 신나게 놀았다. 시소에 앉으면 흥겹게 흥얼거리고, 머리와 허리를 리듬에 맞춰 움직였다.
손녀는 점심식사 후 할아버지와 운동마당에 나왔다. 어제 오후에 놀았던 그 운동마당이었다. 혜월 집에서 70m 정도의 거리에 있는 운동마당은 항상 주민들로 가득했다. 유아로부터 어린이, 초등학생, 중고등학생, 아주머니, 아저씨, 노인 등 모두 주민들이 애용하는 시설이다. 언니손녀는 운동마당에서 여러 가지 운동기구들은 구경했다.
혜월은 손녀가 즐길 수 있는 기구들은 모두 만져보고 움직여 보게 했다. 걷기 기구, 그네, 근육강화기구, 거꾸로 눕기 기구, 관절 운동기구 등 많은 기구들을 보았다. 한시간 후 혜월과 손녀는 한낮 무더위를 피해 집으로 왔다. 손녀는 가족들과 거실에서 각종 놀이를 할 때, 맑은 콧물을 흘렸다. 혜월은 다시 긴장했다. 체온 측정을 했지만 정상이었다. 혜월은 가족들에게 알리고, 외부 바람 등 실내 온도에 관심을 갖았다. 언니손녀는 가족들의 걱정과 콧물 속에 21:00 취침했다. 어제 밤처럼 할아버지와 할머니 중간에서 잠을 자도록 했다. 그러나 손녀는 어제 밤처럼 자정(24:00)에 울며 기상했다. 혜월 가족들도 기상했다.
손녀는 가족들과 거실에서 놀이를 했다. 그후 혜월은 손녀를 안아주며, 새벽 2시 경 다시 잠잘 수 있도록 돌보았다. 그런데 언니손녀는 또 새벽 4시에 기상했다. 이 때 손녀의 목소리가 약간 쉰 목소리였다. 혜월은 크게 긴장했다. 혜월이 그토록 걱정했던 감기가 들린 게 분명했다. 그러나 체온은 36.6도 정상이었다. 언니손녀와 혜월 가족들의 걱정 속에 2011.6.3(일)이 밝았다.

• **2012.6.3(일)** : 언니손녀는 어제 아침 처럼 더 이상 잠을 청하지 않았다. 손녀는 혜월 가족과 어울리고 아침식사를 했다. 그러나 생각보다 많이 흐르는 손녀의 콧물은 그칠 줄 모랐다. 그나마 다행스러웠던 것은 언니손녀의 쉰목소리가 쉽게 정상으로 회복되었다는 점이었다. 오전에 거실에서 놀던 손녀는 11:00경 할아버지와 어린이놀이터로 나왔다. 손녀는 낯 익은 놀이기구에서 잘 놀았다. 손녀는 손등으로 연실 콧물을 훔치면서도 줄겁게 놀았다. 조금후 할머니도 내려와 놀이기구를 즐기는 손녀의 모습을 보았다. 할머니는 13:00 경 아들 부부가 도착할 것이라고 알려주

었다. 그 당시 손녀의 콧물은 검은 색깔이 섞이고 끈적끈적했다. 드디어 쌍둥이 손녀 부모들이 혜월 집에 도착했다. 부모와 동생 손녀를 다시 만난 어니손녀는 엄마 가슴에 머리를 파묻고 울었다. 언니손녀는 2박 3일간 혜월 가족들과 생활하며, 무언가 이상하고 낮 설었던 분위기를 엄마 머리를 꼭 잡고 울며 회포를 풀었다.

혜월은 가족들의 점심식사 준비차 외출 해, 더 이상 모녀상봉 때의 손녀 동향을 파악하지 못했다.

할머니 말에 의하면 언니손녀는, 엄마에 안겨 울다 부족했던 잠을 보충했다 한다. 언니손녀는 낮선 분위기에서 밤잠을 제대로 자지 못했던 것 이었다. 혜월은 이제 쌍두이 손녀들이 많이 컸다고 생각했다.

손녀들은 생후 1년 5개월 만에 걷고, 뛰고, 기어오르고, 말을 알아듣고, 밥숟가락을 사용하고, 눈치가 밝고, 놀이기구를 즐기는 상태로 성장했다. 아빠 승용차 편으로 귀가하던 언니손녀는, 뒷좌석 엄마 옆에 앉아 함께 가면서도 엄마에게 눈길을 주지 않았으며, 불러도 얼굴을 외면했다고 한다.

언니손녀는 부모들이 자기만 할아버지 댁에 남겨두었던 사실을 서운하게 생각했던 것이었다. 며늘아기에게 이 소식을 들은 혜월은, 무언의 희열감에 잠길 수 있었다. 혜월은 금번 언니손녀와 2박3일(48시간)을 함께 생활하며 많은 것들을 경험했다. 보고 들은 것도 많았다.

쌍둥이 손녀들은 자신들의 노력으로 어느덧 당당한 어린이들로 변해 있었다. 놀이기구 사용, 지적수준, 숟가락으로 밥먹기 등 자신이 홀로설 수 있는 능력을 많이 키웠다. 이제 손녀들은 부모와 가족들에게 귀여운 존재만이 아니었다. 이미 대견스러운 어린이로 성장했다. 혜월은 이번에 언니손녀로부터 유아양육이 얼마나 어렵고 힘든지를 몸소 체험했다. 손녀를 가슴에 안고 몇 시간을 서성거려 잠을 청하게 하는 경험도 했다. 혜월은 그날 밤에 "쌍둥이는 낳기도 힘들고, 키우기 도힘들다." 는 명언을 되새겨도 봤었다.

◆ 생후 1년 5개월 현재 쌍둥이 손녀들의 성장 실태 ◆

- 부모들의 생활 단어를 알아듣고 필요한 행동을 한다.
- 어린이용 TV 시청이 가능하고 이해와 흥미를 느낀다.
- 식사를 숟가락으로 자신이 해결할 능력이 있다.
- 서운한 일이 있으면 즉시 불만을 표명한다.
- 시소를 탈 때 몸과 허리를 반복해 굽히고, 리듬 있는 소리를 한다.
- 할아버지 댁 거실 빨래대에서 자기 내복을 발견하자, 계속 손짓하며 자기 옷을 걷어 간직히게 한다.
- 트위터 어린이 놀이 하면에서 목소리를 내며 즐기는 능력이 있다.
- 자신의 욕구사항 달성을 위해, 부모들의 지시를 외면하고, 모든 힘을 집중시키는 능력이 있다.

(5). 쌍둥이 손녀 성장일지

- **2010.12.22(수)02:20** : 출생 후 2시간 10분이 경과했다. 신생아실에서 동생손녀가 호흡 곤란으로 산소공급을 받고 있다는 전갈이 왔다. 아침 09:30경에 정상으로 회복되었다.
- **2010.1.2.22(수)14:00** : 신생아실에서, 동생손녀가 또 당糖 부족 증상을 보여 주사를 맞고 있다는 전전갈이 왔다. 상태를 확인하고 병실로 온 아버지가 피곤한 상태에서 걱정을 하고 있었다. 아들은 아기들 출산을 지켜보며 지난 밤을 하얗게 새운 상태였다.
- 2010.12.23(목)14:20 : 동생손녀가 또 당糖 주사를 맞았다. 혜월은 고향친구인 산부인과 의사에게 전화를 해 상황을 이야기했다. 친구는 혜월에게 "쌍둥이는 낳기도 힘들지만, 키우기도 힘들다."는 명언을 해 주었다.
- **2010.12.26(일)** : 신생아실 간호사가, 아기들이 인燐. 부족 현상을 보여 저인분유를 먹이고 있다고 알려주었다.
- **2010.12.29(수)** : 손녀들과 산모가 외할아버지 승용차로 퇴원했다. 기온은 영하6도의 혹한이었다. 쌍둥이 가족들은 산후조리원에서 2주일간 보호를 받을 예정이다. 언니 체중은 2.03Kg, 동생 체중은 2.30Kg이었다.
- **2010.12.31(금)** : 세모였다. 혜월은 가족들과 손녀들을 이동시켰다. 승용차로 산후조리원에서 대학병원 산부인과로 갔다. 기온은 영하12도로 살인적이었다. 아기들은 14:30 외래진료를 받았다. 채혈, 키재기, 체중측정을 했다. 15:30 진찰을 받았다. 또 저인분유를 먹이라는 처방이 나왔다. 언니 혈액형은 A형이고, 동생 혈액형은 O형 이었다. 가족들은 손녀들의 진료모습을 처음 보았다. 아기들은 채혈을 할 때, 있는 힘을 다해 버둥거리고 울었다. 너무 애처로운 상황이었다.

• **2011.01.05(수)** : 쌍둥이 손녀들이 대학병원에서 퇴원했다. 외할아버지 승용차로 산후조리원에서 엄마와 상봉했다. 오늘 기온도 영하 13도로 매우 추웠다. 아기들은 퇴원 직전에 BCG접종을 했다. 오늘 체중은 언니 2.4Kg, 동생 3.0Kg이었다.

• **2011.01.11(화)** : 손녀들이 엄마와 산후조리원생활을 끝내고 집으로 이동했다. 오늘 낮 기온도 영하12도 였다. 겨울하늘이 가끔 게릴라성 눈보라를 뿌려댔다. 이제 손녀들은 집에서 엄마, 아빠와 보모保姆의 보살핌을 받을 것이다.

• **2011.01.25(수)** : 손녀들이 아파트 부근 동네병원에서 간염 예방접종을 맞았다. 오늘의 체중은 언니 3.4Kg, 동생 3.9Kg이었다.

• **2011.02.09(수)** : 아기들이 목을 좌우로 돌리는 능력이 생겼다. 딸꾹질과 대변이 잦은 편이다.

• **2011.2.22(화)** : 손녀들이 엄마와 인천 외할아버지 집으로 이동했다. 거기서 한 달을 지낼 예정이다. 혜월이도 산모의 제의를 흔쾌히 수락했다. 며늘아기는 그간 모진 고생을 이겨내며, 손녀들과 함께 금의환향錦衣還鄕한 것이다. 손녀들은 오늘 인천에서 DPT예방접종을 했다. 오늘의 체중은 언니 4.1Kg, 동생 4.9Kg이었다.

• **2011.02.24(목)** 동생손녀가 인천 동네병원에서 소화불량 증세를 진찰 받고 투약을 시작했다.

• **2011.02.26(토)** : 아기들이 인천에서 간염 예방접종을 받았다. 언니손녀가 자주 나타나는 소화불량 증세도 진찰 받았다. 의사는 별스럽지 않다는 소견을 밝혔다.

• **2011.03.22(화)** : 쌍둥이 손녀들이 출생한지 100일되는 날이었다. 혜월이 부부는 손녀들 집을 방문하고 점심식사를 함께했다.

• **2011.04.03(일)** : 손녀들이 인천 외할아버지 집에서 서울 아파트로 귀가했다. 공기 좋은 동네서 살다, 다시 서울로 돌아온 것

이다.

- **2011.04.23(토)** : 쌍둥이 손녀들이 오늘 동네병원에서 4가지 예방접종을 받았다. 혜월이 부부는 오늘 날자를 기준으로 손녀들을 36회 방문했다.
- **2011.12.07((수)** : 언니손녀가 심한 변비증세를 보여 대학병원 소아병원 응급실에서 18:00 - 21:50간 치료를 받았다. 언니손녀는 고열과 구토 증세를 보였다. 의사들은 관장과 수액투척으로 완쾌시켰다. 언니는 변비증세로 대장이 대변으로 꽉 막혀 있는 상태였다.
- **2011.12.22(목)** : 오늘은 쌍둥이 손녀들의 첫돌날이었다. 혜월이 가족들은 쌍둥이네 집에 모였다. 혜월은 손녀들에게 작은 선물을 했다. 손녀들은 건강하고 자유롭게 앉고 눕는다. 때로는 손으로 벽을 집고 일어서기 연습을 자주한다. 사람을 구별하는 인지능력도 좋았다. 손녀들은 TV도 시청하고, '뽀로로' 같은 만화를 즐겨본다. TV를 심취한 상태로 시청하기도 한다. 손녀들은 둥그렇게 4바퀴가 달린 이동기구를 타고 자유롭게 이동한다. 둘이 서로 다투기도 하지만 심한 상태는 아니다. 언니 손녀는 명량하고 적극적이며, 행동이 빠르고 재치가 많다. 성급한 성격이고, 서두르기도 하지만, 인내에는 약하다. 반대로 동생손녀는 침착하고, 느리며, 꼼꼼하고, 인정도 많다. 그러나 결정적인 일에는 대담하게 대응한다. 호랑이 띠 답게 행동이 크지만, 아름다운 미소기 일품이다. 두 손녀들의 모험성은 동일하다.
- **2012.01.21 - 2012.01.22(일)** : 손녀들이 부모들과 할아버지 집을 방문했다. 아기들 출생 후 처음 방문이었다. 저녁식사는 한식집 강강수래에서 했다. 언니손녀가 그날 밤에 울었던 일은, 할아버지가 수필로 섰다. 한국문인협회가 발간하는 '월간문학' 4월호에 게재 되었다.

- **2012.03.13(화)** : 며늘아기가 인천에서 전화를 했다. 동생손녀가 감기증세를 보이지만 분유는 잘 먹는다고 했다.
- **2012.03.17(토)** : 인천에 엄마와 머물고 있는 동생손녀가 인천소아과에서 기관지염 치료를 받고 투약중이다. 중세가 호전되면서 동생손녀는 옹아리를 시작했다..
- **2012.03.22(목)** : 동생손녀의 감기증세가 완쾌되었다. 4.10경 귀가할 예정이다.
- **2012.05.04(금)** : 혜월 부부가 손녀들을 방문했다. 어린이 놀이터에서 그네뛰기, 말타기등을 하고, 많이 걷기도 했다. 손녀들의 활동력은 대단했다. 혜월은 손녀들의 적극적인 모험심에 놀랬다. 가능한 대로 외부 활동을 많이 시켜야겠다는 생각을 했다.
- **2012.05.10(목)** : 오늘도 혜월 부부는 13:00 - 18:40 간 손녀들과 놀았다. 아파트에 철쭉꽃이 만발했다. 어린이 놀이터에서 함께 놀고 걷기도 했다. 동생손녀는 '아빠' 라는 소리를 가끔했다. 말을 배우려고 많이 노력한다.
- **2012.05.17(목)** : 혜월이 부부는 손녀들과 13:00 - 20:00간 함께 놀았다. 어린이놀이터와 학교 앞 공터에서 놀랐다. 걷기는 언니가 잘했다. 언니손녀는 집안에서 노는 것에 잘 적응했다. 낮잠도 없고 기운도 좋았다. 언니손녀는 아빠라는 소리를 제법 했다. 혜월이 집으로 떠나자 동생은 가지 말라고 울었다.
- **2012.5.24(목)** : 혜월이 부부는 오늘 13:00 - 19:00 간 손녀들과 놀았다. 5월의 아파트 어린이놀이터는 온통 새파란 신록뿐이었다. 손녀들은 놀이터, 마당, 운동장 등지에서 걷고 뛰며 놀았다. 그네도 띄고 말馬도 탔다. 이제 손녀들 완전하고 안정된 자세로 걷고 뛴다. 밥숟갈도 자신이 떠 먹으려고 빼앗아 간다. 지나온 세월을 뒤돌아보면 상당한 발전이다. 동생 손녀는 나무 잎과 꽃을, 흐르는 물에 던진다고 고집을 부렸다. 자기 의지를 관철하려

는 의욕이었다. 언니 손녀는 동생보다 걷고 뛰는 능력이 월등하다. 처음만난 어린이들과 함께 어울리려는 행동도 했다.

- **2012.5.28(월)** : 불기 2556년 부처님 탄생일이었다. 쌍둥이손녀 부모 초청으로 전가족이 점심을 함께했다. 서울 삼성동 무역센터 '코엑스몰' 에 있는 부페집 '토다이' 었다. 오랜만에 가 본 일요일 번화가는 인산인해였다. 그 속에서 쌍둥이들도 점심을 먹었다. 고급음식점의 어린이용 의자가 고마웠다. 언니손녀는 처음부터 인파를 헤치며 잘 걸어 다녔다. 으리으리한 환경을 황홀하게 구경했다. 동생손녀는 인파를 예의주시하며 걷기를 싫어했다. 할아버지가 동생을 안고 넓은 식당을 두 번 돌며 분위기를 구경시켰다. 그 후 동생손녀가 갑자기 걷기를 희망했다. 동생손녀는 할아버지가 불안할 정도로 씩씩하고 빠르게 식당, 복도 등지를 뛰고 걸었다. 화려한 상가 분위기를 즐거워했다. 오늘도 쌍둥이 언니와 동생은, 대칭적이고 호랑이 띠 다운 개성을 할아버지에게 보여주었다. 쌍둥이들이 그간 많이 컸다.
- **2012.5.31(목)** : 혜월 부부는 13:00-19:00 간 손녀들과 놀았다. 손녀들과 할아버지 부부는 우선 '어린이놀이터' 에 서놀았다. 손녀들도 이제 놀이기구에 익숙해졌다. 아직 말을 못하는 게 아쉬웠다. 또래들을 만나면 함께 놀고, 놀이기구를 탐내기도 했다. 조금 후 공원으로 이동했다. 걷고, 뛰고, 만나는 언니들의 자전거도 만져보고. 손녀들의 호기심은 오늘도 대단했다. 눈에 보이는 모든 게 신기하고 궁금하다. 모든 것을 손으로 직접 만져봐야 속이 시원하다. 언니손녀는 오늘 4회 현관 밖에 나왔다. 언니는 여러 번 손짓과 행동으로 할아버지에게 외출을 요구했다. 문 밖에 실컷 나가지 못하는 것도 쌍둥이들의 슬픔이다.
- **2012.06.01(금)** : 언니손녀가 혜월 할아버지 집에서 6.1 - 6.3(2박 3일) 간 생활했다. 동생손녀와 부모들은 인천 상가喪家에 갔다.

쌍둥이 엄마 할아버지께서 타계하셨다. 쌍둥이 부모들은 상주喪主로 할 일이 많아, 언니손녀만 혜월 할아버지 댁에 머물게 했었다. 언니손녀는 상상이외로 외로워했다. 혜월 할아버지 가족들이 정성을 다했는데도, 밤잠을 설치고 외로워했다. 동생손녀와 부모들을 많이 기다렸다. 언니손녀는 둘째날부터 콧물을 흘렸다. 코감기가 들린 것이다. 며칠 후 코감기는 동생손녀에게 옮었다. 쌍둥이들은 병원을 오가며 치료받았다. 6.13에 완치되어 약복용을 끝낼 수 있었다.

다. 건강 및 기타

• 혜월이 부부는 금년에도 대학병원에서 MRI 촬영을 했다(2,1). 뇌혈관, 뇌세포, 척추 등 종합적인 촬영이었다. 혜월은 칠순을 앞두고 뇌졸중, 뇌출혈, 치매 같은 성인병을 미리 점검해 보려는 의도였다. 진료는 부부가 대학병원 2곳에서 받았다. 결과는 다행히 양호했다. 혜월의 느낌과 의사들의 견해는 한참 달랐다. 아내의 연례 건강진단 결과도 양호했다.

• 혜월은 3.27 고향에 있는 아파트(35평형)를 팔았다. 4년 전에 분양받았던 아파트였다. 당시는 고향을 자주 왕래하며, 노년기를 보람있게 보내려는 요량料量이었다. 그러나 인생살이는 대농이 마음대로 전개되지 않았다. 이제 농촌도 옛날의 그 농촌이 아니었다. 농지農地를 많이 소유한 농민들이, 도시 사람들보다 부자인 세상이 되었다.

• 금년에도 혜월은 가족을 잃었다. 부모 같은 큰누님이 타계하셨다. 향년 84를 누리셨다. 누님은 10년 전에 뇌출혈로 쓰러져 힘들게 투병생활을 하셨다. 기구한 운명을 헤치며, 한 많은 세상을 살아오신 분이다. 가난한 농부의 큰딸로 태어나 온갖 고생을 많이 하셨다. 일제강점기, 미군군정시절, 6.25한국전쟁, 자유당 통치시절 등 풍진 세상을 살아오셨다. 하늘은 누님의 인자하고 고생스러웠던 생애가 불쌍했는지, 아름답기로 유명한 천안공원 묘원 음택陰宅에서 안식安息할 계기를 주셨다. 효자 둘째아들의 정성 때문이기도 했다. 혜월은 큰 누님의 한 많은 생애를, 수필로 창작해 문집에 게재했다. 극락정토極樂淨土 안착도 축원해드렸다.

• 혜월은 금년에 한국문인협회 회원 신분으로, 문인복지활동을 열심히 했다. 문인들의 직접선거로 당선된 협회 이사장님이, 문인복지위원회를 신설했는데, 연초에 혜월을 복지위원의 일원으로 임명했다. 혜월은 10.13 한국문인협회 간부들과 복지위원 및 원로문인 등

40여명을 대상으로, 복지활동의 현황, 문제점, 전망, 대책 등을 발표했었다. 세계가 부러워하는 대한민국에서, 상상 이외로 많은 문인들이 가난에 시달리고 있는 현실이 빨리 개선되었으면 좋겠다. 문인들의 가난퇴치 문제는 한국문인협회 자체 노력으로 해결된 문제가 아닌 것 갔았다. 세계에서도 보기 드물게 문학불모지文學不毛地로 변한 한국사회를, 국민과 국가가 공동으로 노력해 해결해야 할 현안문제였다.

소설과 생활수기

박원배 문학작품집

인쇄 2012년 7월 23일

초판 1쇄 발행 2012년 7월 27일

지은이 박원배

펴낸이 양상구

편집 김태완

펴낸곳 도서출판 채운재

인쇄 (주)한진종합인쇄

주소 100-861 서울시 중구 충무로2가 49-8
(서울빌딩 202호)

전화 02-704-3301

팩스 02-2268-3910

핸드폰 010-5466-3911

이메일 ysg8527@naver.com

정가 12,000원